高等院校新闻传播学系列教材

★广东省精品课程教材

高等院校新闻传播学系列教材

新闻写作

News Writing

薛国林 张晋升 陈娟 编著

暨南大学出版社
JINAN UNIVERSITY PRESS
中国·广州

图书在版编目（CIP）数据

新闻写作/薛国林，张晋升，陈娟编著．—广州：暨南大学出版社，2013.6
（高等院校新闻传播学系列教材）
ISBN 978-7-5668-0536-2

Ⅰ．①新… Ⅱ．①薛…②张…③陈… Ⅲ．①新闻写作—高等学校—教材
Ⅳ．①G212.2

中国版本图书馆 CIP 数据核字（2013）第 079400 号

…………………………………………………………………………………

新闻写作
编 著 者：薛国林　张晋升　陈　娟

策划编辑：杜小陆　史学英
责任编辑：史学英　王卓妍
责任校对：卢凯婷　黄　斯

地　　址：中国广州暨南大学
电　　话：总编室（8620）85221601
　　　　　营销部（8620）85225284　85228291　85228292（邮购）
传　　真：（8620）85221583（办公室）　85223774（营销部）
邮　　编：510630
网　　址：http://www.jnupress.com　http://press.jnu.edu.cn
排　　版：广海照排设计中心
印　　刷：佛山市浩文彩色印刷有限公司
开　　本：787mm×1092mm　1/16
印　　张：24.5
字　　数：475 千
版　　次：2013 年 6 月第 1 版
印　　次：2013 年 6 月第 1 次
定　　价：49.00 元

新闻传播类教材建设与改进教学方法刍议（代总序）

吴文虎[①]

新闻传播类教材林林总总，大体上可分为新闻、广播电视、广告公关和编辑出版四个系列。现在呈献在广大读者面前的这些教材，虽然还说不上是千淘万漉，披沙沥金，但毕竟凝聚了老中青教师的共同努力，也是大家的一番心血。戏剧界有句行话："剧本剧本，乃一剧之本。"有本可依，演员方能在舞台上施展才华，演出令观众为之动容的好戏。我们也可以说，"教材教材，乃施教之材"。有了出色的教科书，教师便有章可循，在讲台上挥洒自如，令学生如沐春风，得益匪浅。

教材，是培养和教育一代新人的不可或缺的主要载体。说起新闻教育的教材，首推的自然是1919年北京大学新闻学研究会出版的徐宝璜的《新闻学》。这是中国人自撰的第一本新闻学论著。这本理论专著，是他以北京大学新闻学研究会的讲稿为基础修改而成的。换言之，这本专著是应教学之需而诞生的。类似的情况还有很多。如邵飘萍的《实际应用新闻学》。我国思想家孔子和瑞士语言学家索绪尔生前都是"述而不作"，只讲课不写书，他们的讲稿也是由弟子或学生（一说同事）整理、汇编成传世之作，这就是孔子的《论语》和索绪尔的《普通语言学教程》。

那么，怎样才算是一本好的新闻传播类教材？

笔者涉猎不多，以为最耐看而且深受启发的教材都有以下一些共同特点：一是在学理上或对有关原理讲得相当通透，并能追踪当时学术和理论上的最新发展，符合大学教育的"三基"（基础理论、基本知识、基本技能）要求。二是凡实务型教材，都能紧贴现实，可操作性和实战性强。三是教材反映出作者的独特见解，既融会贯通又另辟蹊径，编排也独具匠心。

---

① 吴文虎，暨南大学新闻与传播学院教授，主编全国高等教育自学考试指定教材《传播学概论》、面向21世纪课程教材《新闻事业经营管理》（获教育部全国普通高校优秀教材二等奖）等。

这里，要强调的是，编撰者在教材中要善于处理博采众长与独特见解的关系。笔者以为，前者固然重要，但后者更能体现作者的功力和底蕴。好教材要言人之所未言，或说人之不曾说透者。这样，才能起到醍醐灌顶的作用。

新闻教育是培养通才还是专才，决定着新闻课程和新闻教材的具体安排与不同比例。教材因课程而设，如果是培养专才，那就势必要增加新闻传播类教材在全部课程中所占的比例，并忽视其他有助于提高新闻学专业学生整体素质和知识水平的课程。在这方面，我们应当注意到民国时期新闻教育十分强调培养通才，专业课和教材则要求少而精。比如，1947 年暨南大学新闻系所开课程中，专业课非常有限，大量开设的是文史哲类课程。同期全国 6 所新闻院校中，民治新闻专科学校开设专业课最多，但也只占 58.3%；政治大学开设专业课程最少，仅占 27.7%。[①] 因此，按照上述思路，我们在编写教材时也应贯彻“少而精”的原则，既要加强各校优秀教材的相互交流，又要精编自己撰写的教材，防止和杜绝那些内容芜杂、质量不高的山寨版教材出笼。

教材建设应因时而异，与时俱进，要适应不同时期传播媒介和传播方式的发展态势。暨南大学新闻系首任系主任冯列山当年提出了“大新闻”的超前见解，在广播、电影问世不久时，就把电子媒介纳入了新闻学研究和教学的范畴和视野。他认为，以报纸为研究对象的科学，应称作“报学”，而以新闻事业为研究对象的科学，才可以称作“新闻学”。他把新闻学“描画”为理论新闻学和实用新闻学两个部分。理论新闻学包括新闻哲学、新闻伦理、比较新闻学、新闻法、舆论研究、言论原理、新闻原理、报业史、杂志史、广播史、电影史、出版业史、宣传学、新闻政策、时事分析。实用新闻学包括采访、新闻写作、编辑、社论、报业管理、广告、印刷、电讯、杂志业、广播业、电影业。他打破了我国多年来新闻学研究以报业为中心的理论格局，把广播、电影视为新闻传播的重要组成部分。[②] 这一立论，不仅对新闻学理论研究有着积极意义，而且拓宽了新闻教学和教材建设的内容，即使在今天，对编写新闻传播类教材仍然有其参考价值。
与新闻传播类教材建设直接相关的一个问题是教学方法。20 年前，笔者访问美国时曾亲身参与德克萨斯大学传播学博士生的多次课堂讨论，感受到现场集体参与、积极探讨的活跃学术气氛和事前做好充分准备的状况。回国后，又接触到引入我国的哈佛大学案例教学法及有关教材。联想至此，深受感触，为此，笔者建议，我们的新闻传播教学能不能在教材上换个写法、在课堂上换个讲法？如果我

---

① 龙伟，任羽中等. 民国新闻教育史料选辑·代序. 北京：北京大学出版社，2010. 3.

② 冯列山. 什么是新闻学？报学杂志，1948，1（5）. 转引自李秀云. 中国新闻学术史. 北京：新华出版社，2004. 216.

们将以课堂宣读为主变为课堂讨论为主，那么教学方式将会是积极的互动式的，学生是群体的参与者，老师是引导、启发、掌控方向和进度的领路人。两者携手并进，可令教学相长，取得更好效果。

哈佛大学提出的案例教学法告诉我们：它是一种多方位的学习模式，而不是自上而下的灌输式教育。它允许学习过程中的不确定性、偶然性和冲突。收获来自所有参与者思想火花的碰撞。讨论答案没有对错之分，只是鼓励作出更为合适的回答。它有利于拓宽学生分析思路，培养和提高学生解决问题的思考能力。[①] 哈佛案例教学法应用范围很广。在国外应用的学科领域包括法学、医学、工商管理、跨文化比较、社会学、社区心理学、新闻、政治等等，近年来已陆续引入我国多个学科领域，如MBA课程，以及广告、公共关系等。

哈佛案例教学法对教材建设也有其不同要求。教师应精编多讲，力求深入浅出，而不要包罗万象，细大不捐。要给教师讲授和指导讨论、学生理解留下更多的空间。

总之，新闻传播教育界应当重视教材建设，把它视为提升新闻传播教育水平的重要一环。要锐意革新，站在新的制高点上，重新审视以往教材建设之成败得失，汲取经验教训，继续上路。在以教材为本的课堂教学中，要不断改进教学方法。从宣讲式照本宣科逐步发展到互动式课堂讨论，积极介入案例教学法，在教学过程中不断完善和撰写新的教材。

---

① ［美］威廉·埃利特．案例学习指南．刘刚等译．北京：中国人民大学出版社，2009.8.

目　录

新闻传播类教材建设与改进教学方法刍议(代总序) …………………… (1)

第一部分　新闻写作理论

第一章　全媒体时代的新闻写作 …………………………………………… (2)
　第一节　新媒体对社会、政治、生活的影响 ……………………………… (3)
　第二节　新媒体对新闻写作的影响 ………………………………………… (5)
　第三节　新媒体环境下记者的专业写作素养 ……………………………… (9)

第二章　新闻写作的基本要求 ………………………………………………… (15)
　第一节　真实性 ……………………………………………………………… (15)
　第二节　准确性 ……………………………………………………………… (20)
　第三节　时效性 ……………………………………………………………… (23)

第三章　新闻写作的原则 ……………………………………………………… (25)
　第一节　客　观 ……………………………………………………………… (25)
　第二节　平　衡 ……………………………………………………………… (35)
　第三节　公　正 ……………………………………………………………… (38)

第四章　新闻写作规律 ………………………………………………………… (46)
　第一节　新闻写作与新闻价值 ……………………………………………… (46)
　第二节　新闻写作的受众需求 ……………………………………………… (51)
　第三节　社会责任 …………………………………………………………… (54)

第五章　新闻报道语言 ………………………………………………………… (59)
第一节　新闻语言概念 ………………………………………………………… (59)
第二节　新闻语言的基本要求 ………………………………………………… (62)
第三节　新闻语言应该保持的特色 …………………………………………… (68)
第四节　新闻语言之“忌” …………………………………………………… (71)

第六章　新闻叙事与新闻写作 ………………………………………………… (78)
第一节　新闻素材 ……………………………………………………………… (78)
第二节　新闻故事 ……………………………………………………………… (82)
第三节　新闻叙事文本 ………………………………………………………… (86)

第二部分　消息写作

第七章　消息文体概述 ………………………………………………………… (98)
第一节　什么是消息 …………………………………………………………… (98)
第二节　消息体裁的特点………………………………………………………… (101)
第三节　消息体裁的优势………………………………………………………… (104)
第四节　消息写作的基本规律和基本要求 …………………………………… (108)

第八章　消息的构成要素及写作技法(一) …………………………………… (113)
第一节　消息的构成要素概述…………………………………………………… (113)
第二节　消息标题………………………………………………………………… (117)
第三节　消息导语………………………………………………………………… (125)

第九章　消息的构成要素及写作技法(二) …………………………………… (138)
第一节　消息主体………………………………………………………………… (138)
第二节　新闻背景………………………………………………………………… (142)
第三节　新闻来源………………………………………………………………… (147)

第十章　消息的结构类型………………………………………………………… (151)
第一节　倒金字塔结构——消息最经典的结构………………………………… (152)
第二节　沙漏型结构……………………………………………………………… (155)

第三节 列举型结构…………………………………………………………(157)
第四节 华尔街日报体结构……………………………………………………(160)

第十一章 消息常见分类……………………………………………………(164)
第一节 硬新闻与软新闻……………………………………………………(164)
第二节 事件性消息与非事件性消息………………………………………(168)

第三部分 通讯写作

第十二章 新闻通讯概论……………………………………………………(178)
第一节 新闻通讯的特征……………………………………………………(178)
第二节 新闻通讯主题………………………………………………………(183)
第三节 故事与细节…………………………………………………………(185)

第十三章 事件通讯写作……………………………………………………(191)
第一节 政治性事件通讯……………………………………………………(191)
第二节 突发性事件通讯……………………………………………………(196)
第三节 社会性事件通讯……………………………………………………(206)
第四节 文化性事件通讯……………………………………………………(213)

第十四章 人物通讯…………………………………………………………(221)
第一节 人物通讯的类型……………………………………………………(221)
第二节 关于典型人物的典型性问题………………………………………(223)
第三节 人物通讯中的感情色彩……………………………………………(225)
第四节 当代人物通讯的报道理念…………………………………………(226)
第五节 人物通讯的写作……………………………………………………(231)
第六节 人物通讯的结构……………………………………………………(236)
第七节 负面人物通讯写作…………………………………………………(239)

第十五章 工作通讯…………………………………………………………(245)
第一节 工作通讯的报道内容及文体特征…………………………………(245)
第二节 工作通讯的写作思路………………………………………………(246)

第三节　工作通讯报道的变化……………………………………………………（251）

第十六章　风貌通讯……………………………………………………………（253）
第一节　风貌通讯的文体特征…………………………………………………（255）
第二节　风貌通讯的写作………………………………………………………（256）

第十七章　专访…………………………………………………………………（263）
第一节　专访的特点……………………………………………………………（264）
第二节　专访前的准备和专访时的注意事项…………………………………（266）
第三节　专访的类型……………………………………………………………（268）
第四节　专访的写作……………………………………………………………（271）

第十八章　速写、素描、花絮 …………………………………………………（279）
第一节　新闻速写………………………………………………………………（279）
第二节　新闻素描………………………………………………………………（285）
第三节　新闻花絮………………………………………………………………（293）

第四部分　深度报道写作

第十九章　深度报道概说………………………………………………………（300）
第一节　深度报道的起源………………………………………………………（300）
第二节　深度报道的种类及特征………………………………………………（301）
第三节　深度报道的写作方法…………………………………………………（302）
第四节　中国的深度报道及其发展……………………………………………（304）
第五节　深度报道的未来走势…………………………………………………（305）

第二十章　解释性报道…………………………………………………………（307）
第一节　解释性报道概说………………………………………………………（307）
第二节　解释性报道的写作……………………………………………………（309）

第二十一章　调查性报道………………………………………………………（317）
第一节　调查性报道及其种类…………………………………………………（317）

第二节 调查性报道的写作……………………………………………（319）
第三节 调查性报道的写作思维……………………………………………（320）

第二十二章 连续报道与系列报道……………………………………………（330）
第一节 连续报道……………………………………………（330）
第二节 连续报道的思维过程……………………………………………（330）
第三节 连续报道的写作技巧……………………………………………（332）
第四节 系列报道……………………………………………（339）

第五部分 新媒体写作

第二十三章 博客写作……………………………………………（346）
第一节 博客的定义、类型与特点 ……………………………………………（346）
第二节 博客的起源与发展 ……………………………………………（349）
第三节 博客在新闻报道中的作用……………………………………………（352）
第四节 博客写作的基本要求……………………………………………（353）
第五节 不同内容的博客写作要点……………………………………………（354）

第二十四章 微博写作……………………………………………（359）
第一节 微博写作的一般方法……………………………………………（359）
第二节 微博写作特点……………………………………………（360）
第三节 各类微博写作……………………………………………（361）

后 记 ……………………………………………（377）

第一部分　新闻写作理论

第一章 全媒体时代的新闻写作

【本章提要】

媒体传播运作规律有三个基点，即产品力、渠道力、品牌力，又即内容、传播渠道和受众忠诚度。无论什么样的媒体都不过是一种机器而已，它的功能体现过程就是传播的过程，无论媒体怎么变化，这个基本功能是不会变的。①

从这个意义上说，无论媒体形态如何改变，新闻写作作为产品的材料收集、制作、加工等程序，都不会有多大改变。

作为世界上第一份报纸，《通告报》自1609年在德国问世以来②，传统媒体报纸已经经历400多个年头。当今，世界已进入“全媒体”时代。

“全媒体”即“Omnimedia”，源自美国一间名叫Martha Stewart Living Omnimedia（玛莎·斯图尔特生活全媒体）的家政公司。该公司成立于1999年，拥有并管理包括杂志、书籍、报纸专栏、电视节目、广播节目、网站在内的多种媒体，通过旗下的所谓“全媒体”传播自己的家政服务和产品。限于当时的科技水准，玛莎·斯图尔特生活全媒体公司的“全媒体”显然并不全，实际上更接近于Multimedia（多媒体）。

“全媒体”不仅包括报纸、杂志、广播、电视、音像、电影、出版、网络、电信、卫星通讯等在内的各类传播工具，涵盖视、听、形象、触觉等人们接受资讯的全部感官，而且针对受众的不同需求，选择最适合的媒体形式和传播渠道，深度融合，提供超细分的服务，实现对受众的全面覆盖及最佳传播效果。

新的传播技术不仅带给人们多手段、多渠道、多样化的信息，也正在改变着人类的思维方式和交往方式。

---

① 创新 从媒体的基本功能开始. 新闻窗，2011（2）：1.

② Desmond，*The Information Process*，p.32. 转引自［美］迈克尔·埃默里，埃德温·埃默里，南希·L罗伯茨. 美国新闻史：大众传播媒介解释史（第九版）. 展江译. 北京：中国人民大学出版社，2004.7.

第一节　新媒体对社会、政治、生活的影响

一、互联网诞生，开启人类大脑之门[①]

互联网也被称为因特网（Internet）。因特网前身是阿帕网（Arpanet）。1958年在美国总统艾森豪威尔的正式提议下，美国国防部正式成立了高级研究计划署，开展阿帕网的研究项目。1969年10月29日，阿帕网开创了一种在计算机之间传送信息的全新系统。20世纪80年代，美国科学家基金会开始在军事领域之外推广计算机网络，兴建骨干网，向15个设在高校的超级计算机研究财团提供数据传输服务。到1991年，因特网数量达到3 500个；到1996年，世界各国商业及其他机构建立了130万个局域网，拥有约1亿用户。[②] 据美国调研机构Royal Pingdom截至2011年初的统计数据显示："全球网民人数20.8亿。"[③]

2011年，中国互联网络信息中心发布的《第28次中国互联网络发展状况统计报告》称，中国网民总数达到4.85亿，但是增长速度明显减缓。2011年上半年网民增长率为6.1%，是近年来的最低水平。此外，微博用户从6 311万增长到1.95亿，半年增幅达208.9%。[④]

当今，人们可以利用互联网处理各种政治、军事和日常事务。如，用电脑和手机浏览新闻、网上购物、视频会议、视频聊天、网上炒股、网上娱乐，等等。以往很复杂的事情，现在足不出户就可以在网上做到。这正是杰弗里·斯蒂伯所说的，互联网技术开启了人类大脑之门的含义。杰弗里·斯蒂伯还进一步指出："今天的互联网是大脑的复制品，计算机和微型芯片好比神经元（细胞体或计算单元）；如同大脑有记忆一样，网站储存信息，网页间的链接形成了语义图；如同轴突和树突的作用一样，电话线将信息传输到各个区域。"[⑤]

二、新媒体使信息传播变得透明、迅速

新媒体技术的发展让信息的传播更加便捷，它实现了所有人面向所有人的传

---

① ［美］杰弗里·斯蒂伯．我们改变了互联网，还是互联网改变了我们·序．李昕译．北京：中信出版社，2010.12.

② ［美］丹·希勒．数字资本主义．杨立平译．南昌：江西人民出版社，2001.17.

③ 讯纳网：网络信息覆盖日渐成熟．中国网，2011－06－14.

④ 中国网民达4.85亿　微博用户激增．中国新闻网，2011－07－19.

⑤ ［美］杰弗里·斯蒂伯．我们改变了互联网，还是互联网改变了我们·引言．李昕译．北京：中信出版社，2010.21.

播。新闻不再只由"正式"的新闻机构发出，传统意义上的阅听大众通过网络、博客、微博、论坛、手机短信等工具，可以很方便地与朋友分享自己每时每刻的生活，有时甚至可以让事实真相出现——如果他们愿意焙制新闻的话。

新媒体技术的发展终将对社会产生积极影响，比如可以使政治变得更加公开、透明。政府官员的日常行为、手机短信、上网发布的帖子以及邮件等都可能成为公共记录的一部分。信息传播的快捷以及新媒体工具的普及使得隐藏真相变得越来越难，如国务院新闻办公室副主任王国庆所说的，官员在互联网时代还试图"捂"住真相，无异于掩耳盗铃，"是比较天真的一种愿望"①。这也正是政府听取民意、满足公众要求的大好时机。政府能够运用新媒体等工具获知民众的想法、观点，了解他们所关心的问题以及他们对政府的满意度等，从而与社会更合拍，制定的政策能够切入问题的核心，使政府真正民主起来。

三、新媒体改变了人们的生活方式，其获取信息的渠道更多

新媒体促进了人类社会的传播和互动，它们所具有的互动性、即时性、个性化及智能化等传播特征，不仅使人们更便捷地传递信息，而且使得越来越多的普通人成为信息传播的参与者。如"天价烟"事件、"躲猫猫"事件、"我爸是李刚"事件等，网友通过手机短信、博客、播客、微博、SNS 网站、BBS 论坛、QQ 等各种新媒体介质参与事件话题的讨论，带动了更多人关注事件，进而在一定程度上影响到这些事件的发展。

与此同时，新媒体正在成为人们的一种新的工作和生活方式。人们通过网络不仅能够获取信息、发表意见、进行娱乐，也能够便利地进行购物（如淘宝网、卓越网、当当网等），同时可以利用 QQ、MSN 等进行社交活动。

新媒体如微博、博客、网络论坛等，虽然它们有些不是标准的新闻来源，但以多元信息的形式给人们提供了足够的可供选择的空间。如果传统的主流媒体关闭了大众需知的资讯渠道，那么通过新媒体的努力，这些资讯也能逐渐浮出台面。

总之，虽然新媒体的出现带来了各种各样的问题，但是谁也无法否认其带来的这种改变。这种演化会迫使各式各样的利益团体开始适应，包括新闻业。"新闻业的改变不仅仅必要，或许也无可避免。……如果新闻组织不与严苛的阅听大众携手赢得生存竞争，我们看到的新闻业将是难以尽数的宣传文稿，我们只能退回到那个站在肥皂箱上大发议论的年代。我们需要更好的媒介。"② 当然，无论

---

① 新媒体政治影响力日渐巨大 政府行政透明化加强. 南风窗，2007－08－13.

② ［美］丹·吉摩尔. 草根媒体·序言. 陈建勋译. 南京：南京大学出版社，2010. 7.

采用哪种工具和科学技术，公正、精确以及全面等核心价值依然重要。在某些方面，传统媒体仍然是新闻的把关人，但是在新媒体环境下，“现代新闻业塑造大型的对话与提供来龙去脉的能力，至少会变得与收集并报道事实的能力一样重要”①。

第二节　新媒体对新闻写作的影响

新媒体技术带来的诸多变化，都与新闻相关，或者说都与新闻写作有关。首先，互联网与传统媒体一样都是大众媒体。博客、微博等虽是个人社交媒体，但政府及社会组织近年来不断通过博客、微博等渠道发布公共信息，使这些个人社交媒体逐步被掺进了公共话题，博客、微博等媒体便具有双重角色，既有个人因素，又有公共因素。其次，真正影响普通大众生活的是互联网上广泛表达民意的各种方式，如论坛、博客等。传统媒体因不能更好地反映民意而退居其次。最后，新闻写作似乎变得没有门槛。任何人通过互联网、博客、微博等手段，都可以传递新闻，或文字，或图片，或直播。具体来说，有八大变化：

一、受众兴趣决定新闻采写的传播价值

受众是媒体的衣食父母。无论什么样的媒体，受众总是被放在第一位。没有受众，媒体无法生存。当然，也不是要求要毫无原则地迎合受众的低级趣味。新媒体时代，媒体要不断地做好新闻，就必须要密切注意受众发生了什么变化。

（一）受众结构的变化：有知识的年轻人是主力

2002 年佩尢研究中心调查显示，“大概有超过 1/3 的大学毕业生（47% 的大学毕业生年龄低于 30 岁）每周上网阅读新闻至少一次”。该调查还显示，“在年收入至少 5 万美金的人群中，有 34% 的人每周上网阅读新闻至少一次”②。而且，新媒体时代的受众越来越多地表现出自主参与的意识。他们不再只是被动的“消费者”，而是更为主动和理性的群体，其倾向于主动获取信息，也乐于共享信息、参与讨论和表达意见，他们对信息的真实性和客观性也变得越来越“挑剔”。

（二）不仅要引起受众注意，还要牢牢吸引受众

所谓引起受众注意，即采写受众认为重要的和关心的事件，这也是传统媒体新闻价值的标准。但新媒体时代，仅仅引起注意还不够，还要能抓住受众的眼

---

① ［美］丹·吉摩尔. 草根媒体·序言. 陈建勋译. 南京：南京大学出版社，2010.7.

② Pew Internet and American Life Project，http //www.peop-press.org。转引自［美］理查德·克雷格. 网络新闻学：新媒体的报道、写作与编辑. 刘勇主译. 北京：中国时代经济出版社，2010.11.

球，吸引受众继续阅读下文甚至阅读完全文。最好的一个办法就是满足受众的兴趣。如何才能满足受众的兴趣？找到最不可思议的内容——新闻背后的故事。"你必须搜集所有的事实，并且尽可能地采访到所有的相关事宜。""因此，要找到新闻中最有力、最不可思议的那部分，不管它是什么内容，都要把它放在报道的开头，这样才能吸引受众主动去阅读它。"①因此，绝对不是把纸媒的新闻，放到网站上就算了事，必须对它们进行改写，把新闻背后的故事拎出来，放在标题或导语里。

（三）不仅要精心制作报道，还要热心于受众反馈

传统媒体最看重的是对报道的精心制作，这是对的。但新媒体时代，信息泛滥，要想抓住受众，留住受众，互动非常重要。受众喜欢追问，渴望知道事实真相。网络媒体与传统媒体的最大不同就在于它的交互性。受众已经不再是你说我听的被动观众了。CNN 网站负责人斯科特·沃菲尔认为交互性为新闻媒体带来极大的好处，"现在我们已经能够弄清楚受众对我们所提供的信息和报道到底持什么样的看法和反应了"，"受众的反馈可以引导我们的新闻工作，这一点相当有用"。同时，"很多人乐意把他们感兴趣的事件和故事告诉另外一些人，这就为新闻报道提供了很多新的线索。我们对此的态度是提供便利甚至极力促成。这样，我们就可以通过数种不同的方式促使受众参与到新闻生产中来"②。

二、时效性更强、传播速度更快

新媒体不但随时更新信息，而且进行全媒体报道，视频、音频直播等手段并用。这样，它的新闻时效性要求不仅是传统媒体几小时内的报道，而且是与发生事件的同步报道。如本·拉登被击毙事件便是如此。Twitter 是第一家报道美国总统奥巴马将会发表全国电视讲话，宣布本·拉登被美军特种部队击毙消息的媒体。这一事件发生在美国东部时间 5 月 1 日 21 时 45 分（北京时间 5 月 2 日 9 时 45 分）。在美国东部时间 22 时 25 分（北京时间 5 月 2 日 10 时 25 分），美国前国防部长唐纳德·拉姆斯菲尔德（Donald Rumsfeld）的一名前参谋长在 Twitter 上发布消息称："一位有声望的人刚刚告诉我，他们干掉了本·拉登。太棒了！"传统媒体的新闻报道时间较新媒体 Twitter 晚了 20 分钟。直到美国东部时间 5 月 1 日 23 时 35 分（北京时间 5 月 2 日 11 时 35 分），奥巴马总统才发表了电视讲话。

---

① ［美］理查德·克雷格．网络新闻学：新媒体的报道、写作与编辑．刘勇主译．北京：中国时代经济出版社，2010. 25.

② ［美］理查德·克雷格．网络新闻学：新媒体的报道、写作与编辑．刘勇主译．北京：中国时代经济出版社，2010. 27.

Twitter 在众多媒体报道之前记录重大事件，不但因此声名大噪，还显示出在网络时代，传统媒体不再是民众了解新闻的唯一渠道了。

三、推动传统媒体更快地澄清事实真相

新媒体推动传统媒体快速地写作并关注事实真相。很多公共话题、敏感话题等大都来自于新媒体。2008 年 7 月 2 日论坛上的“俯卧撑”流行语的传播，原是 6 月发生在贵州瓮安的震惊中外的群体性突发事件；2009 年 2 月的云南“躲猫猫”事件（源出于 2009 年 2 月 12 日云南省晋宁县警方的用语），是云南某看守所警察管理失职造成的致人死亡事件；2010 年钱云会事件；2011 年“母亲跪爬”、“微博打拐”等事件，都是首先通过新媒体进行传播，然后传统媒体跟进，最后才澄清事实真相。

因此，从新闻写作角度看，新媒体不仅提供了更多的新闻线索和新闻素材，更重要的是，坚定了新闻专业主义精神，勇于追求事实真相。

四、网络化词语、句式不断涌现，受众更加注重信息的质量及其意义

博客、微博这种即时传播、互动影响、字数有限的新文体的出现，超越了传统媒体的文本范式，十几个字的信息也可能引来疯狂传播，网民不在乎文本是否规范，而是关注信息背后的故事。如“九五之尊”天价烟事件、“我爸是李刚”事件、“替党说话还是替人民说话”事件等。这种超越传统媒体的文本范式的信息传播，带来了与传统媒体文本不同的阅读习惯，网络受众不太在意文章的写作技巧与行文规范，而是在意文章的内容与传达的事实，这对新闻写作来说是一种值得探讨的现象。

此外，网络新词语也不断创造着新的句式，这些新句式又不断地推动文体创新。“房奴”、“山寨”、“宅男”、“俯卧撑”、“打酱油”、“躲猫猫”等词语已成为人们的流行语，由“很傻很天真”演化出的“很 × 很 × ×”一类的语句，也已被大众接受和传统媒体吸纳，如《对待民意　足协不能躲猫猫》（《体坛周报》，2009 年 3 月 4 日）、《邵阳提干“很傻很天真”要家属出道德鉴定书》（《南方都市报》，2010 年 9 月 9 日）。

不断出现的各种网络文体，如“梨花体”、“纺纱体”、“蜜糖体”、“知音体”、“脑残体”等，也会影响新闻文体的改进与创新。这些新文体是大众的创造，反映了网络交流的特点，表达了网络时代的传播需求。

五、公众知情权受到保护，新闻写作的内容更加丰富和公开化

最近几年，尤其是2008年以来，新媒体技术飞速发展，呈现给人们以信息普遍快速化、公开化的态势。涉及体制改革、官员腐败现象、灾难性事件和社会敏感问题时，传统媒体一般都不敢公开报道。新媒体的出现，使一切事件都可以公之于众，满足了公众的知情权。

这些为新闻写作提供了极大空间。一是新闻来源的渠道更多，二是新闻素材更加丰富。当然，作为传统媒体，不能仅仅满足于新媒体提供的信息源，而是要主动采访，深入社会，随时瞭望前方，及时发现新闻线索和新闻素材。

新闻写作的内容更加丰富和公开化，为政府提供了了解民情民意的渠道，无意间促进了上下沟通和互动渠道的形成。从这个意义上说，无论传统媒体或新媒体，都在推动着社会的进步和文明。

六、写作手法多元化，新闻资源得到更充分的利用

新媒体时代，人们不仅希望能够第一时间获取事件的进展状况，同时也希望了解整个事件的来龙去脉。网络、手机、微博等新媒体介质的优势在于其能够以分、秒为节点，做到新闻的同步采集、发布。同时，它又能运用“多层次”、“链接”等手法，集纳所有的报道体裁、报道内容和报道形式，来满足受众对于新闻报道的全方位需求。

但是，传统媒体仍然可以在新闻的“第二落点”使新闻事件得到扩展和延伸，发掘其独立的新闻价值，并利用新闻工作者的专业知识，提供新闻意义的解读。至于其他行业媒体、地方媒体等，则可以站在行业或区域的角度去挖掘新闻中不被关注的盲点。未来的新闻发展，不同类型的媒体将“会利用介质差异，将一新闻内容生产出多样化的媒介产品，以不同的新闻形式有梯度、有层次地传播出去”①，新闻资源会得到更充分的利用。

七、多种符号受到重视，新闻事件得到更全方位的呈现

传统的新闻写作，我们强调运用白描手法、细节描绘等来传达场景信息，营造读者“身临其境”的效果，特写、目击式新闻等是常见的新闻体裁。现代媒体中，“读图时代”得到较为充分的表现，新闻视觉化趋势明显。

美国新闻学者阿诺德说：“对于瞬间精粹的摄取，照片博得的吸引力是文字

---

① 刘寒娥．媒介融合背景下新闻业务形态的整合与发展．内蒙古大学学报，2008（4）：94．

所达不到的。”未来的新闻业不仅仅运用新闻照片、漫画图、三维模拟图等，还将会强调运用更多的符号，如可以运用照片、视频、音频互相印证，来使新闻变得更形象和直观，也更容易被理解和接受。至于采用什么样的符号、技巧，需要根据具体情况加以选择。

八、新闻写作文本向短、精、新方面发展，非关注式长篇报道不再盛行

当代的阅读，语录体、碎片化已成为常态，短小精悍的浅阅读才是主流，长篇报道不再受欢迎。把文本变短就是一种常用的方式，也符合快节奏时代的特征。短小精悍的样式必然带来通俗化特征，这便于受众快速抓住信息点，以赢得更多的受众。短小通俗的文体是这个时代的阅读习惯。这又必然会给文本带来一个新的特征：故事化。没有故事就不能抓住受众。因此，写故事的能力直接影响到新闻报道的传播数量和质量。

短小、通俗、故事化，成为当代新闻文体发展的新趋势。

第三节 新媒体环境下记者的专业写作素养

从新闻写作的角度思考，新媒体和传统媒体的新闻报道都是在传递信息、追求事实真相。作为传统媒体，要充分发挥其内容优势和品牌优势，就需要把内容制造与信息发布，通过流程重组，实现新闻信息统一采集、加工、编辑，跨媒体、跨媒介多次发布，从而实现多媒介融合发展。[①] 但是，在新媒体的冲击下，速度再快的记者也难以成为新闻现场的第一报道者。记者还没来得及赶赴现场，新媒体已经出现图片、文字甚至直播等信息。因此在新媒体时代，很难出现独家新闻。[②] 新媒体时代，新闻的专业性受到挑战，但这并不意味着人人都可以当记者。

一、新闻价值判断素养

新闻价值判断即对新闻事实的选择与评价。新闻事实的选择有两个标准：一是按照新闻规律的标准；二是按照新闻价值观的标准。

新闻规律的标准要求新闻工作者在选择新闻事实时，具有独立判断的能力和

---

① 创新 从媒体的基本功能开始. 新闻窗，2011（2）.

② 张征，马海燕. 从“单打选手”到“全能选手”——新媒介环境下的新闻采写变化探析. 国际新闻界，2011（5）：13.

水平，不受外界影响和干扰。正如马克思所说，“要使报刊完成自己的使命，首先必须不从外部为它规定任何使命，必须承认它具有连植物也具有的那种通常为人们所承认的东西，即承认它有自己的内在规律，这些规律是它所不应该而且也不可能任意摆脱的”①。马克思所说的“不从外部为它规定任何使命”和“它有自己的内在规律”，指的是新闻价值判断有媒体自己的标准，新闻事实的选择应该遵循新闻价值规律。

新闻价值观影响新闻价值判断，同时也影响着对新闻事实的选择与判断。西方学者认为，“网络媒体逐渐发展成为新闻的主流来源，我们可能会看到专业性和智慧性的融合，从而诞生大量新颖、有创见性的新闻报道”②。的确，新技术拓展了新闻来源的渠道，但同时，在新媒体极力张扬自己风格、迫切吸引受众的氛围中，记者不再羞羞答答地表达自己的看法和观点，这挑战着新闻报道规律：陈述事实，不发表自己的看法。此外，网民在博客、微博、手机上的图片与文字信息，夹杂着自己的选择、爱好和偏见，甚至观点，也影响着对新闻事实的选择与价值判断。

“网络水军”颠覆了新闻来源的可靠性。有些企业通过购买“微博水军”，散布虚假信息或言论攻击竞争对手，并使大量虚假“粉丝”转发制造舆论，使对手陷入舆论风波。记者发现网传信息，进行网上采访，见报后，对方声称没有接受过采访，诬陷记者“断章取义”、“无中生有”，报道中被引用的博文、微博不是关闭就是删除，记者查无证据。近两年微博造假屡见不鲜，2010 年所查实的虚假新闻报道中，涉假者几乎都是记者。③

微博技术不断商业化，挑战新闻来源的权威性。微博在不断显现着巨大价值的同时，也为不良人士所利用。由于微博聚集了上亿的受众，谁拥有大量粉丝谁就拥有地位和金钱。伴随着微博的兴起，产生了“刷粉”、“微博水军”等职业。为了增加自己的粉丝数量，很多人去下载“刷粉”软件、购买“活粉”，包括一些 V 字认证的名人。这带来了微博环境的虚假繁荣，也使得微博空间变得混乱不堪。一些“草根名人”通过这种方式获得大量粉丝，随后便利用“转发广告信息”来收费，这不仅降低了微博信息的价值，而且还制造了虚假的微博人气。

新媒体技术是一把双刃剑。一方面为新闻媒体提供了信息来源；另一方面，

---

① 马克思，恩格斯．马克思恩格斯全集（第 1 卷）．中共中央马克思恩格斯列宁斯大林著作编译局编译．北京：人民出版社，1995．397．

② ［美］理查德·克雷格．网络新闻学：新媒体的报道、写作与编辑．刘勇主译．北京：中国时代经济出版社，2010．103 ~ 104．

③ 余衍飞．如何防范网络虚假信息．青年记者，2011（3）：34．

也为新闻工作者辨别信息来源的真假带来了一定的难度。由此可见，新媒体时代要求记者应具备更强的价值判断能力，不断提高素养。

二、平衡、客观报道素养

新媒体的出现，促使了“个人媒体”时代的到来。数码相机、数码摄像机以及移动网络设备的应用与普及，使得每一个事件的亲历者或目击者，都可能成为记录者。新媒体也使新闻写作变得常态化和普及化。

新媒体写作常态化，使得被披露的众多事件中，都能听到两面声音。但写作的政治目的性不同，新闻写作的平衡手法发生异化，新闻的“真实性”和“可信度”大打折扣。俄罗斯驻中东旅游公司经理克琴尼娃就以自己亲身经历和现场所见所闻证实了西方新闻平衡的假象。2011 年 4 月 1 日，“西方媒体报道叙利亚的大马士革有一场大规模的反政府集会。我那天恰恰就在大马士革，这场集会其实根本没有发生，我没有看见，当地人也没有看见”①。西方媒体最娴熟于运用平衡报道手法，且在报道中也用了两面声音的报道手法，但报道的事件子虚乌有。

社交媒体的直播本来能让受众亲眼见证突发性事件的发生、发展，但这种方式动摇了主持人和编辑曾经拥有的控制权，从而对读者和观众提出了更高的要求。受众必须在决定什么是有效信息以及什么是错误信息、什么是信号以及什么是噪音等方面发挥更重要的作用。

本·拉登的例子是一个关于“战争迷雾”始终笼罩新闻报道的经典案例：唯一了解事情经过的人是美国海军海豹突击队（Navy Seals）和美国国防部，而他们都会出于宣传目的而对事实进行粉饰。人们最初被告知，本·拉登死前曾利用妻子作为人盾，并且他手持武器，但这两点均不属实。当然这种政治目的性强的新闻报道在传统媒体时代仍然盛行，而在新媒体时代，借助新技术的传播，它的负面影响更大，更有欺骗性。

新媒体写作的随意性也影响到报道的平衡和客观性。写作的随意性主要表现在两个方面：“取悦受众”与“商业化”写作。

（一）不择手段“取悦受众”

2010 年 12 月 6 日 20 时 19 分，新浪微博实名认证用户“中岛”发布微博：“刚刚得到消息，著名武侠作家金庸，因中脑炎合并胼胝体积水于 2010 年 12 月 6 日 19 点 07 分，在香港尖沙咀圣玛利亚医院去世。”短短五十多个字的一条新闻，

---

① 西方媒体对叙利亚局势报道的谎言．人民论坛网，2011－09－08．

让许多微博用户大为震惊并纷纷转发。在一个小时之内，这一条消息的转发数量达到三千多次，并有五万余条相关评论出现。在很长一段时间内，这一新闻的虚假性并未被网友所认识到，他们反而通过其他渠道对这一假新闻进行更为广泛的传播。拥有“专业新闻人”称号的媒体《中国新闻周刊》，也参与了转发这一取悦性新闻的行列：编辑以《中国新闻周刊》名义在其官方微博上发布了关于金庸去世的假新闻。该微博拥有30多万名粉丝，使得这一谣言传播得更广。事后，副总编辑、新媒体总编辑刘新宇辞职，刘新宇成为中国第一个因微博出错而辞职的新媒体总编辑。正如英国《金融时报》专栏作家约翰·加普所说，“新媒体信息传播速度和传播渠道对传统媒体构成挑战，新闻已变得更快也更不严谨”①。

（二）“商业化”写作

传统媒体的“商业化”写作往往以一种广告新闻化的形式出现，新媒体则更加高明，炒作时出现两面声音，看似平衡，实则一叶障目。2008年汶川地震时王老吉捐款1亿元，网上出现了《让王老吉从中国的货架上消失！封杀它!》的帖子。不少人跟帖，一时批评声和赞扬声都有。后来证实，此是“网络水军”一次成功的公关。许多个人或企业都借助网络这个平台来“炒红”自己，达到宣传自己的目的。像微博这样一个传播速度极快的媒体，成为众多个人和企业“一炒成名”的新途径。从2009年年底开始出现的网络红人“后宫优雅”，就是凭借在新浪微博“晒生活”而走红于网络。更有“费翔、刘文正是恋人，同居于纽约”以及“张国荣没有死”等新闻流传于微博中。费翔在接受媒体采访的时候否认与刘文正是恋人，而“张国荣复活”事件则是上海一家网络炒作公司为了证明其“炒作营销能力”而策划出来的一场闹剧。甚至有人以真新闻图片配以假事实来谋取利益。在“随手拍解救被拐儿童”微博活动中出现了大量不实的“被拐”信息，而部分炒作者甚至在微博上发布关于贫困儿童患绝症、遭遇严重事故等文字信息，配以有较大视觉冲击的图片来博取网友的同情，并开放“捐助账号”，获取财物。这类炒作性新闻，容易成为一些人的获利工具。

由此可见，新媒体背景下眼花缭乱的“碎片化”信息，使新闻平衡、客观的写作手法受到干扰，在这样一个时代，需要重新强调新闻报道平衡、客观理念的严肃性和科学性。无论写作环境和新闻对象如何变化，平衡、客观、公正依然是新闻报道应秉持的理念，阐发真相是新闻写作的使命。这一点，在未来新闻的发展中将变得更为重要。

---

① ［英］约翰·加普. 新闻自助餐的时代. 金融时报，2011－05－17.

三、法制素养

新媒体环境下出现的诸多新问题，不少与记者的法制观念欠缺有关。如隐私问题、信息来源的确证问题、新闻纪律问题等。

新闻传播媒介的发展变化更多地受制于它所处的环境情况，它的整体发展水平一般与社会整体发展水平相一致。社会整体的政治、经济、文化制度，通过一定的法律规范、政策规定、纪律约束等，决定着新闻传播媒介的根本制度和新闻事业的价值取向，也影响着新闻自身的行业规范、职业理念和运作方式。①

（一）法律规定

中国目前虽然还没有新闻法，但与新闻传播相关的法律仍适用于新闻传播媒介和新闻工作者。例如：①宪法、民法等基本法律中与新闻传播相关的条文规定。②政府主管机关指定的监管新闻传媒的专门法规和其他法规中的相关条文。③各地新闻主管部门制定的关于新闻工作的规定和章程。②

以上这些法律文件具有强制性的规范作用，传播主体在新闻传播活动中必须严格遵守它们。

（二）新闻政策

新闻政策是指国家、政党及其地方或分支机关、组织，在一定时期为所控制的新闻机构制定的行动准则。③

中国是“党营”舆论，新闻媒体的经营与管理、新闻媒体的报道方向与方式，都要与党的政策、国家的发展方向相一致。新闻产品既有经济属性，又有意识形态属性。它的政治影响、文化影响，对国家和社会的发展与稳定有着重要作用。

（三）媒介自律

强化记者和编辑尊重个人署名权、文责自负的意识，勇于担当个人责任，不受名利诱惑。写作不是为了拿多少回扣、获得什么奖项，而是为受众进行写作。

自律也包括社会责任。记者在写作时也应考虑是否有益于社会、有益于人民。社会的发展与进步、文明与民主，与每一位公民关系甚大。记者不仅是社会的一员，而且是灵魂工程师，更有责任和义务为社会的发展、文明而写作。

---

① 杨保军. 新闻价值论. 北京：中国人民大学出版社，2003. 234.

② 童兵. 理论新闻传播学导论. 北京：中国人民大学出版社，2000. 189.

③ 刘建明. 宣传舆论学大辞典. 北京：经济日报出版社，1992. 1469.

【思考与练习】

1．如何规范新媒体的信息传播机制，使其健康发展？

2．谈谈微博等新媒体传播假新闻的特点及方式。

第二章　新闻写作的基本要求

【本章提要】

新闻报道的基本要求是：真实、准确和讲求时效。其中，真实性是新闻“安身立命”的根本，要求新闻报道必须客观地反映事物的原貌；准确性则是在真实性的基础上，力求最大化地与事实吻合；时效性则是对新闻报道这种“易碎品”的保护，需要记者有快速采写的功力。

第一节　真实性

新闻真实性指的是新闻报道中的每一个具体事实必须合乎客观实际。新闻真实性表现在新闻报道中的“5W”——时间（When）、地点（Where）、事件（What）、人物（Who）、原因（Why），都能经得起检验。新闻失实往往是“5W”的部分不真实。

真实性之所以是新闻的生命，主要体现在三个方面：首先，真实性是新闻得以存在的根基。在事实跟新闻之间，是先有事实，再有新闻，新闻是对事实的报道结果。如果再进一步扩大范围，整个新闻学实质上也是建立在真实这个基础之上，如果缺乏真实，新闻学就如同“空中楼阁”般虚无缥缈。所以，无论时代如何变迁，新闻理念如何更新，新闻对真实性的要求是亘古不变的。其次，真实性是传媒取信于受众的根本。新闻以传播信息为首要目标，如果所传递的信息是虚假的，那么这个传播过程就是无效的，甚至是有害的。最后，如果没有真实性作为基础，所有的新闻写作方法与技巧都是无稽之谈。

要保证新闻的真实性，除了“5W”要素都要准确无误外，还需要注意以下几点：

一、新闻采写的对象必须确有其事、确有其人

新闻采写的对象必须确有其事、确有其人，这是确保新闻真实性的基础与根本所在。在每年涌现的虚假新闻中，追根溯源就会发现，之所以会出现假新闻，

往往是因为记者捕风捉影、拼拼凑凑而使假新闻成为“事实”，甚至是完全的凭空捏造。如果不杜绝此类现象，假新闻依然会源源不断地产生。

例如，曾轰动一时的2007年“纸馅包子”事件，就是记者为了谋取所谓的业绩，采用谎言欺骗包子铺人员，采用偷拍以及后期剪辑画面、虚假配音等方法，制作了虚假电视专题片《纸做的包子》，并对北京电视台隐瞒了事实真相以取得播出的机会，造成恶劣的影响。这是记者故意歪曲新闻对象的行为，使得新闻严重背离事实。同样引起极大关注的《美国医生操刀换人头》、《女记者与狼共穴 61 天》等新闻，也完全是由撰稿人凭空编造出的假新闻。

二、要交代新闻来源

新闻采写的对象必须确有其人，还表现在对新闻来源的交代上。在我们每天接触的新闻信息中，不乏诸如“有关人士说……”、“一位权威人士指出……”、“一位不愿透露姓名的人士告诉记者说……”等不透露新闻来源的新闻。这样就使得采访对象模模糊糊，使人不免产生怀疑。一般认为，新闻媒介的重要目标是向受众提供新闻报道，这不仅是要指出提供新闻事实，而且要指出这些新闻事实由谁提供、从何而来，这是新闻规范的问题。所以，除却特殊情况，例如涉及国家、相关机构或个人的秘密，法律不允许公开的以及调查性报道出于对信息提供者的保护等情况下，记者要尽量详细地交代新闻来源。

如果记者明白在新闻报道中交代新闻来源的重要性，那么对他在获取新闻来源以及新闻写作过程中都将大有裨益：它警醒记者不能弄虚作假，时刻保持清醒的头脑，要对受众负责，也是对自己负责。即使迫于其他原因不得不使用“有关人士说”，那么所写出的新闻报道也是最大化的准确、公正和客观，对维护新闻专业主义，维护媒体形象，保护新闻真实性都是极为重要的。

三、避免记者的主观臆测和“合理想象”

在新闻报道中，记者在一些言语中掺入自己的想象，这主要体现在对人物心理活动的描写上。最典型的案例莫过于战地通讯《马特洛索夫式的英雄黄继光》，其中诸如“他从极度的疼痛中醒来了。他每一次轻微的呼吸都会引起胸膛剧烈的疼痛”、“黄继光又醒过来了，这不是敌人的机枪把他吵醒的，而是为了胜利而战斗的强烈意志把他唤醒了”……这些都是作者“合理想象”出来的。新闻不是文学，新闻的真实性与文学的真实性大不相同。文学允许塑造，新闻则不能进行虚构描述，这样才能维护新闻的真实性。

在汶川大地震中，“地震背妻男”的系列报道曾感动无数人，当事人吴加芳被媒体称为“最有情有义的男人”。但不久，人们对吴加芳的质疑和批评却如潮水般汹涌而来，有网友爆出其“人品差”、“和亡妻感情不好”、“其背亡妻回家的行为是被逼而非出于自愿”等。而这些质疑并非捕风捉影，有些甚至是真实的。因此，这个“最有情有义的男人”瞬间变成“薄情男”和“伪君子”。一时冰火两重天，大众感觉被欺骗，媒体也陷入尴尬的境地。纵观报道的前后，吴加芳背妻的照片最早发表于英国《每日电讯报》，英媒称，这是灾害后的人性象征，“给了她最后的尊严”，外媒的报道到此为止。而“最有情有义的男人”其实是国内媒体引申报道的产物。在这个事件中，吴加芳背妻回家不管出于何种原因，是客观存在的事实，但媒体在道德层面上无限的拔高，再加上“合理想象”，臆测这是出于真挚的爱情才做出这一“感天动地”的壮举，吴加芳与亡妻“刻骨铭心”的爱情与其“有情有义”的形象就这样被呈现出来。

只有深入采访，才能做出客观真实的报道。媒体的“合理想象”与主观臆测是出现新闻严重失实现象的一个根本原因。

图 2-1 这张“背妻回家”照片曾让无数人感动（图片来源：《每日电讯报》）

四、要基于事实提炼观点，而非观点先入

2011 年震动全国的“小悦悦事件”中，媒体报道中表现出来的“泛道德化”

就是典型的事例。纵观对“小悦悦事件”的报道，“道德沦丧”、“冷血路人”、“见死不救”等字眼频现报端。是不是十八个路人都是“冷血路人”，都“见死不救”，结果很难明了，但媒体一开始对该事件的报道都从社会的道德视角切入，集中于道德批判，本身就是观点的先入为主。在后续的报道中，有十八个路人中的数位曾站出来说的确是没有看见，而不是“见死不救”，虽然这些都很难弄个“水落石出”，但媒体在报道过程中失之偏颇的行为也是不争的事实。此外，媒体滥设的“彭宇案”议题也是一例。在2010年郑州的李凯强案中，当事人李凯强承认他驾驶的摩托车与老人发生碰撞，并有人指认他甚至肇事后试图逃走，但在一些媒体中，却以“19岁大学生扶起倒地老人，法院判赔7万多元”为题。媒体不深入挖掘新闻事实的真相与本质，而是按照自己的“观点”先入为主，不仅大大损害新闻的真实性，也使得其产生不良的社会效果，给社会风气造成负面影响。

要改变这些现象，就要从根本上铲除媒体的观点先入，媒体要基于事实提炼观点，并且在事实准确的基础上追求本质真实。

五、要把现象真实与本质真实、局部真实与整体真实协调统一起来

在日常生活中，有些真实只属于表象真实，它不能准确地概括出具体事实的全貌，不能代替本质真实。在一些新闻报道中，容易把一种现象真实曲解为本质真实，从而出现新闻失实。因此，在写这样的新闻报道时，如果不想只停留在就事论事的层面，就需要认真调查，得出科学结论。

此外，如果不能很好地区别局部真实与整体真实，也会使新闻失实。因为在新闻报道过程中，既有个体真实，也有总体真实，即局部与整体的关系。但它们之间往往呈现复杂的关系，如果把并不能代表整体的局部事实夸大，那么整体真实势必会受到扭曲。

例如媒体在对“医患关系”的报道上，每当一起医患矛盾事件发生后，媒体都会一拥而上，连篇累牍地进行大篇幅、高强度的报道，致使社会舆论把对医生的负面评价夸大，甚至形成刻板效应。虽然每起案件都是真实发生的，但这不是常态，只是局部真实，而媒体对医患矛盾的“过度报道”使得人们产生这是普遍存在的幻觉，把局部真实当作整体真实来看。这样的结果只能使医患矛盾更加尖锐，既不利于医患矛盾的解决，又增加了社会的担忧与恐慌。因此，在面对相类似的报道时，媒体要在量上掌握好度，不要肆意渲染，更不能夸大其词、捕风捉影，不要把一种现象放在整个社会的体系中去评价，做到适可而止。

图2－2　媒体的过度报道在一定程度上加速了医患关系“坚冰”的产生（图片来源：中国新闻漫画网）

六、把“真”与“诚”作为检验新闻语言真实性的一个标准

首先，“诚”是一个具有明显情感色彩的道德概念。“诚”是中国儒家思想的中心，它最初的意思是指在人际交往中人言之真实不欺。《孟子》中较多地议论“诚”，《孟子·离娄上》说：“悦亲有道，反身不诚，不悦于亲矣。诚身有道，不明乎善，不诚其身矣。是故诚者，天之道也；思诚者，人之道也。至诚而不动者，未之有也；不诚，未有能动者也。”《孟子·尽心上》又说：“万物皆备于我，反身而诚，乐莫大焉。”这里的“诚”已不单指人言的真实不欺，而是指使亲长愉悦的语言、行为等情感表现的真实不欺，是与“悦”这一情感相联系的，显然具有情感色彩。虽然后来中国儒学“诚”的概念依照“天人合一”的思维模式，逐渐被提升、泛化，但是它仍然没有脱离其“真心实意”的本意，仍是具有明显情感色彩的道德概念。

以中国儒学为原动力的日本儒学也同样将“诚”字作为他们思想的核心。日本的“诚”相比中国古代，更贴近人生和富有人情味。比如日本江户时代儒学的开创者藤原惺窝（1561—1619）指出，所谓“诚意”是指在“一念发动处”“止于至善”，是“意”处于“无伪而明”的状态。又如日本江户时代古学派的开创者山鹿素行（1622—1685）认为“诚”才是道德修养之本，又说“诚”是“不得已之情”。

其次，“诚”也强调发自内心的真情质朴的行为。《孟子》说“反身不诚”与“反身而诚”，这里所说的“反身”，主要讲的是向内反求诸己，从而强调“诚”应是发自内心的自省行为。

同时，日本山鹿素行认为“诚”既要内求感情之真实，又要外求遵循礼仪的行为，即所谓：“可知内外相因而成就此道也。唯向内求，或驰外劳力，则共非圣人之道。”另一个古学派的儒者伊藤仁斋（1627—1705）提出“尽己之心朴实行去”，他不但说出“诚”要“尽己之心”，而且提出“诚”之“行为”应该是“朴实”的。

列举了这么多关于“诚”的认识，主要是想向大家说明“诚”不仅是我们历来的优秀文化，也是我们衡量自身的道德标准；不仅是一个具有明显情感色彩的道德概念，也是强调行为要求的准则。因而，我们可以把“真”与“诚”作为对新闻语言真实性的一个检验标准。

维护新闻的真实性也是新闻工作者应遵守的职业道德之一。要保证新闻的真实性，新闻工作者还需要把握好局部真实与整体真实的关系，不能以点代面，以偏概全，新闻报道中引用的资料、数据等必须是准确无误的。新闻真实也并非有闻必录，记者要善于分析、善于取舍。新闻报道应以有利于社会文明和进步为标准。

随着科学技术的飞速发展，微博及论坛的迅速崛起，越来越多的记者开始不断从微博、各大论坛上寻找新闻源，有时还直接引用用户上传的内容进行新闻报道。但网络和微博上的信息纷扰复杂，并且存在大量虚假信息，而这些虚假信息往往被包装得“栩栩如生”，新闻的“5W”要素也俱全。这些信息往往会欺骗记者的眼睛，以致把它们误认为是新闻来源，从而产生很多假新闻。例如影响比较大的金庸先生“被去世”的消息，就是在微博上传开的，使得很多传统媒体信以为真，以讹传讹，造成极其恶劣的社会影响。这就要求传统媒体需要对网络和微博信息加以甄别，进行核实，坚持新闻专业主义的立场，从而确保新闻真实性不因外界环境的变化而受到挑战和影响。

第二节　准确性

新闻报道的准确性是指新闻报道能够严格地符合事实或真实情况。美国学者麦奎尔把新闻准确性界定为“报道与现实的吻合程度，或报道和其他可靠的现实版本吻合的程度”。

在新闻报道方面，普利策把“准确，准确，再准确”作为自己的格言。他声称：“你仅仅不发表失实报道是不够的，采取一般措施避免歪曲事实也是不够的……一定要坚信准确性对报纸来说犹如贞操对女人一样重要。”① 新闻报道如果不准确，不仅会影响新闻媒介的公信力，而且会影响新闻媒介传递信息以及进行舆论监督的作用。

新闻的准确性主要体现在叙事能力上。叙事方式和叙事技巧对是否准确报道新闻起着很重要的作用。

一、对新闻语言的阐述要准确

在一些新闻报道中，一些词句概念不明确、模棱两可，对事物的判断不恰当以及推理时的逻辑不清都属于新闻语言上的不精准。这些对于一篇报道来说，其重要性不容忽视，它会给受众理解新闻信息带来困难，甚至是偏差。因此，新闻的准确性在细节上，也体现为新闻语言的准确。例如，在法制新闻中，涉及监护关系的案件，“孩子”只能以“被监护人”称之，在法院判决生效前，对公安、检察机关处理的人要用“犯罪嫌疑人”的称谓，不可用“罪犯”等。

二、对新闻事实的表述要准确

既不夸大，也不缩小，更不能以想象代替事实。这是新闻写作最基本的要求。很多报道正是因为在新闻事实的表述上有渲染和夸张成分，才导致新闻报道不真实。

三、对新闻事件过程和结果的表述要准确

这表现在对新闻事件过程的报道上追求完整、全面，在涉及根本立场、政策、方针时，要学会利用唯物辩证法加以审视，并且要紧扣大局和国家利益，这样才能作出正确的推理和判断。对于一些一时尚无法定性的事件，在结尾表述时要留有余地，不能说得太满而让后续报道处于尴尬的境地。

四、尽可能不用或少用修辞格

这里的修辞格主要指的是比喻和夸张。因为新闻是纪实的文本，为使新闻语言尽可能准确，比喻、夸张等修辞手法应尽可能少用或不用，而且这并不妨碍记者的文字表达。对于新闻报道来说，它的主要目的就是用尽可能简洁、准确的语言传达出事实最重要的部分，如果使用比喻或夸张，可能会使事实产生偏差。

---

① ［美］W. A. 斯旺伯格. 普利策传. 陆志宝，俞再林译. 北京：新华出版社，1989：401～402.

五、新闻的配图等辅助信息要准确

在现在的新闻制作中，为了给受众阅读带来便利，越来越多地配置了模拟现场图画、资料图片，还有针对网络新闻的3D动画制作，例如，腾讯新闻网针对“嫦娥二号”奔月制作的“嫦娥二号全程三维模拟”动画，能够让人如身临其境般地“观看”到“嫦娥二号”从发射塔上点火升空到返回地球的全过程。但是，由于配置这样的图片或动画需要涉及很多领域的知识，稍不注意，就会产生差错。

这是2012年1月30日《北京晚报》的一篇关于中国工人在苏丹被绑架的新闻报道，为了让读者更直观地了解新闻信息，报纸特意引用了一张地图和中国工人被绑架的模拟画面。这张地图标示的事发地点以原点标示，文字为“南科尔多凡州”。但根据地图标识的规范，“州”是一个行政区划，不能用一个点标识。并且最大问题是地图所标识的位置根本不是南科尔多凡州，而是北科尔多凡州首府欧拜伊德。①

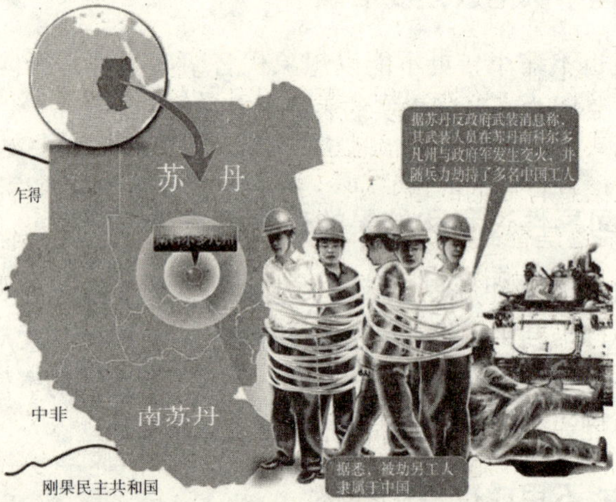

图2-3 这张新闻插图能够与报道形成很好的补充与互动，但出现差错就让其效果大打折扣（图片来源：《北京晚报》）

此外，新闻准确性要求记者具有娴熟的叙事能力，不断丰富语言知识库，提高新闻业务能力。

---

① 陈力丹. 读报评报五则. 新闻与写作，2012（3）.

第三节　时效性

新闻的时效性是指新闻报道产生应有社会效果的时间限度，也就是说在什么时间范围内，新闻才会达到传播效果，才会产生价值。

新闻讲究时效性。时效性是衡量新闻价值的重要依据，是决定一条新闻是否有价值的重要因素。报道没有时效性就不是有价值的新闻，这就是所谓的新闻的“新”，“新”就是“新近”之意，就是“刚刚发生或正在进行之意”，不“新”不成新闻。

一、要有“倚马可待”的快速出稿能力

时效性，在一些事件性新闻中起着决定性作用，如突发事件等。有时，失去时效性甚至可能会丧失话语权。客观事实的发生和受众接受新闻之间的时间差距越短越好。

每年的“两会”报道，是各大媒体的竞技场，比速度、拼时效，各大新闻媒体都采用滚动发稿甚至发“分钟电”的做法。这种比拼在2012年的十八大报道中更是达到白热化状态。例如，《羊城晚报》及系列报共刊发报道386篇，共30万字，图片338幅。由于是晚报，基本上都是当天“两会”内容当天见报，对于一些热点话题还进行快速评论等，这对时效性提出了更高的要求。对于这类全国政治性会议，由于它们的日程、议程大体是固定的，要做到快速出稿，就需要在报道前做更多的准备，掌握更多的资源。有的记者为了达到快出稿、出好稿的目标，在“两会”开始前一个多月就着手准备，经营人脉、积累素材。

由此可见，媒体在最短的时间内做好重大新闻事件的报道，体现新闻的时效性，越来越成为市场化经营环境中媒体竞争的重点。那么记者该如何练就“倚马可待”的写作能力呢？

（1）采访前能够对采访对象进行一定的了解，并且对每一次的采访经历都进行总结，为下一次的采访积累经验。

（2）学会和养成打腹稿的习惯，在采访过程中就能够根据采访到的信息酝酿稿件写作，并且这样能够对采访起到反馈作用，记者察觉到信息点的疏漏，可以立即弥补。

（3）能够集中精力，具有不受外界干扰的写作能力，即使是在嘈杂的环境下也能迅速地投入到写作中。

（4）要熟练掌握各种新闻文本的写作技巧，平时注重积累相关素材，这样在写稿过程中就可以信手拈来。

二、新闻的时效性既包含时新性，又包含时宜性

时新性是指要抢时间发稿，稿件的内容是对最新的事件的报道；时宜性则是指要选择恰当的新闻时机，掌握火候，趁热打铁。对于涉及国家和人民利益的重大决策或问题，若时机不成熟，尚处于保密阶段，如果只是一味地追求新闻时效性而抢发，势必会带来不良影响甚至是重大损失。一般来说，一条好的新闻必须具备时新性和时宜性，两者缺一不可。

例如，当全国“两会”讨论到人民关注的某个重大问题时，媒体也可抓住时机，深入社会实际进行采访，介绍这一问题的具体情况，进行配合性报道。强调新闻报道的时效性，但不是要不顾一切，唯快是好，选择恰当的时机也极为重要，有些稿件由于考虑到政治因素或者社会效应，不适宜立即发表，就需要“压一压”。

三、在追求新闻时效性的同时还要注意准确，不因快而失实

在当代社会，许多媒体为了最大化地追求新闻时效性，让社会共同关注的热点问题在最短时间内到达受众，放松了对新闻真实性的核查，因此也就出现了虚假新闻。为了一味地追求新闻时效性而放弃对新闻真实性的把关，无异于饮鸩止渴，得不偿失。

为了达到时效性与真实性的协调统一，在一些重要消息还没有得到证实、一些新闻的重要内容还没有核实清楚的情况下，不能急于发稿。此外，记者还应当在报道写作时留有余地，将还存在一些疑点的内容指出，并表明将在后续的报道中给予说明。在现在的媒体操作中，比较多地采用连续性报道这一形式，使得事情能够逐步真实地展现在读者面前，从而避免一次性报道带来的片面性和偏差。

除此之外，新闻时效性还需要合理把握。不同类型的新闻，其时效性的侧重点不一样。对国内外所关注的重大新闻事件，特别是突发事件，应朝着现场直播的同步报道上努力。

【思考与练习】

1. 为什么说真实性、准确性、时效性是新闻报道的基本要求？
2. 新闻真实性与准确性是怎样的关系？
3. 记者该提高自身哪些方面的能力才能做到快速发稿，保证新闻时效性？
4. 在保证新闻时效性的同时，该如何保护新闻的真实性？

第三章　新闻写作的原则

【本章提要】

新闻报道要遵循一定的原则，即客观、平衡、公正。这三项原则基本得到全球媒介从业人员和社会大众的认同。

客观强调新闻要如实地反映事实的本来面目，不能加入记者的主观评价和表明立场；平衡要求顾及报道的各方，做到不偏不倚；而公正则需要记者持公平的态度，对报道对象体现出足够的诚实与正直，不抱偏见。

第一节　客　观

新闻的客观性指新闻事实不依人的主观意志而改变的基本特性，新闻传播者在从事新闻报道时，要尊重事实，要如实地反映事实的本来面目。新闻客观性的目的是“使有理性的读者更便于发现真相”。

新闻的客观性是新闻最重要的专业概念之一。客观性是新闻报道做到真实、全面、准确的前提条件，只有客观，才能接近事实。

一、根据事实来描述事实

西方国家把客观性原则作为新闻媒介应遵循的重要信条之一，它不仅是新闻工作的一种专业规范，也是主要的新闻专业理念。西方的客观报道大致表现在以下几个方面：注重记录性；将事实与议论分开，在新闻中不直接发表意见；迅速翔实地报道重大事件等。

马克思把客观报道概括为“根据事实来描述事实”，恩格斯认为是“完全立足于事实，只引用事实和直接以事实为根据的判断——由这样的判断进一步得出的结论本身仍然是明显的事实”。

马克思在谈到新闻真实性的问题时说：“究竟什么样的报刊才是真正的报刊！哪一种报刊说的是事实，哪一种报刊说的是希望的事实，哪一种报刊代表着社会舆论，哪一种报刊在歪曲社会舆论！那么，哪一种报刊应该受到国家的信任呢？"①

列宁强调新闻只有以事实为基础，才能揭示事物的本来面貌："我们应当说真话，因为这是我们的力量所在。"②

用事实说话是最好的新闻表达手法，"根据事实来描述事实"是新闻用事实说话得以实现的根本途径，其通常可以通过下面几个方法实现：

（一）用当事人的话语增加新闻真实的分量

"根据事实来描述事实"中第一个"事实"要能最大化地凸显事实本来面目，就需要新闻当事人的语言。新闻中，人是最主要因素，对于新闻事件来说，新闻当事人的话语最能体现新闻真实的一面。

（二）用数据让事实更加确凿

事实是新闻的生命，而数据恰到好处的使用能够让事实更加容易被信服，它能够让新闻更加准确可信，具有说服力。

例如，《羊城晚报》在2012伦敦奥运会开幕之前推出名为"奥运双城记"的前奏报道。在这些报道中，有一个现象比较引人注意，那就是很多新闻标题善于运用数字，比如2012年6月5日的标题"没有奥运，改造要50年"、2012年6月7日的标题"遗产四年吸金51亿英镑"、2012年6月12日的标题"六成五商品中国造"、2012年6月15日的标题"局面垃圾不分类，最高罚款1 000磅"、2012年6月19日的标题"汽车三年一检，尾气超标罚钱"、2012年6月21日的标题"伦敦汽油价，十年也翻番"……数字是抽象枯燥的，但数字式标题有意想不到的效果，数字直观简洁，比空洞议论更有说服力。例如，"没有奥运，改造要50年"，50年成了新闻价值的主要体现者，让人对奥运为伦敦带来的发展契机有了直观深刻的印象。此外，这些数据是记者认真深入调查的结果，在标题中匠心独运地使用这些数字，使得新闻叙事更加准确，也更具说服力。

（三）通过对比彰显事实的力量

对比是将两件相同或有关联的事件进行比较，在比较中让事实说话。

例如2012年12月16日，大洋网的一篇《招聘再现"冰火两重天"　师范类争破头设计类抢手》的报道就是运用比较的手法来展现事实。

---

① 马克思，恩格斯．马克思恩格斯全集（第1卷）．中央马克思恩格斯列宁斯大林著作编译局编译．北京：人民出版社，1995．398.

② 列宁．列宁全集（第9卷）．中央马克思恩格斯列宁斯大林著作编译局编译．北京：人民出版社，1985．283.

招聘再现“冰火两重天”　师范类争破头设计类抢手

这边厢，师范类本硕毕业生喊找工难，5 个毕业生争抢 1 个岗位；那边厢，设计类高职毕业生带上作品进入招聘会，马上有接近 1 000 人与企业现场拍板。昨日上午，由广东省教育厅主办的师范与综合类专场（下称师范专场）和番禺人才专场招聘会（下称番禺专场），在华南师范大学石牌校区和广东工业大学大学城校区举行，同时，广州大学服装学院也举行了艺术设计类大型专场招聘会。三场招聘会现场呈现了“冰火两重天”的截然不同之势。

师范专场：5 人抢一岗

省教育厅相关负责人介绍，招聘会有130 多个单位进场，提供4 000 多个岗位。华师就业指导中心主任胡庭胜告诉记者，今年师范类毕业生就业形势严峻，因而进场人数比去年同类招聘会要多得多，“去年前年入场人数不到 1 万人，但到今天中午，进场已经超过 2 万人”。今年进场人数翻番，但招聘岗位和去年持平，供需比接近 5∶1，这让师范类毕业生们更加感慨“僧多粥少”。

设计专场：数家企业抢一个毕业生

在昨日广大纺织学院艺术设计类专场招聘会上，168 家单位进场，提供2 200多个岗位。不少毕业生穿着时尚，打扮亮眼，并现场展示自己的设计作品，被企业现场拍板。主办方介绍，参加本次招聘会的应届毕业生共有 1 300 多人，直至下午三点，校方统计，与企业达成意向的就已有 1 000 多人次，其中不乏一个毕业生同时被几家企业争抢的例子。

广大纺院服装电脑设计专业的谭晓薇告诉记者，上个月她在新塘牛仔杯服饰大赛上获得了最佳创意奖，昨日她将作品带到了招聘现场一一讲解。“面试官一看就决定要签我。”小谭说昨日应聘的多个知名服装企业都表示愿意现场拍板。

……

来源：《信息时报》，2012 年 12 月 16 日

这篇报道把师范专场与设计专场两类不同的招聘会进行了比较，通过展现这两种截然不同的招聘会情况，很好地反映了不同专业的就业形势，并且在报道的一开始，就把最能体现新闻价值和最具有冲突效果的新闻素材提炼出来，通过细节和大量数据的运用，不仅能够让人信服，而且能够发人深省。

除此以外，想要用好“根据事实来描述事实”这一写作手法还应该注意到：一是一般要采用第三人称来写作，因为这样可以让叙事者——记者跳出事件之外，站在客观的立场上讲述。当然这也不排除有一些新闻可以用第一、第二人称

写，有些个人经历性、目击性报道，“我”或者是“记者看到”等出现在新闻中，反而可以增加新闻的真实感。二是不要在报道中插入自己的评价和议论，如果非得需要对事情进行分析评价，也需要与事实分开。三是需要对新闻来源进行交代，因为新闻媒介的重要目标是向受众提供新闻报道，这不仅是指要提供新闻事实，而且要指出这些新闻事实由谁提供、是怎么来的，这是新闻规范的问题。交代新闻来源可以增强新闻报道的准确性和可信度，也是用事实说话最有力的一种方式。

二、理性展现事实

法国新闻学者贝尔纳·瓦耶纳认为，新闻报道要做到客观性是很难的，也是自相矛盾的，因为从根本上说，人们要报道什么事情，这本身就是思想的产物，必然会有报道者智力的介入，因而也就必然包含个人的系数在内。报道者不可避免地会把自己摆到他所描述的情景之中，不仅表现在他自己的参与上，而且表现在他对事实的连续性的剪裁和他所采用的形式上。

新闻客观性包含着动态地呈现客观事实的理性过程，除了准确、公正、多面地报道之外，还要深入事实，理性地报道出真相。

（一）谈话性属于“讲述”，新闻报道要“展现”事实

新闻客观性原则体现在新闻报道中的核心问题是如何展现事实。

用事实说话是中国新闻界过去较有代表性的一种观点。报道事实的目的是为了“说话”。这里有两点必须弄清楚：第一，什么是“说话”；第二，报道事实是否为了“说话”。说话，现代汉语词典解释有三个意思：用语言表达意思；闲谈；指责。[①] 三个意思归纳起来就是“表达意见”。如果说报道事实的目的是为了“说话”，一方面我们可以这样理解，记者为了表达意见去报道新闻，若这样，就不大符合新闻传播的一般规律。新闻传播的一般规律应该是不带任何主观意图地传递客观信息，如果掺杂了个人意图，记者可以按照自己的想法随意选择事实，信息可能不够准确客观。中国20世纪70年代以前的不少新闻报道即是如此，如“千斤种子万斤粮”、“到处莺歌燕舞”等。另一方面，我们也可以解释为事实本身包含着意见，也就是说意见来源于事实，有什么样的事实，就会有相应的意见。只是这种解释回避不了“说话”二字，“说话”就是要表达意见，是主动的，是目的，而新闻报道的本质是传播事实。按照哲学观点，事实总是大于观点。一个事实可以有多种看法，问题不在于事实本身，而在于从何种角度去解

① 中国社会科学院语言研究所词典编辑室. 现代汉语词典. 北京：商务印书室，1978. 1073.

读事实。

新闻能用事实“说话”，带有解读新闻性质的述评性、谈话性、评论性节目等就是用事实“说话”，让媒体和记者“说话”，诸如凤凰卫视的《时事开讲》、《有报天天读》等。

消息写作不能理解为按照“说话”的目的去选择事实。消息报道的目的在于展现事实。展现是报道事实的最佳方法。西方新闻界流行一种观点：要展现，不要讲述。美国哥伦比亚大学新闻学院的梅尔文·门彻教授引用列夫·托尔斯泰说过的名言：“我不讲述，我不解释，我只是展现，让我的角色替我说话。”①

实际上列夫·托尔斯泰是在谈自己创作小说《战争与和平》的体会时说这番话的。原意是作者不要过多出现，不要过多地陈述和议论，要让人物的语言说话。梅尔文·门彻教授不但把这种观念用到新闻写作理论中，而且还说美国新闻界对托尔斯泰的这句话极力推崇。托尔斯泰的原则在新闻编辑室内普遍适用。《纽约时报》的里克·布拉格回忆他在伯明翰初任记者时的经历，一位高级主编将他带到一边，告诉他优秀写作的一条基本原则：要展现，不要讲述。给我看你所看到的一切，用文字来描述一幅画面，然后，就可以跟随你的脚步。布拉格说：“这一技巧既可用于硬新闻，也可用于写作特稿。”

“展现”就是表现的意思，也是我们常说的白描。白描——以质朴的文字抓住对象的特征，不加渲染，淡淡几笔简明生动地勾画出事物的形貌。鲁迅先生提倡和应用这种手法。他说：“我力避行文的唠叨，只觉得将意思传达给别人了，就宁可什么陪衬拖带也没有。”

从形式上看，白描和叙述没有多大区别，常常浑然一体，因此也有人说白描就是叙述与描写的高度融合。白描通常不设喻，少修饰，只是以质朴的文字抓住对象的特征，淡淡几笔，简明生动地勾画出形象来。过去中国新闻界把叙述与白描分得很清楚，原因之一可能是认为白描只在文学作品中运用，这是一种误解。白描在文学中是一种表达方式，它强调不加渲染地勾画出事物的特征和形貌。在新闻写作中同样可以运用这种表达方式，以达到很好地描绘新闻事件的效果。因为新闻的事实不是虚构的“事实”，是社会上发生的真实的“事实”。白描最能再现新闻现场的“事实”。

新闻的基本规律决定新闻报道报道风格要平实，记者的情感和看法应藏而不露。

（二）“讲述”出来的新闻，容易让“主观”扭曲事实

《南方都市报》2009年5月20日的一篇深度报道《女服务员与招商办官员

---

①［美］梅尔文·门彻. 新闻报道与写作. 展江主译. 北京：华夏出版社，2003. 174.

的致命邂逅》自发表后就遭遇争议。南都记者以小说笔法来写这篇深度新闻报道，使邓玉娇案蒙上一层诡异的色彩，使报道倾向于悬疑小说。报道中大量的细节渲染，盖过了事件本身的矛盾冲突，使新闻报道背离客观。本来是一个惨烈的事实，但标题中使用了“邂逅”一词，也让一些读者难以接受。此外，在这篇报道中，记者没有对医院的相关医护人员和派出所的有关人员进行采访，也没有对死者邓贵大的同事进行采访，更没有对保管死者尸体的地方的工作人员和法医进行走访，甚至没有对邓玉娇本人进行采访，这有悖于新闻报道在事实材料方面所要求的客观和平衡的原则。调查性报道同时是一个求证事实真相的过程，记者是真实信息的搜索者，在展现自己的调查结果时需要将理性的判断建立在对事实逻辑清晰全面的阐述上，不能先入为主，将自己的主观判断甚至是臆想强加在事实之上。记者如果试图用自己的视角和理解来看待整个事件，不能尊重事实，不能尽可能客观地呈现事实，那么给读者留下质疑的空间也就不足为怪了。

下面再看2011年9月曾引起轩然大波的“八毛门”事件。事件的经过大致是这样的：一个出生仅6天的婴儿腹胀，深圳市儿童医院初步诊断为先天性巨结肠，建议做造瘘手术，全部费用需10万元；而学医的患儿父亲陈先生拒绝了手术，到另外一所医院仅开了0.8元的石蜡油，即刻缓解了孩子的症状。陈先生怀疑深圳市儿童医院过度医疗，要求医院撤销科主任，退还3 900元住院费，赔偿10万元。此事经报道后引发网上热议，基本上都是一边倒地指责医院。随后，患儿的状况不断恶化，于2011年10月20日在武汉同济医院小儿外科最终被证实患先天性巨结肠，并做了手术。“八毛门”舆论关注的焦点，由开始的医患关系讨论转为反思媒体的新闻素养。

追根溯源可以发现，最先对此事进行报道的是2011年9月5日的深圳新闻网，题目为“医院要动十几万元的手术 最终8毛钱治愈”。全文如下：

医院要动十几万元的手术　最终8毛钱治愈

在龙岗开牙医诊所的陈先生最近喜得贵子，可是儿子降生以后，发现肚子有点鼓，深圳市儿童医院给孩子拍了十几张X光片后，要求给降生仅6天的新生儿做一场大手术。手术费用可能超过10万。然而学医的陈先生隐约觉得有蹊跷，他拒绝了手术，并带孩子到广州治疗，结果仅用8毛钱的药治好了孩子的病。9月5日，陈先生一家来到深圳市儿童医院讨说法。

医生建议手术治疗，价格不菲

据陈先生介绍，8月19日，儿子在深圳市人民医院降生，当时医生发现，孩子的肚子有点鼓，建议家长把孩子转到深圳市儿童医院做进一步检查。8月21

日，孩子转入深圳市儿童医院，仅仅降生2天的婴儿，就开始接受X光检查。接下来4天时间，院方对孩子进行了十几次X光拍摄，不许孩子进食，并且在没有炎症症状的情况下，每天还给孩子注射抗生素头孢他啶。同时还给孩子做了心脏彩超等各类超声波诊断。

儿童医院最终作出了先天性巨结肠的诊断结果，指出是婴儿排便不通，建议对降生仅6天的婴儿动造瘘手术。所谓造瘘手术，就是在婴儿肚子上开个洞，做一个临时的人造肛门，方便婴儿排便。6个月后再做关瘘术，把临时肛门封闭了，可能还要做对肠道修复的手术。3次手术和后续治疗费用预计将超过10万元。

有医学知识的陈先生对这一诊断结果有所怀疑，特别是对动手术的治疗手段产生了质疑，他拒绝了手术。8月24日，院方下了“病情告知书”，内容为告知家属孩子的病情，并建议手术治疗，但遭到患者家属的拒绝，只能先采取洗肠等方式保守治疗。陈先生在“病情告知书”上签了字。

广州医生仅开了8毛钱的药就治好了病

无奈之下，8月25日，陈先生带着孩子来到广州市儿童医院求医，广州的医生看了陈先生带去的深圳方面的检查和诊断，摸了摸孩子的肚子，听了听孩子的呼吸，认为症状不重，不必急于治疗，可以多观察。虽然不能排除是先天性巨结肠的可能，但现在下结论还太早。孩子还太小，拍大量X光片也意义不大，因为孩子太小，拍了也看不清楚，说明不了情况，注射抗生素也没有必要。广州的医生主张正常喂养，仔细观察。广州医生开了价值仅8毛钱的石蜡油，用来给孩子通便，建议病情有变化再复诊。

孩子回家后，进行正常喂养，没有用任何药物，仅仅用了一次石蜡油，孩子就可以排便。之后孩子能吃能拉，身体一天天成长。陈先生一家对深圳市儿童医院的误诊提出了质疑和投诉。陈先生告诉记者，他当时对先天性巨结肠的诊断结果有所怀疑，是因为这个病多为遗传病，但夫妻双方的家族上都没有得过这个病，因此得这个病的几率是较小的。医疗知识，让陈先生一家躲过一劫。

深圳市儿童医院医生收入与科室收入挂钩?

陈先生质疑，按照广州医生的说法，孩子太小，症状不重，可以多观察，不急于下结论，但深圳市儿童医院拍摄大量对孩子有害而且无必要的X光片，进行各类不相关的超声波检查，不让孩子进食，完全靠打点滴维持生存，并注射毫无必要的抗生素，最终急于给刚降生6天的婴儿动手术，甚至提都没有提保守治疗的方案。这是为什么?

据本身就是医生的陈先生介绍，有的医院，医生个人收入其实跟科室收入相关。医院普遍都有科室奖金，总的来说，科室的收入高，这个奖金也就高，医生收入就高。有的医院，医生甚至可以从手术中提成获益。所以医生会给病人安排毫无必要的检查，甚至动价格昂贵的手术。在他这个例子中，深圳市儿童医院的医生不愿意为病人多思考，更愿意让病人多花钱。在这种主观愿望支配下，作出了轻率而错误的判断，造成了误诊，险些造成医疗事故。其根本原因就是医生个人收入与科室甚至医院收入挂钩。

陈先生表示，一般人生病，都是完全听从医生的，因此很容易被误导。他学医，因此比普通人多一点医疗知识，了解多一点医院的情况，所以这次儿子在深圳市儿童医院住院4天花了4 000多元，但躲过了十几万的手术，躲过了手术带来的痛苦和伤害，但大量的X光照射和抗生素注射不知道是否会对出生几天的婴儿产生什么不良影响。

医院回应：医生不会从手术里拿提成

9月5日，陈先生一家来到深圳市儿童医院讨说法。深圳市儿童医院医务科接待了陈先生。据医务科科长刘医生介绍，目前刚刚接到患者投诉，院方需要时间对这个事件展开调查，还要请专家小组进行研究，院方承诺在5个工作日之内给出调查结果，给患者家属一个说法。因此是不是误诊，医院有无过错，或者别的什么结论，目前都无法作出。

但刘医生明确表示，医院没有医生从手术拿提成的制度。因此，医生不会从手术中获益。他表示，目前医院的手术非常多，都排得很满，医生的劳动强度很大，医生都希望减小劳动强度，不会去“没事找事”。因此，没有手术必要还要安排手术的做法是不可能的。

对于医院的回应，陈先生表示，他们已经不是第一次来医院投诉了。他们曾经找过医院的书记，对方承诺7天后给出说法，现在7天过去了，又要再拖5天，怀疑医院有意拖延。在陈先生一家的强烈催促下，院方表示将在9月8日星期四下午给患者一个调查结果。届时本网会继续报道。

该报道一出，即被多家报纸、网站、电视台转载和报道，此事件被称为“八毛门”事件。顿时，本来就已紧张的医患关系的弦一下子绷紧，人们纷纷指责“涉事”医院，并要求医院出面道歉。而随着事态发展，最终证明医院本身并无过错。至此，患儿父亲因为自己专业知识的缺乏及一时冲动向医院道歉，深圳新闻网也特意刊发了《八毛门，我们的错与爱》一文，喊出“我们错了!”

对这篇新闻进行深入分析可以发现：首先，在标题上，“10万”与“8毛”，数字的对比悬殊，充满了新闻张力，极具卖点，但“最终”与“治愈”就已经把事件定性，记者先入为主，对有学医背景的患儿父亲偏听偏信，在事情还没水落石出之前就给医院定了罪。记者只能报道事实，而不能对事件下结论，为了慎重起见，在标题处理上应该要保留余地。整篇报道满目皆是“陈先生质疑”、“陈先生介绍”、“陈先生表示”、“陈先生告诉记者”，深圳市儿童医院发声很少，并且对于患儿父亲提出的“不许孩子进食，并且没有炎症症状的情况下，每天还给孩子注射抗生素头孢他啶”等疑问，记者没有进行求证和向医院方取得解释，没有对开8毛钱药的广州市儿童医院进行求证，当然也就无法得知准确的情况和患儿是否真的痊愈。此外，“医疗知识，让陈先生一家躲过一劫”一句赤裸裸地摆出了记者的立场——站在与医院的对立面上，“一劫”一词把深圳市儿童医院这次行为写成坑蒙患者的有意之为。“陈先生表示，一般人生病，都是完全听从医生的，因此很容易被误导”。这句话是陈先生的一人之见，不是新闻事实，并且带有明显的敌视和防备医院的态度，把这句话写在报道里，有误导读者之嫌。因此，在这篇报道中，记者不是展现事实，而是带着“有色眼镜”处处摆观点，使自己带着偏见捕捉到的事实服务于自己的观点之下，在客观的新闻专业精神上栽了跟头。

三、要抓住事实的全部和内在联系

事实是新闻的本源，新闻真实首先要求事实必须真实，如果事实本身就是虚假的，那么所谓的新闻真实只能是“空中楼阁”。但新闻事实是否虚假，有时不能一下子看出来，它们透露出的表象有时会蒙蔽记者的眼睛，因为现象真实与本质真实二者时而统一，时而分离。例如一个事件当前看是完全成立的，但随着事态的发展，之前的成立会被推翻。如果不是从事情全部总和，不是从联系中去掌握事实，那么写出的报道势必会产生偏颇。因此，在进行报道活动时，就需要注意两点：一是必须把最本质的事实揭示出来，把一事物与其他事物的关系以及其在整个事物中所占的地位正确地反映出来；二是只是客观地反映过程中的每一个事实，不轻易下结论，更不能给事情定性，尽可能为以后的报道留有余地。

此外，新闻报道要抓住事实的全部和内在联系，还体现在逐步地揭示全貌上。根据马克思主义新闻观中的“报刊有机运动”理论，新闻报道客观性的实现还应该是一个有机运动的过程，每个阶段的报道由于侧重面不同，单独看起来可能存在偏差和片面性，但当媒体不断推进报道，事实的真相就会逐步显现出来，即是从时间发展顺序的维度为受众逐步呈现出客观世界的本来面貌。“八毛门”事件就是因其他一些媒体不断追踪报道才得以不断逼近事实真相。

四、认清客观性与倾向性的关系

西方新闻学家提出：记者的责任就是把发生的事情写出来，而不加个人的评论。新闻纯客观的思想强调报道不应有个人观点，只是照搬照抄和复制新闻事

实 。但这样否定了人的主观能动性。实质上，新闻报道作为意识形态领域的一部分，它总是和社会的政治、经济生活紧密相连，并且新闻报道作为人的活动，记者在选材和对客观事实的选择过程中，总会有自己的价值取向，在写稿过程中，记者对事物的立场也会渗透于报道之中，只是正如上文所说的“记者的情感和看法藏而不露”而已。

新闻的倾向性主要是指新闻工作者对于客观事实的态度在新闻中的反映，其中就包含着记者或者媒体的立场和观点。新闻倾向性的出现是必然的。除了记者的主观能动性以外，还有就是服务于政党，要为其利益服务，这就决定了新闻事业自觉或不自觉地反映本阶级的愿望和要求，传播本阶级的思想和意志。此外，新闻工作者的个人情况是千差万别的，由于文化修养、社会阅历等的不同，也使他们在新闻选择和写作角度上表现出各自的倾向性，这也是对于同一个新闻，不同媒体的报道会有差异的原因。

说新闻客观性是重要的，新闻倾向性又是必然的，这并不是意味着它们互相矛盾、互相排斥，因为新闻的客观性在于它所报道的新闻内容是否属实、报道是否全面而公正。同时，客观性强调的是一种方法，是指媒体与记者应当在此基础上持有独立和中立的立场，正确定位自身的角色。而新闻的倾向性是指不同记者对新闻事实的不同态度和不同媒体对同一新闻事实的立场。从这个层面上来看，新闻报道中的事实并不等于客观事实，因为它经过记者头脑的认识，读者只是对其认识结果进行接收。也正是因为记者的介入，“纯客观”的报道是很难做到的。因此，新闻工作者必须充分尊重客观事实，并通过文字或者图片等努力还原客观事实，不能为了某种需要而给客观事物附加一些东西，来歪曲事实、改造事实，这既是对事实的尊重，也是对读者的尊重。

客观事实是新闻得以存在的基础，而“报道”给了客观事实以生命，使之能够成为新闻。如何掌握好新闻客观性和报道倾向性两者之间的“度”值得思考，最典型的例子当数国内报纸关于 2012 伦敦奥运会周俊的报道。周俊在女子 33 公斤级 B 组比赛中抓举开把连续三次试举失败的消息传回国内，国人一片哗然，媒体的报道也铺天盖地，有报纸对周俊用了“耻辱”一词，虽然事后都郑重向周俊道歉，但通过这个事件赤裸裸地让人们看到一些媒体的不理性和情绪化，媒体暴力也一览无遗。当然也有报纸根据事实，顺藤摸瓜，找出问题症结，不仅给读者们一个交代，也体现出对运动员的人文关怀。在这个案例中，周俊比赛失利是客观事实，但媒体间不同的报道方式就明显地带有倾向性，个别媒体的冷嘲热讽甚至是辱骂最终受到社会的指责，而体现关怀、冷静分析的报道也终究受到肯定。

记者和媒体的职责主要就是让受众了解事情的全面情况，以便作出自己的判断。客观性原则也并非要求新闻报道者要恪守纯粹的客观主义，实现百分之百的事实原貌呈现，这是不现实的，也是不科学的。新闻客观性是一种相对而言的客观性，绝对意义上的客观性是无法实现的。但媒体报道的不偏不倚，在操作手法上把事实和观点分开，不在新闻中穿插意见也是一个不容妥协的原则。因此，新闻工作者能够求真务实，报实情讲真话，新闻媒体能够树立主流意识，拥有大局观，新闻的客观性将得以最大化展现，新闻倾向性不至于放任自流，两者达到最好的协调，新闻的客观性也将达到最大化呈现。

第二节　平　衡

平衡报道理论是西方新闻界普遍遵循的一项基本原则。那么什么是平衡报道？下面列举两个比较有代表性的观点：

"必须把矛盾各方方面面都呈现出来。"①

"新闻报道平衡，就是在突出报道一种主要因素时，还要顾及其他因素，特别是相反的因素；在突出报道一种主要意见时，还要注意点出其他意见，特别是相反的意见。"②

从这两个观点中我们可以知道，平衡报道即是尽可能给每一方说话的机会。除此之外，我们还认为，平衡报道不仅包括新闻报道中的不同意见和观点的平衡，还包括新闻来源的平衡，即新闻信息获取的手段、途径要平衡。在新闻写作中要不偏不倚地呈现不同方乃至对立方的观点和话语，尽量达到报道的公正和客观。

平衡报道的理论最早源于美国的本杰明·富兰克林。1729 年 10 月他接管了《宾夕法尼亚报》，出任发行人，并获得社会承认。他说："当人们各持异议的时候，双方均应享有让公众倾听各自意见的平等机会，而当真理与谬误得到公平待遇的时候，前者总是盖过后者（弥尔顿及其《论出版自由》的影子）……假如所有印刷商都决意要在他们确信任何内容不会触犯任何人之后才付印的话，那就没有什么可以印刷的了。"③

---

① ［美］梅尔文·门彻．新闻报道与写作．展江主译．北京：华夏出版社，2003. 44.

② 孙旭培．新闻侵权与诉讼．北京：人民日报出版社，1994. 242.

③ Carl·Van Doren，*Benjamin Franklin*，New York：Viking，1938，p. 100．转引自［美］迈克尔·埃默里，埃德温·埃默里，南希·L. 罗伯茨．美国新闻史：大众传播媒介解释史（第九版）．展江译．北京：中国人民大学出版社，2004. 38.

一、新闻来源的平衡

例如上一节中提到的邓玉娇案，记者没有对医院的相关医护人员和派出所的有关人员进行采访，也没有对死者邓贵大的同事进行采访，更没有对保管死者尸体的地方的工作人员和法医进行走访，甚至没有对邓玉娇本人进行采访，这就是在新闻来源的平衡上的失守。此外，记者采访邓玉娇的朋友和亲属，没有采访其本人。这些采访对象对当事人的主观印象本身并不足以代表当事人的特征，不能发出当事人的声音，报道的真实性又从何谈起？

新闻报道的平衡性很容易在新闻生产的最初环节即选择事实和观点时，由于偏颇而遭到破坏，那么，要从源头上把握新闻报道的平衡就需要记者获取最直接、最主要、最能反映事情本来面目的事实，即使不能获得事件当事人提供的信息，也需要保持谨慎的态度，理清信息提供者与当事人的利益关系，基于掌握的事实进行判断，再基于冷静理性的推理，去选择和拿捏事实，把握事实选择的平衡性。

二、报道对象的平衡

报道对象的平衡要求记者和媒体站在公正的立场上讲话，不向任何一方倾斜，不偏袒任何一方。特别是有争议和涉及双方对抗性利益的时候，记者更应该如实地报道各方面的不同意见，不能支持一方、压倒一方。记者和媒体不是司法机关，只是负责向各方提供新闻事实，至于谁是谁非应该由司法机关或权威机构下结论。

中央电视台新闻频道关于李启铭校园车祸案的报道就是明显的一例：2010年10月22日，中央电视台新闻频道《法治在线》栏目对河北大学校园车祸案做了后续独家专访，肇事者李启铭父亲李刚现身道歉。节目一开始播放了关押在保定市公安局的犯罪嫌疑人李启铭痛哭流涕的镜头，并打出字幕：肇事司机李启铭万分自责，深表歉意。随后，记者采访了李启铭的父亲李刚，李刚面对镜头抱头痛哭，泣不成声，李刚代表全家向受害者及家属表示深深的歉意，在镜头前鞠躬道歉，鞠躬时长35秒。最后，李刚哭泣着面对镜头说会尽最大的努力来救助受害者，并将给受害者最大的抚慰。《法治在线》将此案的独家专访分成两部分，前一部分是李启铭的哭诉，后一部分是李刚的哭诉，分别将镜头聚焦于李启铭与李刚痛哭后悔的场景，并着重突出李启铭在狱中的哭泣忏悔和李刚在镜头前的哭泣及鞠躬道歉。在整个报道过程中没有出现受害者，话筒完全留给李氏父子。

这样的编播方式，一方面，易使不明事件真相的观众误以为李刚一方是受害者，颠覆观众的视觉及思维，使受众的同情心理倾向于犯罪嫌疑人；另一方面，在整个报道过程中没有出现受害者的声音，受害者的话语权无形中被淹没，新闻的平衡性被极大地破坏，这就很容易给观众造成央视在为李启铭脱罪的印象。不仅是李启铭事件，还有药家鑫事件以及钱云会事件，都有话筒向某一方明显倾斜之嫌，媒体的话语权偏置，极大地损害了新闻报道的平衡。

新闻对象失衡对新闻报道平衡性的影响是极大的，它能够直接造成新闻失实，引发错误的舆论导向，甚至是干扰司法公正，最终损害媒体的公信力，有时媒体甚至要承担相应的责任。

对此，美联社关于平衡的方针是：我们尽可能努力获得与我们正在报道的新闻有利害关系的人的观点——尤其是，如果那个人是一次攻击或指控的目标……假如有人拒绝评论，我们会说明：他拒绝评论；假如我们得不到某个人的观点，而这个人的观点在报道中是必不可少的，那我们将在文章中说明我们为了获得这种观点而采取的措施……无论何时，我们还应该核实我们的文件，看看那个人是否过去说过与这些指责有关的内容，如果有的话，将过去的观点写进报道，或许可以提供所需要的平衡。

三、材料选择的平衡

同一个事件，如果站在不同的角度看到的情况是不同的，那么记者的角度很大程度就体现在对材料的选择上。例如，报道重大公共政策的讨论、新思潮的出现时，需要听到各种不同的声音，不可夸张或渲染一种声音，更不能有意弱化或忽略另一种声音。在报道一项政府决策时，不仅要展示不同政见者的声音，也要倾听民众和专家的声音。只有通过多种声音的呈现，实现对事情认知的多元化，才能构建出这个事件的多维评价体系，立体展现才不至于使报道过于片面，甚至失实。

中国独生子女成为“闪离”一代

“闪离”意指一结婚就离婚，这在中国是个新现象，因为独生子女一代迈入结婚年龄而数量急剧增加。1979 年实行计划生育政策以来诞生的“小皇帝”和“小公主”们一遇到婚姻挫折，就毫不犹豫地离婚。重庆市民政局一名负责人表示：“80 后一代的婚姻非常脆弱，有人上午登记结婚，下午就来办离婚了。”

“年轻人没有准备好为婚姻承担责任。他们追求爱情，但一碰到困难就放弃。”一名离婚律师这样表示，他的年轻客户数量直线上升。这个新的客户群体更加自我，不太在意财产纠纷，但会进行一些出人意料的诉讼。

一些离婚者要求对“时间和感情损失”进行补偿。如果离婚案中涉及孩子，情况会更加复杂。因为在一些极端情况下，父母双方都急于恢复单身生活，谁也不愿意养育小孩。这种个人主义与中国传统已经决裂，因为传统上家庭是社会的基石。

26岁的小雅（音）否认了自私的说法，她说："我们是现实的一代，寻求现代化和传统价值之间的平衡。"社会学家也不愿指责年轻一代，上海社科院的杨雄（音）说："真正的原因是社会和风俗的变迁。"他还表示，离婚数量增加是"社会进步和社会中个人解放的信号"。现在，中国在这方面也在追随西方的趋势。

来源：法国《费加罗报》，2010年9月2日

在这个案例中，对于"中国独生子女成为'闪离'一代"这个话题，记者采访了重庆市民政局负责人、离婚律师、上海社科院的相关学者以及26岁的小雅。不同的受访对象代表不同社会身份的人对这一事件的看法，通过对这些不同身份的人进行采访，可以使报道发出不同的声音，有时甚至是针锋相对的，但这样就可以让读者从多个评价体系认知这一现象，从而尽可能地接近事情的本质。

新闻报道的平衡性原则是新闻报道的重要报道艺术，除了体现在新闻来源的平衡、报道对象的平衡以及材料选择的平衡上，记者价值判断的准确性也很重要。随着我国进入社会转型期和网络技术的飞速发展，新闻报道的平衡性正在受到很多因素的影响。例如，随着网络、微博的发展，"剪刀＋糨糊"的拼抄式写作日益常见，媒体和记者从网络上开发新闻来源时，由于不能深入现场以及网络上浅表化的信息使得接受者"只见树木、不见森林"，往往很难达到新闻平衡。新闻从业者所面对的不仅局限于事实的"真"与"假"的冲突，更着重于价值判断，这就需要记者时刻保持一颗警惕心和良好的判断甄别能力，而正确的价值判断正是建立在对新闻报道平衡性的把握之上 。

第三节 公 正

新闻公正性指平等地对待所有的消息来源和报道对象，尊重事实，实事求是；合乎逻辑与伦理，不带私利和偏见；无预设的意见或判断，不受个人信念或想法影响，对每一方都持公平态度。

概括地说，公正性包含以下要素：完整性、诚实性、准确性、平衡性、无偏见、合乎伦理等。

新闻报道失之公正的表现方式：

一、报道不完整或片面

有些报道报喜不报忧，或报忧不报喜。如改革开放前的中国新闻往往报喜不报忧，西方传媒的非洲报道往往报忧不报喜。这些都属于报道不公正的表现。

此外，一些记者在采访过程中，有意无意只截取事物一部分属性或特征，或针对部分事实加以渲染夸大，使事物背离真实，也是一种比较典型的不公正的报道行为。

西瓜本无事　传言猛于虎
膨大剂传言祸害西瓜产业

我是攀枝花市盐边县永兴镇新民村的农民，我们这里的红沙瓤西瓜味道甜口感好，往年子卖的都很好，今年那个膨大剂把西瓜弄爆了的新闻把我们害惨了！几万斤西瓜都烂在地里，再拖下去要烂完了！求好心人转发卜，去年卖1块一斤，今年我们三四角都卖，总比烂了好哦！多谢多谢！付友莲：139035xxxx

5月23日 11：39 来自新浪微博　　轉發（66681）｜收藏　｜　評論（13180）

日前，一位四川攀枝花瓜农在微博上发文求助，称当地盐边县有几万斤西瓜烂在地里，原因是“膨大剂把西瓜弄爆了的新闻把我们害惨了”。这位攀枝花瓜农道出的只是西瓜产业“崩溃”的冰山一角，在海南省文昌市，当地近2万亩西瓜受“膨大剂”影响滞销田中，农民欲哭无泪，只能眼睁睁地看着西瓜熟透腐烂。

瓜农微博求助　称“膨大剂”传闻殃及优质西瓜无人问津

5月23日，一位网名为“攀枝花人卖西瓜”的瓜农付友莲在微博上发文，希望通过微博卖瓜。

他说，他是四川攀枝花市盐边县永兴镇新民村村民，当地西瓜味道甜口感好，往年畅销，但今年受“膨大剂”传闻影响，“几万斤西瓜都烂在地里”。

他承诺，当地瓜田山泉灌溉、阳光充足，不使用添加剂。“我的瓜要有啥子添加剂膨大剂，我当场砸瓜！”西瓜去年2.4元/公斤，今年0.6~0.8元/公斤都卖，希望网友帮助找到批发商。

这条微博引起了网民的强烈关注，被转发6万多次，评论达到1.2万多条。

很多网民对瓜农的遭遇表示同情，“农民朋友真的不容易，辛苦一年却被膨大剂害惨了，最终账都算在了农民头上”。

还有网民帮忙推销起了攀枝花的西瓜。网民“永恒的夏天2010”说，四川省攀枝花市盐边县永兴镇新民村的红沙瓤西瓜味道甜口感好，是当地农民的主要经济来源，今年又获得了大丰收，每年都有大量的商家去收购，今年至今留在瓜田无人问津，希望借助微博的力量，救助那里焦急的瓜农。

网民“老善人”评论说，当市场失灵、农民受伤时，政府应该出来，为农民联系流通渠道，平息个别负面信息对整个西瓜市场滞销的影响。

海南文昌近2万亩优质西瓜“蒙冤”滞销

记者了解到，海南文昌2万亩西瓜滞销在田里，瓜农们苦不堪言，而这一切的“罪魁祸首”就是引起人们恐慌的“膨大剂”传闻。

记者在文昌市铺前镇林梧西瓜基地看到，这里沿海边沙滩绵延几千亩西瓜，全部进入成熟上市期，然而偌大的西瓜基地里，看不到一辆西瓜收购车，瓜农们只能眼睁睁地看着西瓜成熟。

看到记者来访，附近的十几个瓜农纷纷骑着摩托车赶来向记者反映情况。浙江台州籍瓜农罗成国说，他和朋友借钱凑了200万元种了500亩西瓜，目前有150亩已经熟透，正常情况下一天能发出十几车西瓜，但从本月10日开始就没有一个收购商前来，这批西瓜已经八成熟，再不采摘，将无法进行长途运输。

“这种情况真让人意料不到，今年天气好，瓜种得很好很漂亮。”罗成国说，文昌西瓜平均每亩种植成本要6 500元，今年海南西瓜丰产，每亩产出3 000多公斤，平均每公斤成本就需2元。如今，瓜还未上市就面临烂市的危险。

铺前镇林梧村瓜农林明飞、韩华元、黄林冲等人七嘴八舌地对记者说，他们种的无籽西瓜都成熟了，但没人来收，“最怕没人来收，没人来根本没法谈价格”。

海南是冬春季节全国西瓜的主产区，从西部的东方、乐东起自南向北逐渐成熟上市。文昌位于海南最北边，也是最晚上市的地区，今年文昌全市种植了4.15万亩西瓜，目前已经销售了55%，还有近2万亩西瓜降价滞销。

海南省西瓜协会秘书长林尤胜分析认为，西瓜降价滞销主要是由于5月份相继出现了两次媒体不实或片面报道。一次是5月初四川某媒体报道西瓜注射增甜剂，食用注水西瓜对人体有害，以致价格跳水。第二次是10多天前，江苏镇江丹阳曝出膨大剂致西瓜爆炸的消息，称人吃了用膨大剂种植的西瓜对身体有害，更使得脆弱的西瓜市场雪上加霜。

林尤胜说，5月10日还卖4元/公斤，到了5月11日就跌到了2.6元/公斤，随后每天以0.4～0.6元/公斤的速度降价，到江苏的膨大剂报道出来以后，说可以致癌，瓜价就全乱了，“现在地里的瓜四五毛钱一斤都没人要”。

莫让“膨大剂”风波祸害西瓜产业

“膨大剂”究竟为何物？南繁科学技术研究院院长李劲松从事了近20年的西甜瓜育种和栽培研究，他告诉记者，膨大剂实际上是一种人工合成的植物内源激素，植物本身也会合成这种激素，但是量很微小。当气温较低或阳光不够充足、植物长势不好时，通过按一定比例喷洒些膨大剂，可以促进植物坐果，引导植物将营养输送到果实中去。

他说，“膨大剂”之所以造成西瓜产业如此大动荡，是因为江苏丹阳的报道存在一定程度的误导，丹阳瓜农也缺乏种植经验。

文昌市农业局副局长刘淑华说，海南岛气温适宜、光照充足，根本不需要使用西瓜膨大剂来增加营养。“西瓜爆炸报道出去以后，对我们这边的西瓜产生了很大的影响，造成卖瓜难的现象，我们也感觉到很冤，因为我们根本就没有使用（膨大剂）。”刘淑华说。

李劲松说，尽管海南西瓜种植上没有使用“膨大剂”的习惯，但有必要向消费者解释，只要合理使用“膨大剂”是不可能造成危害的，并且我国的农药管理十分严格，“膨大剂”是由农业部批准使用的农药，其使用范围、剂量都有严格规定，“消费者应秉持理性态度”。

中国热带农业科学院品质资源研究所研究院党选民也向记者反映，“膨大剂”的不实报道对西瓜产业造成了严重影响，人们应该保持理性客观的态度对其加以认识，它只是一种植物生长调节剂，是经过长期大量的田间试验证明的。

党选民说，任何一种农药过量使用肯定都会造成危害，但这只是江苏丹阳的个例。不当报道引起了消费者的恐慌心理，以致大范围西瓜滞销，给农民造成了惨重的损失，这种影响将很难挽回。

林尤胜说，西瓜遭受不实传言的影响已经不是第一次，两年前曾报道海南西瓜注射红药水和甜水给西瓜增色增甜，导致西瓜滞销烂市，最后经过权威媒体报道才为海南西瓜正名，但失去的损失已无法挽回。海南香蕉也一再遭受谣言危害，每一次都造成价格大跌，农民血本无归。

“每一次谣言、传言、风波的发生，损失最重的就是农民。”林尤胜说，农业本来就十分脆弱，既要面临自然灾害的风险，又要面临市场价格波动的风险，如今又增加了一个谣言的风险，这使得农民的生存空间越来越狭小，“一个小小的谣言轻则毁掉一批农民，重则毁掉一个产业”。

据悉，四川攀枝花的瓜农在通过微博反映卖瓜难现象后，已有红旗连锁超市在内的六七家商家前去收购，打开了攀枝花西瓜的销路。

海南文昌瓜农、行业协会和市农业局也呼吁，考虑到目前内地西瓜也已大量上市，外地收购商前来收购西瓜存在物流成本高的问题，他们建议相关部门能尽快出台文件，减免过海费，降低收购商物流成本，加强产销对接，联系内地运销商尽快到海南来运瓜。

来源：新华网，2011 年 5 月 27 日

关于“西瓜使用膨大剂”的一些报道，最大的问题就是报道不全面，并且记者为了制造噱头故意夸大不实信息，在写作过程中未深入相关西瓜种植地了解具体情况，没有对该领域的专家或权威机构进行核实求证，甚至散布出使用膨大剂的西瓜可以致癌等缺乏科学根据的信息，给瓜农造成巨大的损失，同时造成的影响也很难一下子消除。

二、报道失之公允

记者在报道中利用潜藏的信息和议程来表达自己的偏见或情绪，这种潜藏的信息和议程有悖于新闻的公正性。

例如，在“非典”肆虐中国的 2003 年，西方的一些杂志和报纸，诸如《美国新闻与世界报道》、《经济学家》封面上，凸显的都是一个人面戴口罩、瞪着眼睛的照片，照片上的人恐惧和不知所措。而美国《时代》周刊封面却是一个感染了“非典”的人的肺部阴影横亘在五星红旗上，标题是“SARS 国家：这个传染病正在改变中国”……在西方的媒体上，很难看到中国人团结一致与“非典”搏斗的精神面貌，在报道中添加了诸多意识形态符号，带有明显的偏见，这显然是不公正的。

三、报道不诚实

有意无意地误导甚至欺骗受众，如“茶水发炎”事件。

“茶水发炎”事件没完没了？

原始新闻

2007 年 3 月 19 日，中国新闻社刊发新闻《茶水当作尿液样本送检，医院竟化验出了炎症》。中新社浙江分社记者乔装成患者，将事先准备好的茶水送到杭州 10 家医院检测，结果有 6 家医院检测出茶水有炎症。这 6 家医院的其中 4 家是有一定名气的公立医院，此事引发了医疗界和社会广泛关注。

各方反应

公众

● “茶水验尿”事件着实让策划此新闻事件的媒体和记者风光了一把。在

日益激化的医患关系上撒一把盐、烧一把火，这家媒体也颇有“伸张正义”、“大快人心”之意，用茶水泼了医院和医生一身的狼狈。

●医院问题多、民怨大是事实，但也不能是非不分。医生不是神仙，真有病也不一定能查出异常；没病装病，更不易鉴别。比如你说头痛，真头痛也不一定能查出异常，装头痛更无法识别。如果你装得痛不欲生，开镇痛药是必然的，不开药你岂不又倒打一耙，说医生对你漠不关心？

●记者以茶水充当尿液，以此作为医生医德和医术的试金石，其创意本身就很蹩脚，起到的是很糟糕的作用，失去的是医生对患者的基本信任。

●个别记者热衷主动“策划”各种新闻，只求“轰动”不顾后果，并不关注科学常识和客观实际，不仅违背了新闻职业道德，也干扰了医学诊断和治疗的严肃性。少数媒体为追求“眼球经济”，走入了“新闻娱乐化”的误区，使本已紧张的医患关系恶化，而且使更多的媒体和群众受到误导，给社会制造了不和谐音符。

92 家医院

北京协和医院等全国92家三级甲等医院的医务人员分别做了同样实验：用茶水做尿常规化验。结果显示：在136份化验单中，未检出“阳性”项目的报告单为9份，占总数的6.6%；检出“阳性”项目的报告单为127份，占总数的93.4%。

当事记者

中新社浙江分社记者张慧慧、柴燕菲：茶水化验的选题最初是因为业内一位专家的一句戏言。记者去拜访一位医学专家时，专家聊了很多医患关系、医疗价格问题，当然也就涉及了民营医院。大家都知道，浙江是一个民营经济比较发达的地区。专家给我们提醒说，现在媒体关注的已有新闻都是一些表面的，甚至是事后的，放“马后炮”。他建议应该报道一般人不知道的事实真相。这时他说了句笑话：“就是拿一杯茶水也能验出问题来。”“茶水怎么可能化验出问题来？”同去的几个人听到后，都觉得不相信。但经过讨论，还是决定从这个角度做一条新闻。

高端声音

卫生部：有悖记者职业道德

4月10日，卫生部回应“茶水发炎”事件。卫生部新闻发言人毛群安对此提出了批评。他表示：根据专家建议，此行为有悖记者职业道德。

事件发生后，卫生行政部门给予了高度重视，除了当地的卫生行政部门组织有关的医疗机构和专家针对这个问题进行了讨论研究外，卫生部也组织北京各大医院和卫生部的临床检验中心就这个事件进行专题研究。北京的医疗机构也用茶水作为检验样本让各大医院进行了化验，结果许多医院的化验报告也出现了假阳性。

毛群安强调，如果不懂化验技术要求，而别出心裁地想到这么一招，不仅会影响正常的医疗工作，而且会误导广大公众。现在已经有很多患者对医院检查结果产生了怀疑。对媒体做这样的事情提出批评，并不意味着卫生行政部门不接受舆论监督；应该说在当前的情况下，舆论监督对于我们发现一些问题，特别是发现一些带有倾向性的问题提供了非常重要的帮助和参考。

来源：《健康时报》，2007 年 4 月 16 日

“茶水发炎”事件曾令舆论一片哗然。采用这种做法的记者，既缺乏有关医学常识，也缺乏科学严谨的态度，不仅把医生给“骗”了，也把读者给“骗”了。虽然这一切都是记者无意为之，但舆论监督的目的不是逞一时之快，记者需要出于善意、真心，最重要的是在取证的过程中要尊重事实，并做到公正。从这个案例还可以看出，少数媒体为追求“眼球经济”，走入了“新闻娱乐化”的误区，热衷主动“策划”新闻，不顾后果，甚至违背科学常识和客观实际，只为追求“轰动”效应。不管出于什么样的初衷，“茶水发炎”都是值得媒体反思的一个事件。它不仅恶化了医患关系，而且使更多的媒体和群众受到误导，给社会制造了不和谐因素。

四、报道有偏见

报道有明显的倾向性或成见，不能公平对待对立或争议的各方。

比较典型的案例是 2010 年引发司法、民意及媒体这三者之间紧张关系的“药家鑫事件”。当时的媒体报道，记者几乎一边倒地站在了“弱势”一方，即被药家鑫刺死的受害者一方，并通过选取事实、构建隐喻、关联社会敏感信息等方式，突出社会矛盾，激发读者对强势群体的想象和不满情绪，进而引爆舆论、制造轰动效应。所以早期“药案”的报道掺杂了许多社会敏感内容，如“官二代”、“富二代”、“军二代”等不实信息，体现出来的是对双方当事人的报道篇幅不均衡，带有先入为主的偏见倾向。之后虽然有报道作出澄清和纠正，但几乎不被人接受，并被摒弃为“漂白文章”。舆论对于“药家鑫事件”看法的实质性改变，源于中央电视台 2011 年 8 月 14 日由柴静主持的《看见》这一期节目。药父首次通过媒体出现在观众面前，说出了媒体曾大肆报道的一些情况并不属实，颠覆了许多人们曾坚信不疑的一些“事实”。而此时距离首发该事件报道的 2010 年 11 月 28 日，已过去 10 个多月时间。

五、不尊重报道对象，使无辜的人受到伤害

美国《行列》杂志主编沃尔特·安德森曾讲述过自己20年前的一段往事：他年轻的时候采访一位妇女，在写作时，他把她称为“有五个孩子的未婚妈妈”。报道刊登后，那位妇女的一个儿子打电话来怒喝道：“你为什么这样写？那关别人什么事？”之后，安德森反思时说：“我写的文章是准确的，但是我认为我写得不够公正。我正确地摆出了事实，但是我错了。”

安德森的“错”，就表现在他没有很好地尊重受访者的隐私，把它曝光于众目睽睽之下，使受访者受到一定程度的困扰和伤害。

公正性原则反映着记者的判断力，其本质上就是要求新闻从业者尊重事实，实事求是地进行新闻报道工作。它是新闻报道的一般规律，连同客观性原则和平衡性原则，共同成为新闻事业追求的目标，这得到全世界新闻工作者的广泛认同并付诸实践。

【思考与练习】

1. 体现新闻的客观性需要注意哪些方面的内容？
2. 新闻的平衡可以从哪些内容得以体现？
3. 新闻的公正性与真实性、客观性具有哪些联系与区别？

第四章　新闻写作规律

【本章提要】

新闻写作有一定的规律可循。这些规律主要包括：具有新闻价值的事件才能构成报道；受众渴望知道的事件才能成为新闻；媒体写作还要坚守社会责任等。

第一节　新闻写作与新闻价值

一、新闻价值的含义

（一）新闻价值理论的起源

“新闻价值”的概念最初是由西方学者提出来的，后来我国逐渐引入，并在20世纪80年代以后引起重视和研究。

新闻价值理论起源于报刊成为大众日常读物的时期。20世纪初，西方报业的发展走向大众化之路，大众报纸逐渐兴起，这些报纸以市场为导向，像生产商品一样生产新闻。为了生存，为了吸引更多的读者和开拓更大的销路，许多报人开始探讨读者的偏好，以满足读者的“欲知”，这种业务的探讨逐渐使新闻价值的概念浮出水面，并得到广泛的重视。

最早使用“新闻价值”（News Value）一词的是美国新闻记者休曼，可见于他的著作《实用新闻学》（此书在1913年由上海学广会翻译出版）一书中，他写道：“某人与名记者在一个报馆共事，凭借记者的眼力，评断新闻价值，受益匪浅。……他多次看到记者如何处理采访材料，渐渐自己也能测度采访获得事实的价值了，无须再把时间浪费在无关紧要的琐碎的材料上了。”[①] 另外，休曼在书中也多处谈到新闻价值的问题，并提出新闻价值的几个要素，如“视新闻之刊载，是否当乎其时”、“人之所乐闻”、“最新之新闻”等。

随着西方报业的发展，报纸大众化、商业化目标不断实践和发展，其报道方

---

① 刘建明. 当代新闻学原理. 北京：清华大学出版社，2005. 171. 转引自徐宝璜等. 新闻文存. 北京：中国新闻出版社，1987. 184.

式和内容都与之前有较大变化。以读者为中心，尽可能以读者喜闻乐见的内容为出发点而选择新闻，新闻价值理论也在实践中逐渐发展和完善。

（二）新闻价值的定义

在国内，新闻学的开山鼻祖徐宝璜和邵飘萍都对新闻价值有过论述。徐宝璜在其《新闻学》一书中，不仅给新闻价值作出界定，而且还列举了新闻价值的三要素，即最新事实、重要事实、近距离的事实。[①] 这些关于新闻价值理论观点的归纳来自欧美，徐宝璜是第一个将新闻价值说介绍到中国来的。另外，邵飘萍在《实际应用新闻学》一书中也有关于新闻价值的论述，他直接转引了美国威斯康星大学教授格兰特·赫德的观点，并给予更多、更全面的阐扬。

我国新闻界对于新闻价值更多、更深、更热的研究开始于20世纪80年代初，至今取得不少的成果。研究的焦点主要集中在对新闻价值的定义和新闻价值的构成要素上，有共识但也有很多争论。在新闻定义上就有诸多的不同，如当代新闻学者对新闻价值有不同定义：

新闻价值是指事实所包含的足以构成新闻的种种特殊素质的总和。（何梓华《新闻理论教程》）

新闻的价值是传播者所提供的新闻信息对收受者信息缺乏的满足程度。新闻信息的价值，是由该信息的各种信息总和构成的。（童兵《理论新闻传播学导论》）

新闻价值是事实信息适应和满足公众兴趣与需要的各种信息要素素质的总和。所含信息要素素质的级数越高，新闻价值越大。（郑保卫《当代新闻理论》）

一则新闻产生的社会效应：社会效应强烈的新闻，其新闻价值较大；社会效应小，其新闻价值就小。（甘惜分主编《新闻学大辞典》）

新闻价值是某些事实所具有的在满足受众新闻需求方面所具有的显在和潜在的作用。（丁柏铨《论新闻的双重价值标准》）

新闻价值是一种关系范畴，是指新闻事实（客体）的素质对受众（主体）

---

① 徐宝璜．新闻学．北京：中国人民大学出版社，1994. 24～27.

的需要的满足。(钱燕妮《新闻价值及其量化分析》)

新闻价值就是新闻客体的属性、功能对新闻主体的效应。(杨保军《新闻价值论》)

这些定义，从不同的角度和层次对新闻价值的含义进行多方位的探究，有人将其分为素质说、作用说、标准说、关系说、效应说等，这也为我们后来者理解和研究新闻价值提供了诸多启示。笔者比较倾向于杨保军的观点，而他在论述时也将这一概念细化为“所谓的新闻价值就是指新闻事实和相应作品或新闻文本的属性、功能对新闻传播主体和接受主体的效应或者作用和影响，其核心就是指新闻信息对新闻主体的作用和影响”①。

(三) 新闻价值含义的理解

虽然新闻价值自诞生起就有许多说法，对其的定义也是见仁见智。但对其含义的深入理解和把握可以从以下几个方面着手：

1. 新闻价值是一个关系概念

在哲学上，对价值的一个普遍的认同是客体对主体的效应。与哲学价值的概念相比，新闻价值只是一个小小的分支，因此对新闻价值的理解也应该回归价值的本义，体现新闻客体对主体的效应，这种效应反映的是新闻主体与客体的关系，新闻主体指新闻传播主体和受众主体，新闻客体指新闻事实和新闻作品。在谈论新闻价值时，不能只单方面地谈主体或者客体，两者之间是并存的关系，新闻价值如果离开主体的需求，就无所谓是否有价值，失去存在的意义；如果离开客体，就没有了载体，也就无法存在。新闻价值的存在体现在两者的关系中。要把握新闻价值概念，就必须把握新闻主客体之间的关系。因此说，理解新闻价值，是一个理解关系的过程。

2. 新闻价值是一个“功利性”概念

引入功利性概念是帮助大家对抽象的新闻价值概念有一个具体可感的理解。功利性是新闻价值体现的一个缩影。新闻价值的存在是为了说明新闻是否与社会的需求相一致，是否能为传者或受众服务。信息若要成为新闻，就必须具备这些条件，必须拥有新闻价值，如果没有，就不可能成为新闻，从这方面讲，新闻价值是一个“功利性”的概念。一则新闻的存在，必有其对于传者或受众的效用，以满足传者的“意图”或受众的“欲知”。也正是这种“功利性”——满足需求

① 杨保军．新闻价值论．北京：中国人民大学出版社，2003.18.

的作用，使新闻得以长久和持续发展。

3．新闻价值是以社会为归宿

新闻价值，指新闻事实或作品（客体）与社会（传者或受者）需求之间的关系，新闻事实或作品来自于社会发展的变化，传者和受者同样是生活在社会中的人，而新闻价值的最终检验，是否存在效应及程度大小如何，都要回归到社会中去。因此对新闻价值的理解，要以社会为基础；在以社会为归宿的前提下去理解新闻价值的关系和功利性，就会明白许多。

二、构成新闻价值的具体要素

从以上的分析中，我们大概理解了新闻价值的含义。从效应意义上来讲，新闻价值是信息成为新闻所必备的要素，新闻价值就是这些要素的总称。对于新闻价值所含有的要素，历来研究者都有研究，不同的思维和研究方式都会产生不同的结论。虽然存在着分歧，但总的看来，有些最基本的东西还是得到广泛的认同，只是叫法有些出入而已，将构成新闻价值的具体要素可概括为时新性、重要性、显著性、接近性、趣味性、奇异性六个方面。当信息成为新闻时，它一定含有这六个要素中的一个或几个方面。

（一）时新性

时新性指新闻事件是新近发生的而且是社会大众所不知道的，包含时间近、内容新两个含义：①时间近，越快越好。指在可能的范围内，记者总要想方设法尽快把刚发生的具有可读性的信息以最快的速度传递给读者，因为新闻最强调的就是一个“新”字，越快越新就越受读者欢迎。“抢”新闻现象就是因此出现的。②内容新鲜，有新意。新闻是社会变化发展的最新记录，记者在记录时会偏向一些如新人、新风尚、新事物、新发展、新情况、新问题等给人耳目一新感觉的材料，新闻最终报道这些新鲜的信息，给读者展现这些新的变化。

（二）重要性

重要性指新闻事件的重大程度和受众的关注程度。事件是不断变化的，变化有量变和质变，那些重大的、剧烈的变化，必然是新闻报道所关注和不容错过的重点，因为这样的事件拥有绝对的关注率，如政局的变动、政策的变化、战争进展以及重大经济信息等。但质变毕竟是一个积累的过程，不会时时发生，所以不能去刻意地追求，而细微的量变时常也会有众多的关注点，如那些与当前社会生活和大众的切身利益有着密切关系的事实，也势必会引起人们关注，影响许多人。重要的科技发明、天气的显著变化以及重大的灾害、疾病等，往往能引起读者的重视和兴趣。

（三）显著性

显著性指新闻中的事件、地点或人物越是著名、越是突出，新闻价值就越大，人们的注意力会自然而然地集中到他们的身上。常言说，名人出新闻。如总统的爱好，名人或要人的膳食、体温、睡眠，乃至私生活等，都可以成为新闻内容。有人把新闻价值的显著性要素形象地概括成一组数学公式：平凡人+平凡事≠新闻；平凡人+不平凡事=新闻；不平凡人+平凡事=新闻；不平凡人+不平凡事=大（好）新闻。

（四）接近性

接近性指新闻事情发生的地点与受众在地理上、职业上、生活上越接近越密切，越容易引起受众的关注，新闻价值就越大；事情涉及受众的切身利益与思想感情越是密切，受众越重视，新闻价值就越大。远近既是一个地理概念，又是一个心理概念。从地理上讲，受者更容易关注那些发生在自己身边或对自己造成影响的事；从心理上讲，受者喜欢关注那些能够引起自己内心共鸣的事实。如对于当天的新闻，我们既会关注身边的政府税收、政策改革的信息，也会关注远方城市一个刚刚因车祸失去父母的小孩的信息。因此接近性是新闻价值的一个重要的构成因素。

（五）趣味性

趣味性指能够引起人们感情共鸣，富有人情味（Human Interest）和生活情趣的事实，即通常所讲的奇闻趣事。换言之，新闻报道的内容必须使读者有普遍兴趣，能引人入胜。西方新闻界虽然对趣味性的含义有不同的理解，但是一般都把社会学所研究的内容，如犯罪、道德伦理、人口、人生、婚姻、家庭、人间真情、金钱和色情等作为趣味性的主要内容，具有浓郁的人情味，故易于激起读者或欣喜，或愤慨，或悲哀，或惊讶，或深思等多种丰富的情感，从而唤起强烈的共鸣。

（六）奇异性

奇异性指不寻常的、偏离人们日常生活经验和想象的事情。西方新闻界流行这样的说法："狗咬人不是新闻，而人咬狗则是新闻。"这句话意指不寻常的事情就是新闻。给新闻下这样的定义显然不够全面甚至偏激，但具有奇异性的事物有可读性，能激起读者兴趣。人天生具有好奇心，对于那些奇事、奇人、奇异现象和那些"空前"、"罕见"、"特殊"的事情有着极强的求知欲。事实与现状有明显的不同或偏离常规的日常生活现象，就显得奇异，这对读者具有莫大的吸引力。

第二节　新闻写作的受众需求

新闻是一种信息产品。评价新闻产品的权力在受众手中。因此，受众选择什么、不选择什么，决定媒体能否生存。当然，这里还有个舆论引导的问题，但首先产品适销对路才谈得上引导。

一、从“传者本位论”到“受众本位论”

新闻报道的接受者是受众，没有受众，新闻报道就毫无价值。受众理论认为，受众不是被动的、无知的“靶子”，而是有独立性和自主性的“主人”，他们积极地寻求信息为自己所用，他们对媒介具有制约作用，最终将影响传播效果的实现。这种突出受众在信息传播中的核心地位和决定性作用的理论，就是“受众本位论”。

与“受众本位论”相对应的是“传者本位论”。“传者本位论”是指大众传播媒介在信息传播活动中以传者为中心和出发点，根据传者的需要和利益来决定传播的内容、方式和目的。“传者本位论”认为，受众是孤立的、静止的、被动的、盲目的，只要传者不断发出信息，受众就会不加思考地、顺从地接受，传播的预期目的就能实现。

“传者本位论”产生于资产阶级政党在报刊时期过于强调新闻宣传功能的情况下，是单向传播模式，它以“先知先觉”的身份自居，强调传者的主体意志和情绪，视受众为“乌合之众”，以向受众灌输“先进”思想、“开启民智”为己任。这种理念指导下的新闻传播活动，无视受众的个性和需求，“传播什么、怎样传播、为什么传播”，主要由传者根据自己的需要和利益来决定，一味地追求传者的主观意志，把模式化、概念化、肤浅化的宣传和灌输作为主要的报道方式。在这些传者的视野中，受众是静止和完全被动的，是一个个分散的互不联系的个体。魔弹论、议程设置理论也正是在此背景下陆续问世。

但随着受众已被启蒙并逐渐崛起的时代的到来，“传者本位论”的局限性越来越明显。媒介市场化促成“受众本位论”对“传者本位论”的消解。随着市场经济的发展，新闻传播事业空前繁荣，信息时代可供公众选择的媒介越来越多。传者和受众之间的关系发生巨大的变化，受众在众多的媒介与信息面前拥有比以往更多的主动权和选择权。在传播学的发展史上，学者们的研究重心从20世纪60年代起发生了转变。新的受众理论认为，受众是传播的主动者，媒介则是被动者，受众并不是消极地“接受”信息，而是积极地寻求信息为自己所用。“受众本位论”因1964年鲍尔（R. A. Bauer）的《固执的受众》一书而流传，后来在卡茨、布鲁姆勒、多奎尔、罗森格伦等人创立的“使用与满足”理论中得以发展。此时受众参与传播被理解为犹如在自助餐厅就餐，媒介在这种传播环境中的作用只是为受众服务，提供尽可能多的令受众满意的饭菜（信息），至于受众吃什么、吃多少、吃还是不吃，全在于受众自身的意愿和喜好，媒介对此是无能为力的。①

新闻媒介只有研究受众的心理，满足受众的兴趣和需要，才能在激烈的市场竞争中获利。于是，传统的“传者本位论”逐渐被“受众本位论”消解，“受众本位”的传播时代来临。尤其在新媒体时代，“受众本位”已是新闻传播事业无法抗拒的发展趋势。

二、当代受众需求的特征

新闻报道虽然是对事实的表现或再现，但它不是单纯的“表现主义”或“再现主义”，也绝非记者的“独白”，而是一种供需关系。受众是它服务的对象，特别是在当代，媒介技术的发展和细化，使受众受到前所未有的重视，受众需求也是新闻报道关注的重点。但在新的时空环境下，受众需求也呈现出一些不同的特点。

（一）受众需求的层次性

行为学家马斯洛总结了“需求层次理论”，他把需求分成生理需求、安全需求、归属与爱的需求、尊重需求和自我实现需求五类，依次由较低层次到较高层次排列。其中生理上的需要、安全上的需要和感情上的需要都属于低一级的需要，尊重的需要和自我实现的需要是高级需要。一般来说，某一层次的需要相对满足后，就会追求更高一层次的需要。

受众是对所有接触媒体信息者的统称，而这些接触者的身份并不是单一的，而是复杂的群体。他们各自的身份、地位、知识背景，以及生活方式和生活习俗的不同，使他们对信息的需求表现出不同的层次要求。如农民、个体商户、白领、学生、知识分子等对信息的需求有明显的层次差异。一个农民更喜欢看一些通俗易懂的杂闻，而一个知识分子则偏重于读一些有深度的报道。即使是同一个人，在不同的年龄阶段所需求的信息也是不同的，如一个人在上学期间和工作后所关注的信息是不一样的。

新闻报道要充分把握不同层次人群的不同需求，这样的报道才会有针对性，才会有明确的受众。如《羊城晚报》在 2010 年 9 月 16 日 A14 版刊登了《当年

---

① 徐耀魁．西方新闻理论评析．北京：新华出版社，1998. 309～310.

“秘捞”如今“美称”阿鲁族》的报道。刊出后，便引起不小反响，各大新闻门户网站、报社网站等都纷纷转载。此篇新闻是关于“白领”阶层的报道，在广州或其他各大城市，“白领”是一个重要阶层群体，因此一经刊出，便受到很大的关注。

（二）受众需求的多元性

受众需求的多元性是随着媒体的发展而呈现出的另一个突出的特点。与以前的“一元”宣传新闻不同，在新媒体时代，读者更喜欢听到“多元的声音”。不同的读者，有着不同的经历、地位、立场、观点、情感等，这些因素在信息需求上就表现为多元性。一则新闻的出现，其反响往往不再是众口一词的赞成或反对，而是顺向思维与逆向思维、滞后思维与超前思维等并存，同中有异、异中有同。

例如，2011 年的温州“7·23”动车相撞事件。事件发生后，铁道部官方通稿称是雷击造成事故的，而受众对此产生很大的怀疑，于是许多媒体继续跟踪调查事故的真正原因，并且报道了事故受害人善后处理的信息，最终真相也浮出水面。纵观整个事件，可以看出受众多元性需求对报道的推进作用，通稿出现—受众质疑—媒体深入调查报道—真相出现，受众的质疑是多元性的体现，单一的通稿不再能满足受众的多元需求，多方位、多侧面真实的信息才能满足受众的真正需求。

（三）受众需求的多样性

受众需求的多样性体现在新闻信息的内容和新闻的呈现方式上。

从新闻信息的内容上讲，新闻信息是为了满足受众需求，而受众对信息的需求是有目的性和选择性的。根据历来的国内外对新闻受众的研究成果，可以概括为：信息需求、交往需求、道德教育需求、文化知识需求、社会评判需求、娱乐需求等。我们在平时的报纸、电视和网站上看到的新闻都属于这些需求下的产物，如社会新闻、体育新闻、财经新闻、娱乐新闻等。

从新闻的呈现方式上讲，即对图片、声音、画面等的要求，图文声并茂更能吸引受众。随着互联网技术的不断进步，大多数人在追求新闻信息的时候更重视接触过程的时空环境，希望以一种“享受”信息的姿态去接触信息。于是很多人喜欢去“浏览”新闻，喜欢更有视觉效果的图片新闻、视频新闻等，喜欢简洁明了的即时信息。因此，受众的需求迫使新闻在呈现方式上力求多样化。

三、受众需求的满足与引导

在上面我们理解了受众所感兴趣的新闻信息内容。对于受众的需求，我们在报道时的处理方式有两种：满足和引导。两者是对立统一的关系，如果只一味地满足，就会沦为“迎合”工具。相反，如果只注重引导，就会沦为“控制”工具。所以，为了杜绝一些新闻媒体错误地“迎合”受众，使自身能健康地发展，媒体的报道在极大地满足受众兴趣的同时也要进行积极的引导。而如何做到这些，可从以下三个方面着手：

（1）媒体要寻求“传”、“受”二者之间的平衡。作为传播活动的两极，传者与受众构成一对矛盾的统一体。传媒之间的竞争与发展应是公平、健康、有序的，新闻传播受众本位意识的确立，并不意味着媒介一味地被受众牵着鼻子走。在我国当前的社会结构和媒介体制下，政治控制、经济控制和技术控制仍然存在，市场经济发展尚处于发育阶段。如果一味片面地追求“受众本位”，往往容易出现大众媒介盲目追捧受众，迎合大众庸俗的和低级趣味的需求。因此也不能忽视传者的积极作用及其负有的社会责任。要寻求两个共生的主体之间的一种平衡，促进大众传媒健康有序地发展。

（2）媒体要在自身发展的过程中兼顾社会效益和经济效益的统一，并且要始终坚持社会效益第一的原则。具体来说，主要包括以下几个方面：首先，新闻在内容与形式上必须引导受众获得正确的价值取向；其次，新闻不仅要提供及时有效的知识信息，还应当利用深层次的文化内涵提高受众的文化品位，从而提高整个民族的文化素养；最后，树立受众服务的意识，媒体在传播过程中首先应考虑受众最需要从新闻传播中得到什么，经常了解受众的呼声和建议，及时把握受众的精神脉搏，从而使新闻传媒与时俱进地服务受众、引导受众。

（3）强化媒体作为传播主体和信息“把关人”、“社会守望者”的责任感。提倡新闻报道立足于服务公共利益、监督公共权力、传播公共价值的社会责任感和历史使命感，以为受众提供丰厚的精神滋养去取代一味娱乐受众的做法，通过受众精神需求和品位的不断提高反过来促进新闻传播的健康发展，做到对传者、受众双方主体地位的尊重，有利于媒体社会效益和经济效益的最终实现。

第三节　社会责任

一、社会责任理论概述

社会责任的思想出现于20世纪20年代。1923年，美国报纸主编协会制定《报业法规》，提出报纸的责任问题。1924年，美国报纸主编协会主席C. 约斯特所著的《新闻学原理》一书指出报业要对社会“负责”，并认为在必要的情况下，可以运用法律限制出版自由。

第二次世界大战以后，美国新闻自由委员会作了大量的努力，使社会责任成为一个全新的、完整的理论，并且有两部著作出现。一部是新闻自由委员会的报告《一个自由而负责的新闻界》，另一部是该委员会的一名成员威廉·E. 霍金所著的《新闻自由：原则框架》调查报告。随后，英国皇家报刊委员会也在1949年提出报告，强调报业的社会责任。①

社会责任理论的具体内容自其概念提出之后，就一直在不断地发展变化。丹尼斯·麦奎尔在其《大众传播理论》一书中对其要点作了一些总结，他认为社会责任理论主要包含以下几个方面：

媒介要承担社会责任，而且媒介所有权是一种公共信托形式；
新闻媒介应该是真实的、准确的、客观的、中肯的；
媒介应该是自由却自我约束的；
媒介应该遵守伦理信条与专业性准则；
在某些环境下，政府可能需要介入以捍卫公共利益。②

社会责任理论认为自由必须伴随责任的观念，纠正了传统自由主义理论绝对自由的错误，也阐明了言论自由为基本的人权，而新闻自由只是报人的权利，两者不可混为一谈；另外它鼓励推行报业自律制度，促进报业的真实和公正程度等。这些在一定程度上反映了西方公众对现有新闻秩序的不满和革除弊端、改变现状的愿望。

社会责任论的重点是强调“为最大多数人谋最大之福利”，权利与义务（责任）已由个人转移到社会，由理性移转到良心与宗教伦理。它的目标在于促使社会更易于发挥各种功能，使人类获得最大的快乐。

二、新闻写作与社会责任

一百多年前，著名的美国报人普利策曾说过这样的话：“一个愤世嫉俗、唯利是图、蛊惑民心的媒体，最终会制造出像他一样卑劣的民众。”③ 从这句话中就可以看出新闻报道所担负的社会责任的重要性。

在我国现阶段，对媒体的社会责任的呼声越来越高，究其原因，离不开我国

---

① ［美］弗雷德里克·S. 西伯特，西奥多·彼得森，威尔伯·施拉姆. 报刊的四种理论. 戴鑫译. 北京：中国人民大学出版社，2008. 63.

② ［荷］丹尼斯·麦奎尔. 大众传播理论（第五版）. 崔保国，李琨译. 北京：清华大学出版社，2010. 140.

③ 中国媒体——社会责任的守望者. 半月谈评论，2009（20）.

转型期的时代背景和内在动因。首先，媒体的市场化程度越来越高，媒体进入多元化发展阶段，有些媒体出于竞争的需要，吸引受众眼球，出现造假、煽情、夸张等，如“纸包子”事件等，丧失了对社会责任的承担；其次，新媒体的出现，改变新闻来源的原有格局，许多新闻信息来源无从考查，就会出现报道失实的状况，容易陷入误区，造成社会责任的缺失；再次，我国现在正进入矛盾凸显的转型期，社会利益格局、价值取向和文化碰撞都在剧烈地变化，而媒体也置身其中，不可避免地遭受着各种震荡和冲击；最后，由于新闻事件的国际化关注、媒介技术的发展和政经制度的国际化接轨，一些较为重大事件的发生都会有全球视野的报道，而只有负责任、真实、公正、公开的报道才能站得住脚，赢得公信力。

对于新闻报道与社会责任的理解，我们可从2011年3月的日本大地震中台湾媒体和日本媒体对其的报道中得到深刻的体会。

先看台湾媒体。从台湾《联合报》3月12日到14日的有关报道中可以看到这些标题：

“我以为我会死”函馆如鬼城；脸上恐惧在蔓延，就像世界末日；渔船翻覆燃料四窜　一边大海　一边火焰；死城，海啸灭村2万失踪；灭市灭镇，失踪人口数以万计；“水深火热，摇个不停”；浪涛就在后面，差一秒灭顶；末日？智利、新西兰、日本，还有下一次吗？………

从报道内容中也可看到“毁天灭地杀人”、“沦为死城”、“惨不忍睹”等字眼。台湾媒体对于日本的报道追求标题“惊悚、轰动”，文字“武侠”式煽情，刻意将“小”事夸“大”，着重“渲染”，轻视“人性”。

与此相反，来看看日本媒体。从地震发生起，日本媒体一直伴随着公众，服务着公众，始终与公众走在一起，准确全面地报道公众所需的信息，不停地轮流用日语、英语、汉语、韩语等语种进行播报，发布最新灾情和防震避护措施，报道中没有惊慌不已、撕心裂肺或恐惧绝望，也没有灾情惨状特写或呼天喊地的镜头。另外，日本媒体报道时，不将镜头对准受难者或家属，不拍他们大哭的画面，即使家属愿意接受采访，画面也不出现受访者的脸，如果受访者是儿童，只会拍背影或鞋子。在日本媒体的报道中，充满着理性色彩，非常尊重公众的生命，体现了人性关怀。

在这次日本地震的报道中，台湾媒体忽视社会责任，恐慌的报道渲染也造成台湾民众的恐慌。3月21日人民网刊出消息“台媒播报日本大地震太夸张引不满，被告上主管部门”，民众认为台湾媒体报道日本地震太过夸张，甚至提到

"世界末日"，容易引起恐慌，NCC在25日邀集业者检讨。日本媒体对自家门前地震的理性报道，赢得灾区民众与世界同行的认同和赞扬，台湾媒体对此事件的报道输给日本媒体，究其深层原因可以归结为媒体社会责任的缺失。

三、新闻写作与新闻报道理念

（一）媒体社会责任的核心是报道事件真相

客观地反映事实真相是媒体的基本职责，也是媒体的社会责任。报道事件真相有两个最重要的特征：中立性和客观性。中立性指新闻从业者要摆脱来自政府、集团甚至公众的干扰，维护真正意义上的公共利益。尤其在报道负面事件时，采取不偏不倚的态度。客观性则要求新闻报道者抛弃个人的主观倾向、情感，以冷静的报道方式实现事实的准确呈现。新闻工作者除了用中立性和客观性维护自己的专业地位，实现新闻报道的公信力外，还要坚持真实性。新闻报道必须真实地反映客观事物的原貌，不能仅达到部分真实或细节真实，而是必须达到整体真实。真实是新闻报道呈现事实的最好状态，是新闻报道的第一生命，失去真实，客观便无从谈起，中立也就失去权威性。

（二）公众利益为报道的出发点和归宿

公众是新闻的最高目标。没有公众，新闻也就成为没有意义的事业。新闻若有任何基础可言，那就是公众。新闻若有委托人，那就是公众。公共利益和公众是新闻服务的最高目标。哈贝马斯在研究公共领域时，认为可以从两个不同层面探讨：一是从交往空间上探讨公共领域，体现的是公共领域与市民社会的关系；二是从表达空间上探讨公共领域，体现的是公共领域与公共舆论的关系。媒体作为联系两者关系的纽带，要想体现出最大的价值，就必须把公众利益作为报道的出发点和归宿，只有这样才能在交往空间上报道公众所需信息，才能在表达空间上承载和引导公众舆论，不能一味地追求市场效益而忽视社会责任。

（三）坚持新闻专业主义信念

新闻传播被视为服务公共利益的公权力，对社会的影响是巨大的。也正是因为这股力量的强大，它既可以引导社会的前进，也可能造成政府的更迭和社会的动荡。因此成熟的新闻业应要求从业者牢固树立新闻专业主义信念，否则对社会发展造成的负面影响是不可小视的。新闻专业主义是美国政党报纸解体之后在新闻同行中发展起来的"公共服务"的一种信念，它最大的特点在于独立性。传媒具有社会公器的职能，新闻工作的目标是服务于全体人民，而不仅限于服务政治或经济利益集团。正是这种独立的特性，才能保持一种客观的态度，从而真正去发现、去关心、去报道公众之所在意、所关心、所需要的信息。这样就会避免主观感性的判断和政治经济因素的影响，保持了理性。

（四）遵守职业道德，维护公信力

新闻从业人员不能为了个人私利和媒体私利而损害媒体的社会公权力。单纯地把新闻媒体比作“镜子”是不够的。有社会责任感的媒体，除了反映客观事实，还要有引导。在民主法制社会里，新闻从业人员可以持有自己的价值观，但是，新闻媒体不是新闻从业人员的个人工具，公权不能私用。个人写博客与采访写稿件是两种不同性质的行为。现代社会的人们已经越来越离不开媒体，越来越依赖媒体。对新闻媒体来说，秉持和坚守高度的社会责任感比在以往任何时候都更为重要。

【思考与练习】

1．新闻价值包含哪些内容？

2．谈谈现代大众媒介是如何从“传者本位论”到“受众本位论”转变的？其迫切性体现在哪些地方？

3．媒体该如何承担社会责任？

第五章　新闻报道语言

【本章提要】

新闻语言是新闻的表现载体，而新闻是一种特殊的文体，作为载体的新闻语言也有着特殊的要求。通俗、具体、准确、简明是其最基本的要求，同时，还要保持新闻的时代感和大众化特色，切忌出现“空洞模糊”、“语言暴力”、“媚俗性”、“歧视性”等现象。

第一节　新闻语言概念

一、新闻语言的定义

新闻语言能否成为一个独立的概念，有无相对独立的新闻语言，这曾经引起语言界、文学界和新闻界的热议，而“新闻语言”这个词曾被认为具有贬义色彩。文学大家老舍先生对“新闻笔调”提出过尖刻的批评，认为是糟糕的语言的代名词，语言专家吕叔湘经常在像《人民日报》这样比较高水平的报纸上找出不少语法错误。批评是前进的基石，随着技术的进步和传媒对社会重要性的凸显，新闻语言的研究逐渐受到重视，对新闻语言的定义也各有侧重。

艾丰从新闻语言的独立性角度对新闻语言作了这样的定义：

任何一个学科都是特定角度的抽象，新闻也不例外。新闻语言就是从新闻的角度对全社会进行“选择”和反映时所用的工具。它的本质是信息传播的语言、报道事实的语言、解释问题的语言、快速交流的语言。这就是新闻的个性。①

这对新闻语言是否是一个独立的概念作了肯定的回答。

另外根据大众传播学的原理，徐泓教授从传播学的角度作了这样的定义：

---

① 艾丰．新闻写作方法论．北京：人民日报出版社，2007. 203.

新闻传播是媒介与广泛、分散、隐匿的受众为传递最新的、真实的信息而进行的“对话”。这种“对话”，按照传播学的术语即编码、解码的互动，必须遵从合作的原则，使受众在解码时尽可能多的还原出传者的意图来。新闻语言就是这种文字符号的编码方式。①

新闻语言至少包含新闻和语言两个要素。新闻是传播者通过传播媒介向受众传播以事实为前提和基础的信息，而新闻语言就是通过新闻媒介向受众传播新闻信息时所用的语言。新闻语言可以从广义和狭义两个维度来理解，从广义来看，体态、音响、颜色、图像、空间和距离都可称得上是新闻语言的表现形式；从狭义来说，新闻语言仅仅指有声语言和文字。随着媒介形态的演进，新闻的信息量激增，新闻的传播手段也呈现出多样化的形态。基于媒介形态的角度，新闻语言可以分成报刊新闻语言、广播新闻语言、电视新闻语言、网络新闻语言和手机新闻语言。然而无论媒介形态如何变迁，新闻语言始终是新闻信息构成和新闻传播的基本元素。

基于以上的理解，我们从新闻学原理的角度，可以给新闻语言下这样一个简单清晰的定义：

新闻语言是媒体通过新闻媒介，向社会报道新近发生的事实，传播具有新闻价值的信息时所使用的语言，是构筑新闻报道的最基本元素。狭义上也可以这样理解，新闻语言就是新闻工作者在新闻报道中所使用的语言。

二、新闻语言的研究

索绪尔（Ferdinal de Saussure，1857—1913）把语言现象划分为语言（Language）层面和言语（Parole）层面；言语可以认为是显性的表达层面，而语言则是深层的结构和规约。长期以来，我国的新闻语言研究大多偏重于对表达层面即“言语意义”、“言语功能”的描述与把握，而对语言本体的“语言意义”、“语言功能”的关注尚显不够。

（一）新闻语言研究的“缓慢转型”

新闻语言因其具有特殊的语用功能，即长时间作为宣传工具而存在，所以对其的研究长时间地笼罩在工具论的氛围之中。在19世纪末至20世纪初发生的语

① 刘明华，徐泓，张征．新闻写作教程．北京：中国人民大学出版社，2002.126.

言转向，意味着新闻语言研究进入“分析时代”，即从研究“认识如何可能”转为关注“语言表达如何可能”，随之而来的是语言本体论的研究出现，主要探讨的是语言中普遍存在的现象，即“有什么东西存在”或“什么是实在的基本存在形式”。由此，人们对语言的研究出现转向，而对新闻语言研究的这个转向要远远落后于其他领域中对语言的本体思考。1985 年文学语言的转向开始，随后不久，人们开始对新闻话语的语言学反思，从对新闻话语的运用经验集成开始转而用语言学目光对新闻语言进行审视。

从 1986 年“提高新闻语言的水平”的提出到 1989 年人民大学蓝鸿文教授“建立新闻语言学”的倡言，显示出人们对“新闻语言学”意识的明醒与警觉，也显示出这一领域在“实际存在”与“应该存在”之间存在着相当的距离。新闻语言的研究是整个语言转向时期的迟来者，这种迟缓与漫长既是新闻语言自身发育不良使然，也指示着在新闻语言研究当中存在着方向性和定位的迷失，也就是新闻语言研究的方向何在、应作何定位——而这一本质性的问题仍然没有得到解决。①

（二）新闻语言“表层”研究的兴起

从 20 世纪 80 年代末至今的新闻语言研究呈现出一定的规模，从论文来看，主要有邹家福《新闻语言的跳跃和跨度》、陈家根《浅谈新闻语言的简练朴实和清新活泼》、李良荣《关于当前新闻语言的几个问题》、张志新《新闻语言应简练》等；从相关著作来看，主要有黄匡宇的《电视新闻语言学》、孙国平的《实用新闻语言学》、李元授和白丁的《新闻语言学》、李佐丰的《广播电视新闻语言学》等；再如新媒体环境下关于网络语言的研究《试论网络新闻语言与网络语言的异同》、《网络时代我国新闻语言的特点》、《网络新闻语言的认知语境观分析》、《网络新闻语言的隐性功能分析》等。这时，“新闻语言”的概念意识已经为业内人士所接受并且开始有意识地突出、运用，以配合语言转型的大潮。

从上述来看，虽然这时期关于新闻语言的研究呈现一片繁荣的景象，关于新闻语言的论文和著作很多，涵盖的内容也很广泛，并且追求实用，务“实”不务“虚”。但是这种研究非常表层化，从著作或论文的题目中就可以看出，其大部分只是停留于新闻语言研究的最表层，重新闻语言的表层形式与表现方法，而轻新闻语言的内在话语本质，没有结合语言哲学、政治学、社会学等理论来深入研究我国新闻语言与权力、意识形态等关系，也缺乏结合这些学科理论来研究我国新闻语言范式演变以及这一演变与政治、社会等因素之间的彼此影响的关系。

---

① 翁玉莲．新闻语言的研究现状及其反思．西北大学学报（哲学社会科学版），2010，40（3）．

（三）新闻语言研究的不断“深化”

与表层研究相对应的“深化”研究也出现了启蒙，如《试论新闻话语》（曾庆香）主要从新闻话语的结构、叙事以及如何建构意识形态等方面进行研究；《典型报道的话语分析》（任俊英）主要以福柯的权力与语言的关系理论对典型报道进行评判分析；《论新闻传播学新闻话语理论的建构》（赵为学）主要论述了话语分析理论如何切合新闻传播实际，有机融入新闻传播学理论体系这一问题。从新闻话语切入，提供一个新的角度，拓展了新闻语言研究的形式和范围，是我国新闻语言研究不断深化的体现。另外，这些研究也引起我国研究者的深思，因为这些研究虽说是提供了新思路，但多是借鉴西方学者的相同理论为分析依据。这种在我国人文学科中普遍存在的在理论借用上“言必称西方”的习惯使“我们失去了自己特有的思维和言说方式，失去了我们自己的基础理论范畴和基本运思方式”。这就带来新闻话语研究容易出现的一些问题：一是西方理论是否适用中国的问题；二是人文学科的哲学观点虽深刻但多片面，如果在分析上，大家都以这几个学者的观点为评判准则，就容易走向共同的认知偏向；三是容易出现借用的理论与被分析的文本之间存在两张皮现象。① 而对这些问题进行反思也是新闻研究深化的一种表现。

第二节　新闻语言的基本要求

一、通俗

“英国报业之父”笛福说：“我的写作原则是假设面对500个不同职业的群众讲话，而使每一个人都听得懂。”

新闻报道是为了让广大群众知晓世界最新发生的变动和事实，这就要求新闻语言必须通俗易懂，是大家喜闻乐见、可以接受的表达。“阳春白雪，和者必寡”，通俗易懂的语言才能为大家理解和接受，从而产生良好的传播效果。而要做到新闻语言的通俗易懂，还要从以下三个方面入手：

（一）在选用词汇时，要用大众熟悉的词语，尽量避免生疏词汇的出现，不滥用方言

新闻语言的表达越通俗越好，要运用那些受众看得明白、看得懂的词句，不需要太多高雅华丽的辞藻。如果在一篇报道中出现诸多生僻词，会严重影响传播效果。另外，报纸面对的是最广大的受众，目前受众最广泛的语言共识是普通

---

① 李铁锤．我国新闻语言研究现状及路径分析．新闻界，2010（6）．

话，在新闻语言运用中，记者要尽可能地使用共识语言，谨慎使用方言。《羊城晚报》在2011年8月9日的头版标题是“美国股市跌到阿妈都唔识”，“阿妈都唔识”是粤语方言，对广州本地人来讲，这个标题形象地传递出美国股市状况。但当非本地人而又不懂粤语的读者看到这个标题时，只会感到茫然和别扭，会不明白这个词是什么意思。因此从传播效果上讲，就没有达到最好。由此给我们的启示是在新闻语言的报道中要充分考虑最广泛的受众，使用熟知的词汇，慎用方言，以达到最好的传播效果。

（二）吸收并采用大众化、新鲜生动的语言

穆青说：“在写作时，要努力吸收群众语言的营养，保存群众语言的光彩和风格……你不要轻看那些顺口溜，许多顺口溜带有浓厚的生活气息，具有时代的特色。”大众的语言，是口口相传出来的生活化的生动的语言，为群众所喜闻乐见，也有很强的亲切感。因此，恰当地使用大众语言可以使报道更加通俗、更容易被接受。《人民日报》的老记者刘衡曾将记者的语言和采访对象的群众语言进行了对比：

记者：“猪为六畜之首，养猪工作太重要了！”

群众：“养了三年猪，田里旺得不可知。养猪，可以肥田。”“种田不养猪，等于秀才不读书。不养猪，就要荒田。”

记者：“养猪，饲料问题是第一位的。”

群众：“养猪，首先要抓饲料。人不给猪吃，猪就不给人吃。”

记者：“这猪养得真好哩，又肥又大。”

群众：“你看这猪，滚瓜溜圆，肚子拖地，看见人走到跟前，都懒得动弹。”

记者：“那个饲养员的责任心十分薄弱，把猪养得又瘦又小。”

群众：“他呀，进门一把火，出门一把锁。饥一顿，饱一顿，喂得母猪缺奶，小猪像猴子。肉猪养了十多个月，还是皮包骨头，上不了秤。”

来源：《新闻战线》，1980年第2期

两者一比较就可以看出记者的问语文绉绉的，有些苍白干巴，而群众的回答却充满生活的气息，生动形象，很有活力。可见，新闻报道中引入群众语言会锦上添花。

（三）巧妙地处理好术语和行话的使用

在做经济、法律、科学类的新闻报道或行业报道时，会涉及术语和行话的使用问题。记者遇到此情况，应该尽量少用专业术语和行话，如果用的话，要对其进行通俗的解释和说明，让大众明白所说何事。

2009 年 1 月，《淮安日报》的报道《依托贯标提升工作效能　淮安市建设局通过贯标认证》标题中的“贯标”一词属于一个行话，是指贯彻 ISO9001：2000 的关于质量管理体系的标准。将该词直接用于面向全体市民的新闻报道，会使受众很难理解报道的内容。新闻报道中少用专业术语为好，使用通俗易懂的坊间俚语更妙。不得已而使用专业术语时要充分考虑受众的理解能力，加以必要的解释才行。

二、具体

具体是指新闻报道时用客观精准的语言将新闻事件的 5 个“W”具体展示出来，把事情的真实状况原原本本地呈现给受众。要实现具体，就必须注意以下三点：

（一）具体不是抽象

在新闻报道中，抽象化的语言不会给读者留下太多印象。在现实中许多报道都含有这样的语言，如“×××单位，坚持实际出发，认真贯彻落实两会精神，在×××中取得了可喜的进展……”、“……现场成了一片欢乐的海洋……”、“……在世界范围内处于领先水平，规模空前……”、“……掌声经久不息……”等，这样的语言没有实质性的东西支撑，苍白无力。

美国联合通讯社用这样一个例子来说明对语言具体的要求：

不要去说“乔治精神紧张”，要这样描写：在一次 40 分钟的飞行中间，他咀嚼了 21 根口香糖，他洗了一副牌，数了数，又洗了一遍。他看了看头上和脚下的云彩，系紧安全带，又把它松开了。

这种具体的描述，很好地展现了乔治的紧张情绪，与一笔而过的“乔治精神紧张”相比，这些细致的描述更能给读者留下深刻的印象。因此，在新闻写作中，记者要尽量化抽象的词汇为具体的白描。

（二）具体不是空洞

对于空洞性的理解，可以看看《海南日报》2007 年 10 月的一篇报道：

海南：构筑建设小康社会坚强领导核心

实现海南又好又快发展，关键在党，关键在干部，关键在各级领导干部。十六大以来，海南省各级党组织以党的执政能力建设和先进性建设为主线，不断改革创新，全面加强党的思想、组织、作风、制度和反腐倡廉建设，为实现海南又好又快发展提供了坚强有力的组织保证。

……

通读下来，都是一些意识形态方面的空洞的词汇，没有具体的事件和人物。新闻报道是记录事实的，因此，在做这类报道时，应该改变报道思路，寻找具体的人或事来作为阐述的载体，而不是借助空洞的语言，进行空洞的说教。

（三）具体不是概括

在日常的报道中，我们看到记者会时常运用“部分市民”、“个别商家”、“相关负责人”、“某些企业”等一些模糊的概括性的词语。这些词语的使用往往使读者对这些“部分市民”、“个别商家”的理解模糊不清，捉摸不透具体实况是什么。所以，在新闻报道中，记者应该多运用具体概念，而不是模糊词汇。

首先，要多用子概念，少用母概念。子概念往往要比母概念更具体、更形象。如使用“一个人在喝东西”、“一个孩子在喝饮料”、“一个女孩在喝橙汁”，这三句话一句比一句具体，存在两组概念：人—孩子—女孩子；东西—饮料—橙汁，由母概念逐渐走向子概念，越来越具体可感。

其次，要把概括的数字变为可感知的东西。庞大的数字往往不能给人一个清晰的印象，需要在报道中灵活地将其具体化。日本媒体在“3·12”地震报道核泄漏时说“辐射量是每小时 1 015 微西韦特”，并补充解释说“这相当于普通人一年可以承受的辐射量”，使模棱两可的数字变成可以衡量的具体感受。

三、准确

在大众传播前所未有地深入我们生活的情况下，重视对新闻语言准确性的研究，是新闻传播研究视角拓展的需要，更是新闻传播实践的需要。关于新闻语言准确性的内涵，传统的理解大致是这样的：在时间、空间、形态、色彩等方面，语言的能指与客观事物之间高度吻合；对事物属性、特征——“质”的判断尽可能没有偏差；对事物的数量、程度——“量”的把握精确无误；尽力排除模糊概念或以偏概全；慎用可能产生歧义的词语。

然而，在新的时期，我们对新闻语言准确性的认识应该结合更多的因素。首先，新闻语言的准确性与时代息息相关。不同时代的社会生活、不同的传播环境和传播手段都会使人们对新闻语言的准确性产生不同的理解及要求。其次，报道对象会影响新闻语言的准确性。比如，新闻报道的是新事物、新概念，报道时就必须采用能够表达这些新事物、新概念的新词语，不能如此，就没有准确性可言。另外，服务对象也会影响新闻语言的准确性。新闻语言不仅要写出新闻事实的本来面目和状态，还要写出作者对新闻事实的感觉、认识和情感，还要根据不同的受众需要，选择恰当的表达方式满足不同受众的合理要求。比如，服务对象是广大受众，展示新闻就必须用能被广大受众理解和接受的语言。

基于以上对新闻语言准确性的理解，我们在具体的实际操作中，应该做到以下三点：

（一）使用最恰当的词句

在报道中，用词要贴切恰当，注意词义差别和色彩，不要生造词语，也不要滥用词语，词句要符合事实和客观实际，实事求是地反映客观实际。法国现实主义作家福楼拜说过："我们不论描写什么事情，要表现出它，唯有一个名词；要赋予它运动，唯有一个动词；要得到它的性质，唯有一个形容词。我们应该不断地苦心搜索，非找到这个唯一的名词、动词、形容词不可。"从这些话可以看出，要做到用词准确贴切，必须认真推敲。

比如，毛泽东同志在《别了，司徒雷登》一文中写道："美国人在北平、在天津、在上海，都洒了些救济粉，看一看什么人愿意弯腰拾起来。"文中用"洒"字十分贴切精当，它的含义很丰富，既说明数量很少，又显示出一种高高在上的施舍姿态。

（二）多用动词，少用形容词

形容词多带有感情色彩，往往容易使人对新闻产生疑虑和排斥，如"巨大的进步"、"极大的鼓舞"、"深刻的教训"等往往被读者斥为"大话"、"空话"。动词则简洁传神，使人不感到枯燥。巧用动词，可以使事件鲜活形象地传递给受众。

如《南方都市报》的两篇报道《150岁沙面西桥下月"动手术"》、《海心沙看台确是临建，或将"转正"》，"动手术"、"转正"两词的运用，形象生动地将信息传达给读者，前者传递的是沙面西桥下月重新修缮，后者传递的是海心沙建筑将永久保留，两词用得很妙，恰到好处。

（三）语言的得体还要注意语法规范，讲究逻辑

新闻报道要"立言得体"，句子所反映的事理要合乎逻辑，成分要完整，词语搭配要恰当。新闻报道的文体很多，用语要符合文体要求，落笔之时要有"分寸感"，还要符合一定时代标准的语言规范并富有时代气息。新闻语言以"准确"为核心，因此，新闻界历来把"准确、准确、再准确"奉为新闻创作的标准。古人所说的"豪华落尽见真淳"、"看似平常最奇崛"同样适用于新闻语言。

四、简明

简明是新闻语言的一大特色，也是对一切新闻体裁的要求。简洁明快的风

格，在新闻报道中随处可见。随着人们生活节奏的加快，新闻语言更应该向简洁明快的方向发展。

作家老舍曾说过："世界上最好的文字，也是最精练的文字，哪怕只有几个字，别人可是说不出来。简单、经济、亲切的文字，才是有生命力的文字。"写新闻就要做到这一点，要以简练的文字去表达丰富而深刻的内容。新闻学者陈力丹教授在其写的《用简洁、准确的语言报道事实》文章中，用一篇消息对新闻报道的简明性作了详细的说明。

武警战士用节约箱捡废品购买文娱设施

清洁环境卫生　保持革命传统

丰富文化生活

【本报讯】　驻守在广州白云国际机场的武警广东总队一支队五中队的官兵们，利用节约箱来收集废品，攒钱购买文化娱乐设施，既清洁了机场内外的环境卫生，又保持了革命艰苦奋斗的优良传统，并且丰富了官兵们自己的文化业余生活。

这是该武警中队团支部想出来的为丰富官兵们文化生活的"高招"。中队团支部自今年元月份动员战士们用废品自制成节约箱以来，战士们自觉利用课余时间到营区外、机场内外的通道和马路上，去收集人们遗弃的饮料瓶、废铁、塑料等废品，收集完后回营区放到节约箱内，待节约箱内的废品集满后再卖给废品站。战士们就把卖废品的钱积攒起来去商场购买收音机、功放机和音箱等文娱设施。他们为此已经坚持了半年，战士们表示还要继续坚持下去。战士们还说以后把卖废品的钱捐给那些因贫困而失学的儿童。

战士们利用购买的收音机早上听新闻，去了解关心国家大事。周末假日用卡拉 OK 来丰富自己的业余文化生活，陶冶自己的情操，以此来增强工作、训练和执勤的动力。官兵们高兴地说："我们的生活多了一道亮丽的彩虹！"

陈力丹教授对这篇消息进行了这样的分析：首先，消息的标题太长、空洞，令人无法读下去。从消息所附图看，是战士们将捡到的废品集中放到节约箱里，而不是用节约箱捡废品，表述有误；"娱乐文娱"同义反复，应是"文娱"。副标题是套话，一件小事戴上这样的高帽是不恰当的。事情的意义，读者水平再低也想得到，用不着说出来。

导语写得套路化，一半以上的词句是记者自己在发议论："既清洁了……又保持了……并且丰富了……"这些都是记者关于事实的评价，不是事实本身。消息的行文，只能叙述事实，不应出现记者的议论和价值判断。只能通过对事实的选择和报道来表达倾向，如果一定要说事实的意义，也要以报道事实的方式来说，例如：指导员×××说："这样做既……又……"（"指导员说"本身是一种事实）

第二段的详细报道行文太啰唆。文中"课余时间"无法理解，武警的任务显然不是上课。第三段最后一句话，虽然加了引号，但不像平常人生活中会说的话。

他根据这些分析，在原文的基础上，作了简明化的修改：

白云机场武警战士用废品换文娱用品

【本报讯】 入夏以来，驻守广州白云机场的武警广东总队一支队五中队的营房里，增添了播放机和音响设备，周末和假日战士们唱起了卡拉OK，各班也添置了几台收音机。

今年元月起，该中队的官兵响应团支部的号召，持续数月，利用值勤之外的时间，将机场内外人们丢弃的饮料瓶等各种可回收的废品，集中到设立的节约箱里，然后卖到废品站。收入积少成多，得以陆续购置各种文娱用品。他们表示，这种有利于环保的事情要坚持做下去，卖废品的收入多了，将考虑捐给贫困的失学儿童。①

从陈力丹教授的分析和修改中，我们可以看出，新闻语言要提倡简洁精练、隽永清新，而不是累赘拖沓。新闻语言的简洁明了，不仅指用字少、句子短，而且指语言容量大，"言简而意丰"。

我们在使用新闻语言时，要尽量简洁明了：①要直接写事实；②要删除多余的字、词、句；③要突出"要言"。简洁是一种语言艺术，简洁的文字有着穿透读者心胸的力量，它常常是记者各种水平的综合反映，也标志着一种责任感。新闻报道语言的简洁明了，不但是对新闻本身的负责，更是对受众新闻阅视的负责。

第三节 新闻语言应该保持的特色

新闻语言是语言的一种，同文学语言一样，也有着自己的特色。新闻是时代

---

① 陈力丹．用简洁、准确的语言报道事实．新闻三昧，2000（8）．

和社会发展变化的记录者，不同的时期会在新闻报道中烙下不同的时代烙印，这使新闻语言具有时代特色；在传播过程中，新闻的接受者是社会中的广大群众，新闻存在就是为了满足不同群众的信息需求，这又使新闻语言自然地显现着大众化的特色。因此，在新闻报道中，我们应该保持新闻语言的时代感和大众化特色。

一、保持新闻语言的时代感特色

新闻是时代和社会生活的产物，是站在时代前列，并与时代脉搏息息相关的一种文体，其捕捉和记录的就是时代最新的动态，而新闻语言是新闻被记录和传播的载体。因此，新闻语言往往充满着时代的气息，具有鲜明的时代感，其主要体现在以下三方面：

第一，随着社会的发展和时代的进步，新事物不断出现，这些新事物、新概念要用新的词语来表达，于是在社会发展过程中，便有新的词语不断地产生。如“论坛”、“网络社区”、“网购”、“拍客”、“支付宝”、“财付通”、“博客”、“微博”等等。这些词本身就是时代的产物，带有强烈的时代性，新闻写作中恰当地使用这些新词便会呈现出时代特征。

第二，在语言的三要素中，词汇是随时代变化最快的，因而表现出强烈的时代性。词汇的变化和发展，不仅表现在新词语的产生上，原有词的词义的变化与扩展也是重要内容。例如，最近几年兴起的网络流行词汇“给力”、“浮云”、“悲催”等在新时代被赋予新义，而这些新义丰富了语言表达的内涵，增强了语言运用的灵活性。2010 年 11 月，《人民日报》对流行语“给力”的运用一度成为大众热议的焦点。在这之后，无论是都市报还是党报，都逐渐增加对流行语的运用，这也是新闻语言发展变化的时代性要求。

第三，语言风格是指运用语言时表现出的个性、特色。它不仅因人而异，也因时代而异。同一时代的新闻，在语言风格上常有相同或相近的地方。不同时代的新闻，在语言风格上又往往存在差异，这体现着新闻语言的时代性。与消息相比较，通讯在表达方法上有自己的特点，所以，新闻语言风格的时代性主要体现在通讯上。

处在转型期的中国社会，消费文化似乎成为主流，当下新闻媒体就起着十分重要的精神引领和文化导向作用。这就要求新闻语言在富有时代特色、增强新闻可读性的同时，又要力避新闻语言的世俗化、娱乐化倾向。新闻报道要想打动人心，新闻语言就一定要形象生动，富有时代感。

首先，要尽力寻找有时代特色的字眼。一方面，要尽量使用有表现力、有感染力的词句；另一方面，也要注意引用采访对象那些机智的、富有时代特色的语言。其次，句式不能太长，最好长短句搭配，这样容易产生节奏感，产生生动的效果。同时注意刻画富有特色的细节，多用动词。多用动词易给人以动感，连续使用可以展示一幅幅生动的现场画面，产生较大的感染力。新闻的可读性就来自新闻报道满足了受众的阅读期待，来自新闻报道的内容、形式与受众需求、兴趣、欲望的契合程度。可见，新闻是否具有可读性，与新闻语言是否有时代气息相关。新闻工作者应站在时代的前列，考虑受众的需要，使新闻语言在讲究准确、规范、得体的同时，富有时代特色，永远保持鲜活。

二、保持新闻语言的大众化特色

新闻属于大众传媒的范畴，因此新闻的受众是十分广泛的，上至国家领导，下到普通公众，社会不同层面、不同战线的人们每天都会通过各种不同的媒介来了解大量的新闻。而新闻语言是新闻的载体，新闻若要最大限度地满足最广泛的受众的需求，新闻语言就要像一种调料，将新闻调成能最大程度满足受众喜好的菜，因此必须具备大众化特色。那么，媒体在传播信息的过程中，如何才能保持新闻语言的大众化特色呢?

（一）新闻语言应该是易读性的语言

美国的沃纳·赛佛林、小詹姆斯·坦卡德在《传播理论：起源、方法与应用》一书中指出："对大众传播的定义要求它尽可能地接触最大数量的受众，所以，它就必须尽可能地采用人们容易理解的书写形式和表达方式。"① 可见，新闻语言要具有大众化特色，必须具备易读性特点，即新闻语言必须具备让人容易理解的特性。对新闻语言来说，易读性指新闻信息的承载符号被受众阅读和理解的速度。在大众传媒走向市场、接受市场经济规律约束、直面受众选择的今天，新闻语言的易读性问题应该越来越引起传媒的重视，如此才能适应信息爆炸的时代受众轻松快捷的阅读心理。

但大多数媒体在讲求客观真实传播新闻信息的同时，往往忽视新闻语言的易读性要求。特别是当新闻信息联系的是政府的政策法规与人民群众利益的时候，媒体出于各种原因，仅仅是照搬文件，而没有立足受众的阅读需求，没有考虑到受众由于受教育程度和文化修养的不同而导致的信息接收理解能力的不同，没有对新闻信息进行合理的再加工，而制作出不易读的文件新闻，最终带来信息传递的失败，影响服务机构和被服务对象的沟通。因此，新闻信息在准确传达的同时，还要照顾到受众的理解接受能力。新闻语言不仅应该是准确的，更应该是易

① ［美］沃纳·赛佛林，小詹姆斯·坦卡德．传播理论：起源、方法与应用．郭镇之等译．北京：华夏出版社，2000. 129.

读的、易懂的、不晦涩、不深奥、不拗口的。

（二）新闻语言应该是生活化的语言

新闻写作的唯一目的是向受众传递信息。因此，受众的理解接受能力是制约新闻语言的唯一标准。受众因为各自的性别、年龄、身份、地位、背景等因素仍然存在着阅读差距。无视受众的这种差别，过高或者过低地估计受众的阅读能力都是对受众的不尊重、不负责。而唯有来源于生活、反映生活的语言表达才是符合全体受众要求的。新闻语言要具备生活化的色彩，那就要求新闻工作者深入到社会人群中去，通过交流沟通，了解人民在想什么、关注什么、对什么感兴趣、想要了解什么，真正做到“以受众为本”，想受众之所想，体现受众的心声。

使用生活化的语言，具体要求如下：首先，尽量选择受众常见的、较为普通的字词。少用、不用生僻字词，力求通俗易懂、意义明确。对于行业用语、专业术语，应该根据词语所代表的事物、现象在社会上的推广程度，谨慎选择。其次，选择恰当的表达形式。能用短句的，绝不用长句，能用简单句的，绝不用复杂句，尤其是冗长拗口的复合长句更是新闻语言的大忌。句子在组合过程中，要避免错连成词以致卡壳，或者因为分行而产生歧义。最后，对于社会流行语，要同时兼顾语言的社会接受程度及新闻报道的严肃性要求，既不能摆出一副拒之千里的死板面孔，对一切新词都摆手说不，也不能一味迎合某些受众的低级趣味，把无聊当有趣，让一些感情色彩不健康的词语登上新闻。

（三）新闻语言也应该是讲究艺术美的语言

真实的、生活化的新闻语言并不排斥语言的艺术美，相反，容易为受众所接受、所理解的新闻语言应该是符合人们的审美意识、满足人们的审美需求的。爱美是人之天性，人们历来都追求物质美和精神美的统一、内容美和形式美的兼备。对于新闻传播媒体来说，不仅要让受众从新闻信息中获取精神的满足，而且要让受众从新闻语言中得到精神的愉悦。新闻语言的艺术美有其独特的要求，它不似文学语言那样，可以极致地夸张和尽情地修饰。它体现的是一种“真理般的朴素、行云流水般的自然和水乳交融般的和谐”。但如果因此认为新闻语言不需要修辞，不需要字词句的锤炼，那是错误的。只有经过认真的推敲，才能使新闻语言在真实中体现生动，在凝练中体现传神，在朴素中体现高雅。

第四节 新闻语言之“忌”

一、忌“空洞模糊”

新闻记者应该是善于运用语言的人，具体表现在能够很好地运用一些精准确切的语句将新闻事件清晰地呈现给大众，而不应该空洞模糊、累赘冗杂，让读者不知所云。要做到如此，就要在新闻事件中杜绝以下现象：

（一）杜绝无聊的“空话套话”

请先看1985年第6期《新闻业务》转载的一篇题为“万能表”的短文章：

在____以来的大好形势下，在____会议精神的鼓舞下，____厂党委认真贯彻执行____精神，组织党委一班人围绕____专题，反复认真地学习了____文件。通过学习，深刻认识到____的重要性，进一步明确了开展____的重要意义，从而大大增强了贯彻执行____的自觉性。在提高认识的基础上，他们针对本单位____的特点，狠抓了____的工作，做到了____，从而有力地推动了厂里的生产。到____为止，全厂已超额完成____计划的百分之____，总产值达到____，比去年同期增长百分之____。群众高兴地说：“____。”目前____厂的干部群众正在成绩面前找差距，为争取____作出新的贡献。

【注】本表结构严谨，层次分明，段落清楚，主题突出，适用所有工矿企业新农村的新闻报道。大中小学文化程度的同志均可使用，使用时稍加填写就成为一篇正规的“新闻稿”。

来源：《新闻业务》，1985年第六期

这是一篇反映20世纪80年代初新闻的讽刺表，这个万能表是对于不善于运用语言的人的一个绝妙的讽刺，对我们现今的新闻人也是一个很大的警示。新闻贵在具体、形象、真实，而这个万能表打破了这一切，带有很强的“新闻腔”，像八股一样，使新闻走向乏味无趣。

（二）杜绝乏味的“公文语言”

公文语言是命令、决定、通知、通告、报告等公务文书的总称，而在报纸、电视、广播、网络等媒体中，经常可以看到一些带有公文语言色彩的新闻，许多政治新闻中含有“第一……第二……第三……”、“一是……二是……三是……”等公文语言模式的表达，还有如下这些语句：

发扬民主，加强团结，坚定信心，继往开来。

××××会议胜利闭幕。

【本报讯】 ××××会议圆满完成各项议程，×月×日上午在××胜利闭幕。

省党政军领导×××、×××、×××、×××……到会祝贺。

会议通过了××××、××××、××××……

省××主席（长、书记）×××在会上作了重要讲话。×××指出……

×××要求……×××强调……

上午×时×分，大会在雄壮的国际歌声中闭幕。

这类字词或句子出现在新闻报道中显得不伦不类，既不像公文，又不像新闻，只是对政府文件或讲话的简单罗列，没有事件性，很空洞，很“公文味”，吸引力与易读性不强，读者只会无奈地一翻而过。

（三）杜绝模糊的“数字堆砌”

再看下面一篇用数字堆砌出来的模糊报道：

江苏“百企千亿”产业合作项目在克州、伊犁州签约111个

日前，江苏对口支援新疆产业合作“百企千亿”项目分别在克孜勒苏柯尔克孜自治州和伊犁哈萨克自治州签约，在两地共有111个项目签约，其中在克州签约30个项目，在伊犁州签约81个项目，总投资达到1 264.1亿元。其中，兵团项目18个，投资85.8亿元。预计这批项目全部达产后，可年新增营业收入近1 300亿元，新增税收超过100亿元。

来源：商务部网站，2011年8月9日

这是一篇典型的用数字堆砌的消息，显然记者没有对材料进行整理，没有对数字背后的意义作出更深一层的报道。这样的数字虽然很精确，但使新闻事实很模糊。

二、忌“语言暴力”

“语言暴力”，是指对他人产生某种支配力或影响力的言语，是诉诸语言的暴力行为，具有伤及他人情感、自尊，侮辱心灵的影响。有人说，和平时期语言成了最大的暴力，媒体就是语言暴力的最大载体。翻开报纸，打开电视，我们总能发现语言暴力的存在。“横卧铁轨，不死也要负上法律责任”、“不杀不足以平民愤”等，目前国内不少媒体正在施展着语言暴力，而记者正是这语言暴力的实施者。金庸先生在谈到语言暴力时，也曾指出文字语言暴力不单单是文字的暴力而已，这反映了中国优雅、优美的文化传统在一些写文章的知识分子中消失了。[①]

① 康秀平．新闻报道中的语言暴力．青年记者，2007（23）：55～56．

“新闻语言暴力”是指报纸新闻在报道、叙述、描写客观事实时，运用“文字语言”、“图片语言”以及“版面语言”所传达出的舆论倾向、立场角度、思想感情等违背社会主流文化以及道德观念，代表少数人或者报道者个人主观臆断或偏激立场，片面追求感官刺激，导向有歧义或误导读者，有意夸大其辞、哗众取宠的新闻语言现象。之所以称之为是一种“暴力”，是因为报道者和编辑者所采取的新闻语言影响新闻的客观性和公正性，把某种偏颇的态度、歧义或心理暗示强加于读者，给读者了解客观事物的正常通道设置障碍，影响读者对于事实的基本理解和正确判断，对社会意识形态包括公众心理、思想行为和社会环境等方面起到负面的、消极的，甚至反动的作用。

2011 年 6 月闹得沸沸扬扬的谢霆锋、张柏芝婚姻风波可谓是典型的“语言暴力”事件。先是 5 月 30 日微博上爆“锋芝”婚变，随后各大网站报纸等都纷纷刊载信息，各种各样的关于“锋芝”的信息成为以后半个月内各大报纸娱乐版的头条，“传柏芝将带子探夫救婚姻，经纪人否认明日签协议”、“密友爆谢霆锋与张柏芝每日通电话，疑似两人和好”、“锋芝被爆 4 月已分居，张柏芝邮件成离婚证据”、“传霆锋发律师信同意离婚，好友爆料还有大事发生”、“谢霆锋对张柏芝心灰意冷：她喜欢钱 就给她”、“传谢霆锋包养 2 年情妇曝光，张柏芝再怀第三胎”等报道无论真假，全部登上报纸，真相扑朔迷离，受众完全失去判断力。这种语言暴力除了对当事人造成巨大压力外，还绑架了受众的思想，降低了公信力，完全背离新闻的真实性、客观性，对媒体的健康运转产生负面影响。

语言暴力的泛滥，由于缺少必要的制衡，无疑伤害了被采访对象，误导了新闻传播的受众，而且也使受众赋予媒体的社会监测者和“灵魂的工程师”的角色受到质疑，使得社会文化的基础产生动摇。鉴于语言暴力带来的种种危害，我们应该及时采取切实的行动，制止语言暴力的蔓延，进而杜绝新闻报道的语言暴力；同时要加强行业管理，完善媒体监督制度，媒体职能部门应该建立定期阅评制度，对报纸、广播、电视、网络中的语言暴力，及时提出警示。另外，新闻行业协会等机构也要担负起自己的职责，对媒体的新闻语言加以监督，并加强对公众媒体素养的教育。

三、忌“媚俗性”

新闻语言是连接新闻传播者的思维、传播的内容与传播媒介的桥梁和纽带。新闻语言应比大众口头语言要求更高、更严，使用也更标准、更规范，而不应迁就低级趣味的市井俚语。但随着新闻媒体的改革、市场经济的冲击，媒体间的竞争日益激烈，新闻媒体过分地强调通俗化、大众化、趣味性，一味地迎合、取悦大众，在新闻的语言中过多地使用“性”、“星”、“腥”等庸俗，甚至恶俗的字眼。如：《日本千人示威反韩流　韩网民骂日：只配拍黄片》（《信息时报》，2011 年 8 月 10 日）、《一女子追踪偷情丈夫捉奸扑空后“带走”12 万》（《赣州晚报》，2010 年 3 月 12 日）、《母亲“红杏出墙”露馅　孪生兄妹冲动杀“情夫”》（《青岛早报》，2010 年 3 月 21 日）、《少女遭强奸后被逼接客》（《江南时报》，2007 年 8 月 6 日）等。

再看下面《南方都市报》在 2011 年 8 月 9 日刊登的一则新闻：

大运开幕式“扯蛋装”爆红　演员感受如初恋拥抱

几乎所有人在第一眼看到这件衣服时都惊掉了下巴：这货是泳衣还是尿布？近日，一张名为“大运会志愿者服”的照片在网上火速流传，因其“雷人”的连体式设计，引来网友的转发和热议。

“这是开幕式里标兵的服装，还有一条五分短裤配成一套的”，据一名参加开幕式演出的深圳大学学生透露，这件连体衣并非外界所传的“志愿者服”，而是在开幕式中负责暖场的标兵演员所需穿的上衣。在运动员入场过程中，场边的标兵需要跳简单的舞蹈进行热场，身着连体式的衣服，“跳舞中上衣就不会往上蹿”。

连体式的衣服怎么穿上，演员们穿着它又如何上厕所？据该名学生表示，该上衣的连接处有三角纽扣，必要时解开即可。整件衣服虽然设计紧身，但正常身材的同学都可穿上，较胖的同学“会有点憋”。有一名标兵演员如此形容他的穿着体验：“全方位弹力贴身，从颈椎到尾椎，初恋拥抱般的紧实感受。”

由于该上装在遇到大幅摆动时，类似内裤的连接处会拉扯到演员下身，标兵演员们戏谑地将其命名为“扯蛋装”。据悉，在此次的开幕式演出中，共有 800 名标兵需要穿着此套连体服，其中约有 200 名标兵更要穿着它跳舞近 1 小时。

“真的扯到不行！但是不扣的话，小三角又会飘出来，更丑”，一名标兵说，该件演出服在 7 月底刚发下的时候，演员们都觉得怪异尴尬，“我们走到哪笑声就到哪，现在都习惯了”。

来源：《南方都市报》，2011 年 8 月 9 日

读完题目，你绝对哈哈大笑，“扯蛋装”、“初恋拥抱”这些字眼含在一则消息的题目里，有很强的媚俗化倾向，似乎记者在采用一些特殊的词汇来调动受众的胃口。但标题前后两句没有什么逻辑关联，让人觉得莫名其妙。在读完内容之后，你才发现这只是在说大运会标兵穿的一套衣服，既滑稽又可笑。另外这则消息有 500 多字，但实际根本不需要这么多字，可以缩减为一个 200 字左右的消

息，对这套衣服的奇异之处介绍下就可以了。

其实，在每天的新闻报道中，我们可以看到很多类似这样的带有媚俗化倾向的报道。为了吸引受众，媒体用一些“特殊字眼”装饰一些平凡无奇的小事，将其做成几乎没有什么价值的新闻供受众娱乐。这种媚俗性会慢慢损坏媒体的公信力和权威性，因此在新闻报道中，新闻记者应该提高自身素质，恪守新闻真实性和客观性原则，做有价值、有意义的报道，杜绝夸张、煽情、迎合式的报道。

四、忌“歧视性”

2007年，BBC在温布利大师赛1/8决赛丁俊晖获胜后做了《状态奇佳的丁战胜艾伯顿》的报道，在这篇文章中，BBC对丁俊晖用了“Chinaman”的称呼，这引起了众多当地华人和留学生以及丁俊晖球迷的强烈不满，纷纷对BBC提出抗议，并要求BBC为此道歉。在次日一大早，BBC把文章中的“Chinaman”换成了“Chinese Player”（中国球员），并且为每一个给BBC提交抗议信件的人都回复了一封道歉邮件，为文章中的过失表示深深的歉意。

“Chinaman”这一称呼起源于150多年前的美国加利福尼亚州。当时该州因发现了储量丰富的金矿而汇集了一批华人，由于贫穷加上语言不通，这些华人只能住在简陋的房舍里，生活窘迫。所以，在当地白人眼里，这些华人就是他们的奴隶，因此称为“Chinaman”，他们饱受白人歧视、排斥和压迫。“Chinaman”和蔑称黑人的用词“Nigger”（黑鬼）一样，是带有种族歧视色彩的词汇。欧洲媒体的体育报道中，已经很久没有用“Nigger”来称呼黑人选手了，但BBC用了“Chinaman”这样的称呼来称呼华人，因此引起不满和抗议。

就连BBC这样世界级的媒体在报道中都存在这样的歧视性语言，其他的小媒体可想而知。虽然随着社会的发展，对“人”的重视程度逐渐凸显，但是我们也发现在不少的报道中，总有意无意地带有一些歧视性的语言，存在着“污名化”、“贴标签”的倾向，如“乡下人”、“外来妹”、“盲流”、“农民工”、“看客”、“围观”等词语都成为一种带有歧视色彩的“标签化”身份象征。总的来讲，媒体上带有歧视性的报道可以概括为四种类型：生理歧视、地域歧视、身份歧视和性别歧视。

（一）生理歧视

生理歧视，指在报道中缺乏人文关怀意识，出现会对生理不健全的人造成伤害的语言。今天，许多侮辱残疾人尊严的旧称谓“残废”、“瞎子”、“疯子”等，仍然见诸报端，如《投诉电话岂能成为“聋子耳朵”》、《人民陪审员莫变成“聋子耳朵”》、《灭火器变成了“聋子耳朵”》等。现在欧美记者已称他们为“特殊才能人”，体现了一种平等和尊重。在我国，“特殊才能人”的群体很多，如流浪群体、行乞群体等，这些都是社会、城市必须给予关心的群体。而传媒应该给予他们更多关注，不应该在语言方面将他们编入另册、打入另类。

（二）地域歧视

地域歧视，指在报道语言上带有强烈的地域歧视色彩，给一个地域或外域群体贴上一个并不真实的标签，如“小偷村”、“犯罪街”、“外地人”等，把社会上存在的个别现象普遍化和绝对化。如《新民周刊》以“揭开皖北‘小偷村’内幕”为题的报道，“小偷村”的提法是错误的。还例如许多大城市的新闻报道经常将小偷、抢劫等犯罪与“外地人”挂钩，某报在报道小偷在公交车上作案的目击新闻中提醒读者“要提防外地人模样的人”，这些都带有明显的地域歧视。

（三）身份歧视

身份歧视，指在新闻报道中不自觉地将不同阶层，特别是底层的群体或个人贴上带有贬义的标签。一些媒体在报道农民工时，总爱将他们描绘得邋遢、没有文化，或称之为“闲杂人员”、“三无人员”等，把讨薪的农民工的某些行为说成“跳楼秀”、“自杀秀”，体现了对农民工身份的歧视。

（四）性别歧视

性别歧视，指报道中存在对女性的不公和歧视。一些报道不尊重妇女人格，将女性比作“红颜祸水”。报道贪官腐败堕落时，总要和女人联系起来，如《贪官难过女人关》、《副县长栽在三陪女手里》，还有如“悍妇”、“荡妇”等带有贬低性、侮辱性的词语也常见诸报端。

新闻传媒在今后的报道中要加强自律，力求谨慎从事，掌握语言的分寸，尽量做到不出现歧视性的语言，多体现人文关怀，真正恪守新闻真实、客观、公正的道德规范和行为准则，重塑新闻传媒良好的社会形象。

【思考与练习】

1. 谈谈你对新闻语言的认识和理解。

2. 新闻语言的基本要求有哪些？

3. 在当代社会，媒体越来越受到网络语言的影响，结合具体案例谈谈你对这种现象的看法。

第六章　新闻叙事与新闻写作

【本章提要】

在新闻报道中，新闻叙事是重要的一个环节。它决定着记者、编辑对新闻信息的认知程度和价值判断。而对新闻叙事的理解，要从新闻素材、新闻故事和新闻叙事文本三个方面入手。

新闻叙事学是研究新闻叙事的本质、属性、功能和形式的学科。它的研究对象包括一切新闻叙事作品和新闻叙事行为，特别是承载一定信息的符号如何更好地表现传者的认知态度、意图等。

新闻叙事的内涵由三个部分组成：素材、故事和新闻叙事文本。素材是按逻辑和时间先后顺序串联起来的一系列由行为者所引起的或经历的事件，即原始的新闻事实；故事是记者头脑中的新闻事实，是新闻事实的物质状态在记者大脑中的能动反映；新闻叙事文本是受众最终看到的语言符号组成的结构整体。叙事文本经过记者编码后，以符号形式呈现在受众面前，再由受众将其还原成他们头脑中的新闻事实。

第一节　新闻素材

新闻素材是新闻叙事的基础元素，所有的新闻报道都是通过对新闻素材的选用和加工而形成的，具体是指按逻辑和时间先后顺序串联起来的一系列由行为者所引起的或经历的事件，即原始的新闻事实。

一、新闻素材的构成：客体与过程

新闻素材既然是原始的新闻事实，那么其自身便是海量的、千变万化的，很难把握，但是从构成上看，它却是固定的，包括客体和过程。客体指原始事件中的行为者、地点、时间；过程即在客体中与对象一起或通过对象而发生的变化，过程强调的是诸事件之间的发展、连续、变更与相互关系。

（一）客体

新闻素材的客体体现的是新闻的客观性，真实的行为人、准确的时间、正确的地点都是新闻客观性要求的基本要素。如果没有这三个方面，新闻报道中的“5W”中的Who、When、Where就无从谈起。另外，这三个方面也是新闻素材成为新闻的依据，假若有一个或几个方面都具有特殊性或新闻价值，就很可能促使新闻素材被选中，加工成为新闻报道。

王功权私奔确认属实

@王功权：各位亲友，各位同事，我放弃一切，和王琴私奔了。感谢大家多年的关怀和帮助，祝大家幸福！没法面对大家的期盼和信任，也没法和大家解释，也不好意思，故不告而别。叩请宽恕！功权鞠躬！

5月16日23时21分，私募股权投资基金鼎晖创投合伙人王功权突然在微博上宣布“放弃一切和王琴私奔”，引起业界震动和网友的极大关注，有网友表示不再相信爱情，也有网友表示再次相信爱情。截至今日零时，这条微博已经被转发7万次，评论超过3万条。

而在此前一天午夜，王功权在微博上发布了一首其原创的歌词《私奔之歌》，歌词中说：“总是春心对风语，最恨人间累功名。谁见金银成山传万代？千古只贵一片情！朗月清空，星光伴我，往事如烟挥手行。痴情傲金，荣华若土，笑揖红尘舞长空！”

晚上9时，《第一财经日报》的官方微博也称证实了王功权私奔一事，《第一财经日报》称，该报获得一封来自鼎晖董事长吴尚志的内部信件，信件中称：“功权最近要花一段时间处理他的私事，我们真心地希望他能处理好个人方面的关系和事务。”

《第一财经日报》官方微博称，吴尚志的信件还说：“我们也希望他能尽早处理好这些事务之后，更能集中精力投入工作。鼎晖创投和鼎晖的全面工作目前都正常运行，作为机构，我们对投资人和合作企业承诺的各项工作都在正常有序开展，没有影响。希望大家向关心鼎晖和功权的合作伙伴、朋友告知上述情况。”

来源：《南方都市报》，2011年5月18日（摘选部分）

本来私奔是一件私事，之所以受关注是因为行为人这个特殊因素。这篇新闻的行为人是一个公众人物——鼎晖创投合伙人王功权。如果只是一个普通人的私奔，绝对不会受到这么大的关注。行为人的特殊性使这一新闻素材被挖掘，而最终成为与受众见面的新闻。

（二）过程

过程即在客体中与对象一起或通过对象而发生的变化，有宏观概况也有具体细节，它强调的是诸事件之间的发展、连续、变更与相互关系。受众接受这则新闻，看重的就是这则新闻中时间的发展状况——过程。因此，过程是新闻素材必不可少的重要构成部分。如果过程无趣，则不会成为新闻。

2011 年 3 月 11 日日本大地震的报道大家都记忆犹新，纵观整个报道就是一个诸事件之间的发展、连续、变更与相互关系的过程，先是日本"强震"引发"海啸"，再由"强震"和"海啸"引发"核泄漏"，而"核泄漏"又引发附近沿海城市和国家的"恐慌"，而后又产生"谣言"引发"抢盐"，随后又辟谣，接着关注点又回到地震发生地日本的救援和善后。关注点的变化可以简化为强震→海啸→核泄漏→恐慌→谣言→抢盐→辟谣→回到地震抢救和善后。在这个过程中，随着事件的发展和变更，人们关注的焦点也随之变化。过程成为新闻素材吸引受众的重要因素。

二、新闻素材的运用：核心事件与卫星事件

新闻素材层面里的时间、地点、人物等客体因素都是客观存在、无法加工的，但是作为事件流变的过程，有轻重缓急之分。事件与事件间有横向的、水平的联系，也有纵向的、垂直的联系。根据事件在新闻写作中的不同地位和性质，可以把它们分为核心事件和卫星事件。

核心事件，指构成故事的重要事件，属于对整个新闻叙事具有核心功能的事件，在整个故事的发展中具有决定性的作用。这个事件一经发生，必然引发故事中接踵而至的下一个事件，决定着其他事件在故事中呈现的必要性和先后次序。

卫星事件，指对整个新闻叙事来说起催化功能的事件，可分为背景事件和细节事件等。

在新闻叙事中，核心事件是故事的关键或转折点。毫无疑问，核心事件是事关全局的，没有核心事件是构不成新闻文本的，但是如果所有的新闻文本都仅仅叙述核心事件，无疑过于苍白和单薄，可读性不强。卫星事件在审美价值上要大大超过核心事件，它不仅仅起到修饰核心事件的作用，更多的时候用一定的篇幅叙述卫星事件，更能体现新闻所想表达的主观意图。

从日本北部滑雪胜地感受中国与日俱增的影响力

记者　马尔科姆·福斯特

在位于日本北部这处人气旺盛的滑雪胜地，人们可以在雪道上听到一种新的语言：汉语。

在风光旖旎的仁世户，近年来外国游客和投资者纷至沓来，给这个乡野小镇注入了一股迫切需要的经济激流。这是一则难得的成功故事，如果复制的话，可能帮助日本摆脱20年来的停滞。

最先来到这里的是澳大利亚人，当时刚刚进入21世纪，然后是香港人、新加坡人以及亚洲其他地方的人们。中国内地居民来得最晚，虽然人数仍然相对较少，但有可能成为最大规模的访客群体。

居住在北京、现年48岁的崔（音）先生在金融行业工作，他说："这个地方潜力巨大，是个非常宜人的地方，可以远远抛开中国乱哄哄的环境。"他一边说，一边走出宽敞、现代化的小屋，经不住阳光的照射眯起了眼睛。

去年，他和25名亲朋好友来这里过春节。今年的人数增加到52人。崔先生预测说："这是今后的趋势。"听到他的话，一个朋友开玩笑说，10年后仁世户的中国人将人满为患。

从某些方面看，仁世户的情况是昔日的翻版，但角色调换了：20年前，日本派出富裕的游客到世界各地大肆收购具有象征意义的地产，令人担心日本公司要把整个世界都买下来。如今，日本对中国和其他新富邻国的依赖性越来越大，引起了国内一些人的惊恐。

亚历克斯·克尔是一名旅日作家，同时还是一名旅游业可持续发展问题顾问，他说："这与20世纪80年代后期美国人担心日本人的情形非常相像。担心富有的外来者进入本国、主导一切。这就是一个国家自认为自己是无可争议地占主导地位的领袖，结果发现有的国家比自己更有钱。"

当地居民欢迎外资进入，但担心开发过度、环境污染问题，尤其担心中国的崛起。日本媒体大肆报道中国人购买仁世户周边林地的事情，导致流言四起，说买家打算砍光林木、汲干河水——这种担忧似乎是毫无根据的。

前往日本的中国内地人空前之多——去年是140万人，仅次于韩国人。然而，许多专家怀疑仁世户方案对缓慢衰落的温泉和滑雪小镇能否起作用。许多这样的小镇都反对外国势力。

中国游客的到来引起了北海道的文化冲突。商店和酒店老板抱怨说，中国人在公共场合大声喧哗、插队，还违反规定把自助餐的食物带回房间。中国游客则反驳说，日本人态度冷淡，优待本国人。

北海道首府札幌为外国游客提供的手册列出了“日本的行事之道”，其中包括交谈要小声、如果取消订餐需要告知餐馆、除了在打折的电器城外其他地方不要砍价等。

来源：美联社日本仁世户，2011 年 3 月 5 日

在此篇消息里，核心事件就是北京 48 岁的崔先生每年到日本仁世户旅游这一事件。由一位普通中国游客的观点而体现出消息的主题：日本北部滑雪胜地中国游客人数增多，中国的影响力与日俱增。如果单纯地靠崔先生的例子来烘托主题，未免会有些单薄无力，因此卫星事件的作用就体现了出来。旅日作家亚历克斯·克尔的观点、“前往日本的中国内地人空前之多——去年是 140 万人，仅次于韩国人”的背景描述、中国游客的到来引起北海道的文化冲突等卫星事件，都是对核心主题“中国游客越来越多”的烘托，核心事件与卫星事件相互结合、相互照应，更完美贴切地表达了主题。因此，记者在新闻素材的运用上，一定要注意对核心事件和卫星事件进行合理的安排与运用。

第二节　新闻故事

新闻故事是记者头脑中的新闻事实，是新闻事实的物质状态在记者大脑中的能动反映。而记者要将新闻故事更好地呈现给读者，就需要对新闻故事如何叙述加以把控。因此，在这一层面，我们探讨的是对按时间顺序发生的事件如何加以艺术性的编排、包括诸如顺序的安排，叙述的节奏、频率与聚焦等。

一、叙事结构

叙事结构指对新闻故事的叙述顺序的安排，即叙事顺序。叙事顺序则又集中体现在对叙事时间和事件发展顺序的处理上。叙事时间和事件发展顺序存在三种关系：

（一）顺叙

顺叙，即新闻故事的叙述按照事件的自然发展状况进行，“过去→现在”，叙述时间与事件发展的先后顺序一致。在传统的叙事中，新闻故事一般都是按照事件的线性顺序从“一个状态到另一个状态”；在消息中即采用金字塔结构，现场短新闻一般用这种结构；在通讯中也多以时间为序展开叙述。顺序的文本效果在于具有悬念感，这是由于情节完整而高潮在后，让读者不得不继续读下去。

（二）倒叙

倒叙，即新闻故事的叙述不按时间的自然发展状况进行，“现在→过去”，

叙述时间与事件发展先后顺序相反。倒叙在新闻故事的叙述中运用得非常普遍，特别是深度报道，其特色在于在叙事中交代事件的前因后果、来龙去脉。倒叙将结局提前，读者对结局的那种期待心态消失了，取而代之的便是对导致这种结局的原因或根源的探寻，这正好切合深度报道对事件进行深层次剖析的内在需要。这些报道的叙事时间都可抽象为“现在 + 过去 + 现在”的模式，而对“过去”的倒叙才是报道最重要、最精彩的部分，满足观众追根究底的好奇心理。

（三）插叙

插叙，即在叙述主题事件的过程中，为了开展情节或刻画人物，暂时中断时间线索，插入一段与主题相关的内容。插叙是一种辅用的叙述方法，一般不独立使用，而是根据新闻故事的叙述需要，与顺叙或倒叙结合使用。如写作中常用的倒金字塔结构的叙事顺序，都是以倒叙为主，顺叙和插叙为辅。在叙述主事件时，往往会插入一些细小的背景作为补充，修饰主事件的完整性，让读者更容易理解事件的来龙去脉。

二、叙事节奏

“节奏”，原为音乐术语，指交替出现的有规律的轻重缓急、高低强弱、长短快慢的发音变化的现象。在叙事作品中，它主要指故事的时距与所用叙述话语的长度两者之间的配合或不同而引起的一种叙事速度或运动。按照叙事学的划分，叙述节奏分为以下五种速度：

省略：故事时间 $=n$，话语时间 $=0$，故事时间 $>\propto$ 话语时间；

概略：故事时间 $>$ 话语时间；

场景：故事时间≌话语时间；

减缓：故事时间 $<$ 话语时间；

停顿：故事时间 $=0$，话语时间 $=n$，故事时间 $<\propto$ 话语时间。

这里，$>$ 意味着时间长于；$<$ 意味着时间短于；$\propto$ 意味着无限；≌意味着时间大体相等。

在这里，省略实际是叙事中没有提到的情节；概略就是叙事中的概述，把具有时间跨度的事件压缩到一个很短的叙事段里；场景是故事时间和叙述时间大约相等；停顿是极短时间的事件却用很大的篇幅来叙述，几乎等同于特写定格；而减缓是介于场景和停顿之间的一般描写。①

在新闻诸文体中，简讯叙事的时间跨度大，故事时间远大于话语时间，在叙述文本中，延续时间很长的事件可以用一句话来表达，这种叙事节奏是相当快的。一般而言，消息的叙事基本上属于概略叙事，而通讯对事件的叙述比消息详细得多，由于要展现事件全貌、表现人物，允许有较长的篇幅，因而语篇的时间跨度小，故事时间相对话语时间短，按照从场景到减缓甚至到停顿这样的速度推进，叙事节奏缓慢。

省略、概略、场景、减缓、停顿这五种速度在短的新闻叙事中很少并存，而在长篇新闻叙事中是交替使用的。五种叙事速度的交替运用，使得新闻叙事作品在节奏上呈现轻重缓急的面貌。

在书面报道中，叙事节奏的快慢直接体现在对事件的详略安排上，在形式上直接体现为所用笔墨多少。例如，消息类报道由于叙事文本篇幅的限制，多采用“省略”或“概略”等来加快叙事节奏，为最具新闻价值的信息预留叙事空间；篇幅较长的通讯多使用“场景”或“停顿”详细叙述具体细节事件，以丰富新闻主题事件。

三、叙事频率

频率，本为物理用语，指单位时间内完成振动的次数。后来叙事学研究者引入此概念，用以说明叙事作品中文本话语与故事内容之间的重复关系，概括为两种：事件的重复，即反复出现类似事件；话语的重复，即对一个事件反复叙述。

新闻报道要求时新性，报道的都是新近发生的事实，这要求新闻叙事要讲述发生了一次的事情，即采用单一的叙事频率或者说采用低频率叙事。重复讲述或老生常谈，对新闻受众来说是毫无新意的。所以，大多数的新闻叙事都是采用单一的叙事频率，简洁地将信息传达给读者。但有时根据新闻叙述和表达主题的需要，也会出现事件的重复或话语的重复。如下面这篇报道就是话语的重复：

中国都市人感叹养儿成本高　二胎难企及

【路透社北京4月28日电　记者Ben Blanchard　Sally Huang】　对于北京许多年轻的父母来说，最紧要的并非讨论是否放宽独生子女政策，而是如何负担养大一个孩子的昂贵成本。

中国本周四公布的人口普查结果，表明中国老龄化加深，适龄劳动力人口相

---

① 黄晓军．新闻叙事范式要素探析．孝感学院学报，2009（4）．

应减少，这值得决策者关注。

虽然中国的独生子女政策有变通，譬如夫妇双方均为独生子女者可生育二胎，但目前看来政府还不打算取消独生子女政策。

不过由于在北京等大城市的生活成本不断攀升，对许多人来说，问题不是想不想生二胎，而是他们是否养得起二胎。

许多经济学家预计今年第二季中国居民消费价格指数（CPI）将突破6%。

29岁的李彤（音译）带着三岁的儿子在三里屯商圈闲逛，她抱怨道："就连这一个孩子，我都没能给他找到幼儿园呢。""对我们来说，教育实在是令人头疼的事。我有许多朋友，压根不想要孩子。我有一个孩子已经够了。"

与香港和新加坡相似，中国都市年轻人开始觉得，多生孩子的成本太高。

35岁的王圭（音译）就是这么认为的，他有个四岁的儿子。他说："我们确实想再要个孩子，这也符合现行规定。但我觉得成本太高了，对我们来说压力太大。"

"但我觉得还是应该保留计划生育政策。在农村，如果允许他们，就会生好几个孩子，国家没这么多资源。"

虽然中国经济蓬勃发展，政府也大力投资于公路、铁路、学校和医院建设，但基础设施发展还是跟不上需求。

王惠（音）正在一家高档商场门前与女儿嬉戏，她说："这应该取决于个人，不关政府的事儿。我不想她（女儿）孤孤单单长大，也许再要个孩子是个好主意。"

马女士（Dorris Ma）也表示非常想再要个孩子。她说："如果政策允许，我想要二胎。一个家庭一个孩子，不利于孩子的心理发育。"

来源：路透社中文网，2011年4月29日

文中的主题话语是"养二胎成本高"，为了印证这一主题，记者采访了4个人，而这4个人的话语是与主题话语非常统一的，也就是说，同一个主题话语重复了4次，而这种重复并没有损坏新闻的时新性，相反，很好地印证和充实了主题话语的可信度。在许多新闻报道中，为了突出主题或者表现人物，话语的重复是记者需要运用的叙事手段。

但在实际的运用中，也要注意度的问题，有些报道为了突出中心内容，核心事件在标题、导语、主体甚至结尾都重复，出现叙事频率过高、使用不当的情况，这样就造成信息衰减、信息含量不高、重复啰唆的毛病。避免的方法是：主体可与导语分开，主体可对那些与核心事件关系密切而导语没有提到的次要事实进行补充叙述，而处理标题和导语时，可使其意思相同而表述不同。

第三节　新闻叙事文本

新闻叙事文本是受众可以直接进入阅读的部分，它探讨的是叙事文本的核心概念“叙事者”是谁的问题。叙事者的身份在新闻文本中的表现程序和方式，以及隐含的选择，赋予新闻文本以特征。

一、叙事者：谁在发声

在新闻叙事文本里，记者有时需要在叙述语篇里创造一个“叙事者”的形象，通过这个“叙事者”所铺展的叙述话语，记者才能将生活事件用语言外化。叙事者在整个叙事活动中起着幕后操纵者和幕前引路人的主导作用。这个主导作用体现在他对整个叙述流程的设计和控制上。变角便是叙事者机智地设计和控制叙事流程的常用技巧。变角的第一种类型是树立双重或多重第一人称叙事者；第二种类型是第三人称与第一人称或第二人称相互切换。

根据叙事者介入叙述的程度，可以分为缺席的叙事者、隐蔽的叙事者和公开的叙事者三种类型。不同的叙事者发出不同的叙事声音。

（一）缺席的叙事者

缺席的叙事者，指叙事不加修饰，只将新闻事件平铺直叙、客观报道，几乎没有任何主观色彩。因此，这类叙事给读者的感觉是，叙述者不存在，很难觉察到叙述者的声音，叙述者貌似“缺席”。在这种类型中，最极端的情形是将人物语言和语言化的思想直接记录下来，几乎不留一点儿叙述的痕迹，让受众意识不到叙事者的存在。一般而言，在动态新闻中，很难感受到叙述者的存在。

河南商丘着力推进大运河遗产保护

【新华网郑州 8 月 27 日专电　记者桂娟】　河南省商丘市政府日前审议通过《商丘市大运河遗产保护规划》，为当地大运河遗产保护提供了科学的法律依据，将有力地推动大运河遗产保护和申遗工作的开展。

商丘市大运河是中国隋唐时期京杭大运河通济渠的重要组成部分，在商丘自西向东流经睢县、宁陵县、梁园区、睢阳区、虞城县、夏邑县、永城市，留下了丰富的文化遗产，夏邑县汴河济阳镇段至今仍保存有宽 20～30 米、长 20 多公里的运河水面。

商丘古城是依托大运河而兴起的古城，文献和考古资料证实其地下叠压着周代宋城、唐代睢阳城、宋代南京城。位于古城南 2.5 公里的商丘码头汴河遗址，面积5万多平方米，已调查发现有大量隋唐时期钧瓷、汝瓷、哥瓷等多个窑口的瓷器，为科学研究大运河隋唐文化提供了重要资料。商丘码头汴河遗址已进入大运河申遗“立即列入项目”。

京杭大运河是中国古代伟大的水利工程，已被列为2014年申报世界文化遗产项目，由沿线北京、天津、河北、江苏、浙江、山东、河南、安徽8省、市的33座城市联合申报。

来源：新华网，2010年8月27日

这是一篇即时动态消息，消息从始至终并没有存在叙述者，只是客观无身份地叙述大运河遗产保护，对大运河商丘段情况进行简单的介绍，也对大运河的历史地位稍作描述，平铺直叙，让人感觉不到叙述者的存在，此类即为缺席的叙述者。

（二）隐蔽的叙事者

隐蔽的叙事者介于缺席的叙事者和公开的叙事者之间。这是因为叙述的语言在大多数情况下是不能完全隐藏叙述中介的。在新闻作品中，引述当事人或者专家学者的话，加强真实感和权威性是常见的做法。这样一来，借用这些引述来表达叙述者自己的立场就成为新闻叙事的一种技巧。或者说，叙述者本人的立场隐蔽在他人的表达中，而他人表达的观点是作为一种新闻事实而存在的。用事实的形式来表达观点，是用事实说话的典型形式之一。因此，在这个意义上，新闻作品中引语的使用是凸显叙述者声音的途径。

NHK电视台轮流用日英汉等多个语种播报地震信息

【凤凰网专稿】　3月11日下午，日本东北地区发生地震，并引发海啸，造成大量伤亡。地震后日本媒体的应对引发关注。

英国《金融时报》Associate Editor、FT中文网总编辑张力奋在微博上介绍了日本NHK电视台的表现，“它轮流用日语、英语、华语、韩语等五个语种，发布有关最新震情和可能发生海啸的地区”。

张力奋评论说：“震后，日本体现的有序、镇静和高度组织，令人印象深刻；作为真正的公共电视台，NHK在国家重大危机时刻成为超越一切的公共平台，维系了国民的精神和秩序。”

来源：凤凰网，2011年3月12日

这则短消息表达的是日本在震后镇静有序和高度组织的观点。记者将自己的观点隐蔽在张力奋的评论中，没直接出面表达，使自己成为一个隐蔽的叙事者。

但直接引语和间接引语在凸显叙述者的作用上稍有不同，间接引语类似概述，它要对人物的话语进行概括和删略，这个过程可能抬高叙述者的声音。而直接引语打上引号，引用人物原话，关键的话语由人物自己来说，增强新闻的真实感，降低叙述者的介入程度，这种操作手法为新闻工作者经常采用。因此，间接引语表现出的叙述声音要高于直接引语。另外，叙述者的声音也可能隐蔽在对新闻背景的选择中。对新闻背景的选择暗含了读者阅读理解的场域，在这个场域中，读者可能从叙述者安排好的角度来看问题，从而使读者的思维方向在很大程度上与叙述者保持一致。

（三）公开的叙事者

公开的叙事者，指新闻叙事能让读者明显地感受到叙述者的存在，叙述者的声音很容易被觉察到。最微弱的公开叙事的声音在于概括描述之中，而最强烈的叙事声音存在于评论之中。一般说来，这类叙述通过两种形式让叙述者公开：一是通过概括描述。概括描述一般都是对事实的简单介绍，包含对信息的有意凸显和舍弃，含有主观色彩。新闻作品中，消息一般比较简短，跨越千年的事件可以在一句话内完成表达，这就使叙述高度浓缩，反映叙述者的某种偏好。二是通过评论。在新闻叙事前后，如果有一些明确的评论，则可被看作是叙述者跳出来直接发言。概括描述和评论是叙述者发出声音的明显标记，但不等于说叙述者发出声音是违反新闻叙事规律的。是让声音缺席还是发出明显的声音，要看新闻叙事要达到什么意图和可能达到什么效果。在2011年6月28日《参考消息》的特稿《白求恩在西班牙：悲天悯人的轨迹》里，开头有这么一段：

为何在西班牙的一座南部城市里竟会出现这样一批记载这名国际共产主义战士事迹的书籍？翻阅这本名为“白求恩在西班牙”的书籍，我们才了解到：原来白求恩在其一生中也曾与西班牙有过不可忽视的交集，就像在中国时那样，他曾无惧战争威胁，在伊比利亚半岛履行医护人员救死扶伤的天职，给西班牙人民送上无私的帮助。

来源：《参考消息》，2011年6月28日

叙述者非常明显地跳出来说话，直接表达了对白求恩的无私精神的赞美和敬仰之意，直接点睛，也给全文定下感情基调。

叙事声音的公开与隐蔽其实体现了新闻是主观发言还是用事实说话。公开的叙事声音意味着叙事者的身份是公布于众的，它在提醒受众，叙述主体在发出声音。而隐蔽的叙事声音则意味着用事实说话，排除了认识主体的身影和声音，叙

事者是绝对隐藏在事实的背后的。新闻写作应该用事实说话，但大部分时候新闻写作中出现的声音都是介于公开与隐蔽之间。也就是说，记者有隐蔽自己的意识，但往往缺乏这种隐蔽的技巧，结果是站在事实之上，直接发出了声音，这会对新闻的真实性造成一定程度的损害，会遭到受众的心理抗拒。

二、叙事视角

叙事视角是一部作品或一个文本看世界的特殊眼光和角度。新闻文本的叙事者通过视角这一原点，由此形成叙事的扇面，并在视角周转中形成叙事世界的圆。叙事视角分为全知视角、限制视角和纯客观视角三种。

（一）全知视角

全知视角，又被称为零度焦点叙事。叙事者无固定视角，像一个全知全能的上帝，洞察一切。对于一些具有重大意义和深远影响的事件，零度焦点叙事可以进行全方位、全景式的描述。其优点在于叙述比较灵活自由。从广度来看，零度焦点叙事具有拓宽时空跨度的功能；从深度来看，零度焦点叙事具有深入人物内心世界、直接加入主观看法和主观情绪的功能。但是零度焦点叙事也有缺陷，如虚拟感和主观性。

《南方都市报》2011 年 8 月 20 日刊登的《卢俊卿及世界杰出华商协会八大谎言调查》即为一篇全知视角的报道。报道以全部知晓者的身份，直接指出“杰出华商大会”的八大谎言。这八大谎言是：①伪造联合国机构为活动主办单位；②2009 年才注册，2005 年就开始活动；③明明大肆收费，却说六年没收一分钱；④将民间人士包装为联合国官员；⑤将前联合国官员包装成现任联合国高官；⑥假冒名人名义以壮声势；⑦伪造不存在的出版机构；⑧夸大中非希望工程基金捐款数额。这种叙述有一种成竹在胸的把握，有理有据地叙述出这八大谎言，揭开杰出华商协会的本来面目，引起轩然大波，获得很高的关注度。

（二）限制视角

限制视角，又被称为内焦点叙事。它是以新闻文本当中的人物视角展开叙事的。它的叙述要受到叙述者视阈的限制，即只能叙述他自己的所见所闻、所感所想，不能叙述别人看到或听到的而他自己没有看到或听到的事情，更不能介入别人的内心世界。目前在新闻文本中经常运用的内焦点叙事有记者视角、当事人视角等方式。

“虎妈”教育方式又见成功例证

【法新社香港 1 月 26 日电】 在针对“虎妈”教育方式的讨论愈演愈烈之

际，两名根据严格的学习和游泳计划培养长大的10岁香港儿童通过了英国的高中考试。

龙凤胎埃斯特夫和珀赖因在国际中学教育普通证书数学考试中双双取得“A”的成绩。这项考试由剑桥大学设立，通常都是16岁的学生参加。

这对龙凤胎的母亲、在马来西亚出生的罗莎琳德·科林说，他们的成绩要归功于为取得成功量身制订的苛刻计划——这一点与《虎妈的战歌》一书作者、美籍华人蔡美儿的做法如出一辙。这位耶鲁大学法学院教授的新书引发了全球争议。她在书中称，中国严格的教育方式比西方普遍的宽松抚养方式更具优越性。

科林坚持认为，她的两个孩子很享受他们的学习计划。该计划以每天早上5点半的游泳训练开始，时间为90分钟，一周6天。

她在接受法新社电话采访时说：“他们喜欢这个计划，愿意去执行它。他们享受在课外活动中与其他朋友一起玩。”

科林说，他们的父亲是个法国商人，他不那么热心于该计划，他抱怨忙碌的孩子没有多少休闲时间。但曾经是马来西亚国家游泳队成员的科林说，这对双胞胎“很争强好胜，喜欢超过别人”。

科林的方法与蔡美儿的有所不同，后者没有重视体育。除了游泳以外，埃斯特夫和珀赖因还取得了柔道棕带，并且精通帆船运动和国际象棋。

科林说，游完泳后，“他们会挤出半个小时复习数学或物理，然后在8点半去上学”。

她说：“下午5点放学后，孩子们会继续游泳训练。平常要做45分钟作业，周末时间更长。”

在书中，蔡美儿讲述她为女儿安排的极其严格的钢琴课程和家庭作业，并且指出，对美国的亚洲移民家庭来说，对孩子的严格要求是取得成功的关键。

蔡美儿写到，“对表现不好的孩子就要严厉指责，给予惩罚，让他感到羞愧”，“所有的父母都希望为孩子好。华人只不过在做法上有完全不同的想法”。

蔡美儿说，她曾经把一个孩子称为“废物”，并且因为钢琴没练好而让一个女儿在冷天里罚站。

科林有一套学和玩更加均衡的方法，但也认为不能失败。在通过数学考试后，埃斯特夫和珀赖因计划参加更高级别的物理和化学考试。

科林在接受《南华早报》采访时说到了蔡美儿：“她所做的似乎太极端了。但她认为自律很重要是对的。”“孩子自己并不真的想那么做。现在让他们为所欲为的确不是好方法。”

来源：《参考消息》，2011年1月27日

这篇新闻作品即是采用了内焦点叙事方式。对于“虎妈”教育是否赞同，记者并没有直接表态，而是借助于主要人物来讲述自己的经历和想法，从第4段起到文章结尾，一直是作品中主要人物的所述、所想、所感。这种写法，可以增强新闻作品的真实感和文章的感染力。

（三）纯客观视角

纯客观视角，又被称为外焦点叙事。指叙事者只知道故事的表面现象，只知道他所看到的东西，至于现象背后的原因、东西里面的实质，他都不知道，也不想知道，像一台摄像机那样只客观地记录事情的表象，不去追溯事情的历史背景，不涉及任何人的心理活动，叙事者也不抛头露面、评头论足、抒发胸臆，甚至杜绝使用“记者看到”、“记者听到”之类的说法，忠实地记录事件发生的场景，不对事件的其他方面进行讲述。它是增强现场感的有效手段。在外焦点叙事中，叙述者从外部呈现每一件事，只叙述人物的行动以及描述客观环境等，而不告诉人物的目的、思想以及感情。

温州动车脱轨事故已致33人死亡191人受伤

【新华网温州7月24日电】　记者凌晨2点左右到达位于金丽温高速温州西出口两公里处的动车追尾事故现场。现场挤满挖掘机、切割机、救护车，由于伤亡者众多，医护力量不足，连当地整形医院也赶赴现场救援。截至早晨5时，死亡人数已上升到33人。

凌晨2点半，温州消防支队排长余作帅刚刚结束第一阶段的救援。他说，他们晚上九点不到就赶到了现场，由于事发地点位于温州市区，围观和救援的群众很多，现场喊声一片，夹杂着旅客微弱的呼救声和哭泣声。

余作帅带领28个官兵进入横卧着的一节车厢，由于是高速行驶中撞击坠落，车厢严重破损变形，用辟斧等切割工具才能进入。车厢已经看不出原来的样子，许多旅客是被座位和行李压在下面，呼救声很微弱。官兵在乘客们的指点下救出了十多名乘客。

由于医疗力量严重不足，连整形医院也参与救援。温州艺星整形医院的医生和护士1点多钟赶到现场，护理部主任说，绝大部分伤员已经送走，他们接收的一名伤员有可能是车厢中生还的最后一名。这名伤员胃部大出血，伤情比较严重。

温州康宁医院是距离事故现场最近的医院之一，护士潘晨燕说，当晚送到该院的54名患者，有三人送到医院时已死亡。

据了解，截至早晨5时，死亡人数已上升到33人，191人受伤。浙江省多个医疗单位已驰援温州，温州当地血源告急，温州市不少群众通宵自发赶去献血。

来源：新华网，2011年7月24日

对于突发新闻，记者首先想到的就是外焦点叙事模式，对现场进行直接的描述。上面这篇消息就是采用外焦点叙事模式，记者以观察记录者的身份对温州动车事故发生后现场概况和现场救援进行描述，把所见所闻真实地记录下来，不作任何评论。

（四）视角转换与多元视角

视角转换是内视角与外视角的另一种表现方式，在同一篇新闻作品中，为了更好地向读者展现真实状况，记者需要不断地变换叙事视角，这种叙事方式，我们称之为多元视角。

通常在多元视角中，记者首先采用零焦点或外焦点叙事引出事件或者人物，在文章展开的过程中，零焦点与内焦点交替出现，由零焦点者进行讲述或评价。一般在开头、结尾处或者衔接处、关键处使用；在事件发展过程中，采用内焦点展开，由事件的主要人物讲述自己的亲身经历或者抒发自己的感受，也会穿插一些外视角的客观叙述，形成在零焦点叙事基础上的叙事视角的多元变化。下面以《参考消息》刊登的通讯为例加以分析：

现场报道的黎波里不时响起枪声

——本报记者利比亚首都采访记

本报驻的黎波里特派记者　刘跃骅

"我们不要外国干涉"

3月4日星期五，本报记者抵达的黎波里采访已经整整一周时间。这一周时间里，的黎波里局势基本上是平静的，虽然每晚都能听到枪声，但是白天市区内的生活秩序依然稳定，街上的车辆来来往往，见到外国记者，车辆还会主动避让，友好地让我们通过马路。

星期五是伊斯兰教传统的主麻日（也称之为聚礼日），是包括利比亚在内的众多阿拉伯国家的法定公休日，穆斯林会在这天下午聚集到清真寺举行集体礼拜。根据记者两个多月来身处中东乱局的经验，每逢周五的礼拜之后都会发生些什么。而从3月3日晚间，利比亚全境范围内的互联网服务都被切断，手机通讯时有时无，各国记者只能依靠携带的海事卫星、铱星电话与外界联系。一些电视台在酒店内架起了直播卫星天线，仿佛要说明世界媒体准备要全天候关注这片动荡的土地。这个周五会是平静的一天吗？

周五上午，一切都处在平静之中。记者们想出各种办法，躲避干扰，前往的黎波里市内的各个地区。利比亚官方本来给记者们安排了前往南部城市赛卜哈的采访，但是因为无人参加，只好作罢。

正午1点，祈祷开始，记者与几位同事守在酒店附近街区的一个清真寺旁边，等待着传说中“愤怒的民众高呼口号，冲出清真寺，走上街头，要求卡扎菲下台”的一幕出现，但是直到祈祷结束，一切都平静如常。人们走出清真寺的时候，只是友善地向我们点点头。

这时，我们接到消息说，某家电视台报道称，市中心绿色广场发生冲突，还有枪战，反对派占领了绿色广场……于是我们决定前往绿色广场。

从我们住的酒店到绿色广场车程只有20分钟，司机在离绿色广场还有一段距离的地方就停下了车。面积不算太大的绿色广场此时已经人声鼎沸，2 000多名卡扎菲的支持者正在广场上示威游行，大量年轻人穿着绿色的军服，挥舞绿色的旗帜，开着车按着喇叭围绕广场游行。有的人干脆直接坐在车顶上。看见记者，很多人把身子探出车窗，拿着卡扎菲的画像向记者挥舞。

由于带着相机、提着话筒、扛着摄像机，加上是黄种人的面孔，我们在绿色广场太“显眼”了，大量民众蜂拥而上，要求拍照摄像。“卡扎菲，卡扎菲!”“我们不要外国干涉!”“利比亚万岁!”几乎所有人都在高呼。

在示威群众里，还有一些儿童、老人和妇女。一名父亲在肩膀上扛着他的小女儿，让小女孩拿着一面绿色的旗帜，父亲教孩子一字一句地用稚嫩的声音呼喊:“人民爱戴穆阿迈尔!”卡扎菲全名是穆阿迈尔·卡扎菲。

所有的人都是那么兴高采烈，情绪激昂，就像在参加一个巨大的派对。此时此刻，我置身绿色广场，丝毫感受不到“大厦将倾”的危机，只有领袖、游行、口号、标语、誓死效忠的狂热民众……

“你应该晚上来”

脱离了绿色广场的喧嚣，我们向距离广场大约两三公里的伽扎尔清真寺前行。离开热闹的广场没有多远，路边的景象已经萧条起来。

由于周五是公众假日，大部分店铺都关门歇业，街上没有什么行人，一路走来只能看到几个被砸碎的广告灯箱，碎玻璃散落一地。记者举起相机刚要拍摄，一辆军车疾驶而来，停在我面前，里面的大兵指着我的相机厉声喝止：“No Shooting!（不许拍照）”“中国记者，没问题的。”记者赶紧用半生不熟的几句阿语跟军警套近乎。庆幸的是，满脸怒气的军警并没有进一步为难我们。

伽扎尔清真寺是的黎波里市内最大的清真寺，建筑气势宏伟。清真寺门口坐着三个年轻人，但不远处有当地安全人员把守。

我们在当地的雇员拉马丹善于和人沟通，他过去跟安全人员东拉西扯，而记者则乘机走向坐在清真寺门口的年轻人。和绿色广场上那些呼喊口号、充满“热情”的年轻人相比，这几位显然没有那么“友好”，眼神里充满了警惕和怀疑，对记者的提问也三缄其口。

“你怎么看我们国家的事情?”终于一个年轻人忍不住用带着浓重当地口音的英语反问记者。记者一时语塞，思考良久后给了他们一个模棱两可的答案：“没有某些人说的那么好，但是也不像某些电视说的那么糟。”

这名叫哈立德的年轻人耸耸肩，然后他看见安全人员向我们走来，于是飞快地在记者的采访本上写下了他的电子邮件地址和手机号码，然后小声用英语说：“这里刚刚发生过冲突。如果你想看到那些他们不想让你们看到的人，你应该晚上来！”说完，三个年轻人便迅速离开。

“不知道未来在哪里”

在返回绿色广场的路上，我们被欢呼声吸引进入一个街区，在一个小广场上，十几名青年正在热火朝天地踢足球。一名叫乌萨马的青年主动和我们攀谈。乌萨马自称原来在一家意大利外资公司的公关部工作，“不过现在我失业了，因为公司的高层经理意大利人都离开了，公司只有关门。我们都感到很害怕，不知道未来在哪里”。这时我们背后响起几声清脆的枪声，我紧张地回头观望。乌萨马说，那是支持卡扎菲的年轻人在鸣枪庆祝。

绿色广场面对着美丽的地中海，除了支持卡扎菲的游行之外，还有不少民众在这里享受休闲时光。一对夫妇带着自己的两个小女儿在广场上玩轮滑，看到记者的相机，小女孩羞涩地躲进爸爸的怀里。

一位坐在海边的小伙子引起了记者的注意。他叫阿里·扎里，在一家英资的成衣进出口公司工作。和乌萨马一样，他也失去了工作。扎里说，他以前每月能赚 1 200 第纳尔（1 美元目前兑换 1.25 第纳尔），“我以前有一份很体面的工作，现在只能跑到绿色广场来参加‘派对’”。

记者在市区碰到的一位出租司机也抱怨生意不好，他说自从暴乱之后，收入减少了大概四成。据记者这几日的了解，的黎波里普通市民的平均工资在 300 到 400 第纳尔，为外国公司工作的白领则可以拿到 1 000 第纳尔以上的工资。

当天晚上 8 点多回到酒店时，各种很难由记者证实的消息从四处汇集而来：伽扎尔广场，100 多名反政府示威者和支持卡扎菲的民众发生了肢体冲突，军警封锁了广场，后来用烟雾弹驱散了民众；在距离的黎波里以西 40 公里的扎维亚市，政府军试图夺回被反对派控制的地区，在战斗中已经有 80 人死亡，120 人受伤；在东部城市班加西，对军火库的空袭造成 17 人死亡……

凌晨，就在记者即将完成这些文字的时候，酒店外又响起清脆的枪声，窗外一队支持卡扎菲的青年车队呼啸而过，绿色的旗帜在路灯下飘动。年轻人挥舞着手中的枪，大声呼喊着："为了保护你，卡扎菲，我们愿意战死！"

来源：《参考消息》，2011年3月4日

整篇通讯，以外焦点叙事和内焦点叙事的转换为主，在小标题"我们不要外国干涉"下，大部分是记者的外焦点叙事，客观描述了利比亚的现实状况和民众反应。"周五上午，一切都处在平静之中"、"正午1点，祈祷开始"、"一名父亲在肩膀上扛着他的小女儿……"等字眼，很明显地判断出记者的叙述视角——外焦点叙事。而在小标题"不知道未来在哪里"下，又主要采用的是内焦点叙事，记者通过对几名当地人的介绍，以及当事人的话语，从当地人的视角传递出他们"不知未来在哪里"的迷茫。但这其中也有不少外焦点的客观描述，如小标题下的开头和结尾，这些客观描述很好地配合了主题，内、外焦点叙事的相互结合，更客观、真实地反映了利比亚人的状态。

【思考与练习】

1. 谈谈你对"新闻报道是一种叙事"这句话的理解。
2. 在新闻报道中如何使用好新闻素材？
3. 随着网络的不断发展，媒体竞争的空前激烈和为了吸引受众，故事化新闻繁荣起来。结合具体案例说说你是如何看待这一现象的。

【本章参考文献】

黄挺．学好新闻叙事学．军事记者，2003（1）．

第二部分　消息写作

第七章　消息文体概述

【本章提要】

消息是新闻报道的一种最基本、最常用的文体，旨在迅速、及时、准确地对社会新近发生的重要的客观变动信息作简明扼要的报道。

消息文体特有的叙述方式——简要、概括报道最重要的新闻事实；特有的思维方式——“先重后轻”的倒金字塔思维；特有的外在标志——消息头。

相对于其他新闻体裁，消息具有独特的优势，表现在：发稿迅速快捷、冲击力强；不受任何题材和报道对象的限制，适合对一切事实的报道；充分利用事实本身的力量，符合不同受众的接受习惯。

消息写作的基本原则是展现事实，基本要求是迅速、准确地将新鲜的有新闻价值的事实简洁明了地加以展现。

第一节　什么是消息

我们平常所说的“新闻”，就文章体裁而言，有广义和狭义之分。广义的新闻，指通过新闻媒体传播的反映社会变动状况的所有文章体裁的总和；狭义的新闻，指的就是消息这种体裁。

我国近代报刊事业开始之时，由于特殊的起因——传教士为了传播其教义，之后是为侵华做准备，消息这种体裁在报刊上还不多见。尽管如此，消息还是展现了它旺盛的生命力。我国第一家近代报刊——1815 年由英国传教士马礼逊在马六甲创办的《察世俗每月统记传》第一卷第二期上，刊登了一条预测月食的消息：

照查天文，推算今年 11 月 6 日晚上，该有月食。始蚀于酉时六刻，复原至亥时初刻之间。若是此晚天色晴朗，岬地诸人俱可见之。

现代报纸（Newspaper）每天在最醒目的、最重要的版位刊登的绝大多数都是消息这种新闻体裁；电视、广播等电子媒体在每天固定的早间新闻时段或者晚间新闻时段，以及每逢整点播出的新闻也是消息。以 2011 年 3 月 12 日出版的《南方日报》为例，简要说明消息这种新闻体裁。

以下是该报 A1 版的新闻标题和版面图：

本版的新闻标题：

1. 巨震 + 海啸重创日本
2. 把抢救生命放在第一位
3. 从国富走向民富 “春天里”再出发
4. 沟通渠道畅通的地方肯定会是幸福的地方

另外还有 8 条新闻导读：

南方日报
NFDAILY.cn
12
胡锦涛温家宝高度关注云南盈江地震灾情
把抢救生命放在第一位
广东省委省政府向云南致慰问电
沟通渠道畅通的地方肯定会是幸福的地方
巨震 + 海啸重创日本
6.6 级强震凌晨又袭新潟
最高法：少数法官不会不廉
最高检：去年 188 厅官落马
从国富走向民富 “春天里”再出发
共建加工贸易转型升级示范区
支持广东加工贸易转型升级先行先试
共推广东教育体制综合改革
CPI 涨 4.9%
PPI 升 7.2%
广州今年保障房建设筹集 10 万套
徐萍华当选肇庆人大常委会主任

图 7 – 1 2011 年 3 月 11 日出版的《南方日报》A1 版版面图

本版用了很大的版面，以图片加文字的形式报道了日本“3 · 11”大地震的最新消息。

图片说明：

日本强地震引发大海啸，巨浪高达10米以上。图为日本宫城县名取市的房屋被海啸损毁。新华社发

新闻图片上所覆盖的文字：

1．震级达8.8，日媒称可能上千人死亡

2．温家宝致电慰问，表示愿向日方提供必要帮助

3．核电站自动停止运转　尚无中国公民伤亡

4．截稿消息

6.6级强震

凌晨又袭新潟

日本经济产业大臣海江田万里宣布：将释放福岛第一核电站一号机组核反应堆容器内的压力。届时可能会有微量含有放射性物质的蒸汽外泄。

头条位置上，是一条胡锦涛、温家宝对我国云南盈江地震关注并作批示的消息：

胡锦涛温家宝高度关注云南盈江地震灾情

把抢救生命放在第一位

【据新华社电】　3月10日12时58分，云南省德宏州盈江县发生里氏5.8级地震。党中央、国务院高度重视抗震救灾工作，胡锦涛总书记、温家宝总理立即作出重要批示，要求把抢救生命放在第一位，迅速开展抗灾救灾工作。

经各方全力救援，目前现场的搜救排查任务基本完成，确认废墟下已无压埋人员。截至昨日18时，此次地震共造成28.25万人受灾，因灾死亡25人、受伤250余人。

以上这些新闻，都属于消息这种新闻体裁，另外8条新闻导读运用的是消息标题的叙述方式。在每天的新闻版面上，消息体裁的报道占绝大多数甚至全部，每篇篇幅都不长，短的200字左右，最长的不过900字，文章对新闻的核心事实进行了简明扼要的交代。从新闻事实发生的时间上来看，都是“昨日”新闻，时效性较强。当然，相对于电子媒体和网络媒体来说，其技术条件已经实现“现在的新闻现在报”，日报的时效性与之无法比拟。

在各种新闻体裁中，消息是最常用的一种体裁。从新闻媒体产生之初，消息就在所有新闻体裁中占有绝对统治地位，时至今日，消息在新闻媒体上的主角地位仍然保持。人们对新闻的原始需求和直接动机，决定了消息这种体裁在新闻媒体中的主导地位，今后还会继续下去。

基于以上分析，我们给消息下一个简单的定义：消息是新闻报道的一种最基本、最常用的文体，旨在迅速、及时、准确地对社会新近发生的重要的客观变动信息作简明扼要的报道。

第二节　消息体裁的特点

一、消息写作特有的叙述方式——简要、概括地报道最重要的新闻事实

所有的新闻体裁都是在报道事实，但是报道的方式、方法差异很大。消息这种体裁报道事实的特点是围绕文章主题简要、概括地报道最重要的新闻事实。

简要、概括是指消息总是用尽可能少的文字，反映尽可能多的事实，尽可能让受众在最短的时间内获知事实变动的信息，而不是娓娓道来，或者营造某种意境，让受众陶醉其中。

2006年6月，一条“钟南山被抢”的消息在各大媒体和网上传播：

钟南山电脑被抢　警方十天内破案

【本报讯　南方日报记者陈枫】　昨天，钟南山院士出席新发传染病技术会议，在回应其“手提电脑上月被抢”的问题时表示，非常感谢广州市公安部门破案迅速，10天之内就帮他寻回失物。他还建议出台严格规定，加大打击飞车抢夺的力度。

5月8日上午，钟南山在工作单位广州医学院的门口，被盗贼飞车抢夺手提电脑，幸亏人没受伤。

“当时我还以为有人好心替我提包，没想到竟然是劫匪，一下子都愣了！”钟南山说，感谢广州市越秀区公安部门高度重视，立刻就找他了解情况，并在10天内就找到他被抢的手提电脑。“当时我非常着急，有好几个国际会议就要开，电脑里面还有很多重要的学术资料。没想到公安部门行动这么迅速高效，真是非常感谢他们！”

钟南山建议，应该出台严格规定，提高法律威慑力。他希望广州加大打击飞车抢夺的力度，以维护良好的社会治安秩序。

在2003年"非典"时期享誉全国的钟南山院士，由于其本人的特殊身份，其被抢事件已构成新闻，而"十天内破案"，如此神速使这条新闻更具新闻价值。在这篇300多字的消息中，核心事实是"钟南山被抢，警方十天破案"，文中简明扼要地交代了事件的几个基本构成要素，为了让读者更好地理解这一核心事实，还交代了相关的事实和细节，比如最后一段钟南山的建议。

消息区别于其他文体的重要特征是，用简明扼要的语言概括地报道新闻事实。简洁的语言是消息行文的特征与要求。

消息中多用概述的笔法。比如写案发这一事实时，消息只用了76个字：

5月8日上午，钟南山在工作单位广州医学院的门口，被盗贼飞车抢夺手提电脑，幸亏人没受伤。

"当时我还以为有人好心替我提包，没想到竟然是劫匪，一下子都愣了!"

消息中对于核心事实中的"如何"要素，即广州警方到底是怎样在这么短的时间内破案这一要素，则基本没有交代。

一周以后，在6月22日的《南方周末》上，刊登了《钟南山被抢为何破案神速》一文，重点对上述"如何"要素进行报道，篇幅约3 400字。

其中也提到"案发"这一事实，但写法不是消息通常所用的概述的方式，试作一比较：

钟南山院士告诉本报记者，5月8日上午8时左右，他和平日一样，从广州医学院内的教工宿舍走出学院侧门，沿着校外的人民北路走向学校正门上班，专车司机就等在那里。

平常他都是右手拿电脑，左手拿书包，这样电脑就朝学校围墙那面。"但那天也不知怎么的，变成左手拿电脑了。"钟南山回忆。于是，手提电脑包直接朝向马路一侧。

这时，一个年轻人走了过来。"他很柔和地把包拎了过去，我还以为有人好心替我提包。"钟南山回忆。以前，当钟南山拎着东西走过校园时，经常有尊敬他的师生跑过来帮助："钟老师，我帮您拿东西。"

但这个年轻人好像不是尊敬他的师生，年轻人拎起电脑包后，跳上等在一旁的摩托车就逃。"是劫匪!"钟南山回过神来。他的司机见状立即驾车追赶，"飞车党"在人行便道边飞奔，然后驰入一条汽车无法驶入的窄街后扬长而去。

钟院士的一位朋友称，被抢了电脑的钟南山失魂落魄地返回家里，仰面躺在沙发上，一言不发地盯着天花板，当时的情形把他的妻子吓了一跳。对此，钟南山笑着否定："没到这么夸张的程度，但那天心情确实非常不好，非常沮丧。"就在那天下午，他有一个大会发言，那一周的周末，又要赴澳门作一个大型学术演讲，所有发言稿都存在手提电脑里。更要命的是，一些重要的学术资料也存在里面。

钟南山只得一边准备有部分备份的发言稿，一边向广州市公安局越秀分局报了案。

消息之所以多用简要、概括的报道方式，在根本上是为了满足受众快速了解最新动态的需求。及时、准确地向受众传递信息，让受众快速地接收信息，正是消息文体的职责所在。

二、消息写作特有的思维方式——倒金字塔思维方式

"文无定法"，对于绝大多数文体来说确实如此，而对于消息却不完全是这样。虽然消息的结构方式也是多种多样的，但是它有经典的结构方式，即倒金字塔结构。

消息在新闻传播中担负的任务是把最重要的新闻事实以最快的速度传递给受众，因此按事实重要程度排列先后顺序的"先重后轻"的倒金字塔结构，就成为消息的经典结构。这种结构在消息写作中始终占据稳固的统治地位。而且，即使是使用其他结构方式，所有消息的写作都遵循着倒金字塔结构的思维方式。

这种思维方式的特点是：将最重要、核心的新闻事实，比如事件的最新进展、事件的精华等，首先呈现给读者，然后再按照事实重要程度递减的顺序来安排事实的先后顺序，重要的安排在前面，次重要的安排在其后。

这种思维方式贯穿整篇消息写作的始终，从消息标题开始直至结尾。如下图所示：

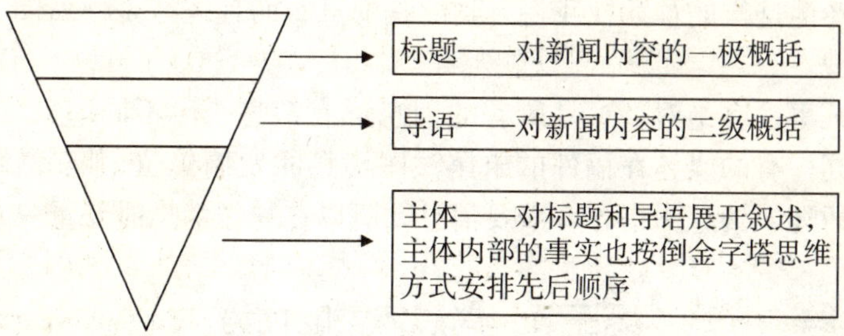

图 7－2　倒金字塔思维方式

三、消息特有的外在标志——消息头

在本章前面例举的两条消息中，消息正文的开头分别是：

1. 据新华社电
2. 本报讯　南方日报记者陈枫

这部分被称为"消息头"，顾名思义，是一篇消息正文的开头部分。

在广播电视收听收看中，我们经常听到的"本台消息"，阅读央视国际的网络新闻时，我们会看到开头的"cctv. com 消息"，这些都是消息头。

消息头，有时也被称为"电头"或者"讯头"，表明新闻稿发出的单位，发稿的地点、时间，发稿人等信息，置于新闻正文开头，加括号或者用显著字体标明，以与正文文字相区分。

不同媒体发稿的消息头略有不同。通讯社一般以"××社×地×月×日电"作为消息头；报社记者或通讯员自采的稿件，消息头的一般格式是"本报×地×月×日专电/专讯"，如果是在本地发稿，可以将消息头简化为"本报讯"；网络记者自己采写的消息，消息头用"本网讯"或"××网讯"；转用其他通讯社或新闻媒体的消息稿件，一般用"据××社消息"，或"据××报消息"；广播电视新闻在播报时一般用"本台消息"，较少用其他消息头，在强调新闻时效性及重要性时，会用"本台刚刚收到的消息"作为消息头。

有些媒体的稿件在消息头中署记者姓名，有些则不署。

消息头的作用有以下几点：表明消息的发稿单位，同时表明此发稿单位可以对稿件的质量负责；消息头中的时间、地点等信息表明新闻的发生地和新闻的时效性，其本身是新闻信息的一部分，此外还可以给读者营造一种现场感。

因此消息头在新闻的传受过程中，往往被当作一种契约信号，读者见到它，立刻对下文产生这样的预期：我将看到的是消息，而且往往是硬新闻，而不是其他的新闻体裁。

当然，凡事没有绝对，不是所有的消息都有消息头。不同国家、不同媒体，做法不尽相同。有的媒体在稿件的末尾注明消息的发稿单位、记者姓名等信息。但是，如前所述，消息头中含有重要信息，所以在写作消息时要重视它。

第三节　消息体裁的优势

如前所述，消息体裁在新闻报道中占据着不可动摇的主导地位，这与新闻的

基本功能和人们对新闻的基本需求动机是相适应的。人们周围的生存环境一旦发生某种变动，往往通过消息这种体裁，将事实变动的信息首先传递出去。为什么会这样呢？因为消息体裁相对于其他新闻体裁，有着得天独厚的优势。

一、发稿迅速、冲击力强

上节讲到，新闻写作有它特有的叙述方式，即简要、概括报道最重要的新闻事实。在写作中，记者只抓主干事实，无须顾及详细过程和细节，一般重点写“何事”要素，其他要素可略，有些甚至可省。消息语言简洁，篇幅短小。这样在写稿、发稿时就能够做到迅速、快捷，在第一时间将信息传递给受众。正因为如此，有些突发事件发生后，消息所带来的冲击力是非常强大的，事件越重大，新闻所带来的冲击力越强。

2007 年年末，最具有冲击力的新闻莫过于巴基斯坦前总理贝·布托遇刺身亡的消息，这则举世震惊的大新闻最先就是通过快讯的方式播发的。下面是我国新华社最早关于此事的滚动报道：

快讯：贝·布托在竞选集会上遭到炸弹袭击受伤

2007 年 12 月 27 日 21：27：39　来源：新华网

【新华网快讯】巴基斯坦前总理贝·布托的新闻发言人 27 日对新华社记者证实，贝·布托当日在拉瓦尔品第市举行的竞选集会上遭到炸弹袭击受伤，现正在医院接受治疗。

快讯：巴前总理贝·布托遭炸弹袭击身亡

2007 年 12 月 27 日 21：34　来源：新华网

【新华网快讯】巴基斯坦内政部消息人士 27 日说，巴前总理贝·布托当日在拉瓦尔品第市举行的竞选集会上遭炸弹袭击身亡。

快讯：巴人民党官员证实贝·布托遇袭不治身亡

2007 年 12 月 27 日 21：53：27　来源：新华网

【新华网快讯】巴基斯坦前总理贝·布托领导的人民党的一名官员 27 日说，在竞选集会上遭袭击的贝·布托于当日当地时间 18 时 16 分在拉瓦尔品第一家医院不治身亡。

图7-3 12月27日，巴基斯坦拉瓦尔品第的爆炸现场一片狼藉。当天，巴前总理贝·布托在拉瓦尔品第市举行的竞选集会遭炸弹袭击，不治身亡（图片来源：新华社/法新社）

快讯：巴官员称贝·布托颈部和胸部中枪　不治身亡

2007年12月27日21：59：48　来源：新华网

【新华网快讯】　巴基斯坦人民党官员27日说，该党主席、前总理贝·布托当天在拉瓦尔品第参加竞选集会时被一名武装人员开枪击中颈部和胸部，袭击者随后引爆身上炸弹。

“快讯”是消息中的“轻骑兵”，每逢遇到重大突发事件时，都是首先通过快讯将最轰动的事实播发出去，快讯中的一两句话往往具有极大的冲击力。例如，上述在30分钟内发布的四条消息，尤其是报道“贝·布托不治身亡”的消息，再配发现场新闻照片，犹如重磅炸弹，引起世界震动。随即各通讯社发快讯的重点就转到各大国对此事件的反应上。

但是，快讯为了抢时效，往往事实交代得过于简单。媒体在发完快讯之后，还会发布常规消息。

在当晚23点，新华社发布了一篇相对于快讯来说事实比较全面的消息：

贝·布托遇袭身亡

2007年12月27日23：00：30　来源：新华网

【新华网伊斯兰堡12月27日电】　巴基斯坦前总理、人民党领导人贝·布托27日在首都伊斯兰堡邻近的拉瓦尔品第市举行的竞选集会上遭遇自杀式袭击受伤，在送往医院后不治身亡。

贝·布托是在刚刚发表演说后乘车准备离开会场时遭到枪击和爆炸袭击的。贝·布托的安全顾问拉赫曼·马利克说，贝·布托被一名男性武装人员开枪击中颈部和胸部，袭击者随后引爆了身上的炸弹。官方的巴基斯坦电视台援引内政部官员的话说，贝·布托乘坐的车子被一名自杀式袭击者的炸弹炸毁。

事发后，贝·布托被迅速送往医院，接受紧急救治。人民党官员瓦西夫·阿里·汗在拉瓦尔品第总医院说，贝·布托于当地时间18时16分（北京时间21时16分）不治身亡。

另据官方的巴基斯坦电视台报道，至少还有10人在此次爆炸袭击事件中死亡。从电视画面上可以看到，爆炸现场一片混乱，到处是遇难者的尸体碎片。巴基斯坦总统穆沙拉夫和看守内阁总理苏姆罗在贝·布托遇刺后分别发表声明，谴责针对贝·布托的袭击事件，并要求人民保持冷静。

据巴媒体援引情报部门此前的报告报道，“基地”组织、塔利班武装和巴基斯坦激进组织派出了自杀式袭击者，追杀贝·布托。

今年10月19日，巴基斯坦南部港口城市卡拉奇发生两起针对刚刚结束流亡状态回国的贝·布托的爆炸袭击事件，造成140多人死亡、500多人受伤。贝·布托本人幸免于难。

贝·布托1953年生于巴基斯坦信德省，是巴基斯坦已故前总理阿里·布托的长女。1986年被推选为人民党两主席之一。1988年至1996年期间，贝·布托两度出任巴基斯坦总理。1997年，她被人民党选举为终身领袖。

再稍后，媒体会用“通讯”等其他非消息类深度体裁，详细报道事件发生的经过、原因、影响等。

每遇突发事件，媒体典型的做法总是先抢发快讯，紧跟着发常规消息，以最快的速度将最新的变动信息直截了当地告知受众，稍后的时间再作更为详细的报道。媒体视发生新闻事实的性质而定，有时不发快讯，直接发常规消息。

二、适合一切事实的报道

消息特有的叙述方式是简要、概述最重要的新闻事实，只要掌握新闻事实，了解它的基本构成要素，就能够用消息的形式来表现它，而不受报道题材和报道对象的局限。

很多题材，如果没有情节或细节，不知道整个事实的来龙去脉，很难作更深入或更详细的报道；如果没有进一步挖掘的新闻价值，则根本没必要作更深更细的报道。而消息则不然，任何题材，无论是暴力事件、自然灾害、新政出台、政府重要人事变动、一般外事往来、企业股权变更，还是公众人物的举止言行等，大事小事、好事坏事，都能够写成消息。消息也因此成为反映大千世界各种变动信息的主要表现形式。

也正是因为消息的这种优势，各种媒体把它作为增加信息量的主要手段。前面我们看到《南方日报》一版全部是消息，就是为增加新闻信息量的一种安排。一般来说，消息总量越多，媒体所传达的信息量越大。

三、符合不同受众的接受习惯

新闻传播事业作为社会上层建筑领域的组成部分，它不可避免地具有很强的政治性。在上层建筑领域中，政治处于主导地位，是经济基础最直接、最集中的表现，而新闻传媒总是掌握在一定阶级或利益集团的手中，因此必定会被用来为这个阶级或利益集团“说话”，如果是统治阶级，必定会被用来维护统治阶级的利益。

既然如此，新闻作品作为新闻传播事业与外界交流的终端产品，总是不可避免地带着意识形态的烙印。根据传播学的研究成果，人们在接触、理解、吸收某种信息时，总是接触、理解、吸收跟自己已有的观念相同的信息，而排斥与已有的观念相左的信息。而社会上人们的政治见解、文化背景、宗教信仰等往往有很大的差异，这就为很多新闻作品的广泛传播设置了一道门槛。

消息这种体裁具备逾越这道门槛的天然优势。因为消息非常注重运用事实本身的力量，而不是观念的力量。在消息这种体裁中，记者只需要提供事实就够了。在消息写作中，新闻事实就像“积木”一样，记者能做的就是如何“摆放”事实“积木”，将事实“告知”受众，而不能明确地加入自己的任何观点。这就是所谓的“纯新闻”，也就是我们所说的“消息”的写法。这种报道手法，被称为客观的报道手法。

消息体裁身披“客观性”的外衣，容易被不同的、多元化的受众所接受。受众可以拒绝接受与自己观点相左的观点和意见，但是不能不正视客观世界所发生的事实。表面上，消息只“告知”事实，这就是消息征服所有受众的法宝。

由于以上的特点和优势，消息成为各种新闻题材中用得最多、最活跃的一种体裁，在新闻报道中占有重要的地位，被称为新闻报道的核心报道方式。这种地位自人类有新闻传播活动以来一直延续至今，今后还将继续保持下去。

第四节　消息写作的基本规律和基本要求

由原始的新闻活动，到专门的新闻机构，再到目前庞大的传媒产业，它们存在的理由是什么？它们得以存在和发展的根本是什么？

是传播事实！

在新闻写作中自始至终都要紧扣这个根本。

一、消息写作的基本规律——展现事实

作为新闻文体中最基本、最常用的一种体裁，消息写作的基本规律就是展现事实。这里有两个关键词，一个是“事实”，一个是“展现”，前者是新闻写作依托的根本，后者是消息写作再现事实的基本理念和方法。

什么是事实，事实有哪些特征？这是个必须要搞清楚的基本问题。在哲学层面上对事实的概念及事实的基本特征有很多的探讨，在这里，我们仅从新闻写作的角度，有针对性地介绍事实的概念及特征。

简单地讲，事实就是事物的真实情况。事实的主要特征有以下几点：客观性、具体性、不变性、独立性、联系性。①以下从消息采写的角度对这几项特征作具体的解释和说明：

（一）客观性

客观性，是一切事实的根本属性，是指事实的存在不以人的意志而改变，不依赖判断的正误，也不依赖于对它作出的何种评价。总之，无论你是否意识到，无论你对它如何评判，事实是怎么样它还是怎么样。因此在新闻采访写作过程中要抛弃想象、猜测、好恶，去展示其原貌。

（二）具体性

具体性，指每个事实都有其具体形态，新闻事实是事实的一种特殊类型，当然也有具体性。对新闻事实来说，一定是由何人、何时、何地、何事、如何、为何等具体的构成要素组成的。写作时，要把这些事实要素调查清楚，并作出说明和解释，将事实具体、精确地展现出来，而不是抽象地叙述、笼统地概括。

试比较以下描述暨南大学广州本部校区和珠海校区环境的两句话：

第一句：“暨大珠海校区的自然环境比广州本部校区的好。”

第二句：“暨大珠海校区依山傍水，广州本部校区南临黄埔大道，北接中山大道，头顶一侧横过华南快速干线。”

第一句中，一个“好”字就是抽象的叙述和笼统的概括，第二句中将能够体现两个校区不同环境的事实具体地展现了出来。

---

① 杨保军．新闻事实论．北京：新华出版社，2001.7～9.

（三）不变性

事实的不变性，指人不能改变既有的事实，改变后的事实就不是原来的事实。因此，事实一旦产生，就具有其相对的不变性。记者在采写新闻事实的过程中，要本着尊重事实的态度，事实是怎样，记者就应该按照事实的本来面目如实地加以报道，尽可能地不要将自己的偏见或者情绪带入报道之中，以免改变事实的原貌。

（四）独立性

事实的独立性，也被称为唯一性，就像世界上没有两片完全相同的树叶一样，世界上也不存在两个完全相同的事实。每个事实都是独一无二的，正如古希腊哲学家赫拉克利特所言“人不能两次踏入同一条河流”。

独立性的另一含义是指任何事实都有自身产生和发展的独立轨迹，有其自身的客观逻辑性，因此它是可以与其他事实相区别的，是可以从环境中进行识别的。

既然如此，记者在采写新闻事实时，就应该发现某一事实与其他相关事实的不同之处，并且描述它的这种特殊状态，揭示它的特殊意义。

（五）联系性

联系性是相对于独立性而言的，任何事实都并非孤立存在，都有其产生、存在、发展变化的环境，并时刻与环境发生相互作用。因此，要想展示真相，就必须说明新闻事实的环境因素，以及与其所处环境之间的相互影响态势，这样才能揭示出新闻的深层意义。

基于对上述事实属性的认识，那么坚持新闻真实性这个新闻写作最基本原则的一个可靠的途径和方法就是“展现”事实，尤其对“消息”这种以“告知”为主要传播任务的文体来说。

“展现”按中文的字面理解就是显现、展示的意思。就是记者作为新闻文本的第一作者，将事实摆上，呈现在受众的面前。而对事实的评价，则由受众看过报道之后，由受众自己自然而然地发出。这种打动或震撼读者的力量是由事实本身而来的。

列夫·托尔斯泰在谈到他的《战争与和平》写作时说：“我不讲述，我不解释，我只是展现，让我的角色替我说话。”这位文学大师传授了一个重要的写作方法，就是让读者直接走进故事中的人和环境，与故事中的人物和环境进行交流，以此让读者更真切、更深刻、更真实地了解你要说明的事情，而不是用你的充满主观意识和个人好恶的表述，制造出阻碍读者了解事实的雾障。

曾经获得普利策新闻奖的《纽约时报》记者李克·布拉格在初入新闻界的时候，遇到一位经验丰富的报纸主编，他告诉李克：“优秀新闻写作的基本原则是要展现，不要讲述。给我看你所看到的一切，用文字描绘一幅画面，然后我就可以跟随你的脚步。”

美国著名的新闻记者埃德加·斯诺通过《红星照耀中国》一书，第一次向世界展现了当时中国革命的一些真实场景，使读者身临其境，看到、听到、观察到当时的中国共产党是个什么样的党、他们正从事着什么样的事业、党的领导人是什么样的一群人。

下面是该著作中《彭德怀印象》中的一段：

我住在彭在预旺堡司令部的院子里，所以在前线常见到他。这个司令部——顺带说一下，它当时指挥着三万军队——是一间简朴的屋子，屋里只摆设一张桌和一条木凳，两个铁皮公文箱，几张红军绘制的地图，一部军用电话，一条毛巾和一个脸盆，炕上铺着他的毛毯。与部下一样，他只有两套制服，已经破旧，且无任何军衔的徽饰。他有一件私人衣服，孩子气地颇为得意，那是用降落伞制作的背心，降落伞是在长征途中击落敌机缴获的。

我们一同吃过几次饭，他吃得俭省简单，同士兵吃得一样——通常是白菜、面条、豆类、羊肉，有时是馒头。

……

彭晚睡早起，不像毛泽东晚睡晚起。据我所知，彭平均每晚只睡四至五小时，他似乎总是忙而不乱。我记得有天早上，一军团接到命令要开赴二百里之外的敌区海原，彭在早饭前向全体指挥员下达了任务，然后和我共进早餐；饭后他即动身上路，好像是要到乡间作一次短途漫游。他与参谋走过预旺堡主要大街，时而停下来和聚集在道旁向他道别的穆斯林阿訇说话。偌大的军队就像自己管理自己一样，那么地有条不紊。

从文中，我们看到这个“指挥着三万军队”的“司令部”的样子，彭德怀这个大名鼎鼎的共产党军队的司令的生活、工作的场景。从这些由事实编织而成的新闻文本中，不同的读者会从中得出不同的结论和评价。

我们还经常听到这样一句话：用事实“说话”。“说话”是什么意思？简单地说，“说话”就是表达说话者的意见、观点，具体到新闻传播，就是新闻传播者的倾向性。因为新闻本身是客观事物通过主观反映的产物，它不可避免地受到主观的局限，而真实性原则、客观性原则又是新闻写作的基本原则，确切地说，是新闻写作追求的终极目标，所以，在新闻采写中，必须坚持用“事实”来“说话”。通过展现事实，运用事实本身的力量，达到“说话”的目的。

当然，在自然界和社会生活中也存在大量没有倾向性的事实，对这类事实，记者就不必考虑用它来“说话”的问题，只是简单地“告知”就可以了。

新闻写作的技术，从根本上来说，就是描述事实的技术，新闻写作就是再现事实的过程。

二、消息写作的基本要求

基于上述几节的分析，消息文体写作的基本要求可以用一句话来概括，就是迅速、准确地将新鲜的有新闻价值的事实简洁明了地展现。这里有几个关键词：迅速、准确、新鲜、简明。

迅速，意指消息报道要特别注重时效性。消息是一种旨在实现传者和受者在第一时间快速交流的文本，迅速是消息报道最基本的要求。

准确，意指新闻文本所描述的新闻事实与客观事实之间的相符程度，这是保证新闻真实性的一个重要的途径和办法。

新鲜，意指相对于受众来说所述事实新闻价值的大小，报道受众所不知道的事情。

简明，意指消息文体简洁明了的叙述风格和语言特点，之所以要求如此，是为了减少受众阅读新闻文本的障碍，实现快速交流。

【思考与练习】

1. 为什么消息能成为所有新闻体裁中最基本、最常用的一种体裁？
2. 怎样理解“展现事实”？
3. 挑选当天媒体上的三篇报道，分析消息文本的语言风格。
4. 将近期发生在你身边的新鲜事，告知你的同学、朋友或家人，并通过和对方的互动，了解自己是否把这件事情说清楚了，是否简洁明了地说清楚了。

【本章参考文献】

1. 杨保军. 新闻事实论. 北京：新华出版社，2001.
2. 高钢. 新闻写作精要. 北京：首都经济贸易大学出版社，2005.
3. 薛国林. 当代新闻写作. 广州：暨南大学出版社，2005.
4. ［美］埃德加·斯诺. 红星照耀中国. 李方淮，梁民译. 石家庄：河北人民出版社，1992.
5.《南方日报》各媒体的报道文本.

第八章　消息的构成要素及写作技法（一）

【本章提要】

从形式上来看，消息的标题、导语、主体和结尾是消息文体最主要的结构要素。从内容上来看，消息包括核心段落、消息来源、详尽细节、直接引语和新闻背景等。

消息的标题要发挥“告知”事实变动信息的作用，通过它，读者能够一览消息的全部“精华”，因此应将最新鲜的、最重要、最令人感兴趣的事实写入标题。具体写作时，在概括事实方面，要虚实结合，以实题为主；在文字表达上，尽可能通俗易懂、朗朗上口；字数方面，主标题不能太长；在感官效果上，要尽可能吸引读者。

消息的导语是整篇新闻的精华之纲。说它是“精华”，意指全篇新闻中最有价值的、最有意义的新闻事实应放在导语中，说它是“纲”，意指导语本身所蕴含的张力能贯彻全篇。可以根据新闻要素、新闻角度等来选择、提炼能够写入导语的事实，在文字表述上要力求简洁与醒目。

第一节　消息的构成要素概述

从形式上来看，消息的标题、导语、主体和结尾，是消息文体最主要的结构要素；从内容上来看，消息包括核心段落、消息来源、详尽细节和新闻背景等。

一、标题（Headline）

标题是一篇报道的核心内容，也是记者打算写在消息头一段或头几段里的内容。消息标题一般比较复杂，除主标题外，还时常运用引题、副题、提要题等。

例 1：

主题：**广东中石化百万买茅台　总部已派出调查组赴粤**

副题：内部人士透露，事件在网上引起关注前，已有广东分公司员工向总部举报，但未引起重视

提要题：近日，中石化广东分公司“天价酒”事件引发极大关注。昨日，中石化集团回应说，公司已关注到互联网和传统媒体对所属广东石油分公司“天价酒”事件的评论和报道，并派出调查组奔赴广州

例 2：

主题：**“馒头出问题对不起人民”**

副题：上海食安办主任就“染色”馒头道歉，该市将深入调查、一查到底。

二、导语（Lead）

导语位于报道开头，旨在告诉读者文章的主要内容、最重要的新闻事实。例如：

【美联社三亚 4 月 14 日电】　金砖五国（中国、巴西、俄罗斯、印度和南非）领导人今天在中国南方度假胜地三亚举行了为期一天的会晤，并发表了一项声明。声明强烈支持采取措施改革国际金融秩序，使之更多元化，更具代表性。

这些世界上最大的新兴经济体呼吁采取更为严厉的措施防范金融动荡，同时极力推动扩大新兴经济体在国际金融事务中的发言权。

这个被称为《三亚宣言》的联合声明呼吁与二十国集团一道继续推动全球金融体系的改革，明确表示现行体制已不再完全符合他们的利益。

声明说，应“加强全球经济治理，推动国际关系民主化，提高新兴国家和发展中国家在国际事务中的发言权”。

来源：新华国际，2011 年 4 月 15 日

这是一条硬新闻，开头第一段即为导语，交代本条新闻的核心事实，即三亚峰会高调呼吁改革的具体事实。

次导语（补充导语）——有时候导语需要有一段文字进行补充和支持，这段文字叫作补充导语（Backup for the Lead），它应当包含解释关键点的陈述或者直接引语。（举例见后文的《联合国称部分亚洲国家或再爆货币危机》）

三、主体

主体对导语中的核心事实展开叙述，也围绕核心事实补充相关信息，披露新

的事实。例如：

【法新社东京4月12日电】　今天，一场强烈的近海地震震动东京，使得东京建筑物摇晃并导致地铁停运。

据美国地质部门监测，这次地震强度为里氏6.4级，深度为13.1公里，震源位于东京以东77公里处。日本气象厅测定的地震强度为里氏6.3级。

地震于当地时间12日上午8点08分（格林尼治标准时间11日23点08分）发生在东京以东千叶县附近海域。

日本名古屋大学教授山冈湖春在接受日本广播协会电视台采访时说，刚刚发生的地震“大体上说”是3月11日发生的9级地震的余震。他说：“我们要注意余震，尤其是在初次地震发生后的头一两个月。”

自3月11日以来，日本已经经历400多次强度在里氏5级以上的余震。

这条消息的2~4段为主体部分，叙述了最近发生的一场余震的具体情况。

四、结尾

消息的主体之后剩下的部分是结尾，结尾包括以下内容：预测或者预告未来的行动；以陈述句总结全篇消息但不重复前面的内容；补充更多的细节。在消息中，如果没有更新的信息要告诉读者，就应及时结束这篇文章。

在上一篇消息中，文章结尾“自3月11日以来，日本已经经历400多次强度在里氏5级以上的余震”补充了日本3·11大地震之后余震的次数和程度。

五、核心段落

核心段落是陈述报道主要内容的一句话或一个段落，它应该一语中的，点明报道的新闻价值。如果一则硬新闻的导语属于总结式导语，其本身就概括了核心内容，所以不必另外写一个核心段落。如果报道没有开门见山地点出要点，或者导语像特写的开头，核心段落就显得十分重要。它通常位于文章的前部，处于第3段到第5段之间。

六、消息来源

“你从哪里得来的消息？这是谁告诉你的？读者为什么要相信你的话？”消息源就是回答上述问题的。

七、详尽细节

与报道的主要事件相关的细节和事实，被称为详尽细节。

八、新闻背景

一些历史或者背景资料会有助于读者理解新出现的问题或者新闻事件，绝大多数的报道需要相关的背景资料对事件进行解释。

消息的基本范式举例：

联合国称部分亚洲国家或再爆货币危机

【华尔街日报4月19日报道】　联合国的一份报告称，在1997—1998年金融危机中遭受沉重打击的四个亚洲国家有再次出现资本突然外流的危险，这种外流会引发货币危机。（**导语**）

联合国亚太经社理事会（UNESCAP）称，尽管亚洲地区经济增长迅速，但印度尼西亚、韩国、泰国和菲律宾的经济最近却出现了一些危险迹象，对此应予以密切关注。（**补充导语**）

联合国这份周三发布的报告特别指出，亚洲国家今年在控制汇率方面将遇到困难，因为许多亚洲货币兑美元的汇率去年大幅上扬，并且预计今年还会上升，各国央行采取的干预措施也未能阻止这种情况发生。（**具体细节**）

1997年亚洲金融危机对泰国、印度尼西亚和韩国的打击最大，这一危机导致企业大量破产、成千上万的人失去工作并动摇了亚洲各经济体的根基。（**新闻背景**）

虽然自那以来亚洲经济已实现了强劲反弹，但这份报告警告说，除马来西亚外，受到那次危机影响的其他国家2006年又再度出现了危险迹象。（**具体细节**）

报告重点描述了这些国家的货币受短期资本流入推动而出现的升值，以及这些国家存在资本流向突然发生逆转的危险，报告还说油价上扬导致这些国家的通货膨胀压力加大。（**具体细节**）

UNESCAP的官员拉吉·库马（Raj Kumar）在曼谷举行的一个新闻发布会上说，虽然亚洲的经济预计仍将强劲增长，但也存在一些不利于经济增长的风险。这些风险包括可能出现的油价暴涨、全球性失衡的无序蔓延以及中国的经济过热。（**引语**）

联合国预计，亚洲经济仍将快速增长，虽然增长率会从去年的7.9%小幅下降至今年的7.4%，这在一定程度上是因为作为亚洲主要出口市场的美国经济增长速度出现放缓现象。

为了评估一个国家发生货币危机的危险度，UNESCAP专门设计了一个指数，以综合反映该国外汇储备满足短期债务还本付息需求的能力、国内私人信贷水平以及货币升值情况。(**新闻背景**)

在1997年7月发生亚洲金融危机前的几年，该指数一直呈稳定下跌之势。那次危机是由泰铢暴跌引发的。(**新闻背景**)

联合国的报告显示，在经历了2000年至2004年一段相对稳定期后，除马来西亚外，所有受那次危机影响国家的这一指数在2006年又开始下跌。

由于外汇储备与短期债务之比出现下降，而短期资本流入量出现增加，泰国目前面临着较以往更大的风险。(**结尾**)

第二节 消息标题

一、消息标题的特点

对受众来说，不同的新闻体裁功能不同。消息的主要功能在于“告知”，报道事实变动的信息，它解决的是受众“知道”或“不知道”的问题，而不像通讯那样主要是为了满足受众“欲知详情”的需要。因此，消息在写作上跟其他体裁有很大区别，最明显的区别首先体现在标题上。

标题是文章的“眼睛”。“眼睛是心灵的窗口”这句话对于消息体裁来说尤其贴切，通过消息的标题，读者能够一览消息的全部“精华”。

试比较下列两组标题：

	第1组	第2组
1	落日	日本宣布无条件投降
2	我看见历史在这里爆炸……	肯尼迪总统遇刺身亡
3	沸腾了的北平城（主题） ——记人民解放军的北平入城式（副题）	（引题）以和平的方式结束战争 （主题）北平宣告完全解放 （副题）国民党军已全部开出城外听候改编

（续上表）

	第1组	第2组
4	受了委屈　回家来吧（主题） ——所罗门群岛华人获救记（副题）	13名从所罗门撤离的中国侨民安全飞抵广州
5		（引题）湛江开全国先河，11县市区委书记镜头前公开接受老百姓的“鲜花”和“砖头” （主题）县官述职　电视网络直播
6		（引题）广东集中培训300名高手，组建“别动队”昨今分赴五市整治假牌套牌车 （主题）肉眼识假牌　一抓一个准

第1组是通讯的标题，第2组是对应的消息的标题。通过对比，我们发现，消息标题有如下特点：

（1）消息标题中一定有具体的事实。

上例中“日本宣布无条件投降”，相对于“落日”，有具体的事实；从“北平宣告完全解放”、“13名从所罗门撤离的中国侨民安全飞抵广州”、“县官述职　电视网络直播”、“肉眼识假牌　一抓一个准”等标题中，都能看到具体的事实。而通讯标题中，可以有，也可以没有。上例中“受了委屈　回家来吧”、“沸腾了的北平城”等标题中，看不到具体的事实。

（2）消息标题是对消息内容的一级概括。

很多人看报纸基本是在浏览，不会逐字逐句阅读，几十个版面很快被“翻”完。读者看什么？就是看标题。因为人们从消息的标题就能够一览新闻的“精华”，标题概括了整篇新闻的最重要的事实，是对新闻内容的一级概括。

（3）消息标题是一个完整的句子。

消息标题都是一个完整的句子，即至少有主语和谓语，一般主谓宾齐全。

（4）多数消息标题的结构较为复杂，除主题外，还有引题、主题和副题，甚至提要题。

很多消息标题是多行题。因为消息标题是新闻内容的一级概括，读者要能从标题中看到新闻的核心事实。有时，单行题难以胜任，无法叙述清楚新闻的主要内容，于是消息标题在写作中，除主题外，还会有引题、主题和副题，甚至提要题，来辅助说明核心事实。

所谓引题，即放在主题之前，也被形象地称为肩题或眉题，一般起引出主题的作用；主题表达的是新闻报道的核心事实或者核心观点，也叫正题或母题，在标题中的地位最为重要，在排版时字体、字号最为突出；

副题位于主题之后，又被称为子题，对主题的内容进行补充说明；

提要题位于副题之后、正文之前，提示新闻的主要事实或者观点，一般独立成段。

在2008年亚洲博鳌论坛上，胡锦涛会见萧万长，吸引了中外各大媒体的关注，以下是4月13日《羊城晚报》刊登的消息，消息的标题是多行题，提示了新闻的重要事实。以下是版面图和新闻稿：

羊城晚报 13
YANGCHENG EVENING NEWS

广东初具叫板国际橡胶价格能力

胡锦涛会见萧万长
萧提出三希望
胡强调四继续

县官述职，电视网络直播

肉眼识假牌 一抓一个准

“低调但历史性之会”

“密码相符视为合法交易”

道德观缺陷，盗窃有理？

世界竞争日趋激烈
国家发展五个必须

图8－1　《羊城晚报》2008年4月
13日AI版版面图

（引题）胡锦涛会见萧万长

（主题）**萧提出三希望**
胡强调四继续

（副题）胡锦涛请萧万长转达对马英九、吴伯雄、连战等人问候

（提要题）“两岸经济交流合作面临重要历史性机遇”
“正视现实 开创未来 搁置争议 追求双赢”

【据新华社电】　中共中央总书记胡锦涛昨日在博鳌会见了萧万长先生率领

的台湾两岸共同市场基金会代表团一行，就两岸经济交流合作问题交换意见。胡锦涛强调，当前，两岸经济交流合作面临着重要的历史性机遇。在新的形势下，我们将继续推动两岸经济文化等各领域的交流合作，继续推动两岸周末包机和大陆居民赴台旅游的磋商，继续关心台湾同胞福祉并切实维护台湾同胞的正当权益，继续促进恢复两岸协商谈判。

萧万长表示，两岸经济密不可分。现在是一个新的开始。希望尽快启动两岸周末包机，并实现大陆居民来台湾旅游。希望能尽快恢复两岸协商，以利交流与合作。实现两岸直航和经贸关系正常化是必走的路，而且代表着海峡两岸人民近60年来首次实现全面开放性交流，具有长远的意义。希望能正视现实，开创未来，搁置争议，追求双赢，为两岸关系开创互信、互谅、互助、互利的新时代。

胡锦涛强调，实现两岸关系和平发展，是两岸同胞的共同愿望所系、共同利益所在。两岸同胞是一家人，是血脉相连的命运共同体，两岸关系的前途应该掌握在两岸同胞自己手中。我们推动两岸关系和平发展的信念不会动摇。希望两岸同胞携手努力，共同开创两岸关系和平发展新局面。

会见结束时，胡锦涛请萧万长先生代为转达对马英九、吴伯雄、连战等人的问候。

来源：《羊城晚报》，2008 年 4 月 13 日

二、消息标题中写什么

如上所述，消息标题中要有具体的新闻事实，所谓写什么，指的是标题的选材，就是选择将新闻中的什么样的事实写入标题。

一个总原则是题文一致。所谓题文一致，指的是标题所揭示的事实，要与新闻内容一致，不能“挂羊头，卖狗肉”。具体含义包括：第一，标题所写的事实，应该是新闻中本来就有的，不能选择新闻以外的事实，更不能无中生有；第二，标题可以从新闻中选择某一事实，但是这种选择不能不顾及事物的全貌，不能歪曲新闻的基本事实。

如下标题：

（引题）中国柔道队员再试身手
（主题）**主队愈战愈勇三胜一平**

从标题中读者读出的基本事实是“中国柔道队赢了”，但实际上是中国队三胜一平四负，以一分之差负于日本队。标题中略去“四负”，就隐去了中国队战

败的基本事实。这从根本上来说是违背新闻真实性原则的。

另外，要抽取新闻中的“精华”写入标题。所谓的“精华”是一个相对的概念，对读者来说，最新鲜、最重要、最令人感兴趣的就是新闻的精华。

例如，在上一章提到的新华社对于贝·布托遇袭身亡的消息。常规消息以“贝·布托遇袭身亡”为题，这个事实对于不知道这个消息的读者来说，是最具冲击力的。

在播发的快讯中，按时间的先后顺序，标题依次为：“贝·布托在竞选集会上遭到炸弹袭击受伤”、“巴人民党官员证实贝·布托遇袭不治身亡”、“巴官员称贝·布托颈部和胸部中枪　不治身亡”，最后播发的快讯总是将最新鲜的事实——遭到炸弹袭击受伤、不治身亡、颈部和胸部中枪不治身亡——放在标题中。

比较下列两个标题：

第一个：**第103届广交会加强保安措施**

第二个：（引题）第103届广交会今日开幕

（主题）**安检将按民航标准**

相比较而言，第二个标题抓住了新闻的精华，因为它将新闻中最重要的具体事实提炼了出来。

其实，标题的写作不只是新闻写作环节的任务，采访环节做得如何，已经给标题写作质量埋下伏笔。尤其是会议消息，一些记者就会写会，仅仅报道会议本身这个事实。其实，很多时候会议本身可能并不具有太大的新闻价值，而在会议上透露出的一些信息往往才是有价值的新闻。这一点如果在采访环节时没有注意到，那么在写作环节中，是无论如何没法提炼出来的。

比较下面两个标题：

第一个：**全省人口计生工作电视电话会议今天召开**

第二个：（引题）汪洋在全省人口计生工作电视电话会议上强调统筹解决人口问题

（主题）**广东常住人口9 449万**

（副题）实际管理人口已是全国第一

第一个标题中所写的事实，对读者来说，基本没有什么价值。而第二个标题，没有就会写会，而是从会议当中挖掘出“广东常住人口9 449万，实际管理人口居全国第一”的事实，这个事实是读者感兴趣的。这些信息才是“全省人口计生工作电视电话会议召开”这个事实的精华。

有时，事实中的某个新闻要素最能吸引读者的注意，最能体现事实的新闻价值，这时，在写作标题时，应当把这个要素在标题中凸显出来。

比如：

女交警上岗　广交会值勤

在这个标题中，突出“何人”要素，这是新闻价值所在。

又如：

秋交会前完成 8 项道路改造任务

在这个标题中，突出了“何时”要素。这条新闻刊发之前，城市道路改造会影响人们的生活、出行，因此广东各大媒体已经详细报道了线路改造的计划，在此信息基础上，人们最想知道的是，何时改造完成、改造进度如何。所以此时，“何时”要素成为新闻价值最大的要素。

广州流动人口非常庞大，如何有效管理，同时提供方便流动人口办证的手续，是很多人关心的问题。《南方都市报》2008 年 4 月 16 日在头版新闻橱窗中制作的这个标题，将“如何”要素放在主题当中，正满足了读者的期待：

（引题）原则通过《广州市流动人员管理规定》

（主题）**办理暂住证只需身份证**

三、消息标题怎么写

在确定了写什么之后，就可以动手将这些事实用恰当的文字来表述了，即制作标题。这个环节有以下几个技术要点：

（一）在概括事实方面，以实题为主

一般来说，越抽象的越“虚”，越具体的越“实”。理论、原则等是“虚”的，可感可触的具体的人和事是“实”的。

虚题指的是抽象程度较高的标题，受众在看到或者听到后，难以把握其具体的含义；实题指的是抽象程度较低的标题，受众在看到或者听到后，能够立即对其中所述的事实“精确定位”。

2008 年 4 月 14 日，广东省人口与计划生育工作电视电话会议召开，就这一事件的报道，比较下列两个标题：

第一个：（引题）全省人口与计生工作电视电话会议在广州召开　汪洋作重要讲话　黄华华主持

（主题）**广东人口形势仍然十分严峻**

第二个：（引题）广东常住人口呈加速度增长

（主题）**三年增加 1 100 万人**

（提要题）去年广东常住人口 9 449 万　仅次于河南位列全国第二　实际管理人口居全国第一

这两个标题中，第一个标题“虚”，只说了广东人口形势仍然严峻，到底怎么个“严峻”法、“严峻”到什么程度，从标题中看不出来，可以说这个标题对广东人口状况的抽象程度较高。相对而言，第二个标题“实”，从中可以知道具体的事实，即三年常住人口增加了 1 100 万人。

（二）在文字表达上，尽可能通俗易懂、朗朗上口

消息能不能吸引读者阅读，关键在标题，俗话说“题好文一半”就是这个道理。读者是否可以毫不费力地读懂它，是评判一个标题好不好的基础。而且现代社会人们阅听和接收新闻的习惯也对消息标题提出这样的要求：通俗易懂，朗朗上口。

要达到这一要求，在写作标题时具体应注意四点：一是标题不能令人费解；二是标题不能有歧义，让人曲解；三是标题读起来不能绕口；四是如果遇到专业术语，要做好“翻译”工作，用大众的话来表述。

下面是《羊城晚报》为北京奥运圣火首日传递报道所制作的标题：

（引题）告诉世界　北京来了

（主题）**圣火今起传递五大洲**

（副题）境内传递昨日刘翔接首棒　境外传递今日赴首站阿拉木图

这是个多行题，引题、主题和副题浑然一体，清晰地交代了圣火传递今天、昨天的事实以及明天的动态，同时还表达了奥运承办者的宽广情怀，读起来朗朗上口。

比较下列两个标题：

第一个：（引题）牡丹江市仪器仪表二厂

（主题）**试制成酒敏反应器**

第二个：（主题）**司机喝过酒　汽车开不走**

（副题）酒敏反应器试制成功

从标题中看得出，这条消息的主要内容是酒敏反应器试制成功，但是这个仪器到底是做什么的，对于广大读者来说，是陌生的。第一个题目中直接用“酒敏反应器”作标题的关键词，过于专业，第二个标题中对这个专业术语的“翻译”做得较好，用对仗的口语将仪器的作用浅显地表达出来，令读者一看便知，在理解上毫无障碍。

（三）字数方面，主标题不能太长

标题字数太多、过长，会削弱读者的注意力，同时把作者想要表达的新闻的精华埋没。

有心理实验证明，人的眼球转动是在移动视线，只有眼球停止转动方能看清文字。按照通常阅读距离计算，人的最佳视野是 20 多度。据统计，六七个字的标题可以在眼珠不动的情况下一目了然。因此标题越长阅读越不方便，十个字以内最好。①

要让标题短，首先，考验记者提炼和概括的能力，用最精练的语言将新闻的精华表述出来；其次，还可在标题的结构上下功夫，将较长的标题恰当断句，分成两行，或者用引题、副题帮助完成主题的准确表达，这样也可以使主题变短。如 2008 年 4 月 16 日《羊城晚报》上的一个标题：

（引题）农民职工和农民工居委干部中学校长

（主题）**走进中南海**

同席谈医改

此题将事件的主体放在引题中，主题 10 个字断成两行，如此处理，事实清楚、一目了然。

（四）感官效果上，尽可能吸引读者

感官效果上能不能吸引读者注意，根本上取决于标题中是否传达了令受众关心、震动等的新闻事实，但不是每一天都会有爆炸性的新闻。很多时候，新闻事实本身不是很“硬”，不具有很强的冲击力，所以标题不经作者“点睛”，可能不会产生吸引人的效果。

---

① 郑兴东，陈仁风，蔡雯．新闻编辑学教程．北京：中国人民大学出版社，2001. 173.

2008 年的广交会上，执勤女交警成为一道亮丽风景，《信息时报》4 月 16 日对此报道所制作的标题为：

好奇老外
上前问路
交警之花
对答如流

此标题四字一行，讲个故事，一瞥之间，兴趣顿生。相对而言，对于同样一条新闻的报道：

广交会开幕　首批女交警上路

这个标题的吸引力则略逊一筹。

第三节　消息导语

一、导语——全篇精华之纲

“写作过程中的第一步，也是最重要的一步，那就是写导语了。”“写好了导语就等于写好了消息。”美国著名新闻学者麦尔文·曼切尔（Melvin Mencher）曾这样说过，中国的很多新闻学者也十分认同这一说法。

就位置而言，导语仅仅是新闻开头的一段文字；就字数而言，导语往往只占有全篇总字数的 10%，甚至更少。那么，为什么将导语写作说成是新闻写作最重要的一步？为什么能够说写好了导语就等于写好了消息？

根本的原因在于，导语是整篇新闻的精华之纲。说它是“精华”，意指全篇新闻中最有价值的、最有意义的新闻事实在导语中；说它是“纲”，意指导语本身所蕴含的事实张力。一个优秀的记者在写作导语的过程中，整篇新闻的内容安排就已经了然于胸，下文的写作只是将胸中的文字摆在纸上而已，整篇新闻的“生产”在导语确定的那一刻就开始了。而有些记者在写完导语之后，面对着下面的白纸“难产”，那证明他的导语没写好。

下面我们将从导语的“出身”、“成长”、其发挥的作用等方面，来认识导语究竟为何物。

（一）导语的历史成因

现代所谓的“新闻”对中国来说是舶来品，考察其导语的“出身”，得追溯到约一个半世纪前。

据美国新闻史所述，1844 年美国科学家塞缪尔·莫尔斯发明了电报。1851 年美联社便开始使用电报播发新闻。此后其他新闻单位相继效仿。1861 年，美国爆发了著名的南北战争，各报都纷纷派出强有力的记者队伍到前线采访，并用电报把新闻发回编辑部。

但是，由于当时电报线路少，且技术不稳定，记者不仅要排队轮流发稿，一人发一段，然后再轮回，而且线路经常出故障，上段发完后不知下段能否发得出去。为了解决这个问题，报社编辑部便要求前线记者把消息中最新鲜、最重要的东西放在第一段或开头前几段交代。这样电报中途出现故障，编辑部也能根据开头几段文字的意思，把消息及时刊发出去。

于是，那种从头写起的编年体式的写法受到冲击。一些记者开始尝试把最重要的结果提到消息的开头，然后再交代过程、原因。为了把结果表述清楚，提到前面叙述的段落往往要把事件发生的时间、地点、人物、原因、结果等要素都交代清楚。在后面的段落中，再补充交代事件发生的相关过程和细节。

这种新的写法产生了两个结果，一是产生了导语；二是在安排材料时出现倒金字塔结构形式。导语和倒金字塔结构的诞生，标志着消息文体的形成和独立。

可以说，科学技术的发展和客观形势的需要及战争促进了新闻写作的变革和消息文体的诞生，导语应运而生。

欣赏以下几则经典的导语：

【美联社纽约 1901 年 5 月 9 日电】　今天是近百年以来华尔街证券日跌价最猛烈的一天。那些以往有理智的人们，拳脚相加，竞相抛售价格猛跌的证券。

【路透社 1938 年 9 月 30 日电】　昨天在慕尼黑的四强会议上，英国首相张伯伦、法国总理达拉第与德国元首希特勒、意大利总理墨索里尼达成一项关系到捷克斯洛伐克前途的协议。

【合众社达拉斯 1963 年 11 月 22 日电】　肯尼迪总统今天在这里遭到刺客枪击身亡。

【美联社 1945 年 8 月 14 日电】日本投降了！

【美联社休斯敦 1969 年 7 月 20 日电】　今天晚上格林威治时间 2 时 26 分，

美国星际航行员阿姆斯特朗成了第一个登上月球的人。

【美联社斯德哥尔摩 1997 年 10 月 9 日电】善于在作品中把辛辣的政治评论和令人捧腹的喜剧内容熔为一炉的意大利剧作家达里奥·福今天获得诺贝尔文学奖。

（二）导语的演变

上文说到，在美国南北战争时期，由于电报技术的应用和局限，连同战争一起，催生了消息文体，导语也应运而生。那个时期的导语将新闻事实的六个要素，即何时、何地、何人、何事、何因、如何，也就是我们常说的 5 个 W 和 1 个 H，一股脑儿地写进导语当中，因此，这种导语也被称为“6 要素导语”，或者“晾衣绳式导语”。这种导语一般来说因为要交代的要素较多，容易显得较长。例如：

【路透社西奥兰治 1931 年 10 月 9 日电】　我们当代最伟大的科学家托马斯·阿尔瓦·爱迪生于今早逝世，终年 84 岁。这位给世界带来电灯、留声机、电影等上百项发明的伟人，今早 3：24 在新泽西的西奥兰治镇家里，在睡梦中安详地离开了人世。

但是也有表述极其简洁明了的，如上文所提到的肯尼迪总统遇刺身亡这条消息的导语：

【合众社达拉斯 1963 年 11 月 22 日电】　肯尼迪总统今天在这里遭到刺客枪击身亡。

这条导语中包含了何时要素——“今天”，即消息头中所表明的 1963 年 11 月 22 日；何地要素——“这里”，即消息头中所写的达拉斯；何人要素——肯尼迪总统；何事要素——遇刺；何因要素——遭遇刺客；如何要素——枪击；结果——身亡。其中，结果这一项可以并入何事要素一项。

同样是技术，同样是战争，通信技术的进步同战争的爆发，又在 20 世纪三四十年代，催生了“部分要素导语”的诞生和广泛应用。通信技术的进步可以让记者不必过分担心输出信号会随时中断，他们可以灵活地将最重要的事实写进导语，形成一种瞬间的巨大冲击力，然后从容地将相关的事实一一列出。例如下文，导语中只交代了何事要素，其他要素在随后的消息主体中叙述：

日本无条件投降①

【美联社1945年8月14日电】 日本投降了！

杜鲁门总统今晚7时宣布，日本已无条件投降，造成历史上空前巨大破坏的战争随之结束。盟国陆、海军已停止攻势。

总统说，日本是遵照7月26日三强致日本的最后通牒所规定的条款无条件投降的。这项最后通牒，是三强在柏林会议期间发出的。8天以前，日本遭到有史以来第一枚原子弹——一种威力最大的炸弹——的轰炸，两天以前，俄国宣布对日作战。在这种情况下，日本被迫于本星期五宣布接受最后通牒中包括的全部条款，但要求继续保留天皇制。

……

到了20世纪70年代左右，出现延缓式导语。这种导语写作方式与前两者不同，它不是在文章一开头就交代最为重要的新闻事实或者文章的核心内容，而是先设个悬念或者先讲个故事来激起读者兴趣，紧跟着引出新闻的核心内容。如果说上面两种导语被称为“硬导语”，那么延缓式导语就是一种“软导语”。在这种情况下，导语就不是我们所常说的“第一段”，而可能是开头的3到5个自然段，相对于全文，我们可以称之为“导语部分”。

如下面一篇新闻：

欧洲航天局海选“太空歌曲”给空间站工作人员听

【据法新社巴黎4月25日报道】 如果你是一名宇航员，在高空绕地球飞行，你会喜欢听什么样的音乐？为了保持高昂的士气，听听喜团体巨蟒的《乐观生活》怎么样？还是听听滚石的《离家2 000光年》，以便偶尔安慰一下自己，还有人也像自己一样离群索居。

欧洲航天局今天透露，他们将举办一次竞赛，让参赛者挑选10支歌曲，用于带到远离地球的太空中播放。

欧洲航天局邀请年轻人挑选10支歌曲，给国际空间站上的工作人员听，表达对他们的支持和鼓励。任何类型的歌曲都可以。

这些歌曲将被存储到一个数字音乐播放器上，然后通过欧洲航天局的自动运货飞行器送到国际空间站上。

---

① 李大卫等编译. 百年好文章：美联社百年新闻佳作. 西安：陕西师范大学出版社，2002. 75.

这次竞赛的大奖将是在今年晚些时候，可以去观看自动运货飞行器在法属圭亚那的库鲁进行的首次发射。而参加者也必须是来自参加自动运货飞行器项目的欧洲十国的18岁以下的年轻人。

来源：《参考消息》，2007年4月27日

当一篇新闻中，有两个或者多个事实彼此紧密联系又同等重要，必须在导语中都交代明白时，多元素导语便诞生了。这种导语突破传统的“一事一报”的新闻导语写作模式，在导语中同时交代两件事或者以多段落的形式同时交代多件事。

例如：

【本报讯】 据广东省卫生厅紧急通报，高明区两例死亡病例昨日确诊为肠道病毒EV71手足口病。省卫生厅已成立专家组加强对全省手足口病防治指导。

这条导语中写了两个重要事实，一是高明区两例死亡病例已被确诊为肠道病毒EV71手足口病，二是省卫生厅已成立专家组加强对全省手足口病防治指导。

导语的写作形式是随着时代的变化而演变的，科技、战争、社会环境、媒介生态、受众变化等因素都影响着导语写作的具体形式。一种新的导语形式的出现并不意味着之前的导语形式的终结，相反，可能会使旧的形式显得更加经典。不同形式的导语共存，各有其用武之地。总的来说，第一、第二种导语是目前最常用的导语写作形式。形式是为内容服务的，用什么样的导语形式，根本上还要看我们要给读者（观众、听众）传达什么样的内容，以及我们手中已经采访到什么样的内容。

（三）导语的定义

基于以上的讲述，在此我们可以给导语下一个简单的定义：导语位于新闻开头部分，它用简练生动的文字表达整篇新闻中最重要的、核心的内容，它是全文内容的精华之纲。

从这个定义中可以看出：

（1）导语的位置在开头。

（2）导语的内容是整篇新闻中最重要的内容，是新闻的核心事实。

（3）导语的文字表述是简练、生动的，即不能仅仅是言简意赅，还要好看。

（4）导语的地位是全文的精华之纲，它不仅包含了全文事实之精华，而且起着统领全文的作用。

二、选择与提炼——把什么写进导语中

导语的写作大致分两步走：

第一步，在大量的事实中，选择并提炼出整篇新闻的核心事实。这些事实是所有事实中最重要的、最有新闻价值的部分，并且这些事实对于新闻的其他事实具有很强的凝聚力。

第二步，将选择和提炼出的事实用最能引起读者共鸣的方式诉诸文字。

本节着重讲第一步，即记者如何从自己所掌握的庞杂的事实材料中，挑选出核心的事实写进导语。第二步留到下节阐述。

我们每时每刻都处于各种各样的事实当中，但是很多事实实际上并没有引起我们的注意。而我们所注意到的事实都是跟我们有关系的，这些事实是我们所认知的生存环境发生变动的一个体现，或者即将发生变动的一些征兆，这些变动在观念层面上将使我们对生存环境产生新的认知，在行为层面上甚至会影响到我们今后的决策和行动。新闻报道要选择的就是这样的一些事实，套用一句术语，我们可以称之为具有新闻价值的事实。这是导语写作中首先要遵循的选择事实的标准。

在提炼核心事实将其写入消息的导语时，可以尝试问自己以下几个问题：

（1）最打动你的是什么？

（2）你认为最重要的信息点是什么？

（3）你认为读者想要或者需要了解什么？

（4）你认为最能吸引读者的是什么？

这其中一个问题的答案，或者这几个问题答案的共同指向，可能就是导语中的核心事实，就是你选择和提炼的结果。

具体来说，我们也可以从新闻要素和新闻角度两个方面来选择提炼导语内容。

新闻要素包括“5W 和 1H”，即何人（Who）、何事（What）、何时（When）、何地（Where）、何因（Why）、如何（How）。

我们对生存环境状况变动的感知，往往都是通过事件来体现的，选择导语内容时，“何事（What）”要素是我们最先需要考虑的。日本发生大地震，是事；地震引起海啸，是事；海啸引发福岛核危机，是事；在我国多个省份空气中检测到微量放射性碘－131，是事。类似这样重要的、影响大的事，是导语内容的首选。当一件事情发生之后，随着时间的推移，事态不断地发生变化，那么事件的最新进展，就是动态消息导语的首选内容。

下面是关于汪洋推荐两本“幸福书”的两篇消息的导语：

【南方日报2011年4月13日讯】　日前，省委书记汪洋致信省直机关干部和各市党政主要领导同志，推荐阅读两本阐述幸福的书籍：《幸福的方法》和《对我们生活的误测——为什么GDP增长不等于社会进步》，借以进一步深化我省读书活动，并将学习思考的成果转化为推进“加快转型升级、建设幸福广东”的强大动力和实际行动。

【南都2011年4月16日讯　记者李晓瑛】　日前，中共中央政治局委员、广东省委书记汪洋致信省直机关干部和各市党政主要领导，推荐阅读《幸福的方法》和《对我们生活的误测——为什么GDP增长不等于社会进步》。昨天，南都记者走访了广州各大书店，获悉两本“幸福书”已基本售罄。有书店表示，该书近两日的售量（包括预订量）几乎相当于过去两年的总和。

第一条消息的核心事实是“汪洋向干部推荐两本‘幸福书’”这件事，第二条消息的核心事实是“两本‘幸福书’广州卖断货”这件事。当核心事实选定之后，整篇消息的其他材料将围绕这一核心事实展开。

“何事”要素撑起了导语的骨干，除此之外，其他的新闻要素在很多情况下也是导语需要选择、提炼的对象。在上述第一条导语中，有“何因（Why）”要素，即导语中交代了汪洋推荐这两本书的原因，还有“何人（Who）”要素，即汪洋。

在什么情况下要在导语中突出除“何事”之外的其他新闻要素呢？

（1）“何人”要素：当有受众熟悉的人物，特别是具有重要性、显著性和特殊身份的人物出现时，可以在导语中突出。

（2）“何时”要素：一般在消息头中体现，当时间本身就是新闻，比如预发新闻，或者时间本身很重要时，就需要在导语中交代。

（3）“何地”要素：在灾难性新闻、预报性新闻以及服务性新闻以及地点等成为重要的背景的情况下，导语中要有“何地”要素。

总之，什么时候突出什么新闻要素，要随着对新闻价值判断的变化而变化。

除了从新闻要素这方面选择、提炼之外，我们还可以从变换不同的新闻角度这方面来考虑导语的内容选择。不同的新闻角度意味着新闻所面对的不同的受众群体的需求及其不同的价值判断，而这决定了一篇新闻的核心事实的选择和表述方式。下面以部分媒体对“第十五届中国东西部合作与投资贸易洽谈会”（简称西洽会）的报道为例，来简要说明这一点。

各地方报纸将报道的重点选在西洽会的签约成果上，这是符合地方媒体受众信息需求的。例如，《新疆日报》2011年4月14日的报道：

新疆团签约创历届西洽会新高

记者13日从自治区招商发展局获悉：在第十五届中国东西部合作与投资贸易洽谈会上，新疆代表团共签订各类合同、协议139个，项目总投资额419.25亿元，同比增长146.36%，创历届西洽会新疆团签约新高。

对于行业媒体来说，从本行业与西洽会相契合的点切入，是这类媒体选择事实的一个角度。例如，《汽车周报》的报道是：

安凯客车亮相第十五届西洽会

【本报讯】 4月6—10日，第十五届中国东西部合作与投资贸易洽谈会在西安拉开帷幕，作为西洽会五大核心之一的西洽会车展也同期举行，安凯客车作为安徽企业代表参加了此次西洽会车展。在“全承载”车身技术上取得绝对优势的安凯豪华客车以绿色环保、豪华科技为主题参展，成为此次西洽会上的一大亮点。

来源：新华网，2011年4月11日

“以务实、开放、求证的心态观察经济形势，以全新的视觉报道经济新闻，传播21世纪经济理念”的《21世纪经济报道》重视对信息的综合分析处理，提出独立见解，以信息的质取胜，这也是该报受众对该报的期待。它对西洽会的报道是这样的：

“大西安”定型省政府搬迁和市政府迁移将左右“大西安”未来

【本报讯】 4月6—10日是每年一度的“西洽会”，与以往循环往复的投资、项目、签约集体亮相相比，今年的“西洽会”变化不小。

记者了解到，兵器集团、中航集团、陕钢集团等12家企业的总部及研发类项目密集落地西安经济技术开发区。酝酿八年终成现实的西安市政府北迁，成为引导这一趋势的重要因素。经开区招商中心主任徐东升表示，西安市行政中心已经迁往经开区，这将成为经开区大型服务业发展的机遇。事实上，经开区也已经颇识时务地将“城市中枢”作为自己的宣传标签。不能忽视的是，陕西省政府仍旧在城墙之内。不少陕西当地学者认为，按照皇城复兴计划，省政府的迁移也是大势所趋。但目前省政府应迁往何处仍存在着疑问，“大西安”的最终定型亦仍需时日。

来源：《21世纪经济报道》，2011年4月13日

三、简洁与醒目——导语的文字表述

导语写作的第二步，是如何把这些已经选择和提炼出来的事实写成读者爱看、必看的消息。

比较以下报道同一新闻事实的两则不同的导语：

第一则：

【本报讯】 5月3日凌晨，省卫生厅通报了佛山市高明区1例怀疑为肠道病毒EV71手足口病死亡病例。记者昨日从广东省卫生厅获悉，经省疾控中心连夜检测，其脑脊液、血清及肛拭子肠道病毒EV71阴性，大便检测阳性，根据卫生部5月2日晚上发布的《手足口病预防控制指南》(2008年版)，该病例确诊为肠道病毒EV71手足口病病例。省疾控中心对4月25日高明报告的另一例手足口病死亡病例的标本进行进一步检测，结果显示大便EV71阳性，该病例也确诊为肠道病毒EV71手足口病病例。

第二则：

【本报讯】 据广东省卫生厅紧急通报，高明区两例死亡病例昨日（5月3日）确诊为肠道病毒EV71手足口病。省卫生厅已成立专家组加强对全省手足口病防治指导。

第一条导语给读者设置了很多阅读障碍，比如很多专业术语，文字表述也是采用通报文件式的语言风格，读者在阅读过程中需要花费较大的精力才能把核心事实找出来。而在第二条导语中，记者经过自己对通报文件的消化、理解之后，用简洁通俗的语言对最有价值的新闻事实进行了概述。

导语写作的基本要求有下面几点：

第一，导语中必须有实质性的内容，不能空泛无物。

第二，将最具有新闻价值、最有吸引力的事实写进导语。

第三，炼字锻句，力求简短。

前两点是内容方面的要求，导语写作的第一步，即选择和提炼的工作就是为了达到让导语言之有物；第三点是形式方面的要求，是为了让读者对导语中所表达之“物”，即有新闻价值的事实一目了然，在最短时间内让读者获取有价值的信息，实现新闻文本和读者之间的快速交流。

有以下几种导语基本类型：

(一) 概述型导语

概述型导语，指用概括的、直接陈述的方式写作导语。这是用得最多的、也是最容易写的一种，又叫直叙式或陈述式导语。国外的教科书将这种导语称为凝练式、浓缩式导语。

例如：

【共同社东京4月12日电】 日本外务省官员称，中国总理温家宝今天敦促菅直人首相提供有关福岛第一核电站事故的足够信息，并呼吁日本有效控制这场危机。

【英国《卫报》网站4月13日报道】 随着脆弱的全球经济复苏、对通胀的担忧和中东及北非的混乱，黄金价格可能会在2011年底前超过每盎司1 600美元。

【美联社缅因州波特兰4月12日电】 在幼儿园里，iPad成了蜡笔、手指涂抹颜料和抽认卡等教具的补充。支持者认为，这令人感到兴奋。批评者则担心，给小学生用iPad太浪费了，他们太小，欣赏不了。

好的概述型导语要一语中的、凝练有力，起到开门见山、立竿见影的效果。

概述型导语的优点是对信息和事实的传送最为简洁明了，与受众直线交流，较容易被受众理解。缺点是写不好极易让人产生“被强迫接受”、“空洞抽象”之感。

例如下面两条导语：

10月1日40部法规实施

【本报讯】 10月1日，将有40部法规、规章开始实施。其中，国家级法规18部，地方级法规22部。涉及信贷、税收、消费、住房、车辆、就业以及商检等方面的一系列法规，将深刻影响公众的经济生活。

呵护百姓衣食住行40部新法今起实施

【本报讯】 具备5项条件的家庭可申请廉租住房；二手车免征2.5%过户费；餐饮业必须远离旱厕25米；鉴、审分离保证司法鉴定的客观性……10月1日，40部法规、规章开始实施，这些新规将深刻影响市民的生产、经济等生活。

第一条导语给读者抽象空洞之感，第二条导语则比较具体生动。

写概述型导语时，要注意对整篇报道浓缩概括，导语字数不宜过长。另外要注意用具体、非抽象的事实概括，避免写成概念式的表述。

（二）描述型导语

描述型导语亦描亦述，描为虚，述为实；描为吸引受众，述为点明新闻事实。这种导语令人可视可感。

例如：

庆祝新疆维吾尔自治区成立五十周年大会举行

【中新社乌鲁木齐十月一日电　记者金果林 程勇】　今天，乌鲁木齐市天蓝气爽，艳阳当空（**描述**），庆祝新疆维吾尔自治区成立五十周年大会在这里的红山体育中心隆重举行（**新闻事实**）。一万二千多名各族儿女身披本民族的节日盛装，在这里隆重集会，载歌载舞，鼓乐喧天，欢庆自治区成立五十周年（**有描述亦有事实**）。

比较：

凤凰专报：新疆举行成立五十周年大庆

【凤凰卫视新疆乌鲁木齐10月1日消息　记者吴小莉　胥非】　新疆维吾尔自治区10月1日上午举行成立50周年庆祝大会，中共中央政法委书记罗干在致辞时，肯定新疆过去50年取得的成绩，认为现在的新疆进入了发展和稳定的最好时期，同时强调，反对民族分裂才能实现新疆的长治久安。（**直接陈述新闻事实，属于概述性导语。**）

运用描述型导语时要注意：采访中要捕捉有形的画面；所描述的必须与事件有内在的联系，不能游离于事件之外；导语引用句子或者描写只能是剪影的写法，要简短而精练。

描述型导语要求记者笔下的现场画面要有趣，能以情景感染读者；同时，笔下的描述场面必须与所报道的事件主题有内在联系。

（三）评述型导语

顾名思义，评述型导语是夹叙夹议、有述有评的导语。这种导语在描述核心事实的同时，画龙点睛地把新闻的意义表现出来。

例如：

【美联社北京3月14日电】　中国一年一度的立法会议今天闭幕，会议批准了旨在刺激消费的下一个五年经济规划。该规划是有助于共产党实现目标的路线图。

导语中的最后一句是属于“评”的文字。这类导语中评论的文字一定要少而精，点到为止即可。

（四）橱窗型导语

看下面这则导语：

【美联社1990年5月1日电】　在津巴布韦东北偏远山村的小河边，16岁的穆昆正在洗衣服。正当她拧干衣服的时候，一道闪电打到她脚下的砂石上，她便成为雨季里遭到雷击的第93人。

据警方统计，在从11月到3月的雨季里，这个地区每年有100多人被雷电击死。据专家们说，这是世界上雷击致死最多的地方。

这个导语像是给读者开了一扇窗口，从这扇窗读者看到了能够体现新闻核心事实的一个典型的场景。

橱窗式导语的特点在于，它依靠讲故事吸引读者，通过典型事例给受众具体的印象，让其受到感染，为之感动，产生兴趣，进而由感性认识转入理性思考。这类导语相对于开门见山或第一时间交代新闻核心事实的硬导语来说，也被称为软导语，或者延迟性导语。

【思考与练习】

1. 消息标题之于消息导语的关系是怎样的？

2. 找来当天的一份报纸，阅读三个新闻版的全部内容，评析各版新闻标题和导语的优劣，并说明理由。

3. 挑选一篇当日《南方日报》要闻版的消息，分析其导语中所述的事实，并说明这一些事实在全篇消息中所处的地位。

4. 在近期的媒体上找三条以软导语开篇的消息，试着将其改写为硬导语，并比较两种导语的表达效果的差异。

5. 为下列材料提炼出一个标题和一条导语。

顺德昨日（编著注：2011 年 4 月 17 日，下同）下午遭遇罕见冰雹天气突袭，网友拍摄的图片和视频显示，大树被连根拔起，报刊亭漂移 20 多米，陈登职业技术学校、大良客运站路面严重积水。据悉，冰雹直径达 8 毫米，最大的冰雹，块头和鹅卵石一样大，瞬间风力高达 14 级。

昨日 12 时至 14 时，佛山市局部地方出现短时强降水的强对流天气。佛山市南海区、顺德区、高明区遭到雷雨大风袭击，灾害已造成 14 人死亡，153 人受伤。约 6 万平方米厂房遭掀顶，农作物受灾约 11 200 亩，经济损失严重。

昨日 13 时 30 分，广州南沙区、番禺区出现雷雨大风，局地出现冰雹，南沙最大瞬时风速 42.25 米/秒，达到历史罕见的 14 级阵风，致 2 人死亡。大风经过的部分项目筹建工地受较严重的破坏，在横沥镇、珠江街、龙穴岛大量路树被连根拔起，农业生产用房相当一部分受损。截至发稿为止，此次历史罕见的雷雨大风造成 2 人死亡。

据初步统计，截至 17 日晚 11 时，全省累计受灾人口 2 155 人，因灾死亡 17 人（其中广州市 2 人，佛山市南海区 3 人，顺德区 11 人，肇庆市 1 人），死伤原因基本上都是简陋工厂及在建建筑物倒塌。

省气象台首席预报员卢山表示，昨日佛山顺德区陈村仙涌居委会出现了全省最大阵风 45.5 米/秒（14 级），广州南沙也出现 14 级阵风，这不一定是龙卷风，也不否定有出现龙卷风的可能。他表示，在这种短时间强对流的天气下，出现 14 级的阵风，其属于龙卷风是完全有可能的，但需要即时的图像等资料才能判断。

龙卷风一般发生在春夏过渡季节或夏秋之交（4～10 月），是一种强烈的、小范围的空气涡旋，是由雷暴云底伸展至地面的漏斗状云（龙卷）产生的强烈的旋风，其风力可达 12 级以上，最大可达 100 米/秒以上，一般伴有雷雨，有时也伴有冰雹，成灾面成线性螺旋状。广东是我国龙卷风多发区之一。

【本章参考文献】

1. 刘明华，徐泓，张征．新闻写作教程．北京：中国人民大学出版社，2002.

2. ［美］Carole Rich．新闻写作与报道训练教程．钟新主译．北京：中国人民大学出版社，2005.

3. 李大卫等编译．百年好文章：美联社百年新闻佳作．西安：陕西师范大学出版社，2002.

4. 各媒体的即时报道文本．

第九章　消息的构成要素及写作技法（二）

【本章提要】

消息主体是一则消息的全部新闻事实所在，它围绕着导语所提炼出来的核心事实，将核心事实的全部及相关事实信息传递给读者。消息主体对导语起到展开、补充、支撑等作用。

短段落，多分段，每段开启一个新的叙述角度，以及运用跳笔、断裂行文，是消息主体写作提行分段的基本思路。

新闻背景是用来解释和理解新闻事实的背景事实，这些背景事实在以新闻事实为原点的坐标系中属于已经发生的事实，也包括与新闻事实相关的资料性事实。新闻背景能起到凸显核心事实新闻价值、让新闻通俗易懂、增加新闻可读性以及表达观点等作用。

新闻来源是指新闻报道中所选取的事实和材料的来源，也被称为消息来源。除传统的新闻来源之外，在当今新媒体技术迅猛发展的环境中，新闻来源正呈现着新的变化。记者应随时随地敏锐地感知新闻来源，同时不能忽略对新闻来源真实性的查证和核实。

第一节　消息主体

消息导语之后的部分被称为消息的主体。形象地说，如果将导语比作“头”，主体便是“躯干”。消息要有一个精彩的导语，以吸引受众；精彩的导语之后，还必须有一个丰满的、文字讲究的主体，以支持导语。

一、主体中的事实安排

消息主体是一则消息的全部新闻事实所在，它围绕着导语所提炼出来的核心事实，将核心事实的全部及相关事实信息传递给读者。

那么主体中的事实该怎么选定和安排呢？这得从主体的作用考虑，这种作用由主体中事实和导语内容的关系来体现。

我们通过下面一篇消息来分析主体中的事实与导语内容之间的关系。

苹果公司指控三星电子 Galaxy 侵权

【华尔街日报中文网 4 月 19 日讯】　苹果公司（Apple Inc.）对三星电子（Samsung Electronics Co.）提起诉讼，指控后者抄袭苹果 iPhone 智能手机和 iPad 平板电脑的外观设计与风格。

苹果公司于 4 月 15 日在加州北区提起诉讼，指控三星电子的 Galaxy S 4G、Epic 4G、Nexus S 智能手机以及 Galaxy Tab 平板电脑侵犯其知识产权。

诉状称，三星电子没有为其智能手机和平板电脑创新、研发自己的技术以及三星独有的风格，而是选择在这些涉及侵权的产品中抄袭苹果公司的技术、用户界面以及新颖的风格。

苹果公司与三星电子的公司代表未立即回复记者的置评请求。

这起诉讼无疑会使这两家消费类电子产品巨头之间的关系复杂化。苹果公司的部分产品目前采用三星电子生产的微芯片。

这篇消息在导语中交代了全文的核心事实——苹果公司对三星电子提起诉讼，指控的内容是后者抄袭苹果 iPhone 智能手机和 iPad 平板电脑的外观设计与风格。

主体中第一段交代了这场诉讼提起的时间（因为导语是“部分要素导语”，即只提及一个新闻事实的部分要素而非六要素齐全，在这里对这条新闻的时间要素作了说明）以及被指控侵权的是三星电子的哪几款产品。这两个事实分别是对导语中“提起诉讼”、“指控后者抄袭”这个事实的细化、展开，使得导语内容更加清晰、具体。

主体中第二段交代了“诉讼”的内容要点，是对导语中“提起诉讼”这个事实的进一步展开，以支撑导语内容。

主体中第三段写到苹果公司与三星电子的公司对媒体询问的反应。这个事实与导语中核心事实相关，对其进行补充，试图回答读者所关心的问题。

主体中第四段写到记者对这起诉讼可能会造成的影响的猜测，以及这种猜测产生的事实依据（这属于新闻背景资料）——“苹果公司的部分产品目前采用三星电子生产的微芯片”。这也是对导语中核心事实的补充。

通过以上分析，我们可以总结出几个关键词：展开、补充、支撑、回答读者问题。这些正是主体的作用。

对主体的作用可以简单归纳为：

(1) 展开导语，使之具体化。有两层含义：一是如果导语是部分要素导语，主体补充导语中尚未出现的新闻元素；二是将“何事”具体化，将导语中高度概括的核心事实具体化。

(2) 补充导语，使之丰满。可以从纵、横两个方向补充新闻背景材料，或者补充新的内容，以支撑导语，使消息内容更加丰满，新闻价值更加凸显。

(3) 回答读者可能提出的问题，也是主体的一个重要作用。对于比较软的新闻来说，还可以在主体中添加一些趣味点，增加文章的可读性。

二、主体写作如何提行分段

消息写作具体落实到文本的结构、段落、风格、语言等方面时，具有不同于其他文体的表现特征。

笔法，指运笔的技巧、行文叙述的方法。文字作品的笔法是多种多样的，文学写作中的基本笔法有叙述、描写、抒情、议论等，还有一些写作技巧，如排比、倒叙、插叙、伏笔、悬念、修辞等，这些笔法和技巧也被新闻报道所广泛运用。除此之外，消息还有属于自己特有的叙述方法。

消息文本的外在特征，给人的第一印象是层次分明、段落短小而且分段多，看起来行文清晰，节奏明快。

台湾和中国大陆科技能力排名上升

【华尔街日报中文网4月15日讯】　据世界经济论坛（World Economic Forum）和欧洲工商管理学院（INSEAD）周二在纽约发布的《2010—2011年全球信息技术报告》（2010—2011 Global Information Technology Report）显示，台湾的科技能力几乎可与美国并肩。(1)

台湾在报告中的排名从去年第11位跃升至今年第6位。报告考量的是各经济体有效使用技术的“充分程度”。(2)

瑞典和新加坡继续占据第1和第2的位置，而芬兰较去年上升了3位，今年排名第3。瑞士和美国的排名保持不变，分别是第4和第5位。(3)

中国大陆排名持续上升，从五年前的第59位跃至当前的第36位。欧洲工商管理学院（INSEAD）教授、该报告作者之一杜塔（Soumitra Dutta）说，中国大陆在成人读写能力和基础设施建设等方面不断取得进展。亚洲最大经济体之一印度的排名有所下降，位列第48。杜塔说，印度在科技运用方面的普及率并不很高；就每个家庭拥有电脑数量而言，印度在138个国家里排名第108位，另外在互联网用户数量、宽带普及率和成人识字率方面，印度的排名也比较靠后。(4)

报告依据各国经济受惠于信息技术产业的程度对这些国家进行排名，并对有利于营商的法律、国民受教育水平和技术普及程度等具体项目作了评估。每个国家都有一个网络就绪指数（Networked Readiness Index）。(5)

杜塔说，今年的调查结果证明北欧和亚洲国家在推动信息和通信技术发展方面作出了巨大努力。(6)

当被问及缘何美国的排名没有提高时，杜塔说，这其中有诸多原因，例如商业经营的复杂程度越来越高、数学和科学教育水平较低以及宽带接入水平参差不齐等。(7)

杜塔说，美国在很多领域特别是宽带普及方面，取得了很多进展，但作为全球最大的经济体，美国可以做得更好。(8)

来源：《2010—2011 年全球信息技术报告》

这篇消息约 700 字，共有 8 个段落，每个段落最长的 191 个字，最短的 42 个字。仔细阅读还可以发现：

每一段说一件事，开启一个新的叙述角度。第 2 段说到排名上升最显著的台湾。第 3 段简要交代第一至第五名的情况。第 4 段重点写中国和印度的排名情况。第 5 段交代本次排名的依据。第 6 段是报告作者之一杜塔对这个调查结果的解读。第 7 段回答了读者提出的问题（记者是代表读者在提问）。第 8 段写到杜塔对美国排名结果的评价。各段落之间表面上好像联系不大，实际上它们有内在的逻辑联系。另外，文字干脆利落，文气明快跃动，节奏感很强，不似长段行文那样一句接一句、一段赶一段，读起来缺乏停顿。

上述阅读感觉正是来源于消息特有的文风，具体来说，即来源于消息特有的笔法，新闻学者称之为“跳笔”。这种笔法有两个主要的特点：一是从结构上看，它是多段落体，而且段落短小。二是与一般的文字作品所要求的注意上下文衔接、具有连贯性、讲究起承转合等不同，消息在句子与句子之间、段落与段落之间有较大的跳跃。这种跳笔正是消息有个性特征的笔法。

这种笔法符合读者快速阅读的习惯。从记者写作的角度讲，便于记者快速写作，并形成明快的新闻文风。它还是加大新闻信息量的重要手段，因为每一段就是一个事实，每一段都能开启一个新的叙述角度。这些优势恰恰是消息这种文体的内在要求。

基于上述分析，主体写作可以按照如下思路来提行分段：

（1）短段落，多分段。一段一层意思，一段开启一个新的叙述角度。

（2）运用跳笔，断裂行文。跳笔所要求的“断裂行文”是指段落之间不拘泥于时间、空间的限制，只着力于突出读者最感兴趣的新闻事实，把它们用跳跃的方式组织起来，无须注意各段落上下间、字面上的过渡与衔接，但求“神”不散，即围绕标题及导语来安排事实材料，零散的材料服从于一以贯之的主题。

总之，跳，是叙述主体的跳跃，是时间和空间的跳跃。各个段落、各个事实似各自独立的积木块一样，按照内在的逻辑，服从主题的要求，有机地排列组合。

有关消息主体的结构方法，见后面独立章节的阐述。

第二节 新闻背景

一、新闻背景的含义

交代新闻背景是消息写作中一个不容忽视的问题。若只孤立地表述新闻事实，很难把问题说清楚。

新闻采写始终要追寻的、面对的、处理的，就是“事实”。事实贯穿着新闻工作的始终，而事实有一个本质的属性——联系性。

任何事实都非孤立存在，都有其产生、存在、发展变化的环境，并时刻与环境发生着相互作用。因此，要想找到真相并展现真相，就必须发现并说明新闻事实发生的环境因素，以及与其所处环境之间的相互影响态势，这是横向的联系；此外，还要发现并说明事实之所以成为现在状态的历史因素，即其发生发展的过程，这是纵向的联系。

此外，新闻事实大多为新生事物，如新理念、新现象、新知识、新动向等，必须加以解释。只有将新闻事实放在纵、横两向的大坐标中去考察，才可能看清楚事实的新闻价值所在，才能揭示出新闻的深层意义。这纵、横两向上，有大量的新闻背景可供记者挖掘利用，用来更清楚明白地报道新闻事实，并解释新闻事实对受众的意义。必要的历史、地理、文化、宗教等方面的背景资料的加入，可以帮助受众理解新闻事实本身及其蕴含的意义。

所以美国著名新闻学者、哥伦比亚大学教授梅尔文·门彻说：“事情并不是突然从不知道的什么地方蹦出来的。记者的任务就是发现它们的起因，说明它们的发展，而且最好在一个最短的篇幅里做到这些。”他还说：“不使用背景材料，几乎没有什么报道是全面的。忽视这个提供忠告的记者，他们绝不能给读者和听众提供充分的情况。”

基于上述分析，本书给新闻背景下一个简单的定义：新闻背景是用来解释和理解新闻事实的背景事实，这些背景事实在以新闻事实为原点的坐标系中属于已经发生过的旧的事实，也包括与新闻事实相关的资料性事实。

二、新闻背景的作用

新闻背景的第一个作用，是让所报道事实的新闻价值得以凸显，也就是我们常说的深化主题的作用。

卫生部：所有食品设三聚氰胺限量值 超限一律禁售

【人民网北京4月21日电】 卫生部昨日发布公告，规定除婴儿配方食品中三聚氰胺限量值为1毫克/公斤，其他所有食品均不得超过2.5毫克/公斤。这是我国首次公布三聚氰胺在所有食品中的限量值，高于者将一律禁售。

2008年10月，卫生部、工业和信息化部、农业部、工商总局、质检总局联合公布乳与乳制品中三聚氰胺临时管理限量值公告（2008年第25号公告），规定了含乳15%以上乳制品三聚氰胺限量。近期，相关监管部门建议尽快明确含乳量低于15%和不含乳成分食品中三聚氰胺限量规定。为做好相关工作，我部请中国疾病预防控制中心进行研究。根据我国食品安全监管需要，同时考虑到国际食品法典委员会已经制定食品中三聚氰胺限量标准，经征求相关部门意见后，卫生部、工业和信息化部、农业部、工商总局、质检总局联合发布食品中三聚氰胺限量值公告，同时废止乳与乳制品中三聚氰胺临时管理限量值公告（2008年第25号公告）。

来源：人民网，2011年4月21日

这篇消息的新闻事实是，卫生部规定三聚氰胺限量值，高于者一律禁售，全篇是围绕这个主题来展开的。这个事实的新闻价值在哪里、有多大，是通过一句新闻背景凸显出来的，就是“这是我国首次公布三聚氰胺在所有食品中的限量值”。通过考察以新闻事实为原点的坐标系的纵向轴，记者捕捉到这个事实，使得新闻核心事实的价值凸显。

在中国新闻史上，毛泽东的《中原我军占领南阳》一文中对南阳一地历史背景以及国共两党对南阳争夺的以往事实的运用，使得“人民解放军占领南阳”这一事实的新闻价值倍增。

中原我军占领南阳

【新华社郑州五日电】 在人民解放军伟大的胜利的攻势下，南阳守敌王凌云于四日下午弃城南逃，我军当即占领南阳。

南阳为古宛县，三国时曹操与张绣曾于此城发生争夺战。后汉光武帝刘秀，曾于此地起兵，发动反对王莽王朝的战争，创立了后汉王朝。民间所传二十八宿，即刘秀的二十八个主要干部，多是出生于南阳一带。

在过去一年中，蒋介石极重视南阳，曾于此设立所谓“绥靖区”，以王凌云为司令官，企图阻遏人民解放军向南发展的道路。

上月，白崇禧使用黄维兵团三个军的力量，经营整月，企图打通信阳、南阳间的运输道路，始终未能达到目的。最近蒋军因全局败坏，被迫将整个南部战线近百个师的兵力，集中于以徐州为中心和以汉口为中心的两个地区，两星期前已放弃开封，现又放弃南阳。从此，河南全境，除豫北之新乡、安阳，豫西之灵宝、阌乡，豫南之确山、信阳、潢川、光山、商城、固始等地尚有残敌外，已全部为我解放。

去年七月，南线人民解放军开始向敌后实行英勇的进军以来，一年多时间内，除歼灭了大量的国民党正规部队以外，最大的成绩，就是在大别山区（鄂豫区）、皖西区、豫西区、陕南区、桐柏区、江汉区、江淮区（即皖东一带）恢复和建立了稳固的根据地，创立了七个军区，并极大地扩大了豫皖苏军区老根据地。除江淮军区属于苏北军区管辖外，其余各军区，统属于中原军区管辖。豫皖苏区、豫西区、陕南区、桐柏区现已联（连）成一片，没有敌人的阻隔。这四个军区并已和华北联（连）成一片。我武装力量，除补上野战军和地方军一年多激烈战争的消耗以外，还增加了大约二十万人，今后当有更大的发展。

白崇禧经常说，“不怕共产党凶，只怕共产党生根”，他是怕对了。我们在所有江淮河汉区域，不仅是树木，而且是森林了。不仅生了根，而且枝叶茂盛了。在去年下半年的一个极短时间内，我们在这一区域曾经过早地执行分配土地的政策，犯了一些策略上的“左”的错误。但是随即纠正了，普遍地利用了抗日时期的经验，执行了减租减息的社会政策和各阶层合理负担的财政政策。这样，就将一切可能联合或中立的社会阶层，均联合或中立起来，集中力量反对国民党反动统治势力及乡村中为最广大群众所痛恨的少数恶霸分子。这一策略，是明显地成功了，敌人已经完全被孤立起来。

在我强大的野战军和地方军配合打击之下，困守各个孤立据点内的敌人，如像开封、南阳等处，被迫弃城逃窜。南阳守敌王凌云统率的军队是第二军、第六十四军以及一些民团，现向襄阳逃窜。襄阳也是国民党的一个所谓“绥靖区”，第一任司令官康泽被俘后，接手的是从新疆调来的宋希濂。最近宋希濂升任了徐州的副总司令兼前线指挥所主任，去代替原任的杜聿明。杜聿明则刚从徐州飞到东北，一战惨败，又逃到了葫芦岛。王凌云到襄阳，大概是接替宋希濂当司令官。但是从南阳到襄阳，并没有走得多远，襄阳还是一个孤立据点，王凌云如不再逃，康泽的命运是在等着他的。

来源：《人民日报》，1948 年 11 月 9 日

新闻背景的第二个作用，是释疑解惑，让新闻通俗易懂。因为既然是新闻事实，难免会碰到受众之前没听过、没见过，或者不熟悉的新事物、新名词等。如果不借助新闻背景对这些新事物、新名词等作通俗易懂的解释，就会给受众阅听新闻、获取信息造成障碍。这是消息这种文体在传播中应力避的问题。

中德科学家在中国 南海发现“可燃冰”储藏

【新华网上海频道 7 月 16 日报道】 乘坐德国“太阳号”进行南海考察的中德联合考察队，15 日返回上海。中德科学家联合宣布，此行发现中国南海拥有天然气水合物储藏，也就是“可燃冰”储藏。

这支中德联合考察队包括 26 名中德地质学家，乘坐德国“太阳号”科考船，6 月 2 日从香港起航，至 7 月 13 日停靠上海，历时 42 天。

该项目中方首席科学家、广州海洋地质调查局总工程师黄永样教授说，通过海底电视观测和监视抓斗取样等手段，中德科学家发现了南海确实存在天然气水合物，也就是“可燃冰”储藏的证据。

他说，科学家们在南海北部陆坡发现由天然气水合物气体“冷泉”喷溢而形成的巨型碳酸盐岩，总面积接近 430 平方公里，这也是世界上迄今为止发现的最大的自生碳酸盐岩区域。中德科学家通过同位素分析，发现该礁石最早形成于大约 4.5 万年之前，至今仍在释放甲烷气体。其他科学家分析进一步证实，该区域蕴藏丰富的“可燃冰”。由于发现地点靠近香港九龙，中德科学家已经将其中一个岩礁命名为“九龙甲烷礁”。

天然气水合物俗称“可燃冰”，是一种在低温、高压条件下，由天然气和水分子结合形成的白色固态结晶，外表像冰。因为其成分 80% ~99.9% 为甲烷，又被称为“甲烷天然气水合物”。它通常储存于近极区陆地永冻土中，以及海底 400 米到 3 000 米深的海底沉积物当中。最近 20 年中，“可燃冰”日益成为世界各国能源研究和开发的“热点”。1 立方米的“可燃冰”燃烧，可以释放 164 立方米的甲烷天然气。

该项目的德国首席科学家、德国基尔大学海洋科学研究所副所长厄尔·塞斯认为，中德科学家在南海上的发现有独特意义。因为，此前发现天然气水合物的墨西哥湾、挪威海湾等都属于“主动型大陆边缘”，而中国南海的地形则属于“被动型大陆边缘”。

此次考察同时表明中国对天然气水合物的研究开始转入区域性调查和试勘探阶段。中国是从1999年开始对南海展开天然气水合物的资源调查和评估的。

不过，虽然“可燃冰”被普遍视为未来“人类最理想的替代能源”，其开发利用的前景仍不明朗。世界各国对开发利用“可燃冰”提供能源的态度各不相同，首先是因为技术不成熟，此外也担忧开采利用将影响海底生态和气候环境。

据悉，中德合作进行的这一考察项目从2004年开始，为期一年。接下来，中德科学家将在实验室领域展开进一步合作。

来源：新华社，1948后11月5日

在这则新闻中，“可燃冰”对读者来说是个新名词，不解释清楚的话，读者对新闻事实会含含糊糊，文章中划横线的部分即是背景资料，对这一专业术语作了通俗的解释。

在日本3·11大地震引发福岛核电站核泄漏后，有关核泄漏的报道引起国内对于核辐射的恐慌。对于核辐射，一般人是不甚明了的，为了让普通受众认识核辐射，许多媒体在报道中不约而同地运用了类似如下的新闻背景资料，来解释当时扩散到我国多个省份空气中的辐射物含量对人体的影响程度。有的媒体还将其做成图表，更加一目了然。

日常生活中的辐射量（单位：微西弗）

一个人在一年间承受的自然辐射：从宇宙来的0.39微西弗，从食物中的受到0.29微西弗，从大地中受到0.48微西弗，呼吸空气中受到1.26微西弗。

紧急作业场合所允许的上限：100 000微西弗/年

辐射业务工作者及消防、警察所允许的上限：50 000微西弗/年

巴西、巴厘岛一年间在土地上所受到的辐射：10 000微西弗/年

胸部X射线断层透视、CT检查：6 900微西弗/次

一般公众一年的辐射限量（除去医学治疗）：1 000微西弗/年

胃部X射线检查：600微西弗/次

来源：《南方都市报》，2011年3月16日

消息在添加背景时，可以有意识地增加一些读者感兴趣的知识点或趣味点，使消息更加吸引人。

添加背景还有一个作用，就是用背景语言加以暗示，表达观点。消息写作中比较强调客观的报道手法，在文中只报道事实，不强加观点。但是有时事实的选择本身就是观点在起作用，而这些观点不能在文中明言。运用背景来表达观点就

成为一个可选择的途径。

三、新闻背景运用的方式

新闻背景在消息文本中运用的方式和所处的位置比较灵活。可以是单独成段，也可以是一句话，甚至可以是一句话的句子成分，比如定语、状语等修饰成分。位置可以在导语中，也可以在主体中，视需要而定。总的原则是服从于新闻主题的有效表达。

例如：

【美联社马萨诸塞州大巴灵顿1999年4月4日电】　以阿尔伯特·爱因斯坦站在一块黑板前和墨索里尼拧鼻子等照片闻名于世的摄影记者卢西恩·艾格纳昨天在一家私人疗养院去世，终年97岁。

这里，新闻背景出现在导语中，以定语方式出现，可以称之为前导式新闻背景。

很多时候，新闻背景在新闻主体中独立成段。例如，2008年汶川大地震之初的媒体报道，都用独立段落介绍四川阿坝州汶川县的概况。

第三节　新闻来源

新闻来源，指新闻报道中所选取事实与材料的来源和出处，也称之为消息来源。

一、新闻来源的作用

新闻与其他文学作品的一个本质区别就在于，新闻中的每个事实都是可以查证的，都是有实实在在的新闻来源和出处，这是新闻真实性原则的一个具体体现。

新闻来源是记者采写报道的源头活水。充足的新闻来源是记者做好新闻工作的一个必要条件，但不是充分条件。

二、新闻来源的渠道与变化

传统的新闻来源一般不外乎记者采访、通讯社的电讯稿、公众来信来电和来稿以及国家机关、党政团体、企事业单位的文稿与宣传材料等。而在当今新媒体技术迅猛发展的环境中，新闻来源正呈现着新的变化。

结合2010年11月底媒体对一起跨省拘捕案件的报道，我们来看看现代大众媒体消息来源的部分渠道。

甘肃青年因为举报“官二代”公务员考试作弊而遭宁夏吴忠警察以“诽谤罪”跨省拘捕，这件事11月29日见诸传统媒体，12月1日人民网进行了报道，报道当天，事件有了阶段性的结果。最早发布这则消息的陈杰人在12月3日发表的《立法漏洞不补 诽谤罪闹剧难止》中回忆了这则新闻的来源：

记得11月29日一大早，一位全国人大代表打电话告诉我，他刚刚接待了王鹏父亲的投诉，看到材料后很生气，希望媒体界和学术界一起来监督这个荒唐的案件。按照他的建议，我与王父仔细沟通后，当天以博客和微博的形式，公开发布了王鹏案情，并立即得到了很多媒体的响应。当晚，《南方都市报》记者庞皎明先生率先报道，第二天全国数十家媒体跟进采访和评论，其中十多家媒体记者径直赶到了吴忠。与此同时，广大网民、学者和媒体热烈互动，时隔一天，警方宣布放人并启动追责程序。

来源：《南方日报》，2010年12月3日

从这段文字中我们能够看出现代媒体报道新闻来源的几个新的动向：

（1）“全国人大代表”成为最初的新闻来源。全国人民代表大会是我国的最高权力机构，人大代表是全国和地方各级人民代表大会的组成人员，代表人民行使国家权力。人大代表成为媒体的新闻来源，这是我国社会主义民主社会进程不断推进的一个表现。

（2）“博客和微博”既是发布渠道，同时成为传统媒体记者的新闻来源。

（3）占改革风气之先的传统媒体，如本案例中的《南方都市报》，成为全国其他媒体的新闻来源。

（4）有官方背景的新兴媒体，如本案例中的“人民网”，跟进报道，扩大影响，成为新一轮报道的新闻来源。

此外，一些著名的网络社区、论坛等，也是现代媒体的重要新闻来源，例如“天涯社区”就是其中具有代表性的一个。

新闻来源远远不拘泥于上述几类，只要能够让记者获取到有新闻价值信息的人或物，都能够成为新闻来源。记者为了获取独家新闻，往往不惜一切努力，随时随地敏锐感知新闻来源。

2011年4月15日国家统计局公布了一些经济数据，但是在14日晚上，凤凰卫视就已公布相关数据，而且这些数据在第二天的发布会上得到印证。国家统计局新闻发言人盛来运在国新办举行的发布会上说：“国家统计局也一直高度重视

发布前数据的保密工作，为此制定了相关的管理制度和程序，进一步缩小了涉密数据的人员和范围。特别是近两年，国家统计局建立和进一步规范了统计信息的发布制度，正在研究进一步完善发布制度问题，改进的方向是进一步缩短数据生产到发布的时间，尽可能减少数据被泄露的风险。”

尽管如此，这样的数据“泄密”还是发生了，而且不是第一次：

●在2010年6月11日国家统计局正式发布5月份经济数据之前，《新京报》记者在路透中文网6月9日发表的一篇文章中看到：三位消息人士透露，在当日召开的某券商会议上，一位关键部门的中国政府官员透露，当月居民消费价格指数（CPI）同比上涨3.1%……

●2009年7月16日，《京华时报》、《中华工商时报》等媒体援引未署名消息人士，准确报道了中国第二季度和上半年GDP增长数据。这些报道均表示，数据来源于前一日在北京召开的“2009政府采购与企业发展机遇座谈会”。

●2008年7月17日，国家统计局公布我国上半年宏观经济数据，然而，在8日和15日，路透社在其中文网站刊登文章发布的重要的宏观经济指标与统计局当天公布的数据丝毫不差。

（注：以上资料依据《南方都市报》的相关报道）

一切国家机关、党政团体、企事业单位和公民都有保守国家秘密的义务，媒体当然不例外。但从上述材料中，我们能够看出新闻来源是随时随地、无处不在的：有国家相关部门正式发布的渠道，有外媒的报道，有模糊的“消息人士”，有政府官员在非官方场合的谈话，有各式各样的座谈会等。

三、测试新闻来源可信度的方法

记者在工作中要时刻注意挖掘并培养自己的新闻来源，同时要时刻警惕新闻来源的可靠性，这是新闻真实性原则的要求。记者在掌握某一新闻来源后，第一步就要测试新闻来源的可信度。

美国《新闻日报》调查记者、后任新闻学教师的鲍勃·格林提出了测试新闻来源可信度的六个方法①，可资借鉴：

（1）查阅记录：该消息来源过去是否提供了正确的信息。

（2）可确定性：该消息来源能否提供证实信息的其他证人的姓名或文件。

---

① ［美］梅尔文·门彻．新闻报道与写作．展江主译．北京：华夏出版社，2003.346.

（3）接近性：该消息来源是否处于知道他所传播事实的位置。

（4）动机：该消息来源是否有动机提供合理材料。

（5）考察上下文：信息是否与事实相符。

（6）可信性：该消息来源是否稳定，是否处于记者的控制之下。

新闻来源对媒体、对记者来说虽然至关重要，但更重要的一点就是不能忽略对新闻来源真实性的核实和查证！

【思考与练习】

1. 消息主体的事实安排与导语的事实安排是怎样的关系？

2. 消息主体提行分段的方法是什么，为什么要这样写作？

3. 根据近期的媒体报道，归纳常用的消息背景，看有哪些类别，在消息文本中运用的位置有哪些。

4. 根据媒体报道，对消息来源的形式作一个简单的统计，并列表。

【本章参考文献】

1. ［美］梅尔文·门彻．新闻报道与写作．展江主译．北京：华夏出版社，2003.

2. 薛国林．当代新闻写作．广州：暨南大学出版社，2005.

3. 刘明华，徐泓，张征．新闻写作教程．北京：中国人民大学出版社，2002.

4. Bruce D. Itue，Doglas A. Anderson. *News Writing and Replrting for Today's Media*（新闻传播学英文原版教材系列）．北京：中国人民大学出版社，2003.

第十章　消息的结构类型

【本章提要】

消息结构安排的原则：要有助于记者的表达（传递信息，表达意义），有助于读者的理解（新闻的核心内容、相关背景和深层意义），以达到传者和受者之间的和谐。

倒金字塔结构是消息文体最基本、最常用的结构。文章开头用概述性导语描述出核心事实，然后在新闻的主体部分按照所述事实“重要性依次递减”的原则，由重到轻依次安排与导语相关的各事实材料。

沙漏型结构开始时与倒金字塔结构相似，即给出最重要的硬新闻信息，接下来的主体结构按照新闻发生的事件进程展开新闻内容，即按照事件发生的时间先后顺序来安排事实材料，也被称为“纵向结构”。

列举型结构按新闻事实的内在性质的区别和联系，以多侧面拼接的形式来安排新闻素材。当几个要点同等重要时，列举型结构就派上了用场。

华尔街日报体结构是在文章开头使用软导语，把焦点放在一个人物、场景或事件上，借助这些人物、场景或事件来引出文章的核心段落，文章的主体部分为核心段落提供支持性材料，结尾通常照应开头，回到文章开头提到的人物、事件或者类似的场景上。

“结构”一词，指事物内部各种组成部分之间的相互关系及安排，最终表现为一定的外部形式。对一篇文章来讲，是组成文章的各种材料之间的有机排列关系，是作者“布局谋篇”的结果，目的是以一种合适的方式表达文章的主旨。

写文章，讲究布局谋篇。消息也是一样，各个新闻要素以及不同新闻事实的展开要有顺序和章法，只有结构合理，消息才能条理清晰、井然有序，新闻的读者、听众、观众才可能在最短时间内获知新闻所传达的信息，实现新闻文本和受众的快速交流。

篇幅短小而信息含量大是消息这种新闻文体的主要特点，这是一对矛盾，解决这个矛盾的方法之一就是安排好消息的结构。消息文本的结构因所传达的事实内容不同、记者个性差异、记者所掌握材料的局限等方面的因素，呈现出千差万别的状况。

但万变不离其宗，记住一点：无论什么样的结构，都要有助于记者的表达（传递信息、表达意义），有助于读者的理解（新闻的核心内容、相关背景和深层意义），以达到传者和受者之间的和谐关系。

本章介绍几种消息文本常用的结构方式。主要有倒金字塔结构、沙漏型结构、列举型结构，以及华尔街日报体结构。

第一节　倒金字塔结构——消息最经典的结构

一、倒金字塔结构的特点

这种结构的特点是按照材料本身的重要程度依次展开。具体来说，以倒金字塔结构来安排的消息，它各组成部分之间的相互关系是这样的：文章第一段用概述性导语描述出核心事实，然后在新闻的主体部分按照所述事实“重要性依次递减”的顺序，由重到轻依次安排与导语相关的各事实材料。

这种结构方法是硬新闻报道写作最基本、最常用的形式之一，梅尔文·门彻在《新闻报道与写作》一书中将其称为“标准的新闻报道形式”。

二、倒金字塔结构示意图

倒金字塔结构可以用下图示意：

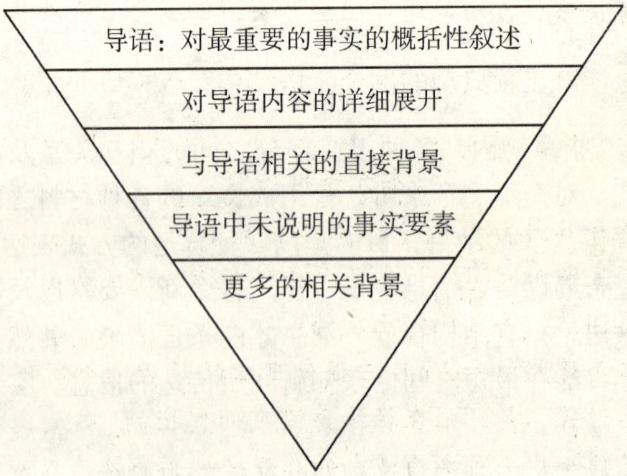

图 10－1　倒金字塔结构示意图

三、倒金字塔结构案例分析

倒金字塔结构的导语往往用概括陈述式，表达消息中最重要的事实信息，在导语之后的是对导语详细内容的展开，以及次重要的支持性材料，包括与导语相关的直接背景、导语中未说明的事实要素和更多的相关背景。从图中可以看出，越是重要的信息，即与核心事实相关度越高的事实，越是排列在前，次重要的信息排列延后，越到结尾的内容，与核心事实的联系越远。这就是按照所述事实“重要性递减”排列的含义。肯尼迪总统遇刺之后，由美国合众社发出的那篇著名的电讯稿，就是用倒金字塔结构写成的：

肯尼迪总统遇刺身亡

【合众社达拉斯1963年11月22日电】肯尼迪总统今天在这里遭到刺客枪击身亡。

总统与夫人同乘一辆车中，刺客发三弹，命中总统头部。

官方消息说，总统在下午一时逝世。

副总统约翰逊继任总统。

这篇短消息中的第一段交代了新闻的核心事实——肯尼迪遇刺身亡，全篇围绕导语展开。第二段是对核心事实的展开，叙述了总统当时遇刺时较为详细的状况——与夫人同乘一车，三弹命中总统头部。第三段是对导语的事实要素进一步展开，说明总统去世的详细时间。第四段的事实相对于前面的事实与核心事实较远，但是是重要的补充。

下面这则消息，是比较典型的倒金字塔结构：

日本无条件投降①

【美联社1945年8月14日电】　日本投降了！

杜鲁门总统今晚7时宣布，日本已无条件投降，造成历史上空前巨大破坏的战争随之结束。盟国陆、海军已停止攻势。

总统说，日本是遵照7月26日三强致日本的最后通牒所规定的条款无条件投降的。这项最后通牒，是三强在柏林会议期间发出的。8天以前，日本遭到有史以来第一枚原子弹——一种威力最大的炸弹——的轰炸，两天以前，俄国宣布

---

① 李大卫等编译. 百年好文章：美联社百年新闻佳作. 西安：陕西师范大学出版社，2002. 75.

对日作战。在这种情况下，日本被迫于本星期五宣布接受最后通牒中包括的全部条款，但要求继续保留天皇制。

次日，美、英、苏、中4国对此作出答复，声称如天皇接受盟军最高司令部的命令，则可继续在位。

杜鲁门总统今天还宣布，道格拉斯·麦克阿瑟将军已被任命为占领日本的盟军武装部队总司令。

杜鲁门总统说："现在正在作出安排，以便尽早举行接受日本投降的正式签字仪式。"

他说，英国、俄国和中华民国也将派出高级将领，代表各自的国家在受降书上签字。

日本投降是影响世界和平进程的重要的新闻事件，消息导语开门见山，直指要害，接下来第二段首先交代消息来源，以及在怎样的场合下发生这个事实，因为这样一个重要的事件其真实性是最值得关注的，紧接着第三段是与导语相关的直接背景，第四、五、六、七段是与导语次相关的事实，依次是四国对"日本投降"这一事实的态度、日本投降之后"谁"来负责接管日本、日本投降正式签字仪式举行的时间，以及相关信息。

四、倒金字塔结构的优势

重要的事件新闻、突发性新闻等硬新闻的报道，最适合运用倒金字塔结构。比如在灾害新闻、犯罪新闻、政坛突变、著名人物离世等内容的报道中，记者抢发新闻的一个重要手段就是用倒金字塔形式来结构消息文本。

之所以如此，是因为这种结构方式有着天生的优势。无论从新闻产品生产的角度——记者写稿、编辑改稿，还是从受众接受新闻信息的角度来考察，倒金字塔结构都有较其他结构方式独特的优点。

（1）这种结构便于记者写稿。主体中的事实顺序是按照事实"重要性依次递减"的顺序来安排的，写作中记者只要对各个事实的重要程度作出基本判断，消息稿很快就能写成。那么如何判断信息的重要程度？这里常用到的几个判断的思路有：①那些会对读者造成最大影响的信息，一定是重要的；②导语提出了什么需要得到立刻回答，否则会影响传播效果的问题，这些问题的答案一定是重要的；③和导语中的事实相关度最高的那些事实。

（2）这种结构便于编辑改稿。因为这种结构中最不重要的信息排在最后写，所以编辑在改稿的时候，如果受到版面空间的限制，可以从最后删改，不影响开头最重要的新闻事实的表达。

（3）按照这种结构编织的消息文本，比较符合受众想“快速获知”的心理需求。

消息这种新闻文体所承担的基本功能，以及受众想快速获知外界变动的心理需求，决定了“倒金字塔永远不会过时”。尽管如此，这种结构也有缺点，就是不能自始至终吸引读者，一些读者读完关键信息就不再读下去了。

第二节　沙漏型结构

这种结构开始时与倒金字塔结构很相似，先给出最重要的硬新闻信息。接下来的主体结构按照新闻发生的事件进程展开新闻内容，即按照事件发生的时间先后顺序来安排事实材料，也被称为“纵向结构”。

一、沙漏型结构的特点

这种结构比较适合那些情节性比较强，并且带有某些悬念因素的新闻事件，也适合那些现场因素较为复杂，通过时间这一主要线索，可以清晰地看到事件的来龙去脉的特写报道。

例如，《新京报》2010年5月5日第四版对温家宝总理与北大学子共度“五四”的报道。

温家宝总理与北大学子共度“五四”

【据新华社电】　中共中央政治局常委、国务院总理温家宝在中共中央政治局委员、国务委员刘延东陪同下来到北京大学，与同学们共度“五四”青年节。

上午9时55分，温家宝在北京大学南门外下车，步行走进学校。“五四”大道两旁，山鹰社、青年天文学会、职业发展研究会、爱心社、学生书画研究会……学生们自发组织的几十个社团正在举办着各项活动。

走到学生书画研究会的桌前，哲学系大二女生李丹琳铺开宣纸，蘸墨写下总理一首诗的题目“仰望星空”，赠送总理。温家宝沉思片刻，挥毫相和，写下“脚踏实地”四个大字。同学们知道，这八个字寄托着总理对广大青年学子的殷殷期盼之情。

10时30分，温家宝走进北京大学图书馆阳光大厅。一落座，温家宝就对同学们说：“我耽误大家看书了。这是我担任总理以后第三次到北大来。纪念‘五四’运动，首先应该继承‘五四’科学、民主的精神。建设中国特色社会主义、实现现代化必须发扬科学、民主精神。大家不但要懂得这四个字的含义，而且要身体力行，融入到实践当中去。”

图书馆里响起了热烈掌声。温家宝接着说：“我是和同学们来谈心的，希望你们说心里话。这也是科学民主精神。”

一位化学学院学生向温总理提出了如何理解钱学森关于中国大学为什么培养不出杰出人才的问题。

温家宝说：“钱学森之问对我们是个很大的刺痛，也是很大的鞭策。钱学森先生对我讲过两点意见，我觉得对同学们会有用，一是要让学生去想、去做那些前人没有想过和做过的事情，没有创新，就不会成为杰出人才；二是学文科的要懂一些理工知识，学理工的要学一点文史知识。”总理接着说，大学改革要为学生创造独立思考、勇于创新的环境。大学还是应该由懂教育的人来办。教育家办教育不是干一阵子，而是干一辈子。大学还应该逐步改变行政化，按照教育规律办学。大学应该以教学为中心，使学生德智体美全面发展。学生作为学校的主体，在教育改革中处于重要地位。

一个半小时时间，总理先后回答了同学们提出的十几个问题。温家宝最后说：“每年到‘五四’青年节，我都愿意跟年轻人一起坐一坐，谈谈心。我是带着一颗真诚的心来和同学们交谈的。真诚的东西才会是永恒的。”

来源：《新京报》，2010 年 5 月 5 日

这篇消息开头导语叙述了全篇新闻最重要的新闻事实。第二段开始，记者跟着总理在北大的行踪，也就是按时间的顺序展开报道，文中有明确的时间节点。

二、沙漏型结构示意图

这种结构可用如下的框图来示意：

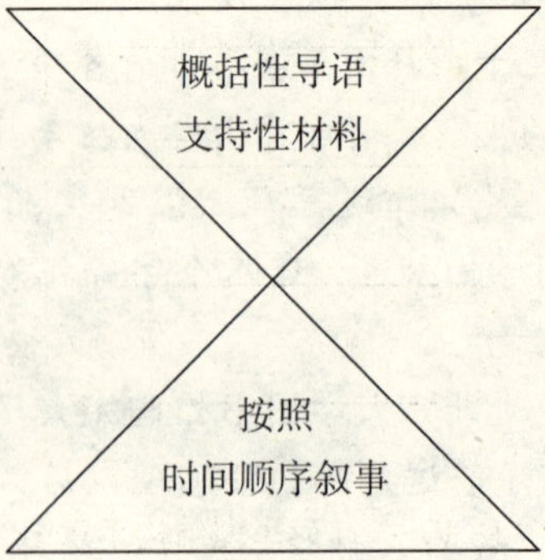

图 10－2　沙漏型结构示意图

三、沙漏型结构的优势

沙漏型结构的优点是，按照时间顺序叙述内容，增加文章的故事性。如上文，跟着记者的视线，随着总理的脚步，故事展开了。而且时间像一条线，将新闻事实串在一起，叙述有条不紊。

这种结构也有缺点，文章可能重复开头的关键信息，使文章加长，容易让读者产生疲劳感。

第三节　列举型结构

一、列举型结构的特点

这种结构按新闻事实的内在性质的区别和联系，以多侧面拼接的形式来安排新闻素材。在写作时，可以使用概括性导语或者软导语开头，紧接着写核心段，然后再逐条列举主要观点或者主要内容提要（以小标题的形式），每个小标题下面都有事实材料支撑，几个小标题统领的文字组成了文章的几大块，这几大块之间是并列的关系。

二、列举型结构示意图

用如下示意图简单表示列举型结构各部分之间的关系：

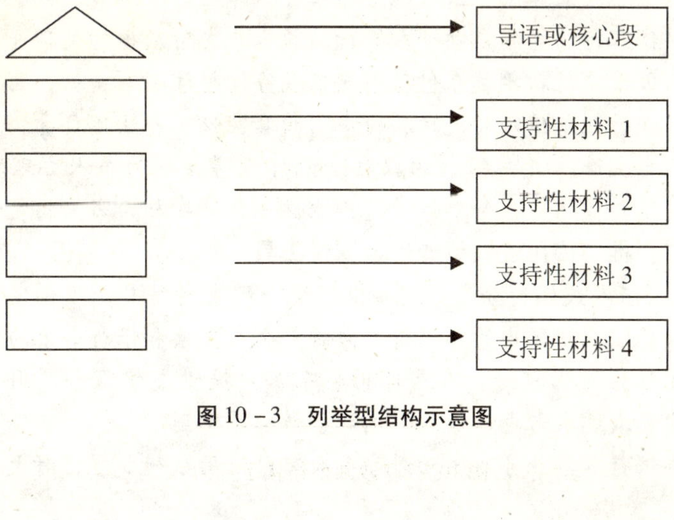

图 10－3　列举型结构示意图

三、列举型结构案例分析

在下面一篇消息中，有几个要点同等重要，均需要强调，列举型结构就派上了用场。

央行出台七大措施破解银行排队难

【新华社北京2007年5月20日电　记者张旭东】　商业银行网点客户办理业务“排长龙”现象近来已为社会所广泛关注，中国人民银行于近日出台了《关于改进个人支付结算服务的通知》，对此问题加以解决。

央行20日称，此举旨在进一步提高银行支付结算服务效率和服务质量，有效解决办理银行业务排队等候时间过长的问题。在文件中，央行提出了“提高自动柜员机（ATM）取款交易上限”等七方面的具体措施。

措施之一：任一银行即可办理缴费等多种业务

《通知》提出，要优化个人银行账户服务，便利储户办理非现金支付业务。具体措施如下：

简化银行将个人活期储蓄账户转为个人银行结算账户的手续，个人需要通过储蓄账户办理转账支付结算的，银行凭个人客户办理第一笔转账支付业务时在付款凭证上的签章即可将个人活期储蓄账户转为个人银行结算账户，同时允许个人合法收入款项转入个人活期储蓄账户。

全面开通跨行转账功能，通过改进系统设置，实现社会公众和收付费单位在任一银行开立一个结算账户就能办理水、电、煤气、电话等公用事业服务费用和工资、养老保险、失业保险、医疗统筹等社会保障金的缴纳和发放。

简化从单位银行结算账户向个人银行结算账户支付款项的处理手续，对单笔超过5万元人民币、付款单位在付款用途栏或备注栏注明事由的，可不再另行出具付款依据，但付款单位须对支付款项事由的真实性、合法性负责。

尊重个人自主选择开户银行的权利，银行不得拒绝为个人办理跨行转账业务，也不得通过与代收、代付单位进行排他性合作，变相为客户指定开户银行。

措施之二：推广使用支票等非现金支付工具

《通知》要求人民银行分支机构要根据统一的支付结算制度制定本辖区的票据实施细则，并组织辖区内的各银行大力推广个人支票和银行本票的使用。

银行应主动为信用较好、有需求的个人客户提供支票服务，用于消费、投资、理财和主动缴纳水、电、煤气、电话、学费等费用。

大力开办银行本票业务，主动引导个人客户使用银行本票，对大额提现并跨行转存的，鼓励个人通过银行本票办理。

完善信用卡还款业务处理，鼓励信用卡持卡人通过信用卡与其在同一银行或他行同名账户的绑定，实现自动还款。

措施之三：挖掘小额支付系统潜力

央行提出，要充分利用小额支付系统，实现跨行资金转账、代理收付和通存通兑。

人民银行各分支机构应大力组织推广各项小额支付系统业务，要充分利用小额支付系统跨行资金清算平台的功能，实现银行营业网点的资源共享，方便客户就近选择银行网点办理业务。

《通知》指出，普通代收业务客户只需与收、付款银行签订协议；定期代付、代收业务可由银行根据付款授权协议完成工资、公用事业费用的自动拨付和缴纳；优化银行的系统设置，实现存款人资金在不同银行间的自动转账和通存通兑。

措施之四：ATM 机取款上限提至 2 万元

央行表示，要完善电子支付服务功能，推动自助、居家服务发展，提高自动柜员机取款交易上限。

根据安排，借记卡在自动柜员机取款的交易上限由现行每卡每日累计 5 000 元提高至 2 万元。各银行可在 2 万元的限度内根据客户需要、服务能力和安全控制水平等因素，确定本行每卡单笔和每日累计提现金额。

银行和有关单位要增加自助设备的布放，提高人均拥有自助设备的比例。银行要拓展网上支付、电话支付、移动支付等电子支付功能，提高电子支付的服务质量，提高业务离柜率，缓解网点柜面压力。

措施之五：银行可设置开放式柜台

央行提出，要整合网点柜台资源，加强对柜员的培训，切实提高柜台业务办理效率。银行要合理配置网点柜台，优化劳动组合，实行弹性柜台和弹性柜员制。

对于银行账户的开立、撤销，查询、挂失、凭证打印，以及使用非现金支付工具缴费和购买理财产品等业务，银行可以设置开放式柜台办理，以提高业务处理效率。

措施之六：央行机构接受社会对银行支付服务质量投诉

央行提出，要加强对支付结算业务的监督管理。既要改进个人支付结算服务，又要防范支付风险，防止不法分子利用支付结算的便利从事违规违法活动。

《通知》强调人民银行分支行要加强对支付结算业务的管理，特别是对《通知》的贯彻实施情况进行监督检查，接受社会各界对银行支付结算服务质量的投诉，对违反《通知》规定支付结算制度的银行，查实后要予以通报，并按照有关规定予以处罚。

各银行要采取有效措施落实《通知》提出的各项要求，同时应加强对支付结算业务的风险管理，严格按照反洗钱的有关制度报告大额和可疑交易；加强对自动柜员机等自助设备的日常检查和维护；细化业务处理流程，加强内部控制，防范支付风险。

措施之七：银行要向社会公告改进服务措施

央行强调，要做好宣传工作，培育良好的非现金支付环境。人民银行分支机构要组织辖区内银行，向社会公告各项改进个人支付结算服务的措施。

银行要广泛宣传非现金支付的便利，宣传支付产品和服务以及使用要求，宣传各类支付系统特别是小额支付系统的业务功能，培养人们的非现金支付习惯。

来源：新华社，2007 年 5 月 20 日

第四节　华尔街日报体结构

一、华尔街日报体结构简述

这种结构的文章开头使用软导语，把焦点放在一个人物、场景或事件上，借助这些人物、场景或事件来引出文章的核心段落（陈述报道核心内容的段落）。所选用的人物、场景或事件是受到核心段所阐述问题的影响的众多的人物或是事物其中的一个。

导语可以是叙述型的，也可以是描述型的。惯用的做法是写轶事，比如在导语叙述或者描述一个与报道主题相关的人物、事件或者场景等。紧接着导语的应该是新闻的核心段，用它来说明文章的核心内容。这一段应该向读者解释清楚这篇文章要写什么内容，以及它的重要性，文章的主题在这一部分得以显现。接下来，文章为导语和核心段提供支持性材料。文章的主体部分根据小标题来安排，小标题之间一环扣一环，直到文章结尾。文章的结尾通常会照应开头，再回到文章开头提到的人物、事件或者类似的场景上来，全文像绕了一个圈，浑然一体。

这是一种常用的文章结构形式，在西方广泛运用于各大报纸的消息和特稿的写作中，但由于这种结构为《华尔街日报》所首创，而且该报以每天在头版刊登这种类型的报道而闻名，所以这种结构模式被称为华尔街日报体。

二、华尔街日报体结构示意图

华尔街日报体可以用如下结构框图示意：

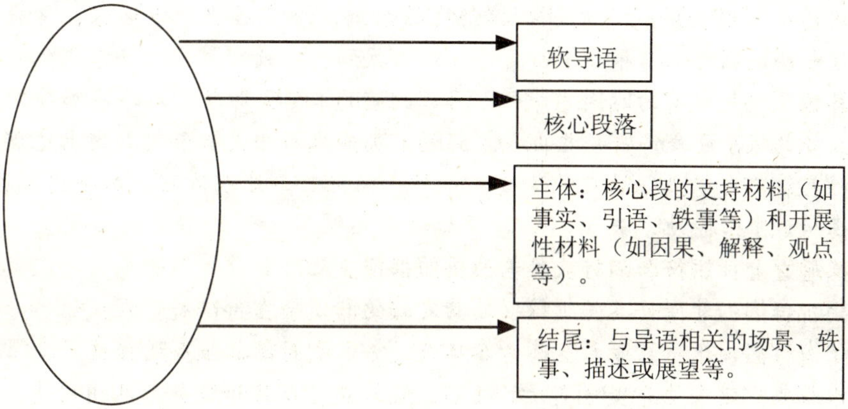

图 10－4　华尔街日报体结构示意图

三、华尔街日报体结构案例分析

艰难抉择拖慢日本重建速度

【华尔街日报中文网 2011 年 4 月 20 日报道】　小泉润（音，Jun Koizumi）家在日本气仙沼市（Kesennuma）的一条主要商业街上经营眼镜店已经有 82 年了，直到上个月的海啸巨浪席卷了这个小镇。海啸过后，小镇随处可见的是断壁残垣、一片废墟。现在，小泉润依靠在眼镜店的废墟上向过往行人兜售零食为生。(1)

他的存货包括三罐金宝汤（Campbell's），几盒茶叶和罐装咖啡，还有一些一个朋友自制的午餐，其中包括蔬菜炒面，每份售价约为 2.50 美元。(2)

这实在比不上他们家族的眼镜店生意。现在眼镜店只剩下一张顾客配眼镜时坐的椅子，椅子上已满是污泥，墙壁上斜靠着一个视力表，还有几个装有办公用品的抽屉。眼镜店的墙壁没有坍塌，但由于大浪曾一度达到接近屋顶的高度，墙壁从地基处就开始侧移了。目前这里还没水没电。(3)

现年 45 岁的小泉润说，我愿意重新开始。他的太太和两个孩子就站在一边。但是，他不知道该如何重新开始，因为他没有足够的钱。他说，“在制订计划之前，我想等待更多的支持、了解更多的详细情况。”(4)

在日本遭遇了几十年来最严重的灾难的五周后，灾民们开始从 3 月 11 日海啸带来的震惊和绝望中走出来，开始想办法往前走。(5)

但是，在人们等待政府官员就重建方法、地点和资金提供更多的指导之际，很多人却碰壁了。在一些地区，重建工作的关键部分（包括清理堆积如山的瓦砾）陷入停顿，进一步拖延了重建过程，围绕该地区的未来开始显现出更艰巨的问题。在气仙沼市等一些城市，官员们开始劝阻重灾区的居民重建，他们争论灾

区土地最好用来做什么，以及该如何确保土地未来的安全。(6)

在一些地区，仍有很多失踪者遗体没有找到，以致官员们开始意识到可能需要数月甚至一年以上的时间才能开始真正的重建工作。对于那些准备好要重建的灾民，由于大片被海啸席卷过的地区实际上都禁止入内，如今剩下的土地少得可怜。(7)

在疏散中心等地，失望的情绪开始越来越明显，如果不尽快取得更多的进展，政府官员可能要面临灾民越来越多的批评。政府官员曾因早期的救灾工作受到赞扬，但他们处理日本受损核电站的方式受到了指责。(8)

过去一周，东京宣布新成立一个15人的委员会后，有关政府重建方案的争论更趋激烈。该委员会由日本防卫大学校（National Defense Academy of Japan）校长五百旗头真（Makoto Iokibe）牵头，目标是在6月下旬之前制定一个重建沿海社区的方案。(9)

官方说，委员的遴选是基于他们对重建的热情、公共影响力及其与灾区的关系，政府已要求他们提出创造性的方案，让重建后的城市变得更好、更安全。(10)

各种最新想法当中，有一个是五百旗头真在委员会周四召开首次会议后提出来的。他提议利用废墟瓦砾建一座"希望之山"，用作公园和将来发生海啸时的避难中心。(11)

首相官邸发言人 Shintaro Nakagawa 说，政府没有选择，只能慢慢来，保证重建不出错。他说："我理解，对于那些生活在庇护所的人来说，重建的完成哪怕只是早一天也会更好；但创造性的修复需要时间。"(12)

灾区很多人说，他们理解政府的目标，一个原因是他们也希望能用一个宏伟计划来振兴一个海啸前已经处于经济低迷状态且容易受灾的地区。(13)

但很多沿海城市的重建时间越来越紧迫。还有14万以上的人口住在各个疏散中心，其中很多人不知道什么时候可以离开。据日本国内媒体报道，自3月11日以来，200多人已经因为寒冷和疾病死于避难所，其中多为老年人。(14)

在气仙沼市，仍有大约1 000人失踪，部分社区还没有接通水电。40多艘各重100多吨的船只散落在陆地上的各个地方，没有迹象表明它们会在短时间内被移走。在三层楼的 Hiyama 渔具店里，店员们正在清理废弃物，冲洗底层还能够被抢救的为数不多的一些东西。(15)

Hiyama 店主的妻子、56岁的山本和香（音，Waka Yamamoto）说，我们还没听到任何有关经商人员如何以及何时能重建的消息。她说，他们没有享受到保险，并且前几年的扩店欠了一大笔债，其他三家分店也基本被毁，还丢了七辆车。她说，尽管总店的两层楼仍完好无损，但他们不知何时能重新开业。(16)

来源：《华尔街时报》中文网，2011年4月20日

这篇新闻的开头前4段（见每段段尾加的序号）描述了日本大地震受灾者小泉润一家的处境——艰难度日、想“重新开始”但“不知道该如何重新开始”。这是日本灾民生活的一个缩影，由此引出整篇新闻的核心段落，即第5、6段，说明“灾民们开始从3月11日海啸带来的震惊和绝望中走出来，开始想办法往前走”。“很多人却碰壁了”，因为“重建工作的关键部分（包括清理堆积如山的瓦砾）陷入停顿，进一步拖延了重建过程，围绕该地区的未来开始显现出更艰巨的问题”。

第7～15段是新闻的主体部分，对核心段落所述事实从多方面给予展开和支持。

第16段是新闻的结尾，叙述了另一个灾民山本和香的艰难处境，但很无奈——“他们没有享受到保险，并且前几年的扩店欠了一大笔债，其他三家分店也基本被毁，还丢了七辆车。”“尽管总店的两层楼仍完好无损，但不知何时能重新开业。”这个灾民的境遇与文章开头所叙述的小泉润一家的境遇相类似。

客观事实千变万化，各具特点，在具体写作时，消息主体结构也必须从事实本身出发，以更好地表达主题思想为目的，灵活组织材料、安排结构。

【思考与练习】

1. 怎样理解倒金字塔结构“永远不会过时”？
2. 在什么情况下用沙漏型结构比较合适？
3. 华尔街日报体结构的特点是什么？
4. 处理什么样的事实材料时要用到列举型结构？
5. 除了文中所提到的常用结构外，你还见过哪些结构？举例说明。

【本章参考文献】

1. ［美］Carole Rich. 新闻写作与报道训练教程. 钟新主译. 北京：中国人民大学出版社，2005.

2. 李大卫等编译. 百年好文章：美联社百年新闻佳作. 西安：陕西师范大学出版社，2002.

3. ［美］梅尔文·门彻. 新闻报道与写作. 展江主译. 北京：华夏出版社，2003.

4. ［美］埃德温·埃默里，迈克尔·埃默里. 美国新闻史：报业与政治、经济和社会潮流的关系. 苏金琥等译. 北京：新华出版社，1982.

5. 各媒体的即时报道文本.

第十一章　消息常见分类

【本章提要】

一篇新闻是硬新闻还是软新闻，是由其所报道的事实的品质来决定的。硬新闻所报道的事实本身含有“过硬”的新闻价值，是人们为了自身的生存或发展必须去及时获知的一类新闻。软新闻则重在趣味性和新颖性。

根据消息所报道对象的明显差异，可以将消息分为事件性消息和非事件性消息，即报道的对象是事件，或者是非事件。相对于事件性消息中所报道的动态、显性、主动呈现的事实特征来说，非事件性消息报道的事实是静态的、隐性的、需要记者去主动挖掘的。

事件性消息通常包括动态消息、特写性消息和简讯三种形式。动态消息是新闻报道的“先头部队”，绝大多数重大的新闻都是最先通过动态消息发布出来的。报道迅速，一事一报，用客观笔法，文约意丰地呈现事件动态，是动态消息的写作要点；特写性消息是用类似电影“特写镜头”的手法来展现新闻事实，它不仅用事实说话，而且还用活灵活现的形象、场景、引语等来表达文章的主旨；简讯的特点是内容简单、文字简要、结构单一、信息一目了然。

第一节　硬新闻与软新闻

新闻从所报道内容的品质上来分，大体可以分为两类：硬新闻和软新闻。

硬新闻，指所报道的事实本身含有“过硬”的新闻价值，人们为了自身的生存或发展必须要去及时获知的一类新闻。如果没有及时获取这方面的信息，人们的生存或发展就会受到影响，甚至陷入危险。一般的政治、经济、科技新闻等具有这方面的作用，通常被归到硬新闻一类。通常这类新闻要写清楚发生了什么事情、为什么发生，以及对读者有什么影响等内容。这类报道十分讲求时效性。

相对而言，软新闻是指所报道的内容本身并不含有“过硬”的新闻价值，这些内容的获知与否，并不会影响或者威胁人们的生存或发展。那些向读者提供娱乐和资讯的新闻、强调趣味性和新颖性的新闻，通常被归入软新闻一类。软新闻不如硬新闻那样强调时效性。

一、硬新闻

一篇新闻是硬新闻还是软新闻，是由其所报道的事实来决定的。

超市6月1日起禁用免费塑料袋

【本报讯记者郭爱娣　谭丽雅　周逸梅　夏命群】今后，商场超市内的塑料购物袋将明码标价，并单独收费。旅客列车、客船、客车、飞机、车站、机场及旅游景区等也不得再向旅客、游客提供超薄塑料购物袋。昨天，国务院办公厅下发关于限制生产、销售、使用塑料购物袋的通知，从6月1日起，在全国范围内禁止生产、销售、使用超薄塑料袋。

超薄塑料袋将禁止生产

通知要求，从今年6月1日起，全国范围内禁止生产、销售、使用厚度小于0.025毫米的塑料购物袋，超薄塑料购物袋将被列入淘汰类产品目录。

通知说，质检总局要加快修订塑料购物袋国家标准，制定醒目的合格塑料购物袋产品标志，研究推广塑料购物袋快速简易的检测方法，督促企业严格按国家标准组织生产，保证塑料购物袋的质量。

塑料购物袋须明码标价

超市、商场、集贸市场等商品零售场所是使用塑料购物袋最集中的场所，而且目前大多免费提供塑料购物袋。自6月1日起，在所有超市、商场、集贸市场等商品零售场所实行塑料购物袋有偿使用制度，一律不得免费提供塑料购物袋。商品零售场所必须对塑料购物袋明码标价，并在商品价外收取塑料购物袋价款，不得无偿提供或将塑料购物袋价款隐含在商品总价内合并收取。

商务部将会同发改委制定商品零售场所塑料购物袋有偿使用的具体管理办法。

国家鼓励发放免费布袋

通知要求，对违规继续生产超薄塑料购物袋的，或不按规定加贴（印）合格塑料购物袋产品标志的，以及存在其他违法违规行为的，将依照《中华人民共和国产品质量法》等法律法规，给予责令停止生产、没收违法生产的产品、没收违法所得、罚款等处罚。严格执行曝光、召回、整改、处罚等制度。

塑料购物袋销售企业要建立购销台账制度，防止不合格塑料购物袋流入市场。旅客列车、客船、客车、飞机、车站、机场及旅游景区等不得向旅客、游客提供超薄塑料购物袋（包装袋）。国家鼓励企业及社会力量免费为群众提供布袋子等可重复使用的购物袋，地方各级人民政府对行政不作为、执法不力的，要依照《中华人民共和国行政许可法》、《中华人民共和国行政处罚法》追究有关主管部门和执法机构的主要负责人及相关责任人的责任。

废塑料回收工作将加强

通知还要求，环卫部门加快推行生活垃圾分类收集和分类处理，减少被混入垃圾焚烧或填埋的废塑料数量。废旧物资回收主管部门支持物资回收，企业建立健全回收网点，充分利用价格杠杆和提供优质服务等措施，促进废塑料的回收。

通知要求，环保部门要加大对废塑料回收利用过程的环境监管，制定环境准入条件、污染控制标准和技术规范并监督实施，建立废塑料从回收、运输、贮存到再生利用的全过程环境管理体系。财政、税务部门要尽快研究制定抑制废塑料污染的税收政策，利用税收杠杆调控塑料购物袋的生产、销售和使用，支持、鼓励废塑料综合利用产业的发展。

来源：京华网，2008 年 1 月 9 日

对于已经用惯了免费塑料袋的人们来说，这篇新闻传达的事实是很“硬”的，人们不得不因此开始改变自己的一些生活观念和生活行为。

二、软新闻

有些新闻对我们来说，知道也可，不知道也无妨，不会成为我们日常生活工作的决策依据，例如下面这则新闻：

金牌“保管”趣闻多

【本报讯】　奥运冠军的金牌拥有至高的荣誉，因此，很多奥运冠军都把如何保管金牌作为一件大事。

张国政：金牌送给老婆

雅典奥运会上张国政举重项目夺金后，镜头中那句“老婆，我爱死你了”成为经典佳话，一向对妻子宠爱有加的他在返回国内的第一时间就将奥运金牌挂在了妻子的脖子上，而且还在大庭广众之下宣告：“这块金牌现在就是你的了！”

后来，张国政的妻子把金牌藏了起来，张国政也曾向妻子询问金牌到底藏在什么地方，但妻子以“金牌既然送给我了就归我保存”为由拒绝告知。当然，妻子并不是想“独吞”金牌，主要还是太珍惜这个珍贵的礼物，不想有半点闪失，因此才连张国政这个“挖井人”都拒绝告知。

刘翔：金牌放在枕头下

中国品牌研究院曾经发布了《中国奥运金牌价值报告》，报告显示，刘翔的

奥运金牌商业价值最高，为 4.61 亿元。这么珍贵的金牌是如何保存的呢？说出来也许大家都会惊讶，在夺金后的第一个夜晚，这块金牌居然在枕头下度过了一晚。

比赛结束后刘翔回到房间，把金牌藏在枕头底下。由于幸福来得太突然也太刺激了，就连刘翔本人都想这个金牌不知道到明天早上会不会就没了，因此，他把窗户、门都锁上了。整个晚上只睡了两个多小时，起床后第一件事就是掀开枕头，一看金牌还在，可爱的刘翔才又安心地亲吻了它。

如今刘翔的金牌到底藏在什么地方还是个谜，它已被高度保护起来，不过可以肯定的是，刘翔一定知道它在哪。

孙福明：金牌放进保险柜

已经退役并且在辽宁省女子柔道队担任领队职务的孙福明应该是众多奥运金牌获得者中最保守的一个，因为她把自己的这块金牌看得比生命都重要。“我的金牌回国之后也给大家展示了一段时间，好多人都想与它合影，有的还想让我摘下来自己戴上感受一下，但除了特别信得过的人，一般人提出这个要求我是不会答应的。后来我也在家放了一段时间，再后来有朋友告诉我银行有代为保管的业务，我就把金牌放在银行的保险柜里了，哈哈，绝对保险！”

王楠：金牌分散保存

对于乒坛大姐大王楠来说，她获得的奥运金牌以及其他各种世界大赛的金牌可能连她自己都不知道到底有多少。王楠的父亲王德占谨慎地说：“孩子的奥运金牌当然会好好保管，不过具体放在哪里，一般人我可不告诉他！我知道重要的金牌，比如奥运会金牌，好像也是委托相关的保险部门代为保存了，不过她拿的金牌实在太多了，有些在我这里，有些在她自己的家里。”

江嘉良：大意失奖牌

2006 年 8 月中旬，前世界乒乓球冠军江嘉良居住的小区遭遇盗窃，江嘉良除丢失了一些金银首饰与现金外，还有 4 枚国际比赛的奖牌（包括金牌）以及一枚国务院授予的全国先进工作者奖章不翼而飞。

后来，偷窃的小偷被抓获，但江嘉良那些珍贵的奖牌和奖章并没有随之完璧归赵。小偷说当天作案后，因为发现这些奖牌并不是纯金制品，就随手丢弃在马路边的垃圾桶里，而具体的地点，他早已记不清楚了。

来源：《海峡都市报》，转引自海都资讯网，2008 年 4 月 7 日

奥运冠军怎样“保管”金牌，这样的信息对许多人来说，是比较有趣、易读的，但是对这类信息知道或者不知道都可以，今天知道或者明天知道都影响不大，而且受众在阅读这类新闻时比较省力，可以在比较放松的精神状态下获取新

闻中的信息。这就是典型的软新闻。

第二节　事件性消息与非事件性消息

根据消息所报道对象的明显差异，可以将消息分为事件性消息和非事件性消息，即报道的对象是事件，或者是非事件。

一、事件性消息的特征

米克·巴尔在《叙述学——叙事理论导论》中对“事件”作了这样的界定：“由行为者所引起或者经历的从一种状况到另一种状况的转变。”① “事件”作为消息的报道对象，我们需要对事件性消息中的“事件”作进一步的界定：

（1）有明确的“行为者”，即这个行为主体有清晰的边界。

（2）有显而易见的发生、发展过程，有明显的时间、地点、情节等，新闻要素清晰，有客观环境发生变动的明显标志。

例如，2011 年 3 月 19 日美英法联军向利比亚开战的消息，就是典型的事件性消息。

美英法联军导弹砸向利比亚
“奥德赛黎明”初步成功

【新加坡《联合早报》网站 3 月 20 日报道】　美国、英国及法国 19 日对利比亚发动军事行动，共发射至少 110 枚战斧巡航导弹。英军也首次出动战机，对利比亚展开空袭。代号为“奥德赛黎明”的军事行动拉开序幕。

美军及英军部署在地中海的军舰与潜艇 19 日向利比亚发射了至少 110 枚战斧巡航导弹，打击逾 20 处军事基地，这些目标包括地对空导弹阵地、预警系统和重点通讯节点。美军预计，摧毁利比亚的防空系统后，更容易执行联合国安理会的禁飞决议，并可派出“全球鹰”无人侦察机进入利比亚。

另外，英军也首次出动战机，对利比亚展开空袭行动。英国军方发言人约翰·洛里默准将在伦敦宣布，“英国皇家空军出动了一批‘旋风’战斗轰炸机，并发射了一批‘风暴阴影’导弹”。

而法国军方亦在利比亚进行了四次空袭行动，摧毁多辆卡扎菲部队的装甲车。在联合国安理会通过决议后，法国战机之前已对卡扎菲部队开出第一枪。

---

①［荷］米克·巴尔．叙述学：叙事理论导论（第二版）．谭君强译．北京：中国社会科学出版社，2003. 219.

参加此次军事行动的国家除美英法外，还有加拿大、西班牙、挪威等国。法国官员说，阿联酋也承诺调派24架战机，卡塔尔将调派4到6架战机。

来源：《参考消息》，2011年3月21日

二、非事件性消息的特征

相对于事件性消息而言，非事件性消息往往是针对客观环境发展变化进程中呈现的具有新闻意义的趋势、问题、征兆、经验等所作的报道。

与事件性消息不同，这类新闻往往没有明确的行为主体，没有事件所具备的明晰的时间和空间界限，缺少具体的发生、发展过程。[①] 新闻所披露的是客观环境在渐变中的质变意义。

例如，下文中展现了北京一些具有象征意义的历史文物在保护方面所遭遇的困境。这是一种现象，而不是一个事件。

"北京符号"遭遇文保困境

【中新社记者吴庆才报道】　三千年的发展史和绵延八百多年的建都史，使北京拥有长城、故宫、周口店、颐和园、十三陵、天坛等六大世界文化遗产，它们像一部部卷帙浩繁的史书，凝结着历史的烟云，记载着岁月的沧桑。然而，由于诸多原因，这些国人引以为荣的"北京符号"同样面临种种文物保护的困境。

故宫：还我文物

"拜托北京市政协委员帮助故宫进行协调和呼吁！"故宫博物院副院长晋宏逵在一次为六月十日中国第一个"文化遗产日"而召开的座谈会上求助于政协委员。

据介绍，由于历史原因，一部分故宫文物成了台北故宫的主要藏品。另有一部分滞留南京。还有慈宁宫大佛堂的两千九百件文物于一九七三年借给洛阳白马寺，至今滞留洛阳。"我们希望这些珍贵文物能够按照保护故宫完整性的要求，回归故宫。"晋宏逵说。

长城：残存不足五千里

"八达岭长城面临着景区四至不清的尴尬局面"，八达岭特区办事处副主任李树旺说，由于管理职权不清和景区划界不明，部分长城及周边环境长期处于无人管理的状态。

---

① 刘明华，徐泓，张征. 新闻写作教程. 北京：中国人民大学出版社，2002. 242.

荒漠化的威胁和人为破坏更使长城伤痕累累。据调查，明长城虽仍号称万里，实际上有明显遗址可见部分还不到三成，墙体和遗址总量已不超过两千五百公里。

周口店：七处化石点无人管理

“周口店遗址现有的遗址点中只有龙骨山的遗址地点由遗址管理处管理，其他遗址化石点皆不在管辖范围内。”周口店北京人遗址管理处主任杨海峰说，“根据遗址外围化石地点病害调查，目前急需采取抢救性保护措施，进行加固保护的化石地点共有七处。”

十三陵：风水完整性存忧

“十三陵风水和自然景观正在遭到破坏。”十三陵特区办事处副主任李德仲介绍说，在中国传统风水学说的指导下，十三陵从选址到规划设计，都追求形同“天造地设”的完美境界。但当地农民生产及有碍历史景观的民宅、商店、旅游、娱乐场所等无形中破坏了皇家风水的完整性。

颐和园：三面被高楼合围

“城市化造成的颐和园东、南、西三面被高楼大厦合围现象，已成难以逆转的趋势，破坏了颐和园四周的景观天际线。”颐和园公园管理处副园长祝玮不无伤感地说。而在历史上，颐和园周围的各处园林、田园风光与颐和园这座大型自然山水御园和谐依存，共同组成了一幅幽美壮丽的西郊名胜画卷。

天坛：外坛墙仅存八十米

“天坛古坛墙达四千多米，极为厚重雄伟，但从民国时期天坛坛墙就不断遭到破坏。”天坛公园副园长李永华说，“现在，古老的天坛外坛墙仅存八十米，且已破败不堪。”

当前天坛最大的痛是文物被占用。据了解，学校、商店、厂区等三十三个单位占用了历史上天坛外坛用地达三点七四平方公里之多。

来源：中新社，2006 年 6 月 10 日

相对于事件性消息中所报道的动态、显性、主动呈现的事实特征来说，非事件性消息报道的事实是静态的、隐性的、需要记者去主动挖掘的。所以，在“事件”发生稀少的情况下，非事件性消息可以拓宽新闻的报道面，有利于媒体发挥主体意识，并且有利于媒体采制到独家新闻。

这类新闻所报道的事实，因为涉及比较广阔的时间跨度和空间范围，所以在写作时应把目光聚焦点放开、放远，对一段时间和较大空间内的事实作总体的考察，在横向及纵向对比中凸显事实的新闻价值。在具体的写法上，要抓住庞杂事实之间的内在关联，并根据这种关联将各种事实进行量化集中，也可抓住典型，

以点带面。

如上例中，文章的主旨是要表达北京文物保护遭遇困境，记者选取了对于世界来说有象征意义的“北京符号”，包括故宫、长城、颐和园等文物长期以来所面临的困境，有横向的也有纵向的观照，并以点带面，深刻表现了文章的主旨。

三、事件性消息的三种形式

事件性消息通常包括动态消息、特写性消息和简讯三种形式。

（一）动态消息

动态消息是对正在发生的新闻事件进行及时报道，并追踪报道其最新动态的一种消息体裁。

动态消息是新闻报道的“先头部队”，绝大多数重大的新闻都是最先通过动态消息发布出来的，其他类型的报道，可以说是动态消息的补充和策应。客观来说，这一分工要求动态消息必须把时效性放在首位。

动态消息写作的技术要点如下：

（1）“一事一报”法。所谓一事一报，就是一篇动态消息只写一件事情。一篇文章说一件事情，容易把事情说清楚。动态消息着眼于“现在”，即刚刚发生或者正在发生的事。在写作时，以“何事”为报道重点，其他的新闻要素，如何人、何地、何因、何果、为何等，虽然有时会涉及，但是往往一带而过，不作为重点来报道。这样一来，就能使消息的内容单纯，容易实现快速而准确的报道。

（2）通过现场气氛和对事件最新动态的捕捉，写出新闻的“动感”来。

（3）运用客观笔法，以增强新闻的可信度。客观笔法就是记者在写作消息时，将事实报道和意见写作分开，消息中不加评论等主观色彩，只是原原本本地报道事实，即使文章通过引用别人的看法来对事实进行评价，也要指明来源或出处。

（4）文字朴实简洁、文约意丰。动态消息一般都篇幅较短，以实现与受众之间的快速交流。文字不多，并不代表所报道的新闻信息单薄，所以，写作动态消息必须炼字炼句，做到字字珠玑，争取没有一个废字、没有一句废话，以保证信息的质量。

（二）特写性消息

特写性消息是用类似电影“特写镜头”的手法来展现新闻事实的一种消息体裁，它不仅用事实说话，而且还用生动的形象、场景、引语等来表达文章的主旨。

例如：

闪动的矿灯 生命的希望
两名被困矿工升井获救

【新华网黑龙江七台河2005年11月28日电 新华社记者刘铮 梁冬 曹霁阳】 28日下午4时，七台河已早早地被寒夜笼罩。在发生特大事故的东风煤矿人车井口前，人们翘首以盼，因为井下传来消息，马上有两名被困矿工升井。

在人们眼前的，是一个一人半高的拱券式井口，然后是1 000米长的、坡度20度的斜井，幽暗不见尽头。

突然，一盏矿灯打出的光束跃入人们的视线，随着奔跑的脚步声，光束闪动着。第二盏、第三盏……脚步声越来越响，提醒注意的吆喝声在巷道里回荡，越来越多的矿灯的光束闪动着。这一刻，人们感受到生命的希望。

终于，第一名被困矿工被四名工友扛出了井口。在井下受困18个小时的他，头发蓬乱，双手搭在前一位工友的肩膀上，双腿搭在后两位工友的肩膀上，中间还有位工友托着他的腰，面朝下，看不见任何表情。

他被立刻送到门外守候的救护车上。井口前暂时恢复了平静。人们期待着下一个。

为了救援井下被困矿工，21支矿山救护队的269名救护队员正紧张地轮流下井搜索。一批队员下去，得连续工作6个多小时，出来时满脸是黑，就着水啃着面包。井下一些巷道已被爆炸破坏，行走非常艰难。此外，还有50名矿工在井下帮助搀扶或抬被困人员出井。

3分钟后，又一盏矿灯快速出现在人们面前。“下一个要上来了！”他喊。

又是许多矿灯的闪动、脚步声和吆喝声，第二名被困矿工出现在人们眼前。他依然是被扛出来的。平头，大约20多岁，脸上满是煤黑。他还有些行动能力，抬起头来，看了眼井口的人们，我们看见了他疲倦无力的眼睛。

根据矿方汇报的情况，截至下午6点，井下依然有79人被困，生还74人，68名矿工已确认遇难。国家安全生产监督管理总局局长李毅中在现场指挥抢险工作时要求，第一要务是争分夺秒，全力抢救被困矿工。

来源：新华网，2005年11月28日

如果说动态消息让受众了解到事件的概况，那么特写性消息则让受众“看见”某个富有特征的片断，或者某些精彩的场景。

（三）简讯

简讯是最简明扼要的一种新闻报道体裁，它的原型大多是动态消息，但它比动态消息文字更少、篇幅更小，通常只有200字左右。用这种体裁报道新闻能够更加迅速快捷，因此，简讯通常又被称为简明新闻、短讯或者快讯等。

简讯的特点是：内容简单，文字简要；结构单一，信息一目了然。例如，下文节选了2011年4月20日《国际金融报》第一版上的简讯集纳。

中乌签署本币互换协议

中国人民银行4月19日与乌兹别克斯坦共和国中央银行在北京签署了金额为7亿元人民币的双边本币互换协议。协议有效期为三年，经双方同意可以展期。央行表示，协议的签署，旨在加强双边金融合作，促进两国贸易和投资。

澳总理吉拉德下周访华

外交部发言人洪磊4月19日在例行记者会上宣布，应国务院总理温家宝的邀请，澳大利亚联邦政府总理朱莉娅·吉拉德将于4月25日至28日对中国进行正式访问。

香港失业率降至新低

香港特区政府统计处4月19日公布，香港最新失业率下跌0.2个百分点至3.4%，达2008年8月以来最低点。就业不足率则上升0.1个百分点至1.8%。失业率下跌主要见于邮政及速递业、批发业、清洁及同类行业；就业不足率上升主要出现在批发业和建造业。

日本冻结新核电站计划

日本首相菅直人日前暗示称，日本政府考虑冻结新核电站建造计划。菅直人在议会会议上说：“在政府完成对当前核事故的全面检查、确保日本全国核电站都处于安全状态前，我们不会继续实行新核电站建造计划。”在核危机发生前，日本政府曾设定过核电站目标，即在2030年前，增建14座以上核电站，以对抗全球变暖。

迪拜集团计划重组债务

阿联酋《国民报》4月19日报道说，政府企业迪拜集团计划重组的债务总额达到100亿美元，比此前宣布的多出40亿美元。目前该集团正就债务重组一事与债权人进行谈判。

伦敦奥运资金纠纷了结

伦敦奥组委4月19日宣布，他们已经和英国奥委会签署协议，扩展双方的合作。这也意味着纷纷扰扰的伦敦奥运资金纠纷得到了解决。这一协议对双方现有协议有了更明确的解释，确认2012年奥运会和残奥会之后，只要伦敦奥组委最终审计法定账目显示有足够的余额，应给予英国奥委会以及英国残奥委的资金一定会得到优先处理。

欧盟公布航空公司黑名单

欧盟委员会4月19日公布最新版不安全航空公司黑名单，所有“榜上有名”的外国航空公司都将被禁止或限制进入欧盟。这份更新的黑名单中新增所有在莫桑比克注册的航空公司，马达加斯加航空公司两架波音767飞机因存在安全隐患也被禁止飞入欧盟。此前遭禁的印度尼西亚4家货运航空公司以及一家乌克兰航空公司因安全条件改善得以从黑名单上被剔除。

沙特石油大臣斥高油价

沙特阿拉伯石油和矿产资源大臣纳伊米4月19日说，目前国际市场的原油高价位“不合理”，这是由市场投机炒作所致。他说，目前国际商业原油库存和产量增加，因此国际原油市场不存在供给不足的问题。

菲首都大火上万人受灾

菲律宾首都大马尼拉地区中央商务区（CBD）马卡蒂市一个居民区4月19日发生大火，官方称至少有2 000多个家庭、上万人痛失家园。马卡蒂市市长热约马尔·比奈称，马卡蒂市政府正试图为这些家庭在布拉干省或拉古纳省寻找新的安置点。他已下令为灾民搭建临时帐篷。

来源：《国际金融报》，2011年4月20日

简讯篇幅短小，文字不多。简讯写作的关键在于两点：一是新闻价值判断，简讯中要交代清楚构成核心新闻事实的基本要素，同时也要考虑读者的兴趣点；二是文字功底，语言要做到简洁凝练，富有表现力，让读者看后留下深刻的印象。

【思考与练习】

1. 消息常用的分类标准有哪些？不同分类标准的分类结果是什么？
2. 为什么事件性消息在如今媒体上日益得到重视？
3. 在近期媒体上找一篇事件性消息和一篇非事件性消息，分析其各自新闻

的落脚点。

4. 动态消息写作中如何体现其“动态”？

5. 察看近期媒体上的简讯，分析怎样的事实比较适合成为简讯这种体裁的写作材料，其写作的要点是什么。

【本章参考文献】

1. 薛国林. 当代新闻写作. 广州：暨南大学出版社，2005.

2. 刘明华，徐泓，张征. 新闻写作教程. 北京：中国人民大学出版社，2002.

3. ［荷］米克·巴尔. 叙述学：叙事理论导论（第二版）. 谭君强译. 北京：中国社会科学出版社，2003.

4.《参考消息》等媒体报道文本.

第三部分　通讯写作

第十二章　新闻通讯概论

【本章提要】

通讯与消息在写作上有着明显的不同。消息注重信息点的提炼，而通讯除了信息点的提炼外，更加注重故事的构建。一个好的故事，是写好一篇通讯的基础。

提炼一个好的主题是通讯报道的关键。进行通讯写作时，寻找一个最佳的角度可以使故事更加动人。

细节和情节在通讯报道中大量运用。善于捕捉细节和情节，是记者采写通讯的基本功。细节、情节的真实和确凿与否，决定通讯报道的优劣。

通讯报道的手法灵活，但不可以抒情。判定一篇文章是否为新闻报道，最简单的方式之一是看是否有抒情的句子，如果有，那就是报告文学，而不是新闻报道。

第一节　新闻通讯的特征

通讯是一种详细、生动且形象的新闻报道体裁。它是媒体的主要报道形式和主要新闻体裁之一。新媒体时代，技术手段无论如何先进，通讯这种体裁仍是新闻报道中的常见文体。

如今，网络媒体上出现越来越多的专访、视频化通讯和图片集纳式通讯等形式，只是叙事方式不同罢了，仍没有改变通讯容量大、叙事详细的特点。

之所以出现通讯这种体裁，是因为消息这种短小的体裁信息容量不够，无法以更详细、更丰富的内容满足受众的需求。信息容量更大、细节更多、手法更灵活，且具有一定思想内涵的体裁——通讯便应运而生。

一、通讯文体的出现与发展

新闻通讯这一体裁在中国报纸上出现较早。1871 年，上海、香港和欧洲接通有线电报，电报开始传入我国，中国的报纸开始刊登电讯新闻。1882 年 1 月 16 日，《申报》刊出了该报驻北京的采访员从天津电报局派发的电报，内容为清廷查办一名渎职官员的消息，这是我国报纸所登出的第一条新闻专电。[①] 消息用电报发送，而篇幅较长的报道则通过邮政传递，所以通讯早些时候叫“通信”。后来通信改由飞机传递，遂改称为“通讯”。

“《申报》早期的军事通讯、辛亥革命时期的纪实通讯、民国初年以黄远生为代表的解释性通讯都在当时产生过较广泛的影响。”辛亥革命以后，黄远生担任上海《申报》和《时报》驻京特约记者，并为《东方杂志》、《论衡》杂志、《东方日报》等撰写稿件，这一时期他发表了大量的通讯。宋云彬在《民初名记者——黄远生》一文中说：“我国报纸之有通讯，实在是黄远生开始的。”[②] 刘家林认为，“通讯”这个名词并非由黄远生创造，在他使用之前就早已出现于报刊。从现代的观点看，在黄远生之前的所谓“某地通讯”之类，只能算作“消息”，其特点是短、简要，没有过多的描写。而现代意义的通讯，指的是一种比消息要详细得多、容量也大得多的文体。它能对客观事物、新闻事件及人物进行详细、生动的报道。黄远生就是这种新闻文体的开创者。[③] “五四”时期，通讯这种报道文体得到进一步的发展。十月革命以后，进步知识分子和青年学生更加关注世界形势的发展，不少报纸加强了对海外的报道，纷纷派记者去国外采访，他们不断从海外发回通讯，介绍国外的情况。如瞿秋白从苏俄发回的旅游通讯，仅在《晨报》上就发表了48篇之多。1920年11月周恩来去法国勤工俭学，为天津《益世报》的特约通讯员，自1921年2月到1922年3月，周恩来在《益世报》上发表专栏通讯56篇，约20万字。

二、通讯的特征

西方传媒的实践和著述中没有“通讯”这个概念，消息（News）即为“硬新闻”，消息以外的俱称之为“软新闻”——“特稿”（Feature）。“特稿”是指具有趣味性内容、可读性强的长篇报道。

中国新闻通讯与西方特稿存在较大差异：一是写作视角的不同。西方特稿也强调不能虚构，但在写作上要求尽量趣味化。而中国通讯大多属于硬新闻。二是传播价值不同。西方特稿追求欣赏价值，中国通讯则讲究引导价值。西方特稿类似于中国的报告文学。

通讯与消息的不同之处在于：消息——告诉人们发生了什么事；通讯——告诉人们这件事是怎么发生的；深度报道——告诉人们为什么会发生这件事。

---

① 方汉奇. 中国新闻事业通史（第1卷）. 北京：中国人民大学出版社，1992. 417.

② 方汉奇. 中国新闻事业通史（第1卷）. 北京：中国人民大学出版社，1992. 1092.

③ 刘家林. 中国新闻通史（修订版）. 武汉：武汉大学出版社，2005. 261 ~ 262.

（一）通讯与消息的异同

1. 相同之处

（1）都讲究时效性。消息和通讯作为新闻报道的基本体裁，讲究新闻的时效性是两者的共同要求。消息对时效性的要求更严格，而通讯的要求稍宽松些，因为它需要深入细致的采访，获得大量的第一手事实材料，因此，耗时会比消息多。重要的新闻事件一般是先发消息，然后发通讯。

（2）对新闻价值的要求相同。消息和通讯都要求选择人们关心的具有社会意义的事件。消息重在事件，通讯不仅报道事件，而且通过对事件中的人物行为、思想等作较为细致的描写来体现新闻价值。

（3）都要求真实准确，用事实传递信息。

2. 不同之处

（1）表述方法不同。消息的表述概括性较强，一般是简洁明快地概括叙述一件事，一事一报，有时甚至只报道一个片段，所以一般是"粗线条"的叙述或"压缩式"的叙述，让受众知道发生了一件什么事就可以了。通讯的叙述则更为具体、详细，通常是报道事件的全过程，不但要让人知道发生了一件什么事，还要让人们知道怎么发生，发生过程中有哪些有价值、有意义的东西。所以通讯又是"详细的新闻"、"展开了的新闻"、"形象化了的新闻"。

（2）写作侧重点不同。消息主要是写事，通讯则主要是写人。即使是事件通讯，也往往通过事件来写人物。

（3）思维方式不同。通讯主要用形象思维，消息主要用逻辑思维。所以，通讯的思维方式比消息更灵活、更开阔。具体表现如下：

第一，通讯以叙述、描写为主。

第二，通讯的语言讲究叙事的形象性和图景式，一篇通讯可以给受众描绘出一个"人物形象"和绘画出事件的场景画面，因此往往用富有文学色彩的语言来表述。

第三，作者的风格在通讯中更容易得到发挥。而在消息中，作者的风格受到某种限制（如客观报道等）。

通讯使用的形象思维是建立在严格遵守新闻事实的原则之上的，与文学作品中的虚构完全不同。

（4）结构形式不同。消息通常要遵守一定的格式，按照导语、主体、结尾、背景材料等几个部分来写，通讯往往根据写作对象和内容的不同而采取灵活多样的结构形式。

（二）通讯的四大特征

具体来说，通讯的特征表现在以下四个方面：

1. 故事性

所谓故事，就是对一些按时间顺序排列的事件的叙述。在通讯中，故事就是一个带有新闻价值的完整的事件。事件的完整性，是通讯的一个显著特征。

“用文字作画”，即用枯燥的文字描绘出事件发生时完整场景的画面，使受众与记者产生感情上的共鸣，把受众引入故事中。[①]

事件的完整性，即事件是“怎么发生”的，过程要完整。消息中也有事件，但更多的是事件的片段，不是完整的事件。

2. 创造性

通讯不允许虚构，不允许对人物和事件的细节进行想象，不允许抒情，更不允许猜测作品中人物的心理活动。除此之外，作者在构思报道的结构时，可以大胆地冲破消息程式化的思维方式，具有更多的创造性，使报道更奇特、更具可读性。

通讯的创造性主要体现在思维的创新性上。具体来说有以下几点：

（1）视角的别具一格。

从一个意想不到的视角写起，给人一种惊喜，刺激人们的阅读欲望。视角问题，既是看问题的方法，也是观察事实、事件的方法。观察事实、事件的方法不同，叙述的事件和人物也不相同。

英国《每日电讯报》2009 年 1 月 13 日的通讯《布什：快乐的“语言艺术家”》中的导语写道：“我希望大家去看看网上的布什语录——这位即将卸任的总统的口误。”即以布什的口误，写他的幽默，写作视角不同寻常。读完报道全文，读者会发现布什的口误是自己设计的，只是为了展现自己的风趣和与谈话者的近距离接触而已。

（2）构思奇特。

记者掌握大量的素材后，通讯的构思非常重要。设计得好，将如故事般引人入胜；设计得不好，还不如短篇的消息报道。

人物通讯《一位令老百姓落泪的女公安局长——任长霞传奇》[②] 以“题记”代替导语部分。“英雄之所以为英雄，是因为他们在恪尽职守外，多了一份对人世苦痛的深刻理解——题记。”一句话为英雄人物设定了一个基调：英雄人物恪尽职守外的人性。以人性作为写作的切入点，无疑区别于以往英雄人物与生俱来的“高、大、全”的构思模式。

---

① ［美］丹尼尔·威廉森．陈章鸿等译．特写写作技巧．北京：新华出版社，1986.10.

② 易颖．一位令老百姓落泪的女公安局长——任长霞传奇．南方周末，2004-06-03.

3．耐压性

消息是易碎品，因为消息讲究很强的时效性，记者编辑没有更多的时间构思。写作通讯可以有几天甚至更长的时间思考，因为通讯需要更详细的素材，需要更多的时间去采访和调查，有的重要通讯甚至需要两名或多名记者共同来完成。耐压性，指适合写通讯的人物或事件，放上一两天，甚至更长时间也不影响报道质量。一般的方法是，先发消息，然后再写通讯。

通讯完稿后可以进行反复推敲、反复修改，有时候还要进行再次采访和调查，核实细节等材料。匆匆忙忙写成的通讯，也许会与消息一样成为易碎品。

4．讲究叙事风格

“风格”（Maniera）是文艺批评用语，来自于风格主义绘画。十四世纪到十五世纪，“风格”表示优雅高贵的风度和精于世故的举止。1442年在乌尔比诺，文艺批评家阿罗·加利、奥塔维亚诺·乌巴迪尼首先把“风格”一词用于艺术。十六世纪文艺复兴时期，欧洲普遍存在一种“风格主义”流派，它强调描绘精致紧凑，追求奇巧技法。

新闻风格，指记者运用娴熟的叙事方式，塑造出栩栩如生的人物和事件的形象，形成自成一家的叙事形式。如“华尔街日报风格”，即《华尔街日报》善于用讲故事的方式，把具有专业背景的经济新闻写得通俗易懂，让人读来兴趣盎然，新闻报道自成一家。

著名画家吴冠中说：“风格不是自己造出来，造出来的都是假的。风格是你自己走自己的路，爬也好，走路也好，向着自己的目标去走，留下来的脚印，就是风格。风格是你走在前面，留下来的背影。所以，我从来没考虑风格，只考虑真的感情。”吴冠中强调，风格不可刻意追求，只能自然流露。新闻报道风格更讲究自然流露。

通讯的叙事风格为记者报道事实留下了广阔的空间。记者可以把结构安排得自由灵活，展现自己的报道风格。《华尔街日报》的报道之所以成为“华尔街体”，就是因为有自己的报道风格。

中国新闻史上的精品大都留下了记者的报道风格。黄远生的通讯具有写实的风格；徐彬的通讯具有浪漫的风格；李昭实夫妇的古典通信具有典雅的风格；周恩来的《旅欧通信》则是朴实严密的风格；范长江的西北通讯以知识见长；邹韬奋的通讯平易亲切；刘白羽的通讯气势磅礴；魏巍的通讯热情奔放；穆青的通讯细腻动人。①

---

① 周胜林．高级新闻写作．上海：复旦大学出版社，1993. 45 ~ 46.

不同媒体也体现出其独特的风格：《焦点访谈》针砭时弊；《南方周末》弘扬正义；《中国青年报》大胆开放；《南方都市报》关注民情民意……这些媒体已经形成自己的报道风格，并且在社会上已引起广泛的共鸣。

通讯的报道风格不等于渲染事实。夸张的描写、记者的抒情等都属于渲染事实。必须明确，渲染事实等于欺骗受众。媒体往往先发消息，再发通讯，或者是同时发表通讯与消息。抒情和夸张都会使受众有理由怀疑消息的真实性和客观性。

报道风格不是故意玩华丽，而是尊重报道规律。显示报道风格，是媒体竞争的需要，也是读者多层次阅读的需要。报道风格不是抽象的，它体现在具体的环节中。记者在选择角度、提炼主题、叙述事件和描绘人物中都能显示出报道的风格。

第二节　新闻通讯主题

一、新闻通讯主题的价值及要求

通讯的主题是指通讯要表现的中心思想。有些题材之所以可以写成通讯，是因为具备两个条件：一是“新闻眼”，二是故事。所谓“新闻眼”，指的是一则新闻的主题，也称之为“新闻核”，它是材料中的“闪光点”。没有“新闻眼”，也就没有新闻价值。一篇成功的通讯报道必须能提炼出“新闻眼”。有了“新闻眼”，也就确定了报道主题。

美国学者认为主题是聚焦。丹尼尔·威廉森说：“不妨把焦点看作是建筑工人的铅垂线。”“在采写过程中，一点一滴的情况都必须紧靠这条直线。”①

（一）新闻通讯主题的价值

通讯的主题，是人们评价一篇通讯时的首要评价标准。一篇通讯的质量高低、价值大小，主要看其主题的文化价值和思想意义。下笔写通讯之前，必须确定想要表达什么样的主题。

通讯对世界的反映不是镜子式的直观反映。无论是人物、事件还是工作通讯等，都是新闻人在一种思想统辖下“组织起来”的新闻报道体裁。

通讯主题是写作成败的关键。通讯的素材内容广泛，既有新事实，又有大量相关的背景。记者采访的人物对话、现场观察材料、动人细节等，如果没有一个

① ［美］丹尼尔·威廉森．陈章鸿等译．特写写作技巧．北京：新华出版社，1986. 68.

主题来统帅，就会显得零乱无序。只有选准主题，才能围绕主题选择新闻事实，选择组织素材、谋篇布局的结构，选择适当的表达方式。

（二）通讯主题的要求

通讯主题的一般要求是，重要、鲜明、集中和深刻。

重要是指通讯要反映重大、敏感和社会普遍关注的问题。凡是有影响的通讯，都反映了重大、敏感或社会普遍关注的问题。

鲜明是指通讯的主题能引起人们的思考和给予人们启迪，无论是肯定性还是批评性报道，通过人物或事件，应能体现出一种思想。如果主题不鲜明，就会失去新闻价值和社会价值。

集中是指一篇通讯只能有一个主题，不能多主题。多主题会导致不知所云。

深刻是指从人物的行动或事件的细节中挖掘深刻的主题思想。通讯写作更多地用形象思维，不仅需要故事和细节，还需要从新闻事实中提炼其思想内涵。有思想深度的通讯才能给受众以启蒙，才能在社会上产生影响。

二、新闻通讯主题的展现

通讯是真实地反映客观现实生活的文体，展现主题主要通过两个方面：一是立意，二是角度。

（一）立意

“凡为文，以意为主。意犹帅也。无帅之兵，谓之乌合。”（王夫之，《姜斋诗话》）一篇通讯的主题是否有意义，首先体现在立意上。一般来说，立意主要表现在以下两个方面：第一，是否是社会热点问题；第二，是否摸准时代脉搏。

《北京日报》获第二十一届中国新闻二等奖的通讯《八卦话题“打败”抗日老兵》（《北京晚报》，2010 年 1 月 28 日）在对比中立意，主题意味深长。“《滇西 1944》首播式上，一边是 92 岁中国远征军老战士蹒跚步出会场的孤独背影，另一边是媒体追着王学兵、孙宁夫妇抖落私生活。”（引题）

《滇西 1944》是一部以世界反法西斯战争中的中国战场为大背景，讲述在广大滇西民众和中国共产党领导的抗日游击队的支持下，中国远征军驱逐日寇至国门之外的作品。但是，首播式上“中国远征军”被八卦话题打败的场景，让人不免有些尴尬。

通讯中并未出现“弘扬社会主义核心价值观”的字眼，但其立意已然昭示：主流文化遭冷落，浮躁文化受青睐。

新闻中的立意不一定是概念化的立意，也不一定直接说出记者的观点，用精彩的画面展示，显得更有意蕴。

（二）角度恰当、新颖

《新闻学大辞典》一书认为新闻角度是指“记者在新闻采访和写作中认识和表现新闻事实的着眼点和侧重点”。新闻角度也是报道事件或人物的切入点。

角度不同，传递出的信息质量不同，受众对信息的认识也会不同。例如，一位老太太有两个儿子，大儿子开染坊，小儿子修雨伞。开染坊需要晴天便于晒布，于是老太太盼望天天是晴天。但晴天来了，小儿子又没活干。这可把老太太愁死了。一天，一位哲学家对她说：“你应开心才对，晴天时大儿子有活干，雨天时小儿子有活干。你们家总有活干，多好呀。”老太太豁然开朗。虽然这是一个哲学问题，与新闻角度不是一回事，但说明，事实还是原来的事实，看问题的角度不同，就可能会有相反的结论。可见角度的选择不是小事。

从社会对人物或事件的反应中寻找角度。《南方周末》2004 年 2 月 5 日的人物通讯《最富争议的市委书记：仇和》，舍弃了好人坏人的命题，从有“争议”的角度写起。这篇通讯只是如实地记录事件，没有夹叙夹议。通过记录事件，反映出来的主题是：仇和正直、务实而激进，能在官场做到这点不容易。如果从正面人物的角度来写，也许就达不到这样的效果，因为像仇和这种改革者，其本身就存在争议。“存在争议”虽是客观存在，但用这样的标题作为切入口以反映主题，却是记者选择主题时的发现。

从新闻事实本身寻找角度，能把新闻事实的新闻价值更加充分地显示出来，以提升新闻报道的吸引力、感染力和引导力。

第三节 故事与细节

一、故事

所谓故事，就是对一些按时间顺序排列的事件的叙述。

“用文字作画”是通讯的一个显著特征。即用枯燥的文字描绘出事件发生完整场景的画面，使受众与记者产生感情上的共鸣，把受众引入故事中。①

事件的完整性，是通讯的又一个显著特征。在通讯中，故事就是一个带有新闻价值的完整的事件。

事件的过程要完整。通讯主要描绘事件是“怎么发生”的。消息中也有事件，但更多的是事件的片段，不是完整的事件。

① ［美］丹尼尔·威廉森．陈章鸿等译．特写写作技巧．北京：新华出版社，1986. 10～13.

下面是丹尼尔·威廉森所举的事例①:

第一则:《倒霉的晚上》

星期五晚上是巡警理查德·杰克逊供职以来最倒霉的一个晚上。

下午四点三十分,他接了班。五分钟后,他穿好警服。在检查衣着是否整齐时,不慎将警棍掉在地上。当他弯腰去捡时,却把裤子的后裆给绷开了。

五点五十分,他惹怒了一条狂吠的狗。半小时后,他到县医疗中心去包扎被狗咬伤的腿。

七点刚过,杰克逊在梅因街截住了一辆超速的汽车。开车的原来是一名缉毒侦探,他正在追踪一个贩卖海洛因的嫌疑犯。

九点十五分,他被叫到一家酒馆去制止正在发生的斗殴。他不幸被打得鼻青脸肿,头部被威士忌酒瓶砸破。半小时后,他再次赶到县医疗中心去包扎伤口。

十一点四十分,他第三次来到县医疗中心,因为在追捕一名盗窃嫌疑犯时,他被一条齐脖子高的晾衣绳绊倒,右腿被碎玻璃划破。

他从医疗中心出来,准备在十二点零五分回到警察局去交班。他在十字路口等红灯时,一辆汽车撞了他的巡逻车的尾部。只有这一次杰克逊才幸免受伤。

十二点半,杰克逊终于一瘸一拐地离开了警察局大楼。当他来到停车场时,发现又有一桩案子需要报告:

被盗物品:1973年产的别克牌轿车一辆,车牌号为JG-805

失主:理查德·杰克逊,三十一岁,家住绿林大道2126号。

如果用消息的写法应该是这样的:

第二则:《倒霉的晚上》

星期五晚上,巡警理查德·杰克逊在值班时受到了三次轻伤而不得不去医院治疗。他还卷入了一个小小的车祸。

下午五点五十分,三十一岁的杰克逊被狗咬伤;晚上九点十五分,在一家酒馆被酒瓶砸破了头;十一点四十分,在追捕一名嫌疑犯时跌倒,腿被玻璃划伤。每次受伤后他都到县医疗中心包扎治疗。

一个叫贾克史密斯的人,因为在酒馆里寻衅闹事并打伤警察而被逮捕。这个人今年三十八岁,家住梅因街十九号。

---

① [美] 丹尼尔·威廉森. 陈章鸿等译. 特写写作技巧. 北京:新华出版社,1986. 12~13.

今天凌晨零点过五分，在马思街与克洛弗街交叉路口处，杰克逊的巡逻车被琼赖利夫人驾驶的汽车撞坏，但两人均安然无恙。

以上两篇报道最大的不同之处在于，第一则按时间顺序来排列事件进行叙述，一条线索连贯清晰；第二则打乱了以时间顺序排列事件的叙述方式，如第三段，转而用事件叙述方式。思维的转换打断了行文思路，故事性的主线断裂了。此外，第一则叙述的事件完整，第二则叙述的事件较碎片化、不完整。

丹尼尔·威廉森虽然指的是趣味性特写，但西方对于消息体裁之外的报道，讲究事件的故事化叙述。

二、细节

细节，即细小的情节。没有细节就没有具体描写，也就没有形象。因此，细节也是构成情节的基本单位。通讯中的细节虽然只是人物或事件的一个片段、一个镜头或一瞬间，却能点化出人物、事件和现场环境的特征。真实、新颖且富有特征的细节，往往蕴含着以小见大的深度和感染力。①

新闻作品中的细节分为语言细节、行动细节、肖像细节、场面细节和景物细节等五种。

细节也是受众理解作品主题的"引路者"。细节的作用主要有三点：深化主题、增强现场感和表现人物性格。

（一）深化主题

《南方都市报》2012 年 6 月 10 日刊登的通讯《黄衣男：这也不算一个很大的忙　大家能帮一下就帮一下》，写黄衣男周冲把被卡在 4 楼阳台花架上的 3 岁女童救出后说："街坊看到我下来后，都夸我怎么这么勇敢，还都在那里鼓掌，我当时都觉得不好意思，说了句'没事'就走了。本来想再上 4 楼去看看小女孩的，但是当时楼道里挤满了人，想着女朋友还在马路对面等着，有点怕她担心，我就没打招呼，直接走了。"这段话有两个细节：第一个是语言细节，街坊夸他勇敢，他说"没事"；第二个是行动细节，"没打招呼，直接走了"。这两个细节深化了主题，自己把危险中救人的举动看得很平淡，不求张扬、不求回报，这正是周冲朴实的一面。

（二）增强现场感

通讯《爱的世界没有力学》写一位"妈妈"徒手接住从 10 楼坠下的孩子：

① ［美］丹尼尔·威廉森. 陈章鸿等译. 特写写作技巧. 北京：新华出版社，1986. 12 ~ 13.

“穿格子连衣裙的女人太伟大了！看到女孩从头顶掉下来，她赶紧伸手去接，砰的一声响，孩子掉地上了，女人也被压倒在地，昏过去了，左手臂被压在孩子的脖子下。”

“你看这个坑，就是女孩的头砸出来的。女孩掉下来后，面部朝上，头朝东，脚朝西，掉在了里侧的草地上。孩子掉下来后，双眼红红的，嘴角还有血溢出来。接着，听到她哇哇大哭，我们这才稍稍心安了些。”

来源：《杭州日报》，2011 年 7 月 3 日

两岁半的女孩从 10 楼坠下，穿格子连衣裙的女人吴菊萍“赶紧伸手去接”，“砰的一声响，孩子掉地上了，女人也被压倒在地，昏过去了，左手臂被压在孩子的脖子下”、“这个坑，就是女孩的头砸出来的”。连续几个细节的描写，使事件发生的现场形象地再现出来，同时也增强事件的真实性。

三、情节

特别强调因果关系的事件叫情节。① 强调因果关系，即结果由原因而产生。为此，爱·摩·福斯特还举例说，“国王死了，不久王后也死去”便是故事，而“国王死了，不久王后也因伤心而死”则是情节。

在通讯《黄衣男：这也不算一个很大的忙　大家能帮一下就帮一下》② 的报道中，写路过的黄衣男周冲，见到一个 3 岁女童卡在 4 楼阳台花架中，便站到 3 楼窗台上用手托举女童，最后救出她。这个过程是一个事件，在这个过程中有许多细节，如单手托举等。

但黄衣男周冲救出女童后独自离开，就是一个情节，因为有因果关系。他认为女童已救出，自己的事做完了，所以独自离开，也因为马路对面还有女朋友等着。这正是黄衣男周冲的朴实之处，不求回报，甚至连感谢也不要。该事件正因为有情节，才成为媒体追踪报道的价值所在。

以下是摘自原文的一段对话：

南都：小女孩被救下来后，你为何选择了不辞而别？

周冲：街坊看到我下来后，都夸我怎么这么勇敢，还都在那里鼓掌，我当时都觉得不好意思，说了句“没事”就走了。本来想再上 4 楼去看看小女孩的，但

---

① ［英］爱·摩·福斯特．小说面面观．苏炳文译．广州：花城出版社，1984.75.

② 谢亮辉，张俊杰，陈万如．黄衣男：这也不算一个很大的忙　大家能帮一下就帮一下．南方都市报，2012－06－10.

是当时楼道里挤满了人，想着女朋友还在马路对面等着，有点怕她担心，我就没打招呼，直接走了。

3岁女童琪琪爬上4楼阳台，头被卡在阳台花架，身体悬空，命悬一线—黄衣男子从3楼防盗窗爬出，接近女童开始施救，单手托举女童—救出女童—独自离开。

通讯中的故事、细节和情节，是人物和事件的立足之本。事件是否真实，人物形象是否鲜明，应通过细节、情节和故事展示出来，而不是靠议论和抒情树立起来。因此，在通讯采写中，观察细致，留意细节、情节和故事，是记者的基本功。

四、时间与空间

在通讯写作中，时间与空间是两个重要的概念。除了何时、何地两个要素外，还要有突出主题、增强故事情节的逻辑性和曲折性等效果。

时间在通讯中的作用主要是联系性，即时间在事件叙述中起联系作用，事件与事件之间通过时间联系起来，使故事成为一个整体，表明事件发生的先后顺序及内在的逻辑性。在法治新闻的叙述中，时间的作用尤为明显。因为事件的每一个细节与时间的联系、每个细节与另一细节的联系，都可能显示出案件的某些关键性质。

空间是联系事件的又一因素。在中国的叙事传统中，空间因素占重要的地位，空间叙述手法也很活跃，诸如“花开两朵，各表一枝”等在通讯的叙述中常被使用。如著名事件通讯《为了61位阶级兄弟》就主要采用这一手法，叙述空间不断转换，故事情节扣人心弦。

【思考与练习】

1. 新闻通讯有哪些特征？与消息写作有什么不同？
2. 如何展现通讯的主题？
3. 故事、细节和情节有哪些作用，如何在通讯写作中恰当运用？
4. 阅读下面一段话，分析其在描写上的特点。

“绣花姑娘打老虎”

当地一个黑老大狂言：登封市没一个公安局长能当得长。早先一个公安局长的窗台边被人摆了一个炸药包，当时吓得邻居四处躲藏。她一个弱女子，能应付得来吗?

新任公安局长任长霞的出场，颇有戏剧性。2001年4月11日，早上10点。河南登封市公安局大楼，干警们把脸贴在玻璃上，往后楼张望——新局长要出现了。出场的人物让大家很失望——37岁的任长霞拎着一个小巧的挎包，面目清秀，走路不紧不慢。与大家原本想象的威武刚猛、气度不凡的形象差距甚大。

来源：《南方周末》，2004年6月

【本章参考文献】

1. 方汉奇. 中国新闻事业通史（第1卷）. 北京：中国人民大学出版社，1992.

2. 刘家林. 中国新闻通史（修订版）. 武汉：武汉大学出版社，2005.

3. [美] 丹尼尔·威廉森. 陈章鸿等译. 特写写作技巧. 北京：新华出版社，1986.

4. [英] 爱·摩·福斯特. 小说面面观. 苏炳文译. 广州：花城出版社，1984.

第十三章　事件通讯写作

【本章提要】

以记事为主的事件通讯更能揭示时代的精神风貌，大至国际纠纷、外交活动，小至一个小区、一个乡村发生的新奇事情。这些事件不仅有新闻价值，更有历史价值，载入通讯作品中，能够成为一个时代最鲜活、最生动的记录和史料。

事件通讯首先要有新闻性，即新鲜的事实、新鲜的思想，并且要能够引导人们思考，明了当前的时局变换和主流思想。要写好事件通讯，需要准确掌握事件的整个发生过程和趋势，写作时要抓住最能体现事物特征的细节，有镜头感，并且“事因人生，人以事显”，对事件里的人也要写活。

本章着重对事件通讯几个常用的、典型的题材的写作理念和方法进行介绍，让读者能够更好地掌握事件通讯的写作技巧与方法。

事件通讯的种类，各种著述分法不一，从新闻事件的发生性质来分，大致分为以下四种：政治性事件、突发性事件、社会性事件和文化性事件。

第一节　政治性事件通讯

政治性事件通讯是指对重要政治事件和重大政治活动的通讯报道。如《人民日报》在1999年10月2日发表的《为了世纪大阅兵》；新华社在2012年2月20日发表的《从春天再出发——记邓小平南方谈话20周年》、在2012年8月16日发表的《凝聚全党意志　承载人民期望——党的十八大代表诞生记》、在2012年9月19日发表的《在法律的天平上——王立军案件庭审及案情始末》；《深圳特区报》在1992年3月26日发表的《东方风来满眼春——邓小平同志在深圳纪实》等。体制、法制、作风和道德上的不良因素会给群众在生活和经济上造成重大损失和不良影响，诸如弄虚作假、贪污腐败、买官卖官等，这些是国家和人民最为重视和关切的事件。

一、政治性事件通讯的特征

政治性事件通讯有三个特征：①有较大的社会影响力；②有传播价值；③有时代感。

以《在法律的天平上——王立军案件庭审及案情始末》的报道为例，其主要运用了客观叙事手法。全文分三个部分：第一部分，庭审过程及结果；第二部分，王立军的主要犯罪事实；第三部分，审判依据及程序。报道的主要部分是王立军的主要犯罪事实。该部分从矛盾产生、私自出走、揭露案情、牵出他罪、检举立功等五个方面来叙述其主要犯罪事实。

矛盾产生

虽然王立军与薄谷开来关系密切，但并不意味着没有矛盾。证据显示，在"11·15"案案发前，王立军和薄谷开来就因为种种原因产生过矛盾。

2011年8月12日，薄谷开来之子薄某某有事想见王立军，王立军人在重庆市区，但不想见他，就让司机说自己在万州，结果薄某某在夜赴万州的路上差点出了车祸，薄谷开来因此对王立军很生气。

"11·15"案件发生后，薄谷开来担心案情暴露，采取了毁证等一系列行动，王立军对薄谷开来的不断折腾、使知情面不断扩大产生不满。

2012年1月28日，王立军向当时的重庆市委主要负责人反映薄谷开来在"11·15"案件中有重大作案嫌疑，29日上午受到其怒斥，并被打了耳光。当时在场的郭维国在讯问笔录中称："打了王立军，这个矛盾就公开化了。"

私自出走

2012年2月2日，王立军的重庆市副市长工作分工被调整，不再兼任重庆市公安局局长职务。2月初，王立军身边另外3名工作人员又被非法审查。王立军感到自身处境危险，遂产生叛逃的想法。

2月6日，王立军以洽谈工作为由，借故取消原定公务安排，于当日14时31分私自进入美国驻成都总领事馆。

揭露案情

王立军离开美领馆后，向国家有关部门反映了薄谷开来涉嫌故意杀害尼尔·伍德的问题，提供了所整理的相关证据材料，还写信给李阳，要其向复查尼尔·伍德死亡案件的有关公安人员交出心血等关键物证。

公诉人指出，被告人王立军整理的卷宗材料能够证实，薄谷开来有故意杀害尼尔·伍德的犯罪嫌疑。

王立军自动出馆后，公安部根据王立军反映的情况，依法对尼尔·伍德死亡案复查。2012 年 8 月 20 日，安徽省合肥市中级人民法院以故意杀人罪对薄谷开来、张晓军作出有罪判决。

牵出他罪

记者在庭审现场了解到王立军涉嫌受贿的主要事实：2009 年 4 月，王立军在担任重庆市公安局局长期间，其一直系亲属调到北京某部门工作，因为没有房子，其收受了大连实德集团有限公司董事长徐明出资人民币 285 万余元在北京购置的两套住房，并以其岳父名义办理了购房手续。事后，王立军当面向徐明表达了感谢。同年 7 月，王立军接受徐明的请托，指令重庆办案部门将已羁押的潘某、王某、张某予以释放。

检举立功

王立军揭发了他人的重大违法犯罪线索，为有关案件的查办发挥了重要作用，有重大立功表现，根据《中华人民共和国刑法》第六十八条之规定，依法可以减轻处罚。

来源：新华网，2012 年 9 月 19 日

以上是报道的第二部分的主要内容。犯罪事实部分是判决王立军有罪的关键部分，报道中对犯罪的时间、地点、事件、原因、后果，以及依据的法律条款等，叙述得清晰、准确。写作这类报道时要注意删繁就简，挑选主要的新闻事实。王立军案震动国内外，法院已进行长期的立案侦查，材料非常丰富，如果不加以甄选，可能会导致长篇大论而不能突出重点。此外，在这篇报道中，一些细节描写，例如王立军被打耳光、薄谷开来之子开车去万州路上差一点儿出车祸，使得人物形象更加丰满。这些细节都需要记者不断通过各种渠道获得，只有在大量占有事实的基础上，胸怀全豹，才能比较得心应手地驾驭材料，多中择要，知道哪些材料分量重，哪些可有可无、可以舍弃，哪里需要重彩描绘，哪些只需轻描淡写、一笔带过，这样写出来的报道才能简洁明快、引人入胜。

二、政治性事件通讯的写作要求

政治性事件通讯的写作要求有：①要对所写的政治性事件有全面正确的认识，并且叙述描写尽量客观；②要写出事件中最有特色、最有表现力的细节，并揭示其蕴含的时代哲理，给人以有益的启发；③敢于揭露实际工作中存在的问题。

新华社 2012 年 2 月 20 日的报道《从春天再出发——记邓小平南方谈话 20 周年》是一篇重要的政治通讯。这篇报道是具体性创作，针对中国特色社会主义如何深入发展、怎么发展，而写出的具有划时代意义的指导性报道。写这类重大

报道的重点在于策划、确定主题。首先主题要有高度、深度；其次是采访；最后是写作技巧，包括驾驭历史与现实材料的能力。

图 13－1　1992 年岁首，邓小平同志在深圳中国民俗文化村参观

1992 年 1 月 18 日—2 月 21 日，邓小平同志视察了我国南方的武昌、深圳、珠海和上海等地，并发表重要谈话，强调我们必须坚定不移地坚持党的“一个中心，两个基本点”的基本路线，解放思想，实事求是，抓住有利时机，加快改革开放步伐，集中精力把经济建设搞上去，不断地把有中国特色的社会主义事业全面推向前进。

这篇报道的导语部分是这样写的：

深圳莲花山顶，邓小平塑像前，敬献鲜花的人们络绎不绝——

20 年前的春天，面对复杂的国内外形势，世纪伟人邓小平 35 天的南国之行犹如浩荡春风，给华夏大地带来无限生机与活力。

“发展才是硬道理。”20 年来，中国的改革开放和现代化建设事业踏上了高速发展之路。

当又一个春天来临，新华社记者重走邓小平南行之路，感受中国经济发展的脉搏，感悟时代变迁的启示。

在对南方谈话的追忆和思考里，在历史和现实的交汇中，人们更深刻地认识到：在当代中国，坚持发展是硬道理的本质要求就是坚持科学发展。

开头第一句把读者带入 20 年前邓小平视察深圳的现场：“深圳莲花山顶，邓小平塑像前，敬献鲜花的人们络绎不绝——”紧接着第二句话：“20 年前的春天，面对复杂的国内外形势，世纪伟人邓小平 35 天的南国之行犹如浩荡春风，给华夏大地带来无限生机与活力。”这句话不仅体现承上启下之妙，更重要的是快速而自然地点出 20 年前邓小平视察深圳的国内、国际背景。第三、四句话，“发展才是硬道理”揭示其给中国大地带来的实际效果。第五句话，叙述报道的时代背景，“重走邓小平南行之路，感受中国经济发展的脉搏，感悟时代变迁的启示”。最后一句话点出报道的主题，即面对复杂的国内、国际形势，面对繁重艰巨的任务，一个共识如此鲜明：深化改革开放，坚持科学发展，在新的历史起点上续写更加精彩的“春天故事”。如此重大的报道中，导语部分从现实到历史、从背景到观点，内容可谓丰富，但叙述简明、思路清晰。记者驾驭长篇报道导语的能力可见一斑。

该篇报道的正文分为三个部分：从春天出发，谱写人类发展史上的中国传奇；从春天出发，共产党人走出一条前景广阔的“中国道路”；从春天出发，奔向科学发展、民族复兴的美好未来。层层相扣，逐渐推进，把邓小平的南方谈话带给中国人的思想解放以及国人奋发向前的气势酣畅淋漓地写了出来。

报道的结尾部分作者是这样安排的：

历史的巧合，让人们感慨万端——

2 月 19 日，是邓小平逝世纪念日。15 年前，这位改革开放的总设计师走了，留下了一条通向民族复兴、国家强盛的道路——中国特色社会主义道路。

2 月 21 日，是邓小平南方考察结束的日子。20 年前，这位老人用自己的战略眼光、政治勇气和民生情怀，为社会主义中国进一步指明了方向……

今天，满怀对这位世纪伟人的怀念，我们的方向更加清晰，信念更加坚定——正如胡锦涛总书记在庆祝中国共产党成立 90 周年大会上所指出的那样：“全党同志要牢记历史使命，永远保持谦虚、谨慎、不骄、不躁的作风，永远保持艰苦奋斗的作风，勇于变革、勇于创新，永不僵化、永不停滞，不动摇、不懈怠、不折腾，不为任何风险所惧，不被任何干扰所惑，坚定不移沿着中国特色社会主义道路奋勇前进!”

导语的最后一句，“在对南方谈话的追忆和思考里，在历史和现实的交汇中，人们更深刻地认识到：在当代中国，坚持发展是硬道理的本质要求就是坚持科学发展。”结尾部分用“历史的巧合，让人们感慨万端”很巧妙地照应了导语，使长篇的报道结构更加紧密。“20 年前，这位老人用自己的战略眼光、政治勇气和民生情怀，为社会主义中国进一步指明了方向……”“今天，满怀对这位世纪伟人的怀念，我们的方向更加清晰，信念更加坚定——”最后以胡锦涛的话收尾。整篇报道大气磅礴、高屋建瓴，通过生动的事例清晰地叙述了坚持走中国特色社会主义道路的必要性。这就是新闻报道的魅力所在。

该报道发表的第二天，新华社在2012年2月20日发表评论员文章《深化改革开放　推动科学发展——写在邓小平南方谈话发表20周年之际》、《中国青年报》在2012年2月20日发表评论员文章《纪念邓小平南方谈话20年：改革从举重若轻到举轻若重》。该报道与《深圳特区报》1992年3月26日发表的《东方风来满眼春——邓小平同志在深圳纪实》有同等重要的新闻报道价值。

第二节　突发性事件通讯

突发性事件是突发性社会公共危机事件的简称，国内外则更多使用“危机事件”一词。2007年8月30日第十届全国人民代表大会常务委员会第二十九次会议通过并颁布的《中华人民共和国突发事件应对法》中将突发事件定义为：突然发生的，造成或者可能造成严重的社会危害，需要采取应急处置措施予以应对的自然灾害、事故灾难、公共卫生事件和社会安全事件。引起突发事件的因素有很多，可能是自然因素，如地震、洪水等事件的发生；也可能是人为因素，如洛阳大火、南丹矿难事故等。

一、突发性事件的报道价值

（一）增加信息透明度，满足公众的知情权

中国历史上有“谶纬”学，总是把天灾人祸与社会政治生活联系在一起。在这种观念的支配下，有人总认为事故不能报道，或者少报道，原因是突发性事件报道多了容易给社会“抹黑”、“不利于安定团结”等。传播学认为，信息的不确定性会增加公众对事件的恐慌心理，给谣言的滋生提供天然的温床。因此，及时客观地报道，增加信息透明度，满足公众的知情权才是王道。

2008年3月14日，西藏拉萨发生一起打砸抢烧的暴力事件。这次事件是达赖集团蓄谋的一次民族分裂活动。事件发生后，中国政府妥善处理，暴乱很快被平息。西方主流媒体指责中国政府是在践踏人权。其中主要的问题之一是中国媒体没有及时公布事实真相，国际上没有及时听到来自中国的正义之声。2009年6月26日，一伙别有用心的“东突分子”在广东韶关旭日玩具厂策划了一起群体性斗殴事件，导致120人受伤，两名新疆籍员工经抢救无效死亡。7月5日在新疆乌鲁木齐又发生一起打砸抢烧的暴力事件。对这次新疆“7·5”事件，新华社、人民日报等各大媒体进行了及时公开的报道，外国媒体也纷纷引述了中国媒体的报道。我国媒体对“7·5”事件公开透明的报道与之前的“沉默”产生两种完全不同的效果，这充分说明了突发性事件发生后，及时公开地报道事实真相，有利于信息公开和掌握信息的主动权。

（二）舆论监督与引导，有利于社会稳定

突发性事件中有些是人为原因造成的，如官僚主义、管理不善和因渎职、失职而造成的各类灾难性事件。这类事件发生以后，应及时公布事实真相，引起社会关注，汲取教训，以免此类事件再次发生。《工人日报》1985年7月8日发表的通讯《渤海二号钻井船翻沉说明了什么?》，报道了事件中的官僚主义违背科学规律、官员渎职失职的现象，该通讯对各行各业都有巨大的警示作用，产生了良好的社会效果。1987年5月大兴安岭发生森林大火，《中国青年报》的三篇通讯《红色的警告》、《黑色的咏叹》和《绿色的悲哀》，从不同的角度，不但详细地描述了这场大火怎么烧起来的，而且还叙述了人与社会、人与自然的关系，更为重要的是涉及管理体制的问题，促进管理体制向良性发展。《南方周末》2001年1月31日发表的报道《追问洛阳大火》展示了这场灾难的详细过程，并追问事件的原因和影响，起到了警示社会的作用。新华社2001年8月7日发表的《弥天大谎是怎样破灭的——广西南丹“7·17”透水事故调查日记》，《半月谈》2004年4月19日发表的《劣质奶粉吞噬生命之花———阜阳农村婴儿“大头怪病”追踪》，新华社2009年7月7日发表的《新疆“7·5”打砸抢烧严重暴力犯罪事件目击记》、新华社2012年9月16日发表的《贵州福泉透水煤矿救援现场目击》等通讯报道，均详细地描写了事件发生的全过程，并分析原因、追问责任，发人深省，起到防微杜渐的作用。这些通讯报道不但推动了舆论监督工作的正常运转，同时也推动了我国信息民主化的进程。信息公开是民主执政的第一步，只有信息公开才能保证舆论监督的有效性。

（三）提升媒介知名度、美誉度和影响力

突发事件最大的特点是突如其来、不可预知。其发生、发展往往是跳跃性的，产生的后果和影响也不确定。因此，该类事件一旦发生，就容易成为人们关注的焦点。此时，媒体及时、客观的报道，小切口、大挖掘式地做深、做透新闻事件的报道是体现媒体社会责任、取得受众信任的关键一环，可以提升媒介的知名度、美誉度，以及影响力。

2012年10月24日，“@将讲090080”在微博里发了一张照片，引来众多网友疯转。照片里，女老师一脸微笑，两只手分别揪着一名男童的左右耳朵，将男童双脚提离地面约10厘米，耳朵被扯得变形，男童因剧痛张着嘴巴哇哇大哭。中国新闻网于24日刊发了《浙江温岭虐童幼师系无证上岗 称行为出于“好玩"》的报道。而后，《南方人物周刊》在2012年第38期上发表评论《暴力"玩笑"》，深挖事件发生的人物背景和社会原因，从网友跟帖、朋友看法，以及温岭公安部门的权威消息几个层面分析虐童事件，呼吁社会各界关注幼儿教育的问题。《南方人物周刊》对温岭虐童案深入的报道充分体现其对社会的关注和思考，发人深省，使其影响力和公信力得到一定程度的提升。

二、突发性事件报道的原则

（一）快速反应，注重新闻的时效性

无论是洪水、地震等自然灾害还是人为的重大责任事故，都因其严重的破坏性，给人们带来强烈的心灵震撼，因而具有极高的新闻价值。在全球化背景下，媒介竞争也日趋国际化，我国媒体不但要和国内的同行竞争，同时也要面临国际媒体的竞争，所以，我们要在第一时间作出报道，以赢得受众，争取舆论的主动。以往遇到重大事件，我们的媒体已经习惯按照上级的指示来采访，而对汶川地震的报道反应之迅速、规模之大在历史上都是罕见的。2008年5月12日14时28分04秒，四川汶川、北川发生了里氏8级的强烈地震。14点46分，新华网最早发出快讯。15时，中央电视台新闻频道播出四川地震的新闻，随后开始直播报道。15时20分，央视一套和新闻频道正式启动24小时直播，打破原有的节目板块，形成全天候播出的特别节目。汶川地震发生以后，我国媒体迅速反应，发出了对汶川地震报道的第一声，国外各大媒体纷纷转载，赢得境外媒体和公众的好评。

（二）避免负面新闻的正面报道

负面报道是对新闻报道意识形态化倾向的反拨，它常常探究社会反常现象产生的原因，客观上反映了现实世界的真实矛盾。如今，媒体对突发事件的报道愈发向纵深化发展，不再是单纯的事件报道，而是深挖事件背后的真相，这样负面新闻就会占有一定比重。有些媒体对负面报道讳莫如深，不敢触碰"高压线"，突发事件发生以后，只是报道某某领导第一时间赶赴受灾现场，社会各界人士纷纷慷慨解囊援助灾区重建等。厦门大学新闻传播系教授朱月昌认为，以往不少媒体存在"报喜不报忧"的倾向，常视突发事件为"负面新闻"而少报、不报，或等到事件原因查清后再报。而现在，报道的时效性和深度、广度已经成为社会衡量媒体突发事件报道成败的关键因素。负面新闻的正面报道不利于公众了解事件真相，灾难发生时展示给受众的往往是赞扬声，事件的本质被掩盖，这种报道的错误观念只起到暂时转移视线的作用，对事故的查清、解决都不利。客观报道突发性事件是对公众观念的一种引导，引导公众正确认识事故的危害性和严重性。公众与管理层是一种互动关系，媒体应该尽量促成这样一种良性的互动。

（三）媒体“公正介入”力戒炒作，避免渲染血腥暴力情节

首先，报道的出发点不应是为了自己的商业利益而进行放大式的炒作。媒体的出发点应该是为了社会公益和正义。其次，尽可能以客观、公正、平衡的方式进行报道，有些细节可以经过过滤处理。2011 年 10 月 13 日，佛山两岁女童小悦悦连续被车辆碾压，18 人路过却见死不救，引发社会的广泛关注。就在大家对世风日下、道德沦丧口诛笔伐的同时，电视台、各大视频网站也将小悦悦被多次碾压的视频一遍又一遍地播出。小悦悦血肉模糊地躺在马路中间，18 个路人走过熟视无睹，血淋淋的一幕就这样毫无遮拦、反复地展示在公众面前。很多电视台的播报都是没有经过任何技术处理的，只有极少数电视台，如凤凰卫视，对画面进行了马赛克处理和剪切。血淋淋的场面的确很有冲击力，很容易吸引受众的眼球进而提高收视率，但这样不仅伤害了当事人，报道中残酷的现实也会对受众造成心理创伤。新闻报道要有人本意识，真正为当事人和受众考虑，使报道尽量人性化。

三、突发性通讯报道的写作要点

突发性事件由于其变化的迅猛性、过程的持久性，决定了突发性通讯报道不能只是简单地罗列新闻事实，而要向纵深挖掘更为深刻的素材，找到隐藏在表象之下的本质。在写作过程中要注意以下几个方面：

（1）交代事故发生的时间、地点及灾难造成的后果；

（2）写明引发事故的原因；

（3）描述事故现场；

（4）描述事故发生的过程；

（5）目击者的描述；

（6）知情人介绍情况；

（7）准备连续报道，不断逼近事件真相。

新华网在 2009 年 7 月 7 日刊登的《新疆“7·5”打砸抢烧严重暴力犯罪事件目击记》在报道“7·5”事件时，从“暴风雨前的宁静”开始，引入事件发生前夕的种种迹象；描述事件发生的详细经过；叙述政府对“7·5”事件的应急处理方式，阐明官方态度；揭示“7·5”事件造成的后果并阐明导致事件发生的真正原因。

导语部分，危机前的平静：

7 月 5 日下午，新疆维吾尔自治区首府乌鲁木齐市人民广场上，休闲的人群正在享受黄昏前和暖的阳光，广场鸽不时从人们头顶飞过，一些孩子争着给鸽子

喂食，与鸽子嬉戏，一些年轻情侣在广场正中央的“新疆和平解放纪念碑”下拍照留影。18时许，广场开始出现人群聚集。悠闲消磨周末的人们没有意识到，一场灾难正迅速向他们袭来。

开头第一句话以广场、黄昏、阳光、白鸽、孩子和情侣为背景，和“新疆和平解放纪念碑”相互映衬，勾勒出一幅悠然而又和谐的生活画面。第二、三句话话锋一转，“人群聚集”、“一场灾难”这样的字眼和首句形成强烈的反差，两相对比之下更能凸显灾难的残酷。

引入事件发生前夕的种种迹象：

据乌鲁木齐市公安局指挥中心介绍：5日1时6分，指挥中心就接到报警，称有人在网络上散发非法集会信息，号召5日19时在乌鲁木齐市人民广场进行非法集会。凌晨3时10分，指挥中心又接到生产建设兵团公安局的电话，称在其辖区内发现类似情况。新疆公安政法部门立即在自治区公安厅启动应急预案，在乌鲁木齐市人民广场、二道桥布置警力，以防不测。

地处乌鲁木齐市中心的人民广场是周边居民的休闲去处，平日里舞步不绝、乐曲缭绕。新华社记者当日18时40分赶至这里时，有三五成群的人散布在广场上，人数明显多于平常，且多以男性青年为主。另一路赶赴乌鲁木齐市老城区二道桥的记者遭遇严重堵车，据现场群众介绍，由广场向南的二道桥也出现大量人流聚集，部分聚集者情绪激动。有人目睹一辆101路公交车的车窗玻璃、车门被砸损，二道桥一带出现明显暴力情形。

该部分引用乌鲁木齐市公安局指挥中心的介绍，从5日1时6分指挥中心接到报警开始，层层递进，以3时10分和18时40分为两个时间点，文字叙述越发蹙紧，直到101路公交车被砸，给人以乌云压顶之感，预示着一场暴风雨就要来临。

描述事件发生的详细经过：

20时许，乌鲁木齐市人民广场的聚集事件迅速演变成打砸抢烧事件，数千名暴徒分散在市区多处打砸抢烧，杀害数十名无辜群众，伤者数百人，砸毁、烧毁数十辆机动车。20时50分，新华社记者在二道桥目睹了打、砸、抢、烧、杀的情形，看到有人倒在血泊中，现场情形较为混乱。新疆公安厅迅速调集武警、特警赶赴现场维护秩序，驱散人群，并对施暴者进行抓捕，消防武警、医院救护车也赶往现场救治受伤群众。

记者在现场看到，一辆警车被暴徒掀翻，暴徒蜂拥而上踩踏车辆，一名暴徒还将车辆点着，瞬间火光冲天，看到前来救援的特警队员，歹徒迅速逃散。在龙泉街，几名暴徒将一名路过的中年男子围住，二话没说便拳脚相加，这名受害者很快被打翻在地。一名穿着红色T恤衫的暴徒上前用刀猛刺受害者颈部，受害人顿时鲜血直流，血腥场面令人发指。另一伙丧心病狂的暴徒还继续用砖头、石块砸向该中年男子的头部。

记者看到在团结路高架桥下，躺着一位被暴力分子打伤的市民，血流满地；在新华南路的马路边，俯卧着一位刚被杀害的女性市民，身上还背着一个小包；在延安路昌乐园，一间洗脚屋被烧毁，两名员工被打死，横尸街头……在自治区外经贸委大楼旁边，一个规模很大的烟酒店被暴力分子纵火烧掉，店面的玻璃窗发出震耳的炸裂声，惊慌失措的群众四处奔跑。一辆被暴力分子袭击过的出租车停在马路中央，司机满身是血地躺在车中，生死不明。

从事发现场回来的新疆维吾尔自治区公安厅长柳耀华说："太惨了！我一路上看到至少有12具尸体，15辆车被烧毁，简直是灭绝人性！我经历过不少事件，都没有这么惨！"

新华社记者分赴二道桥、新华南路、三屯碑、赛马场、新疆大学等现场，所到之处皆一片狼藉，暴徒在乌鲁木齐赛马场、团结路、电视台、二道湾、幸福路等区域制造打砸抢烧杀暴力恐怖事件。他们烧毁沿途的公交、民用、私家车辆；在沿街店铺打砸抢；街上的行人被无端暴打；新疆大学周边的商店、饭馆和超市被砸毁和焚烧；天山区交警大队、地税局居民小区焚烧情况十分严重，一些居民在树林里面躲着，不敢回家，有些市民在部队驻地的大门口蹲着。

令人感动的是，新华社记者在现场追踪时看到，不少群众发现被打的市民时，纷纷上前帮扶指路，引领他们到安全场所，同时阻止不明真相的路人前往暴力活动地区。

描述事件发生的过程是突发性通讯写作最为详细的部分，所用笔墨也最多。本篇报道在描述事件发生的过程时，以时间为线索步步推进。20点50分开始打砸抢烧，武警、特警出动，消防车、救护车往返于伤者之间。暴徒烧车、火光冲天；几名暴徒围攻殴打中年男子，马路边上躺着刚刚被杀的女性市民；房屋被烧，市民横尸街头……一个个片段连接在一起，构成一幅血腥的画面，再现了暴徒令人发指的罪恶行径。对画面进行描述后，借新疆维吾尔自治区公安厅长柳耀华之口，说出"太惨了，简直是灭绝人性"，从第三方的视角评论打砸抢烧暴力事件，尽量使报道做到客观。虽然新疆打砸抢烧事件是一个令人沉痛的话题，但记者仍不忘观察温暖的瞬间，群众自发帮助被打的市民，阻止不明真相的路人前往暴力活动地区等画面让人感受到暴戾背后的温情。

政府对“7·5”事件的应急处理方式阐明官方态度

截至6日凌晨，事态已经基本平息，新疆公安部门开始部署实施抓捕犯罪分子和后续防控工作。6日0时30分许，乌鲁木齐市人民政府发布了《关于维护社会正常秩序的紧急通告》。根据《中华人民共和国道路交通安全法》有关规定，自2009年7月6日1时—8时，由公安机关对乌鲁木齐市部分区域实行交通管制。6日5时，新疆维吾尔自治区主席努尔·白克力就6月26日在广东韶关发生的新疆籍务工人员与当地员工发生群体性斗殴事件（简称“6·26”事件）及“7·5”事件发表电视讲话。他指出，境外“三股势力”借“6·26”事件大肆炒作，造成“7·5”打砸抢烧事件，严重破坏了民族团结、和谐稳定的社会局面。

对于这样一个有着巨大影响力的地区性冲突，官方的表态显得尤为重要。在详细阐述事件发生的始末以后，通讯介绍了当地市政府对该事件的处理方式，并引用新疆维吾尔自治区主席努尔·白克力的电视讲话，给事件定性，起到稳定民心的作用。其中“根据《中华人民共和国道路交通安全法》有关规定，自2009年7月6日1时—8时，由公安机关对乌鲁木齐市部分区域实行交通管制”一句，体现出我国政府处理方式的合理、合法性，在成文结构的安排上有严密的逻辑条理。

“7·5”事件造成的后果并阐明导致事件发生的真正原因

6日上午，乌鲁木齐市发生打砸抢烧严重暴力犯罪事件的主要街区开始逐渐恢复正常。记者驱车沿着5日严重暴力犯罪事件发生地时看到，新华南路5日被烧毁和推翻的车辆、散落满地的碎玻璃已经被清理干净，少量车辆开始上路，为数不多的公交车上也坐满了乘客，但大多数行人仍在徒步行进。沿途只有零星商铺开门。在乌鲁木齐市城乡结合部六道湾乡，消防队员在全力扑灭一家正在着火的商铺，多辆拖车正在清理被烧毁的车辆。

6日12时30分，新疆维吾尔自治区人大常委会副主任、乌鲁木齐市委书记栗智表示，乌鲁木齐“7·5”事件死亡人数上升至140人，其中57具尸体是从背街巷道中被发现的。被毁车辆260辆，其中190辆是公交车，50多辆民用车，受损门面203间，民房14间，过火面积达到56 850平方米，全市共有220多处纵火点，有两栋楼房被烧毁。

据了解，以民族分裂分子热比娅为首的“世界维吾尔代表大会”近日通过互联网等多种渠道煽动闹事“要勇敢一点”、“要出点大事”。事实表明，“7·5”

打砸抢烧严重暴力事件是一起由境外遥控指挥、煽动，境内具体组织实施，有预谋、有组织的暴力犯罪。

文章最后的部分描述了暴动过后满目的萧条。“少量车辆开始上路”、“沿途只有零星商铺开门”、“多辆拖车正在清理被烧毁的车辆”等场景深刻再现了灾难过后乌鲁木齐市民的生活状态，让人感到暴动虽然已经结束，却留下了一根根敏感的神经和无尽的伤痛。文章用大量的数字铺陈，展现暴乱给人们带来的灾难性后果，一组组触目惊心的数字既是客观的描述，又是对暴乱分子无声的控诉。最后用两句话点明导致事件发生的真实原因：“据了解，以民族分裂分子热比娅为首的‘世界维吾尔代表大会’近日通过互联网等多种渠道煽动闹事‘要勇敢一点’、‘要出点大事’。事实表明，‘7·5’打砸抢烧严重暴力事件是一起由境外遥控指挥、煽动，境内具体组织实施，有预谋、有组织的暴力犯罪。”文章最后用精简的笔墨一言以蔽之，点明事件的原因和性质。

2012 年 9 月 16 日新华社的报道《贵州福泉透水煤矿救援现场目击》是一篇现场感极强的突发事件通讯。写这类通讯要注意理清事件发生、发展的详细脉络，多方采访，借社会各界参与者的眼睛观察救援的全过程。全文共分为三个部分：①全力救援；②保障电力；③随时待命。

图 13－2　9 月 14 日，救援人员正在事故现场组织救援（新华社记者　刘续　摄）

导语部分：

9 月 11 日 23 时 30 分，贵州福泉市龙昌镇谷坝煤矿发生透水事故。事故发生时，有 41 人在井下作业，其中 33 人成功升井，8 人被困井下。截至 15 日 12 时，被困人员仍无消息。他们的生命牵动着众多人的心。

导语部分第一句简要地介绍了事件发生的时间、地点。紧接着用数字介绍了矿难涉及人员数及被困人员情况。第三句用时间跨度说明被困人员已经困在井下4日之久，表明救援任务的紧迫性。导语言简意赅，阐明了事件发生的主要要素，突出了主要的新闻事实。

全力救援：

事故发生后，当地党委政府立即组织力量抢险救援，专业救援队、专家工作组、当地农民志愿队等迅速赶到现场，投入抢险；现场救援指挥部调集的10多台水泵24小时不间断排水；医护人员随时待命。

到14日，当地持续的降雨停止。记者在事故矿井副井旁的一顶帐篷里遇到林东矿山救援队队员刘德金。

“当晚一接到消息，我们一个队20多人就赶来了，到现在都没有离开过现场，白天倒3个班，晚上不定时倒3个班。”刘德金的双眼布满了血丝，显得很疲惫。

由于地质结构复杂等原因，谷坝煤矿事故救援一度受阻，12日上午因井下水位上涨，排水受挫，直到当晚23时左右水泵才恢复正常抽水。刘德金说：“看见抽水出了问题，心里焦急得很，一直看到抽水稳定了才放下心来。”抢险还在持续。

图13－3　9月14日，救援人员正在事故井口等待消息（新华社记者　刘续　摄）

对救援现场的构建主要引用救援队队员刘德金的口述并加入细节描写。“当晚一接到消息，我们一个队20多人就赶来了，到现在都没有离开过现场，白天倒3个班，晚上不定时倒3个班”，借刘德金之口说出救援强度之大，也从侧面表现出社会力量对救援活动不懈的支持。现场人物语言的运用是事件通讯写作的重要手法，不仅避免了记者的主观倾向，而且使报道更具现场感和人文精神。

保障电力：

“电力一定要保障好，要安排人员对电表、开关、变电站进行定时检查，关键节点要派人蹲守。”南方电网贵州公司都匀供电局农电部主任邹建华叮嘱值班人员。

“救援、排水离不开正常的供电。”邹建华对记者说，12 日凌晨接到事故报告后，都匀供电局下属福泉供电局人员赶到现场支援，随后都匀供电局启动了应急预案。目前，现场已调配两台 500 千伏发电车，全力保障电力。

“我们作了充足准备，一旦出现问题，5 分钟内可实现运行线路和备用线路的互换。供电部门还抽调了 100 余人参与抢险救援。”邹建华说，“除了在现场的 60 多人外，还有几十人蹲守在变电站、开关等关键点，他们都在比较偏远的山里。”

在矿井一旁的配电房里，记者看到了一张简易床和几台电暖炉，“气温下降了，晚上冷得很，我们是一边打哆嗦，一边烤炉子。”邹建华说，“虽然不能亲自下井帮助救援，但会竭尽全力做好电力供应，配合好救援工作。”

图 13－4　9 月 14 日，救援人员正在事故现场安装设备（新华社记者　刘续　摄）

电力是保障救援工作顺利进行的关键，排水离不开正常的供电。记者通过采访南方电网贵州公司都匀供电局农电部负责人，了解供电系统的各方准备，同样采用人物引语的形式，报道供电部门对救援活动的支持。在使用人物引语的同时，还加入细节描写。配电房里的一张简易床和几台电暖炉，写出了环境的恶劣，救援人员在恶劣的自然环境下依然坚守救援岗位，足以说明灾难面前的众志成城，也让读者为之动容。

随时待命：

停车场与配电房遥相呼应地分布在事故矿井两侧，12日起，这里就成了医疗救护人员的驻地。近两日，午后的烈日将白色救护车晒得滚烫，福泉市第三人民医院的急诊科医生龙兴华和助手就在车里“待命”。

记者看到，救护车里除准备有急救所需的氧气、急救箱、担架等外，还有一些日常用来治疗感冒和腹泻的药。“这是刚送来的，第一天拿来的药已经发完了。”龙兴华指着担架下一个纸箱说，“除了等待指挥部命令去抢救被困人员外，我们还要给一线救援人员提供基本医疗服务。”

中午时分，救护车里热气腾腾。救护车司机杨雪峰说：“和一线救援队相比，我们这个不算什么。被困的人没有救出来，心里怎么也不踏实。”

事故发生时，谢吉强是33个成功升井矿工中最后一个升井的。由于逃生时不慎跌倒，把脚崴了动弹不得。记者见到他时，他正躺在福泉市第一人民医院的病床上接受治疗。“这几天，我每天都在希望奇迹能够发生，希望被困矿工都能获救。”

文章的最后，选取医护人员的视角，同样采用人物引语的方式行文。人物引语是指在新闻报道中所引用的新闻人物语言，是人物语言的实录。新闻中有了人物引语，受众从人物说话的态度、情绪、方式等，就可以揣摩、体会他的立场和性格，一些富有个性的直接引语在新闻中有着画龙点睛之功效。如救护车司机杨雪峰说：“和一线救援队相比，我们这个不算什么。被困的人没有救出来，心里怎么也不踏实。”这一直接引语的运用把医护人员任劳任怨、坚守在救援第一线的形象刻画得淋漓尽致。在谈到最后一个升井的谢吉强时，引用他的原话“这几天，我每天都在希望奇迹能够发生，希望被困矿工都能获救”。不仅传达出被困矿工等待救援的心理状态，体现他们对救援工作的期待与信任，也正好说明在大难面前团结一致，不抛弃、不放弃，就一定能够看到“奇迹”的出现，让读者读后为之感动，感受到人情的温暖与人性的伟大。

第三节　社会性事件通讯

一、社会性事件通讯的特征

社会性事件是指反映有代表性的社会现象、社会问题或社会风气的事件。社会性事件通讯是通过报道传达出社会特定的讯息、动态与发展趋向，这种事件在社会上具有代表性和典型性，报道事件的意义在于认清事件的重要性和严重性，以促成社会的关注和问题的解决。

报道社会现象的通讯有：《雷锋私照情诗首曝光　毛泽东曾赞其懂些哲学》（《广州日报》，2012 年 3 月 3 日）、《江西官员因被央视采访时讲套话遭人肉搜索》（中国广播网，2010 年 6 月 29 日）、《两个家庭两种命运》（《华尔街日报》，2008 年 12 月 30 日）等。这些报道通过对历史的、当今的能够引起人们普遍关注或兴趣的事件进行报道，意在挖掘一个现象的本质和分析其解决方法，厘清其与社会纷扰复杂的关系，促进社会问题的解决和推动社会进步。

报道社会风气的通讯有：《草原“背学兄弟”手足情深　感人事迹传递爱的力量》（中广网，2011 年 2 月 9 日）、《总理为农民追工钱》（《重庆日报》，2003 年 10 月 27 日）、《两个路人甲感动广州城》（《南方都市报》，2012 年 6 月 9 日）、《“最美司机”吴斌烈士追悼会：一座城　送别一个人》（《光明日报》，2012 年 6 月 6 日）等。这些报道通过对人性真善美的讴歌，能够促进人们思考和不断调整自己的言行，达到建设和谐社会的目标。

报道社会问题的通讯有：《记者追问工伤数据　遭佛山一副局长“国骂”》（南方网，2012 年 6 月 6 日）、《执法人员来查　问题秤一秒变回合格秤》（《新快报》，2012 年 8 月 20 日）、《青年发帖举报家乡违法征地遭跨省追捕》（《中国青年报》，2009 年 4 月 8 日）、《报道涉及县委书记负面　当地警方进京抓记者》（《中国青年报》，2008 年 1 月 7 日）等。这些报道针对某一个具体的社会事件，通过对其的揭露来引发人们关注，促使事件得到合理的解决，并且在报道过程中，通过记者的视角和抽丝剥茧般的描述，使得某一事件能够真相大白，最终能够引起人们对是非功过的判断，并在不断的探讨中启发民智，促使社会相关规则更加合理，保障社会公平公正。

二、社会性事件通讯的写作方法

社会性事件通讯的写作方法比较灵活，这里介绍几种常用的方法：

（一）描述性写法

描述性写法是对事物的表象特征进行描述性的介绍和说明，侧重对事件发生的现场，事件中人物的行动、语言以及神态的描写，通过描述来阐释人物的性格特点。在新闻报道中，描写不是可有可无的点缀，而是不可或缺的“黄金笔法”，它对准确、真实地再现新闻人物、事件、场景起到至关重要的作用。一些新闻作品往往在写作上存在一个通病，就是用一些抽象的概念来描述事件和人物活动的过程，因而无法唤起读者的阅读兴趣。而精彩的细节描写往往能使一篇新闻作品鲜活起来，所以，捕捉事件细节是通讯写作的重要一环。

2011 年 2 月 9 日中广网刊登的《草原“背学兄弟”手足情深　感人事迹传

递爱的力量》一文，大量采用描述性写法，细致刻画人物形象，通过对细节的描写生动地再现人物的性格。

文章开篇简要介绍了事件发生的背景：庄宏泉、庄汇泉兄弟俩在4岁那年突然被查出患有强直性脊柱炎。靠着药物治疗，哥哥庄宏泉慢慢好了起来，可弟弟庄汇泉的病情却日益恶化，9岁时丧失了行走能力。为了让弟弟上学，哥哥庄宏泉就承担起照顾弟弟的责任，每天背着弟弟上学，一背就是8年多。

文章的主体部分主要描写了哥哥背弟弟上学的种种细节："我哥哥就没说过、没抱怨过一句话、没喊过累，不管楼层有多高，我哥哥都要上去。我哥哥他没我沉，我70多斤，我哥哥68斤"、"哥哥庄宏泉左膝盖也肿大，犯病时走路腿发麻，好在还可以通过药物控制病情。在平时，他非常注意自己的腿，尽量避免受伤，因为他的腿就是弟弟的腿"、"哥哥庄宏泉：他只要有课，我就送他去。因为我要不去，就感觉到挺对不起我弟弟的。我必须得和我弟弟在一所大学里念完了"、"弟弟庄汇泉：我父母把我生下，可以说给了我生命，学习生活是我哥哥给的，相当于我哥哥给了我第二次生命。我就是给父母争口气，也给自己争口气"。文章中哥哥对弟弟的"责任"，通过对肿大的左膝盖、犯病时走路腿发麻等细节的刻画生动地呈现在读者面前。

（二）剥笋式写法

这种写法往往以新闻线索作为写作起点，随着采访的深入步步逼近，抽丝剥茧，直到彻底揭露事件的真相。

南丹"7·17"矿难是我国第一个首先由记者揭露出来的重大事故。媒体对南丹矿难事故的报道极大地提高了人们对舆论监督作用的认识，同时也表明新闻记者在当代舆论监督中的独特作用。

这是较早的一篇通讯报道，重点描述了南丹"7·17"透水事故发生后有关部门和人员如何隐瞒不报的过程。2001年7月17日，南丹发生特大透水事故，遇难者为81人，事故的直接原因是在拉甲坡矿井下9号井标高负166米平巷的3号作业面实施违章爆破，引发了事故。事故发生后，当地政府的一些人和矿主串通一气，隐瞒事实真相，阻碍记者采访。7月27日下午，新华社广西分社副社长杨维成接到关于南丹矿难的举报后，分社领导打电话向河池地区和南丹县领导查询此事，均被告知并无此事。尽管如此，分社还是向总社作了汇报，并组织文字、摄影、网络记者等6人的小分队，连夜赶往南丹事故发生地。到达矿区后，穿着迷彩服的护矿队员拦住小分队。矿长黎家西矢口否认有事故发生。记者虽发现了疑点，但无法查实。总社领导指示要深入调查，副社长杨维成带小分队二次赶到南丹……

报道采用日记体写法，从8月1日到8月6日，按时间顺序展示了有关部门和人员玩弄骗人的手法伎俩，向社会和民众报告了事实真相。该报道随后在社会上引起强烈反响。

这篇报道采访了各方面的当事人和证人，掌握大量第一手的内幕材料，说服力极强。然而新闻报道却遇到异常强大的阻力。8月1日记者的采访艰难重重：

记者随调查组深入拉甲坡矿矿道2 000多米处，采访了拉甲坡矿的众多矿工，矿工众口一词："我们不知道，我们都是刚来的。"

"没有死人，也没人受伤。如果发生了事故，矿工家属早就围在矿窿前了，哪会有这么平静？"拉甲坡矿矿长黎家西信誓旦旦。

拉甲坡矿的几名管理人员：副矿长韦肯格、办公室负责人陈洪彪、安检科长苏锦等，面对调查人员的问讯，都矢口否认矿上曾经发生伤亡事故。

8月2日记者继续深入采访，在公安人员的配合下，打开了同盟者的心理防线：

在公安人员凌厉的心理攻势前，昨天还拍胸脯保证没有死人的黎家西败下阵来，承认了"7·17"事故的发生，并交出了失踪者及赔偿名单、住址。

接着记者顺藤摸瓜，采访不断深入，终于挖出了真实的情况：

记者随外围调查组来到宜州市德胜镇都街村，村里有4人在这次事故中失踪：韦海生和他的儿子韦灿军、姐夫韦振平以及覃文体。

幸存者韦海鸥于7月18日下午回到家。20日，龙泉矿冶总厂黎东明派小舅子黄国亮等把死者的家属接到金城江河池中学对面的华林酒店，分别协商抚恤金问题。当天韦美丹得到13万元，韦振平的妻子得到51 500元，覃文体家属得到5万元，并被告诉说回去后不许乱讲。

7月30日，龙山矿几人来到村里，拿了苹果、烟酒，并对死者家属说："有什么要求，可以向矿里反映，千万不要跟记者说，如果曝光出去，矿井被封了，你们就找不到尸骨了！"

外围调查组对集中控制的龙泉矿冶总厂管理人员包括总经理、矿长、负责安全生产的安全科长在内的共20人进行了问讯，他们供认矿井中发生了透水事故，淹得很厉害，从负150米到负160米一直淹到了负100米左右。被控制人员交代，他们给每个失踪人员家属赔偿5万至6.5万元不等，总计赔付了392万元。

"拉甲坡矿的几名管理人员：副矿长韦肯格、办公室负责人陈洪彪、安检科长苏锦等，面对调查人员的问讯，都矢口否认矿上曾经发生伤亡事故。”

从报道中看，记者采访之艰难可见一斑。正是因为经历过这种艰难的采访，才能客观地报道了事实真相。

2001年8月4日，人民日报以《广西南丹的矿区发生重大灌水事故 初步认定70多人死亡》为题，报道了此次矿难事件。

2001年8月底，当媒体连续报道发生在广西南丹的特大透水事故之际，有人支持媒体的报道，但也有不同的声音。8月27日当天的《人民日报》在要闻版“人民论坛”上，刊发了题为《假如媒体缺席》的言论。言论认为，此次媒体对事故的报道，“很大程度上是因为有了一种让媒体公正介入的秩序”。《人民日报》这篇言论立即引起媒体关注，被纷纷转载。《羊城晚报》以《事故曝光不可怕 媒体沉默才可怕》为题，当天就在头版位置转载了这篇言论。2001年8月31日《焦点访谈》节目播出南丹矿难事故调查的全过程。

这篇通讯对责任方及受害者都作了详细报道，层层深入，抽丝剥茧，用记者手中尖锐的笔戳破了一个又一个谎言。随着采访的深入，冲破重重阻挠，不但将事件的发生、发展和结果的脉络清晰地再现于世，而且跌宕起伏的情节又增加了文章的可读性，吸引读者阅读。

（三）自述式写法

自述式写法主要是以事件中人物的口吻叙述事件经过，采用第一人称叙述，记叙的过程性强，能自然地带读者进入现场。这种充满趣味和人情味的写作方式，不仅大大增强了新闻报道的可读性和贴近性，也为新闻报道提供一种全新的思路和方式。另外，自述式写法娓娓道来，故事性强，有吸引力。

2011年11月16日《检察日报》的报道《一名女贪官的忏悔录》就是自述式写法的典型代表。这篇忏悔录采用第一人称来叙事，叩问一个优秀的国家干部沦为阶下囚的深刻原因。原文如下：

忏悔人：云晓岚

原任职务：湖北省荆门市房地产管理局副局长

触犯罪名：贪污罪、受贿罪、非法转让土地使用权罪

判决结果：2009年7月，云晓岚被法院判处有期徒刑十年零六个月。

犯罪事实：云晓岚在任职期间，受贿31万元、贪污2.3万元、非法转让土地使用权获利53万元。

新闻背景：这是云晓岚在武汉女子监狱服刑期间写下的悔过书。

我1996年调入荆门市建委工作，1998年竞争上岗成为建管科副科长，2000年被提拔为建委主任助理兼规划科科长，2004年5月被任命为房地产管理局副

局长。

客观地说，我的成长得益于组织的教育和培养，得益于群众的信任和推荐，也得益于自己的不懈努力和奋斗拼搏。工作中，我始终奉行“成为一个不可替代的人”的原则，兢兢业业，扎扎实实，上对领导负责，下为百姓办实事好事。生活中，我作风严谨，品行端正，无任何不良爱好。

可随着自己接触人员范围的扩大，迎来送往次数的增加，我安贫乐道的心态悄然发生了变化，对富贵心生向往。在请客送礼、权钱交易的耳濡目染中，我对灰色收入没有了抵制防范，开始欣然接受。渐渐地，我迷失在欲望的洪流中却浑然不觉。

究竟是什么原因，使我从一名受人尊敬的领导干部沦落为一个阶下囚呢？入狱以来，我反复自问，深刻反省。

对于单位开展的普法教育从未认真参加过

入狱前，我每天坚持花 2 个小时左右的时间看书，学习专业知识、市场经济知识，而对于政治、法律知识的学习，往往很少涉及。我总觉得，政治理论很空洞、很枯燥，讲的都是自己明白的大道理，在实际工作中用处不大，而且自己也不会犯什么方向性的大错；法律很遥远、很陌生，似乎都属于事不关己、高高挂起的范畴，自己绝不可能违法犯罪，多学无益。对于单位开展的普法教育，我也从未认真参加过。

正是因为忽视政治、法律知识的学习，年过 40 岁的我，在世界观、人生观、价值观上发生了动摇。我当时错误地认为，人生是在于奉献，而奉献的首要对象不是社会、人民，而是自己的朋友、家人；人生在世就应该实现自己的价值，这个价值包括社会的认可、人民的满意，也包括光宗耀祖、为家庭创造财富这个重要指标。

法制观念淡薄，放纵了私欲的膨胀

随着职位的升迁、手中权力的增大，我更想握住的是繁华。我并不想通过犯罪的途径来获得财富，然而，自己对法律知识的不学不问，直接表现为法制观念的淡薄，最终导致我在遵纪守法上的无知。对于一些自己与他人之间的经济往来，到底是罪还是非罪，分辨不清；到底是违纪还是违法，界限也不是很清楚。

自己从未认识到这些问题的严重性，以为社会风气如此，自己跟着潮流走，和大家一样，过年收受礼金绝不会出什么问题；以为朋友之间能帮的尽量去帮，只要不太违背原则，利用自己的权力资源为别人牵个线、搭个桥，都是应该的。

可正是在春节期间收受别人的礼金，为朋友帮忙后收受朋友的馈赠，在满足自己私欲的同时，也将自己推进了犯罪的深渊。

侥幸心理作怪，放任了道德操守的滑坡

如果说我是一个很贪婪的人，我觉得那是不符合客观事实的，但自己的道德操守逐步滑坡，却是不争的事实。从前立下的为人民服务的志愿，我从来未曾忘记过。但是，随着职务的升迁，我在为人民服务的同时，也慢慢学会了为自己谋取私利。

在任建委规划科科长期间，我以表妹的名字假借拆迁户的名义为自己划拨了一块80平方米、市值2.3万元的私房建设用地。担任房产局副局长期间，我和某局一位领导为自己征用了一块私人建设用地，与后期规划的一块小区建设用地毗邻。通过协商，我将土地转让给小区开发商，自己从中得利，违反了国家土地管理相关法规。

我以为，这是我和朋友之间的秘密，我们是利益共同体，在任何情况下她都不会“出卖”我。可谁能想到，正是这件事成了我因经济问题被立案侦查的导火索，正是我信赖的这位朋友检举揭发了我。

侥幸心理让我放松了警惕，我只看到了利益，完全无视横亘在面前的法网。

只要安下心来积极改造，前方仍有一片艳阳天

自由等同于尊严和生命，身处高墙电网之内，个中痛苦难以名状，悔恨更是时时吞噬着我的心。我辜负了组织的培养，辜负了党和国家的信任，给工作单位抹了黑，给自己的家人带去了无尽的伤痛。

案发后，我以为自己的生命失去了色彩，灰色笼罩着我，只是为了亲人的牵挂，为了朋友的关心，行尸走肉般地活着，不知道前面的路还会有多难。

没想到，入狱以来，久违的和煦的阳光又照耀着我，党和政府并没有抛弃我。监狱民警那温暖的目光、亲切的话语让我备受鼓舞，得以重新振作起来，让我觉得自己照样可以有尊严地活着，更让我明白只要自己安下心来踏实改造、积极改造，前方仍有一片艳阳天。

教训是惨痛的，体会是刻骨的。我真心希望仍有自由之身的每一个人，能从我的犯罪教训中得到警示，珍惜自由，永远自由。

来源：《检察日报》，2011年11月16日

文章首先从回顾自己的奋斗历程开始，以切身经历深刻分析了沦为阶下囚的三大原因：对于单位开展的普法教育从未认真参加过；法制观念淡薄，放纵了私欲的膨胀；侥幸心理作怪，放任了道德操守的滑坡。文章最后以“珍惜自由，永

远自由”结尾，更具深意。第一人称的叙述方式带领读者走进了叙述者个人的精神世界，洞悉叙述者思想转变的全过程，发人深省。

美联社特写新闻部主任布鲁斯·德希尔瓦认为：“以说故事的方式向人们提供的信息更容易被理解和记忆。因为这种方式让人放松，让人觉得有趣。以这种方式整合过的新闻素材将更加有效地吸引读者。因为读者看到的不再是干巴巴的事实罗列，而是真实的生活。”

自述式报道方式一般采用第一人称的报道口吻，突破了新闻报道从第三人称旁观者的纯客观视角出发的传统。不仅有详细的场景动作描写，第一人称的体验、心理活动更是给读者以身临其境的具象感受。

第四节 文化性事件通讯

文化性事件通讯包括政治文化、社会文化和影视娱乐文化类型的通讯。其中，政治文化事件是指影响到国家政治形象的事件或现象。如《中国新闻发言人遭遇“七年之痒”》（《人民日报》，2011 年 8 月 12 日）、《赵作海蒙冤入狱 11 年无罪获释　侦办警员均已升迁》（《京华时报》，2010 年 5 月 10 日）等。社会文化事件通讯如《赵启正：在电视上看到小悦悦事件，我恨不得跳进荧屏唤醒路人》（《广州日报》，2011 年 11 月 16 日）、《余秋雨：封笔是为反盗版》（《广州日报》，2004 年 10 月 26 日）。影视娱乐文化事件通讯如《大侠们玩宫斗玩断背玩苦情：武侠剧翻拍热潮卷土重来豪情万丈的江湖传说大多变了味》（《羊城晚报》，2012 年 10 月 4 日）、《八卦话题“打败”抗日老兵》（《北京日报》，2010 年 1 月 28 日）等。这些内容往往围绕公共知识分子的活动、访谈事件展开，在社会上能造成较大影响。另外，演艺界、影视界的明星名人的活动事件也会成为报道的热点，这方面的文化性事件通讯大量涌现。

一、文化性事件通讯的人文价值

这些事件的消费价值很明显，有趣味性、故事性等优势，可以填补人们的休闲时间。更重要的是它有一种观念的导向作用，通过对一些文化事件的报道，给人以熏陶，人们自觉或不自觉地进行选择，或接受或欣赏。

例如，2012 年改版后的《新快报》推出的“广东望族”栏目就体现了文化性事件通讯的文化价值。“广东望族”定位为“潜心解读身边的名门望族”，在 2012 年 11 月 20 日刊登的《机器轰鸣划时代　淡定从容写人生》写的是广东第一大姓陈氏家族——创办我国第一家民族资本经营的机器缫丝厂的陈启沅家族，写出了他们的家族精神以及孙子辈的现状，并对广州现存的陈氏纪念场所进行了介绍，使得人们对近代史上在广东地位显赫、功绩重大的陈氏家族的历史和发展历程有所了解。在这些报道中，《新快报》不仅充当了这一段段历史的守望者，厘清了这些名门望族与社会的关系，总结了其兴旺和没落的原因，更重要的是，在这个浮华的城市里，让浮躁的人找到一方净土，品味历史的厚重，嗅到岁月的泥土香，让人静下心来思考人生。

图 13－5　《新快报》推出的“广东望族”栏目版面截图

二、文化性事件通讯的新闻价值

文化性事件通讯中的主角一般是社会上受人关注的人物或事件，受众对此类事件有很大的阅听兴趣，具有较高的新闻价值。

例如《中国新闻发言人遭遇“七年之痒”》一文写的是 2011 年“7・23”温州动车事故后，铁道部新闻发言人王勇平在新闻发布会上说的一句“至于你信不信，反正我是信了”引起众人哗然，文章对此作出思考，并探讨了中国新闻发言人专业素质以及新闻发言人走向等问题。该篇报道以记者对新闻发言人重要性的判断开篇，文中大量引用相关领域的学者对事件的看法，使用直接引语，更直观地表达了被访者的态度，同时又兼顾新闻报道的客观性原则。文章主体部分以“新闻发言人为什么总引发争议”、“今天的新闻发言人比过去难当吗”和“新闻发言人依然是稀缺资源”三个角度为切入点，层层深入，拷问我国的新闻发言人制度并探索新闻发言人未来的发展走向，具有极高的新闻价值和现实的指导意义。在行文过程中，记者引述美国的相关经验，与我国的现行制度作对比，为我国新闻发言人制度的完善提供了借鉴。

写这种类型的通讯需要注意：其一，避免一味跟风炒作；其二，从个别现象入手，深入观察，分析事件背后的原因；其三，以权威人士的观点充实文章内容，力图做到有理有据。

图 13-6 铁道部新闻发言人王勇平在新闻发布会现场（图片来源：新华网）

再如，2010 年 1 月 28 日《北京日报》的报道《八卦话题“打败”抗日老兵》是一篇深刻的文化性事件通讯，一举获得第二十一届中国新闻奖二等奖。文章以“八卦话题‘打败’抗日老兵”为题，“打败”这一动词将相差甚远的八卦话题和抗日老兵联系在一起，强化了现场的价值反差，别具深意。《滇西 1944》首播这一新闻事件的新闻价值要素，其一体现在重要性：首次以电视剧形式，表现了国共两党在国难当头之际携手合作、共同抗日的场景；其二表现为显著性和趣味性：该剧是主演王学兵和孙宁夫妇婚后首度携手银屏之作。但《北京日报》的记者并没有停留在事情的表面，而是关注到《滇西 1944》首播式上，一边是 92 岁中国远征军老战士蹒跚步出会场的孤独背影，另一边是媒体追着王学兵孙宁夫妇抖落私生活的场景，写出了一篇立意深刻的通讯报道。在写新闻报道时，要注意观察新闻发生场景的种种细节，在头脑中进行加工、制作，找到独特的立意，是新闻报道取得成功的重要一环。

《八卦话题“打败”抗日老兵》文字报道的现场感极强，细节意味深长，事实对比强烈，真实地反映了电视剧《滇西 1944》的新闻发布会现场。文章对娱乐圈的怪现象进行了真实记录，尽管篇幅不长，但既有立场，又有深度，视角独特。文章运用白描和对比的手法，呈现出作者与在场一些娱乐记者在价值选择上的冲突。“没有人走过去搀扶一把专程赶到现场的92岁中国远征军老战士鲍直才，老人缓缓从座位上站起身，戴上红围巾，穿上外衣，蹒跚地向场外走去”、“十多米开外的地方，扮演中国远征军的演员王学兵和他妻子孙宁却被拿着摄像机、照相机的记者们团团围住。因为手中拿了太多的话筒，以至于孙宁情不自禁地说了声‘太密了’。随后的提问，没人聚焦‘中国远征军’这一神圣的话题，全部是两个人的私生活”，文章主体部分用大量笔墨描写记者在采访王学兵夫妇时对其私生活穷追不舍的场景。“当时拍戏的时候，剧组知道你们的关系吗?”“这是你们以什么关系拍的一部戏?”“夫妻俩拍感情戏是什么感觉?”“虎年到了，有没有打算生个虎宝宝?”机关枪式的提问罗列在一起更能突显记者对王学兵夫妇私生活的极大关注，也更反衬出人们忽略92岁高龄的中国远征军老战士鲍直才的悲凉。文章最后一段画龙点睛的话发人深省：眼看着娱记们将探求明星私生活作为“己任”而乐此不疲，而民族历史中真正有价值的片段却只能从背影里看到，这是何等悲哀。

以下是该篇通讯的全部内容：

八卦话题“打败”抗日老兵

没有人走过去搀扶一把专程赶到现场的92岁中国远征军老战士鲍直才，老人缓缓从座位上站起身，戴上红围巾，穿上外衣，蹒跚地向场外走去。

十多米开外的地方，扮演中国远征军的演员王学兵和他妻子孙宁却被拿着摄像机、照相机的记者们团团围住。因为手中拿了太多的话筒，以至于孙宁情不自禁地说了声“太密了”。随后的提问，没人聚焦“中国远征军”这一神圣的话题，全部是两个人的私生活。

这一幕发生在前天举行的36集电视连续剧《滇西1944》首播式上的媒体自由采访环节。

将于今晚央视8套播出的《滇西1944》是一部以世界反法西斯战争中的中国战场为大背景，讲述在广大滇西民众和中国共产党领导的抗日游击队的支持下，中国远征军驱逐日寇于国门之外的故事。但是，首播式上“中国远征军”被八卦话题打败的场景，让人不免有些尴尬。

当天，在主持人主持环节，中国远征军老战士鲍直才被请到台上。讲起当年远征军的故事，老人的脸因激动变得通红。也许是口音太重，老人台上讲，娱记们却在台下聊闲天。

与此形成鲜明对照的是，主持人设置的王学兵、孙宁夫妇互送礼物的环节却得到了热捧。主持人一个劲儿地说："抱着妻子送的小老虎，怎么也得表示一下感谢吧!"鼓动王学兵做出亲密的动作。见到王学兵依然木然地待在台上，主持人于是更加不遗余力地忽悠，"瞧，台下的媒体都等着呢，怎么也得表示一下呀"，无奈中的王学兵硬着头皮当众把妻子孙宁抱得老高，此时闪光灯闪成一片。

不娱乐，似乎就缺少了关注度，《滇西 1944》这样一部题材凝重的电视剧也难逃这一定式。媒体自由采访环节，这种所谓的娱乐化更被推到了极致。在被冷落的远征军老兵留下孤独背影的同时，王学兵、孙宁则被八卦彻底包围。

"当时拍戏的时候，剧组知道你们的关系吗?""这是你们以什么关系拍的一部戏?""夫妻俩拍感情戏是什么感觉?"……王学兵、孙宁只言片语地应付着这些问题。

"虎年到了，有没有打算生个虎宝宝?"王学兵简而言之："一切顺其自然吧。"娱记们不解渴："听说孙宁因为家里是姐妹，所以想要男孩，那你呢?"王学兵敷衍着："我无所谓，男孩女孩都可以。"娱记们继续穷追猛打："究竟打算什么时候要个宝宝啊?"王学兵眉头紧皱，不耐烦了："都说了，一切顺其自然。"孙宁的回答更是带着不满："你们总不能让我们说'我们要什么时候生'这种话吧。要是没生，你们又该说我们骗人了。"八卦话题持续了近 20 分钟。

眼看着娱记们将探求明星私生活作为"己任"而乐此不疲，而民族历史中真正有价值的片段却只能从背影里看到，这是何等悲哀。

来源：《北京日报》，2010 年 1 月 28 日

采编过程

这是新闻发布会现场记者发现的独家新闻。一个描写中国远征军的电视剧的发布会，竟然出现如此尴尬的场面：92 岁的中国远征军老战士被媒体晾在一边，留下蹒跚步出会场的孤独背影，甚至没有人上去搀扶一把，扮演远征军的演员却被娱记们簇拥着大谈私生活。记者以敏锐的新闻触觉，冷静观察着现场发生的一切。记者采访回来向值班主任进行了汇报，最后商定就写一篇现场新闻，将此场景如实记录下来。稿件完成后，值班主任在文字方面进行了一些修改，加了一个引题，并做了现在这个主题，以"打败"这一动词将相差甚远的八卦话题和抗日老兵联系在一起，进一步强化了现场的这种反差。

社会效果

市委宣传部新闻阅评组（2010 年第 9 期）表扬《八卦话题"打败"抗日老兵》一文：体现出日报编辑、记者高度的社会责任感和职业道德。对于文化报道中的低俗问题，还有赖于文化报道的编辑、记者真正从弘扬社会主义核心价值观

的高度，正视新闻工作者的社会责任。令人欣喜的是，日报的这篇报道让人眼前一亮。该篇报道刊出后，人民网、中国新闻网、网易、新民网等主要网站都进行了转载。

三、文化性事件通讯的交流价值

（1）文化性事件通讯在于报道出一种文化的精神、文化的价值，使人感觉到文化潜移默化的力量。

（2）文化性事件通讯还在于报道出人物之间的观点碰撞，这是当代文化的一个特点。

在《余秋雨：封笔是为反盗版》这篇报道中，余秋雨成了事件的焦点，他谈知识分子的人格、论盗版、谈文化建设和自身道德建设、谈文化人、谈“苦读”等，引起一群风华正茂的学子们的极大兴趣。尤其是谈到读书要下工夫，表达了他对文化的追求。

在回答学子们的提问时，他们的问题让余秋雨始料不及。

问：旧书授人以德，新书授人以技术。当代的学生很少机会接触传统文化经典，这是不是现代年轻人道德堕落的主因？

答：我不主张从古籍里寻找道德，实践比读书更重要。在挪威，我曾在街上见到很多挪威青年将自己打扮成乞丐模样，细问才知他们其实是为贫困儿童募捐。发达国家年轻人这种慈善性质的实践方式很让人欣赏。一边实践，一边学习道德文章，才会有成果。

这样的回答也许并不圆满，但接下来的提问却让这位名人感到突然：

问：“您自传的题目叫《借我一生》。如果我把我的一生借你，你将做些什么？”

对于这个问题，余秋雨自己都有些始料不及：“这是一个美丽、让我感动的构思。当一个历尽沧桑的老师听到学生这样的提问，真是感动得不知如何作答。我只能说，我希望所有人都让自己快速成为一个懂得中国传统文明的世界公民。”

余秋雨的回答也许很诚恳，但学子还是步步紧逼，问题越来越刁钻：

问：在中外历史上，不少知识分子虽然成就显赫，但私人生活很糜烂，这涉及知识分子的个人操守问题。在这样的情况下，您认为一个普通学生还能“聆听知识分子的教诲”吗？

答：生命是真实的，知识分子也是人，必定也有缺陷。大家应该想想，向你们提供了这些知识分子“缺陷”素材的人，是否也用别人的缺点掩盖了自己的虚伪？有些人就是专门靠“挖掘”大师的缺点维生。

应当说，这篇通讯的信息量不亚于一篇重要政治事件报道的信息量。学子们的提问和余秋雨的回答反映了两代人不同的文化追求和文化观念，有共同点也有不同点。这是由当代文化背景决定的。当今的市场文化未免失之于浅薄，它只能解决浅薄的人生问题，并不能造就深厚博大的中国现代文明。现在的整个精神生活领域，从公共生活到爱情、婚姻等都变得赤裸裸。这种短期行为使人们的生活产生种种危机。这种危机需要应对，对话是一种好的方式。新闻报道不仅要传递信息，更要传承文化，文化性事件通讯也需更进一步的发展。

【思考与练习】

1. 事件通讯写作应该注意些什么问题？
2. 社会性事件通讯报道的重要意义有哪些？
3. 写作题：请根据下面一篇报道写一篇新闻评论，字数在600字左右。

金泉少侠承认一手推动“母亲跪爬”

2011年3月22日下午，母亲为救患癌症的女儿当街跪爬，因为一个名叫“广州的富家公子”的网友说：“如果她从广州大道抱着孩子一直跪爬到体育中心，立马让人给她两万元。”昨日，原天涯G4在线版主“金泉少侠”终于承认自己就是该起事件的幕后推手，“广州的富家公子”是他，打电话给媒体爆料的也是他，他自称这样做的目的是为了“做慈善”，为了让这对没人关注的母女被公众关注，他也自认自己“手段很卑鄙，但目的是善良的”。

昨日下午，记者等了三小时后，在天娱广场的麦当劳里见到了穿着红色衬衣姗姗来迟的“金泉少侠”。“金泉少侠”原名石金泉，是一名知名拍客加网络推手。

前晚，在天涯已经公布了他就是“广州的富家公子”之后，他依然在否认此事，但昨日他在接受《新快报》记者专访时，首度承认自己就是此人，并详细讲述了自己的策划意图以及跪行地点的选择方式。

他表示，是他让“广州的富家公子”频出“恶语”，并自己跟自己“掐架”，就是为了最大限度地突出其“无良行为”，最大限度激起“公愤”，只有这样才能最大限度地让这对可怜的母女受到关注、得到帮助。

他说："手段很卑鄙，或者说是卑劣，但目的是善良的。"他表示，希望通过媒体向广大网友说声"对不起"。

来源：《新快报》，2011 年 3 月 25 日

第十四章　人物通讯

【本章提要】

人物通讯，简言之，就是以人为对象、专门写人的通讯。具体来说，人物通讯就是以通讯的形式报道具有新闻价值的人物，这些人物有正面的，也有负面的，通过反映他们的人生轨迹、主要事迹和精神世界，达到或教育启迪或批判警示的作用。

本章内容主要包括如何通过人物行动展示人物风采，如何通过人物的事迹报道人物形象、当代人物通讯的报道理念和特点，研究并掌握人物通讯的写作方法。反映时代多姿多彩的人物，是人物通讯的价值所在。

人物通讯是用来展示新闻人物事迹与形象的一种新闻体裁。人物通讯的报道对象主要是那些能体现时代精神的先进人物、新闻人物等。

报道先进人物是社会主义新闻媒体的一项重要任务。以前新闻媒体成功报道了雷锋、焦裕禄、张海迪、孔繁森、李素丽等先进人物。近两年的任长霞、郑培民、周国知、牛玉儒等先进人物都是通过通讯报道走向社会、走入人们心中的。先进人物的精神境界、思想风貌通过媒体的宣传报道，成为社会的主流价值导向。

人物通讯以先进人物和丑恶人物为主要报道对象，同时也关注一些有争议的人物或正处于转变中的人物，这些人物可统称为新闻人物。近几年以贪污腐败的人物作为报道对象的人物通讯增多，这些报道是对时代某个侧面的真实记录和反映，丰富了人物通讯的内容。

第一节　人物通讯的类型

一、先进人物

先进人物是代表时代发展方向的英雄人物，这些人物的身上集中体现了劳动人民的本质特色，他们身上闪烁着时代精神的光辉。报道他们的事迹，有助于激发广大人民群众的斗志，推动历史前进。这方面的代表作有：1963年1月8日《人民日报》刊登的《县委书记的榜样——焦裕禄》、1989年8月28日刊登的《光明日报》的《钱学森——中国人的骄傲》、1995年4月6日新华社刊登的《领导干部的楷模——孔繁森》、1996年10月4日《工人日报》刊登的《北京有个李素丽——21路公共汽车1333号车跟车记》、2003年10月14日《人民日报》刊登的《公仆本色——追记湖南省原副书记、省人大常委原主任郑培民同志》、2004年6月3日《人民日报》刊登的《百姓心中的丰碑——追记公安局长的楷模任长霞》、2004年10月9日《光明日报》刊登的《大山公仆颂——记优秀共产党员、一心为民的基层干部周国知》、2004年11月28日中央电视台播出的《本色牛玉儒》、2011年9月16日《前进报社》刊登的《司令当上村支书——原长春军分区副司令员李守发退休还乡带领乡亲致富事迹追踪》等。

二、丑陋人物

人物通讯中的丑陋人物一般是指那些贪污腐败、蜕化变质、对社会有害的人。将这些人的事迹报道出来，有助于人们更清楚地认识他们的内心世界，以警醒社会。如2012年10月11日新华网发表的《“表哥”未退场　“房叔”已上演》，报道的是广州市城市管理综合执法局番禺分局政委蔡彬，被网友举报3天后停职，坐拥21处房产基本属实；2010年7月19日《重庆日报》发表的新闻通讯《为官要守大义　拘小节慎用权力》，以重庆“黑老大”文强及其人生经历为蓝本，精心构思，通过记者对办案人员的深入采访，最终形成一篇访谈对话体的警示文章等。

三、新闻人物

新闻人物不同于对上述“先进”与“丑陋”人物性质的价值判断，其更强调人物自身具有的新闻价值。其类型可以包括有创造精神的精英人物，如公共知识分子、有改革精神的企业家和明星等；有争议的人物，如一些既具有借鉴性又有思考性的人物等；平凡人物，如做出有益于社会的事情的普通人等。这些人物虽然不是社会上树立的典型，但都有一个共同点，就是其事迹具有新闻价值，能成为社会谈论的话题，对人们有一定的影响作用。如2011年7月3日《都市快报》刊登的《吴菊萍：勇敢的妈妈　伟大的母亲》，“最美妈妈”一度成为国内外媒体关注的焦点；2012年5月18日《陕西日报》刊登的《你是天上一颗星——追忆舍己救人的三秦英雄沈星烈士》等。

第二节 关于典型人物的典型性问题

一、典型材料

（一）典型材料的属性

1. 典型材料的代表性

典型，即代表性。典型材料，即具有代表性的材料。人物通讯写作中往往使用典型材料来表现人物和叙述事件。典型材料具有以下几个属性：从新闻价值方面看，典型材料具有普遍意义，能显示出报道对象的重要性，因此具有更高的新闻价值；从认识论方面看，典型材料能折射出事物的概貌，能透过现象看本质；从审美角度看，美的事物往往是典型的。典型材料中，美的素质往往更集中、更强烈，也更具有感染力。

原载于 1951 年 4 月 11 日《人民日报》的《谁是最可爱的人》，仅用了三个典型例子就将战士们的“可爱”刻画得淋漓尽致。据作者魏巍在文章《我怎样写〈谁是最可爱的人〉》中的自述，他在这篇文章之前写过一篇《自豪吧，祖国》的通讯，其中罗列了二十多个“我认为最生动的例子”，但后来只选择了几个例子用在《谁是最可爱的人》中，写成后“又删掉了两个”。

2. 典型材料的局限性

典型材料本身存在以点带面的特点，因而也存在片面性的特点。即它反映的只是事物的局部，而不是全部；只是事物的部分而不是整体。因而造成：第一，典型以外的事实可能得不到真实的反映；第二，如果对典型材料的性能的强调超过极限，可能会出现负面效应。

（二）怎样处理典型材料

应从个性出发去寻找共性，而不是从共性出发去寻找个性。个性，即具体的、活生生的“这一个”，不同于他人。因为在社会生活中，每个人都有其个性特征，与其他人不一样，个性特征才是真正的“自我”，真正的自我才是真实可信的。

共性，即大家共有的特征。共性对于表现一般事物可能有用，它能概括事物的一般特征，但缺少特殊性。共性是在个性的基础上产生的。若以共性去寻找个性，就容易犯概念化的毛病，因为你得先设计一个模式，让典型材料符合这个模式。倘若这样，典型材料表现出来的人物就都会是“类型化”的人物。比如，以往报道英雄人物的通讯，往往采用“模式化”典型材料，塑造“类型化”典型人物。这样的典型材料缺乏“个性”特质，其反映的英雄人物，也给人一种高不可攀的感觉。

二、典型人物的界定

（1）写入通讯中的人物一般来说都具有一定的代表性。如2011年9月20日《南方日报》刊登的《中国远征军老兵杨剑达：回家的路走了70年》，文章不仅聚焦在远征军这一特殊群体，更将阔别中国70载、滞留缅甸超过半个世纪的90岁老兵杨剑达这一个案，及时推到人们眼前，从个体到群体都有极高的代表性；又如2011年12月30日《大众日报》刊登的《小胡同走出大记者——张刚现象启示录》，通过记者张刚这一个案，描述了社区记者这个群体的发展现状，成为新闻界"走转改"大背景下的新典型等。

（2）不具有"代表性"的人物，但只要有新闻价值，人物的活动具有故事性，同样可以写成通讯。如第二十二届中国新闻奖获奖作品《宿管阿姨800字致辞 被掌声打断11次讲哭毕业生》，原载于2011年6月21日《扬子晚报》。这篇通讯出自高校毕业典礼，在南京信息工程大学当了10年宿舍管理员的吴光华被邀请登台发言，"60后"的她和学生们相处的日常生活点滴诠释了一个普通人在平凡岗位上的价值与意义。文章里丰富鲜活的小故事均来源于生活细节，不仅让一个平凡的可亲可爱的宿管阿姨形象在眼前越来越清晰，更进一步引发社会对于大学精神、人文关怀、成功观等价值理念的反思与讨论。

（3）人物通讯尽量不提"人物形象"，要写典型人物普通人的一面。"人物形象"，是记者在原有的"表象"的基础上提炼出来的新人物，与表象（生活中的人物）有一定区别。区别在于：记者的观念、理论和对表象的综合认识，已渗入其中，也就是说，人物形象中已有记者的影子。这个时候的"人物形象"，从新闻写作规律来说，处在真实与否的危险境地。如果记者把握不好，往往会把提炼出来的"人物形象"主观化、情感化，甚至会对之加以想象。其结果是写作成了"塑造"。所以人物通讯应不提"人物形象"为好。

"典型人物"也是社会广大成员中的一员。之所以成为"典型人物"，是因为他们做出某些突出的事情，有突出的表现。在写典型人物时，既要写出他们突出的一面，又要写出他们普通人的一面，即普通人的普通环境。

三、典型人物的语言

（1）语言最能表现人物的个性。如上文提到的宿管阿姨，她在毕业生典礼上有这样一段话："我今年60岁了，已经是'60后'了。和你们相处，你们的淘气让我感到年轻；和你们沟通，我看懂了韩剧的悲欢离合，学会了植物大战僵尸，偶尔也在半夜'偷偷菜'。但是无论游戏多么给力，神马都是浮云！"如此

“潮语”正是对吴阿姨可亲可爱形象的最好注脚。

（2）如果让典型人物讲出的都是同一类型的语言，那就没有人物个性可言。没有个性的典型人物，往往会出现概念化的痕迹，或变成概念化的人物，这也就失去典型的意义。

（3）典型人物的语言应是原始语言，可以选择，但不能“彩排”，更不能任意拔高或“润色”。

四、典型人物的性格

（1）典型人物也同样生活在充满矛盾的社会中，他们的思想、行为也不是直线发展的，同样有认识过程，有矛盾反映。

（2）写出他们矛盾的性格、矛盾的举动，不但不会削弱典型人物的正面效应，而且会令人物形象更丰满、更真实。如《宿管阿姨800字致辞　被掌声打断11次讲哭毕业生》中写到，吴阿姨喜欢和同学们打交道，“干宿管员说起来很繁琐，但我喜欢跟这帮孩子打交道，他们很可爱。我就拿他们当自己孩子看”，但同时，她说：“……这个年纪的孩子哪有不淘气的，我也经常被他们气哭呢!”看似矛盾的行为，却相反相成地让人物形象更加真实可信。

第三节　人物通讯中的感情色彩

通讯不仅满足受众的认知需要，也满足受众的情感需要，即通过叙述人物的行动、语言、心理活动和时间来感染人，以提高受众的阅读兴趣和审美情趣。

一、情感色彩的种类

人物通讯中的情感色彩分两种：一是客观性情感，二是主观性情感。

客观性情感——记者不直接出场，通过叙述事件、描写环境等表现出来，就是让叙述或描写的对象出场以抒发情感。叙述的对象——人：通过人物的语言、行动表达情感；叙述的对象——物：寄物于感情；叙述的对象——环境：通过自然环境的恶劣或美丽来感染受众。

主观性情感——记者直抒胸臆式的叙述或描写。以第一人称出现的通讯，采用这种情感流露的方式较多。

二、情感因素的表达

情感因素在西方的特稿中并不少见，但他们大都是用客观性情感表达，记者不直接站出来抒发情感。如获得1997年普利策新闻奖的特稿《裁判的儿子们》，文中叙述了一位棒球裁判如何面对家庭悲剧的故事。其中有一段如下：

“父母祈望骨髓移植能为迈克尔换来时间——延长他的生命。迈克尔在学校干得一年比一年好，病发作的次数也越来越少。每年，父母都要去看望小约翰的墓地。几个月前，正值棒球赛季临近尾声，他们在坟上种上了一棵红枫和一棵垂枝的铁杉。”①

西方新闻在情感运用方面很讲究节制，不滥用。他们更多的是讲究人情味和幽默，较少抒情或不抒情。随着传播学理论的引入，国内人物通讯的主观性情感的运用近几年有所减少，但有不少通讯犯老毛病，如议论多、滥抒情的毛病依旧存在。

第四节 当代人物通讯的报道理念

在我国媒体的各类通讯中，人物通讯占据突出的位置。大半个世纪以来，人物通讯在弘扬先进、教育民众、净化社会风气、增强民族凝聚力等方面显示出强大的生命力。改革开放以后，我国的民主化进程加快，新一届政府提出“权为民所用、情为民所系、利为民所谋”的执政方针，在这种大环境下，人物通讯报道发生了巨大的变化。细心看看今天的报道，我们就会发现，“高大全”式的英雄人物形象悄悄退出，可亲、可敬、可爱的先进人物受到越来越多百姓的欢迎。真实可信的先进人物与老百姓的距离越来越近，先进人物开始回归“真我”。人物通讯越来越显示其对社会广泛的影响力、亲和力，人物通讯报道也正朝着富有生活味、大众味、人情味的平民化方向发展。

一、人物类型多样化

长期以来人物通讯报道的只是单纯的英雄人物和模范人物。改革开放以后，其写作对象开始向社会上“普遍存在”的人群转移。20 世纪 90 年代以后，以普通人，特别是社会弱势群体为报道对象的平民化人物通讯唱起了主角。下岗工人、山村教师、贫苦的农民、无靠的流浪儿、重病求医的患者、捡垃圾的城市边缘人等都可以成为报道对象。同时，以腐败为报道内容的反面人物新闻也加入人物通讯家族，进入百姓视野。其中，《中国青年报》的“冰点·人物”报道以平

① 戴维·加洛克．普利策新闻奖特稿卷．多人译．北京新华出版社，1999.

视的角度再现普通人的生存状态。这些形形色色的主人公没有骄人的业绩，没有很好的机遇，甚至说不出任何在传统意义上值得写上一笔的先进思想和时代精神，相反，他们倒是有太多的叹息和困惑。如《带着技术上天堂》写了一个老工人技师绝活无人传承的苦恼；《五叔五婶》讲的是湖南湘西土家族苗族自治州的一对土家族夫妇，为供两个儿子上学，拼死与贫困抗争的故事。类似于“冰点·人物”报道，不少媒体的版面中也开设了人物专版，报道对象非常广泛。比如现在报纸的版面上既有报道名人、先进人物的栏目，也有报道普通人的“凡人写真”、“人生驿站”、“我的故事”、“与你同行”、“边走边唱”等栏目，其中凡人奇事、凡人凡事所占比重最大。这些普通人的故事，代表一定的社会阶层、一定的生存状态，有一定的人生内涵，很能吸引读者视线。如《广州日报》的“口述实录”，报道的也都是普通人的人生经历，它以普通人体现和传承的人性真善美来打动广大受众的心灵。

考察最近两年的人物通讯，可以发现其平民视角非常明显。越来越多的普通人以各自不同的方式，就国家的经济、法治与社会发展，发出自己的声音，汇成巨大的力量。在主流媒体的人物通讯中，我们记住了杨利伟、钟南山等英雄，也记住了一连串普通人的名字。如扳倒了省委书记的科级干部郭光允；民间防艾人士高耀洁、朱进中；在湖南涟源矿难中写下欠款还款名单，清清白白做人的农民矿工聂清文；就孙志刚案上书全国人大常委会，建议对《收容遣送办法》进行违宪审查的许志永等三位博士。人物通讯报道的平台越来越宽广，越来越走向普通民众。

典型人物至少包括两方面的典型，即正面与反面。我们习惯把典型人物当作先进人物来理解，忽略了另一方面，这当然和我们的报道理念有关。其实，当代社会观念多元化，社会发展多层次，人物也不仅仅只是两极，还有中间人物，如热点人物、冰点人物和平凡人物等，这些不同类型的人物，共同组成社会人物图。正是这千千万万的人物的奋斗才筑起社会主义大厦，推动社会前进。当然先进人物是一面旗帜、一种典型，是社会发展的方向，但各种各样的人物才是社会发展的真实景观。

人物类型多样化有利于人物通讯的发展。典型人物固然是新闻报道的主要对象，因为典型人物身上有着高尚的品质，典型人物的精神会对社会产生积极的影响，有利于推动社会向前发展。但还有一些，甚至为数不少的其他类型的人物同样可以从不同的方面和角度影响人们、影响社会。

人物类型多样化有利于人们参考更多的人物行动和思想，人们会自觉、不自觉地从中汲取营养，促进自身素质的现代化。

二、报道理念客观化

用什么样的视角去看待或优秀、或平凡、或值得怜悯、或应当受谴责的人物，这属于报道理念的范畴。20世纪80年代以后，人们的思维方式、生活方式和价值取向都发生巨大的变化，人们不再简单地、绝对地看待问题、分析问题，人本思想逐渐占据主导。这些变化反映在人物通讯上，表现为将报道对象当成一个真实的、立体的、多元的社会人来观察、描述和评判，也就是说报道理念发生变化，人物通讯日渐逼近新闻的客观性。概括起来即为“去魅”、“脱敏”，具体体现在以下两个方面：

第一，对先进人物的报道理念实现了从“英雄”到“普通人”的转变。在过去的人物通讯中，特别是极左年代，先进人物就像是不食人间烟火的神，他们没有爱情、亲情，没有内心的矛盾，说的都是豪言壮语，想的全是社会理想。这些先进人物失去正常人的思想特点和行为特征，千人一面的脸谱化令读者反感。自从改革开放以后，这种现象得到扭转，一大批生动感人的人物通讯脱颖而出。先进人物既有无私奉献的社会精神，又有合理的个人价值追求；既有坚强的性格，又有普通人的内心矛盾。例如，新华社记者鲁兵在写女排姑娘时，他既写了女排姑娘一定要夺取世界冠军的高远理想、日复一日顽强训练的坚强意志，也写了她们伤痛时的眼泪、失败时的脆弱。训练场上，当她们趴在地上起不来时，姑娘们甚至想到了死！这篇生动感人的人物通讯深受读者喜爱。在报道“抗非英雄”钟南山时，媒体没有把他神化，一方面突出了他作为一个医务工作者所具备的勇气、智慧，另一方面也写出了他面对“非典”疫情时诸多的无奈和焦虑。

第二，揭露反面人物的报道理念也经历了从“魔鬼”到“普通人”的转变。反面人物在过去的报道中就是坏蛋形象，而且一坏到底，既不报道他们美好的过去，也不报道他们为社会做过的有益的事情，更不深入剖析他们由好变坏的外部环境。文中的主人公似乎与生俱来从头坏到脚，要么自甘堕落、贪婪成性，要么天性凶狠、不可教化。到20世纪90年代以后，媒体舆论监督的力度加大，以人物通讯为形式的关于反面人物的报道数量增加，同时也扭转了把人“魔鬼”化的理念，而把他们当作犯错误的人、犯罪的人来看待。不仅报道他们的犯罪事实和凶残、肮脏的灵魂，也报道他们犯罪时的心理冲突和相关的社会环境及他们曾经无瑕的昨天。例如，对沈阳大贪慕绥新、马向东的报道除了揭露他们令人发指的腐败行径之外，还报道了他们的灵魂的忏悔。马向东说：“我从小父母就去世了，我是和姐姐相依为命的，是党和人民把我养大的，但是我掌握一些权力以后，对党和人民犯下了严重的罪行，我现在追悔莫及，对不起党组织对我的培养教育，也对不起沈阳人民对我的信任。”慕绥新说：“我信了一辈子共产党，我从小就想当好人，没想当坏人，现在我变成坏人了，我是一个悲剧呀。”这些人物通讯立体地显示了人物的多面性，使读者更容易从中受到警示，从而达到报道的教育效果。

三、先进人物平民化

先进人物平民化是指记者把先进人物当作人，而不是神来报道，站在接受者的立场上去审视先进人物。先进人物平民化除了表现在报道理念上，更体现在写作技巧上，即使用展现报道对象人生曲线和内心世界等的表现手法。

首先，要贴近时代，贴近生活，写出真实的人物。社会在发展，时代在前进，中国正在走向市场经济时代，人们的思想观念、审美情趣也在不断变化，如果还是一味地报道那些“毫不利己、专门利人”，“只讲奉献、不计报酬”，不食人间烟火的先进人物，很难引起现代受众特别是年青一代思想上的共鸣。而那些奋发向上的人生理想、审时度势的人生选择、勇于维权和勇于承担责任的人生态度则更符合时代要求，更贴近社会生活的实际，更能对社会产生积极的影响。因此，就算是报道先进人物或名人，他们的生活理念必须切中社会话题，才能吸引广大受众的目光。如获得2012年第22届中国新闻奖二等奖的人物通讯《永远不要算计工人》，主题为企业家与员工之间的关系这个老话题，可谓“冷饭热炒”。以往报道企业家关爱员工，角度多集中于合理增加工资或者爱心救助员工等，长期以来已成定式。但这篇文章从一个全新的视角进行观察，从理论和实践的结合上阐述和验证工人与老板的辩证关系。私企老板陈百亨用制度化的形式创造了多方长期共赢的和谐局面，如坚持利润分配的“三七开”原则，确定职工享有利润大头，且精确到百分比，但这并不单纯出于对员工的“爱心”，更不是一味地“毫不利己、专门利人”，而是一种企业持续发展的管理战略；和员工共享生产资料，签订合同将设备折旧后的剩余价值归于职工，员工作为设备的“二东家”，其参与度和用心程度大大提高……

其次，深入实际，深入内心。如果人物没有个性，没有特点，人物形象在读者心中就立不起来。新时期的人物通讯特别注重深入人物的内心世界，捕捉人物的典型事例、个性语言和典型细节，凸显人物个性。如人物通讯《烧不毁的美》，作者郭梅尼通过对残疾青年徐效钢的逐步观察，将徐效钢的内心世界不断发展、升华的过程展现出来，将一个人外表的缺陷和内心的美丽共同展现出来。

再次，回归真我的先进人物有利于对先进人物事迹的宣传。近一两年典型报道的方式有很大变化，注意从百姓的角度写典型人物，收到较好的效果。如任长霞去世后登封市14万群众自发为她送行。任长霞的事迹报道后，很多网友纷纷留言，发表热情洋溢的看法，如一位网友说：“这么多年从未有过真正的感动，今天你让我懂得了什么是轻，什么是重。”另一位网友说：“你，是一座丰碑，在人民的心中巍然耸立；你，是一座山脊，用你的脊梁撑起华夏的身躯。”还有一位网友说出了人们好多年都没有听到的话：“任长霞死得重于泰山。”牛玉儒事迹报道后网友也踊跃发表看法，认为牛玉儒事迹感人，牛玉儒是群众的好干部。这些报道和反应说明两点：第一，典型人物，尤其是那些身为领导干部的典型人物，他们的职务决定了他们必须为百姓服务，做人民的公仆，但是在这些人中确实有像任长霞、牛玉儒这样的优秀者。从平民百姓的角度报道这些人物容易让人们接受、理解；第二，典型人物首先要具有新闻人物的特点，如果不具有新闻价值，就可能不会在群众中形成热点。

最后，英雄人物仍然是百姓心目中的楷模。“雷锋出国了”，英雄人物少了，贪官多了，这只是某一时期的暂时现象，并且这种现象有着深刻的社会原因和文化背景。但从社会发展来看，无论是社会主义社会还是资本主义社会，都会有英雄出现。尤其是社会大变革时期，大潮推出英雄人物是很正常的事，关键是怎么报道英雄人物。

引用周立波的一句话，“……都说这是一个告别英雄的时代，其实这是一个英雄辈出的时代”，作为对当下英雄们的肯定。这是他观看完“最美司机”吴斌事故发生时76秒的视频后哽咽着说出来的：“这个视频我看了不下30遍，这是一部76秒的大片，这不同于好莱坞大片，好莱坞大片用的是特技，而在这部大片中我看到的是吴斌的血肉之躯……”

事件发生后，数百万网民对“最美司机”吴斌表达了敬意，并自发在网络上为他祈福、送行：

网民传家保：刚看到坚强司机吴斌的新闻报道，被深深地震撼和感动，平时默默无闻，关键时刻坚守岗位的高贵品格让人敬仰！英雄已逝，而您最后一刻的坚持撼动了所有平凡的心灵！

网民永恒：这就是英雄！何谓敬业爱岗？这是最好的诠释！吴大哥一路走好，我们会永远记着你！

一位怀孕的女乘客哭着说：“如果不是吴师傅，我可能就无法站在这里，我肚子里的宝宝也没有机会来到这个世上，感谢吴师傅用自己的生命拯救了我们。”

杭州一位诗人潘维献给吴斌的诗歌：今天，整个杭州只有一位司机，所有的事情连同西湖的水光都只是乘客/今天，司机用生命把客车停靠在岁月的宁静里/今天，离开的是死亡，留下的是责任、爱和伟大的平凡/今天，叫吴斌。

又如民众对于2012年为救落水学生而不幸牺牲的“三秦英雄”沈星的缅怀：

村口挂着的挽联："英雄沈星永远活在我们心中"、"人民的好儿子"、"向勇救落水少年英雄沈星同志致敬"、"沉痛悼念沈星同志　你永远活在我们心中"、"英雄一路走好"。

村民宋俊英：昨晚一直在网上看新闻，看着、哭着不由人啊！

一位年近60岁的退伍老军人王本旺，将由其女儿公司的5 000元和自己的伤残抚恤金5 070元凑成的10 070元捐款送到了英雄父亲的手中，说："10 070不仅仅是一个数字，而是一个信念——一定要站起来！"

"最美妈妈"吴菊萍用其"一臂之力"引发海内外集体感动：

网友along00：菊萍，你会好起来的，你应该感觉到人世间还是有温暖的，其实我们很多人的善良之心还在的，希望全社会特别是政府都来倡导和支持。

网友坚硬如水：一个人的快乐不是因为她拥有得多，而是因为她计较的少，更好的明天一定会到来。

网友明信片：你很美，是因为你普通的举动，给妞妞带来了生的希望。但是希望不是靠你、我和他就能创造的，而是靠全社会，大家一起加油，希望就在前方。

所有这些来自普通民众对英雄们的评价，都透露出这样的信息：英雄人物在人们心目中仍有相当重要的地位，英雄人物的形象是群众心目中可尊敬的形象。在素不相识的人们护佑生命的爱心接力中，他们用自己的行动，甚至生命来激发全社会向善的力量。

第五节　人物通讯的写作

一、通过人物的事迹报道人物形象

典型人物也好，新闻人物也好，无论多么伟大，他们的事迹和行动才是最有力的诠释。恩格斯说过，判断一个人当然不是看他的声名，而是看他的行为；不是看他自称如何如何，而是看他做些什么和实际上是怎样的一个人。俄国作家契诃夫一再强调，最好还是避免描写人物的精神状态。应当尽力使人物的精神状态能够从他的行动中表现明白。人物通讯尽管是写人，但只有写出人物做了哪些事情，才能显示出人物的精神面貌。

2011年9月16日前进报社刊登的通讯文章《司令当上村支书——原长春军分

区副司令员李守发退休还乡带领乡亲致富事迹追踪》以主人公的“哭了”、“笑了”、“醉了”和“累了”为小标题，记录了百姓们口中的这几个故事：过去好打架的老光棍黑老汉现在成了村里的义务护林员和护路员，而且凭借李司令“二话没说”借给他的5 000块钱，治好了一个肚子里长瘤的女人，也因此有了老婆。7年前生活艰辛的村民戴柏勇，如今自己能给儿子出18万元，在市中心买楼房。在他儿子的婚礼上，全村人给李司令敬酒，“他不醉行吗?!”记者问李司令最大的收获是什么，他说村子里有5个孩子考上了大学，其中一个闺女考上了研究生。

人物的事迹很多，典型事迹最能反映出人物的精神境界。上面所举事例都很有典型性，它从一个侧面反映了当代先进人物的行动、思想和追求，这是我们宝贵的财富，也是人类的精神遗产。

二、避免描写人物的精神状态，通过人物行动展示人物风采

1979年4月7日，《凯利太太的妖怪》以其“高度的文学性和创造性”荣获普利策首届特稿奖。作者富兰克林说：“我尝试把契诃夫的叙事理论用到新闻里。”①富兰克林所说的契诃夫叙事理论，指的是契诃夫于1886年5月10日写给亚·巴·契诃夫的信中谈到：“千万不要用俗套开头。最好还是避免描写人物的精神状态；应当尽力使得人物的精神状态能够从他的行动中看明白……不必追求人物的众多，重心应当有两个：他和她。”② 这里“避免描写人物的精神状态”，意思是人物的精神是看不见的，写出来的只是作者自己的体验和推测。“人物的精神状态能够从他的行动中看明白”，意思是说人物的精神境界有多高，人物有多伟大，完全看他怎么去做，而不是由作者说出来，行动是思想精神的最佳体现。

契诃夫还有一段关于写人物的对话，“只要老实一点就行了：完全撇开自己，不要把自己硬塞到小说主人公身上去，哪怕只把自己丢开半个钟头也好。你有一个短篇小说，那里面一对年轻的夫妇在吃一顿饭的工夫里老是接吻啦、哼哼唧唧啦、胡闹啦……一句正经话也没有，一味的轻飘飘！你不是为读者写它……你写它，是因为你自己觉着这种扯淡有意思……”③

普利策特稿奖获奖作品《凯利太太的妖怪》对人物通讯写作有两点重要的启示：叙事怎么叙——时空的转换；人物怎么安排——在行动中展示。

通讯不能像文学作品那样塑造人物形象，更多是通过人物的行动来表现人物的精神世界。我国古代的历史名著《左传》和《史记》中对人物的写法就值得借鉴。

---

① 戴维·加洛克．普利策新闻奖特稿卷．多人译．北京：新华出版社，1999. 17.

② 契诃夫．契诃夫论文学．汝龙译．北京：人民文学出版社，1958. 27.

③ 契诃夫．契诃夫论文学．汝龙译．北京：人民文学出版社，1958. 7 ~ 8.

如《史记》中写韩信的一段话：淮阴屠中少年有侮信者，曰："若虽长大，常好刀剑，中情怯身。"众辱之曰："信能死，刺我；不能死，出我胯下。""于是信孰视之，俯出胯下，蒲伏。一市人皆笑信，以为怯。"[①] 司马迁于"屠中少年……众辱之"和"一市人皆笑"的场面中，细致而有层次地写韩信当众受辱时的动作："孰视"、"俯"、"出胯下"、"蒲伏"，八个字像特写镜头般地把韩信推到读者眼前，给人留下深刻印象。读完后面韩信领千军万马奔沙场的场面，再回过头来读此处韩信的难堪与屈辱，实在令人回味。

《吴菊萍：勇敢的妈妈　伟大的母亲》中，吴对当时场景的回忆描述如下：

我到楼下，已经有四五个人在下面了。保安拿着对讲机喊"10楼……一个孩子。"耳朵还刮到几句"要掉下来了！掉下来了！"

周围一片闹哄哄的，什么也听不清。

我眯着眼睛往楼上看，阳光有些刺眼，隐约看到是隔壁家的孩子挂在窗台上，不是我家孩子。

我当时也没细想，心里很急，踢掉高跟鞋，往楼下快速靠近几步。

这时，听到楼上一声尖叫，我下意识地双手手臂一张，真是"嗖"的一下，很快很快，左手臂一阵剧痛，我整个人就倒下去。……

整个事件就发生在这一刹那间，而就是这一系列节奏紧凑的动作将故事推向最高潮，也将读者带到现场。"眯着眼"、"踢掉高跟鞋"、"快速靠近几步"、"手臂一张"、"嗖"、"倒下去"这一连串的动作，让人身临其境，感染力强。

三、通过语言描写人物

古人云：言为心声。人物通讯虽然不把人物语言作为重点报道内容，但人物是活生生的人，要行动要说话，说话中可体现人物的内心世界和思想境界。另外，语言可以使通讯活起来，平时讲的"如闻其声如见其人"就是语言的功用。《韧性的战斗——访著名科学家高士其》中，高士其在说到自己的名字时有这样的话："去掉人旁不做官，去掉金旁不要钱。"这两句话反映了一位科学家的性格和追求。通讯《李润虎的几幕人生》中，李润虎回答："人家说雷锋都出国了，你还傻？精神都滑坡了，你还攀？我习惯做我该做的事，我心甘情愿。"这是李润虎的军人性格。

《吴菊萍：勇敢的妈妈　伟大的母亲》写到，记者在病房首次见到吴菊萍时，

---

① 司马迁. 史记·淮阴侯列传. 北京：中华书局，1959. 2610.

邻床病友连声说："赶紧采访这位大英雄。她流了不少血。"但吴菊萍听到后"有些害羞"，轻声说："哎呀，没什么，没什么。"又如记者让吴菊萍说说自己，她想了半天，说："我是个农村来的孩子。我一直蛮普通的，没啥特别的。"这些小处的细节语言让主人公的品性为人跃然纸上。《老抠、老沈、沈书记——大学生村官眼中的沈浩》一文讲到大学生村官汪静静随手将打印出错的文件揉掉扔到纸篓，沈浩却从纸篓里拿出来的情节，他说："这些纸还能用呢，正面不能用，背面还能用呢，又不是上报材料，咱们自己看的东西，从这点事情就看出来你们的态度，东西不是自己家的是吧！"这就是"老抠"作为沈浩的一个诨名的来源之一，从朴实平淡的言语中表现他的为官之道。

成功的语言描写能使受众听了话音就好像目睹了说话人一样。鲁迅认为语言描写能使读者由说话看出人来，这样人物就会自然而然地"站"起来、"活"起来了。

四、以人为本，关注人的生存环境——人物通讯如何让人感动

人物通讯报道有宣传的责任，因为媒体本身有教化功能。但这种宣传不是直接地去教育别人，而应当在传播信息的同时感染人、鼓舞人，更人性化一点，可能会起到较好的宣传效果。

尊重读者，不要把读者当成傻子。如何尊重读者？描写人物时一定要像契诃夫说的"老实一点"。如2009年11月6日合肥小岗村书记沈浩去世后，随着其先进事迹报告会的巡回举行，一系列由他人讲述的故事使得沈浩的形象越来越清晰。如文章《人民的好村官——身边人追忆沈浩》、《老抠、老沈、沈书记——大学生村官眼中的沈浩》、《一场特殊的沈浩事迹报告会：台上台下都是最熟悉他的人》、《追记小岗村书记沈浩：他不是来镀金，是来干实事的》、《一个纯粹的人——沈浩先进事迹报告会侧记》等，分别从不同的角度来追忆沈浩。如：

提起沈浩，村民杜永兰用手掌抹着眼泪："他见到谁都是亲亲热热，从来没嫌弃过我们农村人。我们家家户户都住上了好房子，他屋子里啥也没有。他在小岗6个年头，没有节假日，没有星期天，每一年春节都忙到大年三十才回家，年初三又回来一家家拜年。这样的人，不是亲人又是什么？"

11月8日上午，得知沈浩同志遗体告别仪式在凤阳县城举行，小岗村特困村民关友林花了50元钱，坐车追到现场，看了这位好书记最后一眼："沈书记到我家走访时，看床上被子单薄，一转身就把自己的被子送过来。他把心都掏给了小岗。"关友林泣不成声。

……

有一个村民和沈浩就发生过四次冲突，但是这个人对沈浩颇为敬重。他脾气火

爆，言语来去有时难免控制不了火气，不过沈浩去世后，其兄沈明儒到小岗来，葬礼上沈明儒说道："沈浩在小岗有什么做得不周到的地方，我这个当哥哥的，在这给诸位赔个不是……"说到这里，那个和沈浩几次冲突的男人，一下又哭了。

……

在一份由小岗村近百位村民联合起草的申请书里，村民们希望沈浩能够继续留在小岗村工作，为了表达他们的诚意，小岗村村民使用他们最为独特同时也是最纯朴的方式，每个人都在这个申请书上按上他们的红手印。……2009 年秋天，眼看沈浩第二个三年任期又要到期了，小岗村的村民又一次按下红手印，再次挽留他们的好书记。……沈浩去世后，村民们再一次按下红手印，把他的骨灰留在村里。

文章里很少有记者的抒情和议论，故事、评价全出自沈浩的家人、同事、村民等，不仅生动鲜活，而且真实可信。

通讯中如果为了描写而描写，千方百计树立人物形象，可能要出问题。获得第 22 届中国新闻奖三等奖的通讯作品《一跪惊天下》，讲述了一位普通女孩对街边昏迷垂危的乞丐施行人工呼吸的故事。文章存在为形容而形容的痕迹，甚至有臆测出来的描写，给人感觉不太真实。节选部分文章如下：

……未曾多想，李志敏的第一反应是救人，在众人的注视中，这位衣着时髦的女孩俯下身子，双膝跪下，细心地扶正病人身子，垫高脑袋，用双手挤压胸部，几番急救，未能奏效。此时，围观者眼里意想不到的情景出现了。女孩在无人帮助的情况下，情急之中，伏在那张脏兮兮的脸上，做起了人工呼吸。那位可怜的人脸色由青紫而红润，慢慢醒来，睁开双眼，看到了一张天使般的面孔。

……

在同学和老师眼里，她是一个很阳光的女孩。乐于与人分享，即使从家乡带来土特产蒸肉和黄烧饼，也要请同学们尝一尝，因为那是家乡的味道；富有同情心，一次在地铁站台上，看到磕头讨钱的老乞丐，她毫不犹豫拿出身上仅有的 10 块钱送上；胆儿忒大，这是太原上幼师时同学们的评价。

一次逛商店，看到小偷偷一位妇女的手机，她当下攥住小偷的手，被盗的妇女已战战兢兢，而她毫不怯色，怒斥小偷："太胆大妄为了。"

……

必须得说明，这是一篇有新闻价值的报道。可取之处有二：第一，记者对时机把握得较好。文章发表在 2011 年 12 月 6 日的《山西日报》，而当年 10 月 13 日广东佛山发生了令人痛心的"小悦悦事件"，引发社会对人性、诚信的广泛质疑、争议与反思。《一跪惊天下》中的主人公李志敏用其实际行动打动人心，两个事件形成较为明显的反差，这篇报道为社会注入一定的正面能量。第二，澄清外界对李的“炒作”质疑。李志敏施救乞丐的视频在网络上受到很多关注，有网友认为是李想成名而自导自演的一出戏。除了那位被救乞丐的“缺失”，文章采访了李的同学、老师，并详述李的家庭生活状况，通过事实击碎猜疑。

但是这篇报道也存在部分地方过度描写的问题，尤其体现在记者对人物内心的臆测。如“第一反应”、“细心地”、“看到了一张天使般的面孔”等，这些描写都是记者在事实基础上的过度形容，给人不真实的感觉；再如选取的表现主人公大胆的事例，“……被盗的妇女已战战兢兢，而她毫不怯色……”用于文学作品中，这一组鲜明对照颇显立意，但是在新闻作品中，这种为了立意而不顾真实原则的描写，为一大忌。

第六节　人物通讯的结构

通讯的结构比消息自由灵活，安排结构时可以灵活多样、不拘一格。

一、导语的运用

导语要围绕主题给全篇定下主调，并吸引读者继续读下去。

（1）概括式——概括人物事迹或者品质等。例如：

“司令回了乡，当上村支书。都有啥变化，听我说从头。过去山上兔子不拉屎，现在郁郁葱葱都是树。过去尽在石上行，现在打开大门一步跨上柏油路。还有路灯两边立，十步一棵黄金树。轿车开到家，楼房城里有。……”——《司令当上村支书——原长春军分区副司令员李守发退休还乡带领乡亲致富事迹追踪》

来源：《前进报》，2011年9月16日

这篇通讯讲述李守发带领乡亲致富的故事，以乡民“病得下不来炕的戴连兴老爷子”现编的顺口溜开头，不仅语言上不加粉饰，内容上也从群众视角的讲述中报道了村支书的事迹。

（2）描述式——通过一些细节从侧面描写人物，突出主题，故事性强。例如：

8月28日，在自治区公安厅刑侦总队的努力下，8年前被拐骗到内地的流浪儿童阿里木江（化名）终于见到了自己的父母。

看到父母伸出双手踉跄着向他走来，阿里木江呆呆地望着，一时反应不过来。民警说："他们是你的爸爸妈妈啊。"阿里木江再也控制不住感情，放声痛哭起来。

没有太多的语言，也不需要语言，三个人紧紧地抱着，相对望着，哭了良久。他们浑然忘记了旁人的存在，一任泪水洗刷长久分离的悲怆。在场的人无不为之动容。——《回家的路有多远》

来源：《新疆日报》，2011 年 10 月 17 日

整篇文章以点观面，通过一个流浪儿童流浪、获救和新生一系列跌宕起伏的命运转折，反映了新疆籍流浪儿童这个重大社会问题。篇首选取阿里木江被拐8年后第一次见到父母的场景，现场感强，故事带入性强。

（3）介绍式——开头简单介绍人物的基本情况，使读者对人物有一个大致的了解。例如：

千钧一发的紧要关头，张开手臂接住女童的这位英勇女士叫吴菊萍。

她是嘉兴王江泾镇人，来杭州工作 11 年了，现在在阿里巴巴诚信通做销售客服，老公是富阳人，两口子把家安在了滨江，有一个 7 个月大的孩子。

吴菊萍住在滨江白金海岸 23 栋 10 楼，坠楼的女童住在 22 栋 10 楼，两户人家虽相隔两个楼道，但素未谋面。事发前，两家人不认识。——《吴菊萍：勇敢的妈妈　伟大的母亲》

来源：《都市快报》，2011 年 7 月 3 日

开篇一句话引出"最美妈妈"吴菊萍，随后用120 多字就介绍了吴的基本情况，简洁明了地写出了主人公平凡得不能再平凡的人生，与题目和第一句话形成强烈反差，也激发了读者的兴趣。

二、主体的安排

主体部分的安排根据内容来定，但主要是写好人物的事迹。人物的事迹很多，最好归纳成几个方面。例如，《司令当上村支书——原长春军分区副司令员李守发退休还乡带领乡亲致富事迹追踪》分别以主人公表情中的"哭了"、"笑了"、"醉了"、"累了"作为插题，用一个个生动细微的故事和一系列具体的数字，描绘其"哭中有笑，笑中有醉，醉中有苦，苦中得乐"的心路和工作历程。主体是通讯最重要的部分，是决定通讯是否成功的关键。因此主体部分应投入更多精力，精心策划，反复修改。

三、结尾的处理

（1）引用话语结尾——感情充沛，留有余味。例如：

王继才一边喝彩，一边喝酒，眼睛在微醺中泛着泪光："人啊，没有这一口气，一天都待不住！"——《两个人的升旗——"夫妻哨所"王继才、王仕花二十五年守岛故事》

来源：《人民前线报》，2011 年 1 月 23 日

尽管身无分文，但这四位农民工认真看管着厂区存放的物资。他们说："这里的任何东西我们都不会损坏，做人要厚道，这是原则！"——《风雪中，伫立着四位"厚道"的农民工》

来源：《东方今报》，2007 年 9 月 13 日

用所要报道的主人公的话语收尾，不仅使人感受到他们的内心世界与真性情，把人物形象刻画得入木三分，也能道出文章主旨，使得读者意犹未尽、回味无穷。

（2）自然结尾——自然结束，干净利落。例如：

只是在一家网站上，记者找到了宁铂建立的一处同学录，成员只有孤零零的一个，就是他自己。网站记录的建立时间表明当时他已经出家为僧，不知身在何处。那是 2004 年元旦的晚上。——《26 年再审视"神童"到中年》

来源：《南方周末》，2005 年 7 月 21 日

文章戛然而止，意味深远，让人感受到"神童"步入中年的落寞，讲述了当年家喻户晓的"神童"如今的命运，发人深省。

（3）议论式结尾——凝练主题，升华价值。例如：

过去十年，韩寒的崛起是一道标志性的景观。他从 17 岁开始搅动中国，人皆以为昙花一现，他却成长，变得强大，他以一种危险的方式获得成功，在社会挤压的罅隙中开辟天地，在敌意中赢得尊敬。他言人所不能言，为人所不能为，他鼓舞了年轻人，鼓舞了梦想，鼓舞了无数的"自我"，甚至给这个古老的国家以身体力行的教益。他的故事是过去十年中的美好的一部分。——《韩寒者，冒犯也》

来源：《南方周末》，2009 年 12 月 31 日

结尾对韩寒的崛起和他树立的形象作了概括，言简意赅，通过议论，对全文的主题进行了提炼，也让读者对韩寒有了更进一步的认识。

第七节 负面人物通讯写作

在时代大潮中涌现出许许多多的英雄人物，也出现不少反面人物。对反面人物的报道同样是新闻报道的一项不可缺少的任务。如1980年11月21日新华社发表的《在被告席上》、1981年发表的《历史的审判》、1993年8月27日发表的《国法不容——禹作民犯罪纪实》等；再如有关对陈希同、成克杰、赖昌星、刘晓庆事件的报道等；还有近些年的铁道部原部长、党组书记的刘志军严重违纪违法案，原国土部副部长李元涉嫌违纪被双开，原深圳市市长许宗衡涉嫌严重违纪而落马，原贵州省委书记、中央委员刘方仁受贿案等的报道。

一、客观事实的把握

反面人物的劣迹可能很多，应抓住关键性的事实，反映出人物本质的一面。但也不能因人物丑恶而把他们说得一无是处。如通讯《“清正廉明”的面具人生》讲述了广东茂名市原常务副市长杨光亮“一半是人，一半是鬼”的多面人生。文章突出其“戏如人生，人生如戏”的台上台下的戏剧性人生，原文如下：

杨光亮生于1954年，是个穷人家的孩子。

20世纪80年代，杨光亮从茂名市电白县大榜公社“起家”，随后一路晋升，历任电白县羊角区委副书记、区长，电白县副县长、县长、书记，茂名市副市长、常务副市长。无论是在机关、在家里还是朋友间，杨光亮都有不错的口碑。

第一张脸：紧守清贫？

一栋低矮的白色小屋被一扇锈迹斑斑的铁门把守着，围墙边长满半个人高的野草，这是杨光亮的老家。据说每年，杨光亮都会回这栋老屋小住，有时还邀请省、市的同志到家做客，以表自己的朴素和清贫。

不仅如此，即使已官至茂名市委常委、常务副市长，这位副厅级干部一家三代至今还“蜗居”在当年市政府的房改房里。

然而，就在茂名市区和近在咫尺的电白，杨光亮拥有两套洋房和两套别墅，在广州、珠海，他也购买了多套房产。早在任电白县长时，杨就让县建设发展总公司为其购买了一台奔驰S320。被“双规”前，杨还以他人名义花费100多万元，购买一台宝马X6。

一份纪委的材料显示，携情妇出外旅游、活动时，杨喜欢装扮成老板、富商的模样：粗大戒指、高档手表、时髦服装，随身包中还常装着一些金饰，有机会就晒。

“一身的老板派头，与主席台上西装革履的他完全是两个人，认出是他，也不敢打招呼啊。”与杨光亮熟识的柯姓老板多次在广州的高档酒店和娱乐场所，看到了“老板模样”的杨光亮穿梭于灯红酒绿之中。

第二张脸：好丈夫、好父亲？

杨光亮在家中生活简朴，很有规律，只要人在茂名市，从不在外面过夜。包养情妇一事，连他的妻子谢某都被蒙在鼓里。

杨光亮被“双规”后，谢某也接受了纪委调查。听闻一些事情后，谢某心痛病倒。“他能够做到每天都按时回家，在家里过夜。”谢某一度很笃定杨光亮是个好丈夫。事实上，1992年任电白县代县长后，杨光亮开始在外面结识并包养情妇。广东省纪委一份材料显示，2000年杨光亮在中央党校学习期间，曾把两名情妇先后叫到北京鬼混。

此外，据说杨光亮还常告诫儿子“不要指望父亲”，教育儿子，工作要“靠自己的能力，多向同事、领导请教，多加学习”。对待亲戚，杨光亮据说也很“公事公办”。

第三张脸：讲义气、够朋友？

多位接触过杨光亮的人士认为，杨交友广泛，为人豪爽，帮朋友办事不遗余力。杨光亮办事“讲原则”：找他办事都得付出代价，但付出了代价一般都能办成事，如果办不成事，他都会退钱，“一些买官卖官的，只要办不成，他一律退钱，一分钱都还给你”。也正因为这样的“信誉”，找他办事的人特别多。

一位在茂名信访系统工作过的官员说，杨光亮曾分管过信访工作，他还亲力亲为，到北京、广州处理过信访问题，“工作还是很认真的，困难的问题，只要是他经手办理，他都会千方百计搞定”。

“每年的信访经费，他都会批，而且在他的权限范围内尽可能增加。”比如社科联、党史办、文史馆之类的“清水衙门”，杨光亮都会想方设法保证他们的经费。

“人民内部矛盾要用人民币来解决”——一位与杨光亮私交甚密的官员告诉记者，这是杨光亮常挂在嘴边的话。

来源：《新快报》，2011年6月20日

这种官场“双面孔”的现象，追根究底是一种逃避规则约束的侥幸心理，记者通过对事实的了解，梳理出这“三张脸”，惟妙惟肖，使人对报道对象有了更加清晰的认识。

二、事实产生的原因

2004年6月16日《新民周刊》发表的通讯《贪财好色？原贵州省委书记刘方仁“落马”始末》，报道了刘方仁身为高级领导干部的三大犯罪事实：利用职权为他人谋利，收受贿赂和贵重物品，道德败坏等。在报道刘方仁利用职权为他人谋利，自己从中收受贿赂时，列举了大量事实，让人们了解到这位高官是如何腐败堕落的，文章节选如下：

1996年初，贵州某某建设集团公司总经理刘某某（现在押）为获得贷款请“刘书记”帮忙，“刘书记”当场便给中国银行贵州省分行领导打了电话，随即，“通天”的女老板就这样一下子拿到了500万元贷款。

2000年初，刘某某和其子廖某在贵阳开发某某花园房地产项目。项目的建筑面积有6万平方米，可是刘氏母子动起歪脑筋，希望建筑面积再翻一番，由6万平方米增加到11万平方米，这样就可以大幅度地提高利润。刘某某要求对规划进行修改，但按城市建设规定，贵阳市规划局一直不予同意。于是，刘某某找到“刘书记”帮忙，见规划局方面拖而未决，“刘书记”不高兴了，“一发力”就使该项目获得通过。为感谢“刘书记”的帮助和支持，刘某某、廖某先后送给刘方仁149万元。2000年，就在刘方仁大谈“西部大开发”并且频频“下乡、下最困难的基层考察指导脱贫工作”的同时，他的一次胃口更大的“吞噬动作”开始了。

我们现在根据2003年5月中旬中纪委下发到贵州省局级机关的那份关于刘方仁收受刘志远500万元巨额贿赂的补充文件，可以知道这500万元背后掀开的正是3年前的这场幕后交易。

……

来源：《新民周刊》，2004年6月16日

贪官的这种行为不仅让人愤怒，也让人警醒、沉思，并认识到“多行不义必自毙”这个浅显却易被忽视的道理。

三、人物的生态环境

2010年7月19日《重庆日报》刊登的报道《为官要守大义　拘小节慎用权力》，通过记者对办案人员和文强本人的采访，揭示了文强案件的教训和借鉴意义，总结出“ 不管当了多大的官，还是百姓之一，不能搞任何特殊”、“ 警惕官欲无度，升官不成，就颓废甚至堕落犯罪”、“‘礼尚往来’中有陷阱，警惕礼金

变贿金”、“‘流水不腐，户枢不蠹’，要加大干部交流的力度”等为官警言。文章节选如下：

记者：市纪委曾对文强实行“双规”，你作为办案负责人，如何评价文强？

办案人员：客观上说，文强在前期还是想干事，有较强的业务能力的，先后主持侦破了张君案等多个大案，也得到了不少荣誉。但后来他完全蜕变了，成为一个霸气、匪气十足的人物，最终发展至大肆收受贿赂，生活腐化，包庇、纵容黑社会，由一个立过功的人变成了罪犯。

记者：人们很关心，文强蜕变的原因是什么？

办案人员：文强的蜕变有几点：一是理想信念垮塌，由追求事业成功到追求个人名利；二是放松思想改造，缺乏正确的人生观、价值观、权力观；三是居功自傲，官欲无度，得不到满足，就牢骚满腹、放纵自己，直至滥用权力、违法犯罪；四是侥幸心理严重，自以为位置特殊，资格老、贡献大，而且是“办案专家”，就算违法乱纪，也轻易查不到；五是是非不分，滥交“朋友”，收钱就帮忙，帮商人赚钱，帮部下升官，帮黑社会藏污纳垢，最后帮上了不归路。

记者：据介绍，文强后期大搞特殊化，为所欲为，您认为需要吸取什么教训？

办案人员：领导干部只有树立坚定的理想信念和遵纪守法的观念，想清楚“谁给的权，为谁掌权，为谁服务”这一根本问题，才能始终保持本色，敬畏法律和制度。用薄熙来的话说，党员干部要始终与群众“一样”又“不一样”，这其中的“一样”就是，不管当了多大的官，还是百姓之一，不能搞任何特殊。否则，就离犯错乃至犯罪不远了。

记者：文强说，和一些“部下”、“老板”只是朋友，平时一起吃饭喝酒，打打牌，送点礼，间或办了点事，是人之常情，不算受贿。这种说法站得住脚吗？

办案人员：“一手交钱一手办事”，已是很“原始”的受贿形式了。不少人是平时请客吃饭，送钱拉好关系，以后有事再找你，这种方式比较隐蔽。但不论是“部下”，还是“老板”，送钱都有明确的目的性。前者是为了评选或是为了升迁，后者为了照顾生意，或是形成在“官场”底子厚、根子深的社会影响等，就像是长期投资和买期货。

记者：中国人讲究礼尚往来，领导干部也不可能不交朋友，怎样把握分寸？

办案人员：有人存在的地方就有人情往来，除经营正常借贷活动外，人与人的经济往来，从法纪上有收送礼金和贿赂之分。朋友之间表达感情，所送钱物讲究平等往来，且一般数额较少，没有任何不正当的目的要求，这是收送礼金；借

“礼尚往来”之名送钱，请你帮忙谋取利益就是行受贿。

文强说，过节和生日时“部下”给他送钱，“部下”有事自己也要拿钱，属于礼尚往来。这种说法貌似有理，实则无理。一是送他之人众，他还送的人少；二是别人送他一两万，他送人三五百、一两千，甚至认为出个场就是给人家面子了；三是大多数送钱财的人都有很强的功利性，文强也都给他们办了事、谋了利。这是典型的受贿行为。其实，礼金和贿金并不难区分，且当事人也完全具有识别能力，文强的狡辩，是自欺欺人。“世界上没有免费的午餐”，一旦触犯党纪国法，就会受到惩处。所以，领导干部与人交往，绝不能以获利为目的。

记者：有人说，文强为所欲为，与其久居高位、难以制约有关，您如何看待这个问题？

办案人员：文强在公安局副局长任上，一干就是16年，后来又做主持工作的常务副局长，这主要因为他有一定的专长。但任职过久，呼风唤雨，对他的监督和约束就会困难，再加上个性张狂，作风霸道，同级、下级对其敢怒而不敢言。市里已采取措施，加大干部交流力度，对重要岗位领导干部实行制度性交流，这样既可预防腐败，又为领导干部多岗位锻炼提供了机会，也应了“流水不腐，户枢不蠹”的道理。

这篇报道不仅仅停留在人物与事件本身，而是透过个案中的具体事实，反思官员这一群体存在的主要问题，并且分析其原因所在，指明减少甚至避免违法违纪的途径，针对性极强。

四、负面人物通讯应注意的问题

负面人物，尤其一些贪官和罪大恶极的犯罪分子一般都是劣迹斑斑、罪恶滔天，所作所为罄竹难书。首先对一些犯罪细节应防止描写过细、渲染过度，否则会成为其他不法人员进行作案的技术指导。如腐败分子权钱交易、权色交易细节记录等，可以采取略写的方法处理。再如一些凶杀现场惨状的特写，刑事案件作案过程描写太滥，也会给社会带来诸多负面影响，尤其是给青少年的成长造成精神污染，教唆犯罪等。再次，媒体对这些报道不应一哄而上，连番轰炸，造成烧、杀、抢、淫现象的强势，给人们一种片面的印象：“官员没几个不贪”、“富人没几个好东西”。客观报道不隐瞒事实真相，也不能片面追求轰动效应而让人对社会产生错觉。

【思考与练习】

1. 英雄人物是否该淡出公众视野？

2. 典型报道该如何报道？
3. 写英雄人物事迹应注意哪些问题？
4. 仔细阅读教材附录的几篇人物通讯，探讨英雄人物平民化的写作技巧。

第十五章　工作通讯

【本章提要】

工作通讯是报道工作中的经验和问题，从中找出某些规律性的东西，以此指导、推动实际工作的报道文体。它能够剖析工作中的难点问题，探讨对策，启迪思想。

本章着重探讨工作通讯的报道内容、写作思路及其舆论监督作用。

第一节　工作通讯的报道内容及文体特征

一、工作通讯的报道内容

（1）报道各种生动、典型的事件或事实，介绍某项工作中的一些先进做法和经验。

（2）批评和揭露实际工作中存在的问题，研究解决这些问题的思路或对策。

（3）反映工作中的某些带倾向性的苗头，及时引起有关部门和单位的重视。

二、工作通讯的文体特点

（一）针对性强

针对性强，指报道某项工作中的一些先进做法和经验，以利于推广；报道实际工作中存在的问题，以研究解决这些问题的思路或对策。

（二）时效性强

时效性强，指密切关注社会某些方面的动态和发展趋势，及时反映尚未表征出来的问题，引起重视，达到警醒的效果。

（三）借助事实，深入分析

工作通讯能够对一个题材进行多方位、多角度的剖析，运用大量事实和背景材料把问题写透、写深，分析、研究出现问题的原因。

第二节　工作通讯的写作思路

工作通讯的写作思路主要在于抓住两条线索：第一条线索是在报道工作中存在的问题时要抓住带有普遍性、根本性的问题，以便于及时修正；第二条线索是在报道工作中的经验时要抓住规律性的东西，以便于指导以后的工作。

一、舆论监督，及时纠正工作中的重大失误

（1）工作通讯的报道价值在于及时发现工作中存在的某些现象、问题，对这些现象和问题进行全面归纳和不断追问，达到发人深省的作用。

（2）工作通讯的报道效果在于以事实服人，做到实事求是。不但准确叙述出事实的原貌，而且能透过现象看到本质。以新加坡《海峡时报》的一则报道为例：

中国"形象工程"损害党和政府威信

安徽省望江县是一个贫困县，当地政府2009年的财政收入只有1.71亿元人民币。但这并没能阻止望江县官员为自己新建一座配备了露天咖啡座、鱼趣台甚至音乐喷泉的办公大楼。

按照新华社上周的报道，这栋办公大楼的建筑面积达到43 600平方米，相当于8.5个美国白宫。项目总造价约为6 300万元。

这样的项目被称为"面子工程"或"形象工程"。下令兴建此类工程的地方官员想要树立自己的形象，却忽视了群众的实际需求。

中国有很多这样的建筑。《中国青年报》上周对1 600多位网民进行的调查显示，有多达97.5%的人表示自己所在的城市里存在形象工程。

这些形象工程的样式和规模各异，有像望江县这样豪华的政府办公大楼，也有许多贫困县市选择了华盛顿国会大厦那样的建筑风格。

中国还有许多文化形象工程，从宏伟的剧院到壮观的体育场一应俱全。许多文化形象工程几乎没有任何用处，因为当地群众缺乏维持此类设施运营所需的素养和兴趣。江苏省阜宁县成了网上讽刺挖苦的对象，因为它不但修建了一座"山寨版世博会中国馆"，还建了个"山寨版悉尼歌剧院"。

许多形象工程还与它们所处的地区不相称。例如，地处西北的陕西省西安市斥资5亿元打造了一个号称"亚洲最大"的音乐喷泉，而陕西省是一个严重缺水的省份。

北京理工大学胡星斗教授指出，把中国和美国比一比的话，美国的许多地方政府大楼还没有一幢别墅大，美国地方政府中的官员数量也要少一些。而中国的地方官员为数众多，他们都想坐在豪华的大楼里办公。最重要的是，地方官员之所以热衷于搞面子工程，是因为他们可以从工程中拿到大笔回扣。分析人士说，官员们从开发商那里拿到的“回扣”通常是总工程款的15%。

两周前，中国国家副主席习近平要求地方政府不要盲目追求表面政绩。他在中共中央党校主办的《学习时报》上撰文指出，形式主义的东西势必造成人力、物力、财力和时间的浪费。“形象工程”、“政绩工程”等严重损害党和政府的威信。

早在两年前，中国国务院总理温家宝就在向全国人大作政府工作报告时警告地方官员：“绝不能搞劳民伤财的‘形象工程’和脱离实际的‘政绩工程’。”

但分析人士认为，光靠劝诫是没有用的。催生此类工程的一个重要因素在于，地方官员希望通过这样的挥霍行为推高GDP，因为他们的升迁在很大程度上取决于经济增长。胡星斗教授说：“形象工程反映了我们社会的弊端。它们不会在一夜之间消失。”

来源：新加坡《海峡时报》，2011年3月30日

从写作上来说，这篇不过千字的工作通讯有以下几点特色值得借鉴：

第一，舆论监督，实事求是，真正起到了治病救人的目的。这篇工作通讯所抓的问题——“面子工程”，在当时极具普遍意义。网易新闻在2011年5月3日发布的《人民日报登读者来信 集中曝光各地“形象工程”》一文，就对当时全国一些地方的“形象工程”进行了统计，结果表明引起社会巨大关注的就有五六起，可见“形象工程”在当时俨然成为一种风气，并且有愈刮愈烈之势，如果不加遏制，就会引起极坏的社会影响。因此，在这个时候对这些极具代表意义的事件进行报道，就是向这股不正之风叫板，引起社会和相关政府部门注意，从舆论和政治手段两个方面与这种不正之风作斗争。这篇报道见报后，在社会上引起了比较强烈的反响，并和其他关于“形象工程”的报道一起，形成巨大的合力，让人们对这一现象有了更加深刻的认识，促使相关单位进行反思和整改，从而在源头上遏制了这股歪风邪气，保障了人民的根本利益。

随着中国社会主义市场经济和改革开放的不断深入，社会上一些新情况、新问题和新矛盾不断涌现，迫切地需要媒体去“把脉”，而工作通讯这一“药方”越来越凸显它的威力，能够真正起到治病救人的作用，并正以它特有的优势，显示出巨大的生命力。

第二，主题重大。主题重大的报道，一般主要是指围绕党和政府的重要决策

部署、中心工作和时代主题所进行的报道。当中央领导人还在一而再、再而三地强调地方官员“绝不能搞劳民伤财的‘形象工程’和脱离实际的‘政绩工程’”时，一些地方官员却充耳不闻，严重损害了政府的威信和形象，也伤害了人民群众的利益和感情，不得不说这是一个主题重大的报道。

面对一项主题重大的报道，媒体该如何进行报道，既是新闻创新的重要抓手，也是检验舆论引导能力的重要标志。而工作通讯就是这样的一把匕首，直刺问题的咽喉，通过对问题的报道和对后果的分析，以理服人，给人以思索和启迪。

第三，事实材料丰富，说理透彻。报道抓住了关键的事实，写得深、写得透。把事情的开始、进展、结果、危害程度等写得清清楚楚并且简明扼要。写工作通讯的目的是为了分析、研究和解决问题。在说完“形象工程”的危害之后，记者没有就此罢手，而是采访了一些专业人士，把问题出现的根源和解决方法一一道来，集思广益，对症下药，使得报道形成全方位、多角度的态势。

二、善于发现带规律性的经验

工作通讯不是工作总结，不像总结那样重在回顾过去。工作通讯的价值在于，善于通过有新闻意义的事实反映出工作中的创新性和针对性，不像总结那样叙述工作过程。工作通讯的重点在于结果，对结果进行画龙点睛的概括归纳。看下面的例子：

美国如何织出最大养老安全网

伊丽莎白今年75岁了，独自一人居住在美国新泽西州伯根县的一幢独立住宅里。她有两个女儿和三个儿子，孩子们都已成家，节假日常常带着自己的孩子来看望她。她有一个女儿住在附近，经常来照顾她的饮食起居，她儿子也常常来帮她做一些只有男人能做的重活。

她是一个黎巴嫩移民，到美国已有40年，早已加入美国籍。她有房子和一辆旧车，银行存款在2 000美元以下。根据相关法律，她可以申请十多种社会福利：联邦社会保障补助和新泽西州的社会保障补助，这两项补助加起来每月能拿到700多美元的现金；她还可以享受联邦政府的医疗照顾计划；联邦和州政府的两种贫困老人药物补助计划；两种减税计划；三种食物补助计划。此外，她还可以享受电费补助和取暖补助，如果她没有自己的房子，她还可以申请贫困老人住宅或者住宅补助。

支出超过国防预算

美国养老社会保障，堪称世界上最庞大、计算最复杂的养老体系。为了让养老体系尽可能公平、公开、合理，专家、学者们设计了一大堆复杂的计算公式，以适应各种情况。每一个人因其生活环境、工作年限、工资收入、家庭状况、个人财力不同，可能获得的养老金或者社会福利有很大差异。

联邦政府管理的养老系统主要有两大类：一类是社安金，其资金来源于个人工资及其雇主，由联邦政府强制性征收并且统一管理；另一类是贫困老人补助，该计划由联邦财政部出资，社安局代管。各州政府根据自己财力，在联邦社会保障的基础上有所补贴；雇主根据自身财力状况，为员工提供不同程度的养老补助。

美国的养老社会保障制度是由联邦—州—雇主—个人联合编织的一张安全网，既保证工作多年的人退休之后能够获得一定的养老金，又为极端贫困的老人“老有所养”提供最低生活保障。

社安金实质上是一个由联邦政府管理的社会保险制度。其核心是要求所有工作的人和雇主缴纳社安税，用以支付退休金。社安金是美国最大的社会保障计划，2010 年总金额为 6 779 亿美元，在联邦财政预算中居首，占 19.63%，第二位是国防预算，占 18.74%。无论是绝对数还是在各项预算中所占比例，都堪称世界最大规模的单项政府支出。

联邦社安局公布的资料显示，2010 年，大约 1.56 亿人被纳入了社安金计划，占美国总工作人口约 93%；大约 3 400 万退休老人获得了 400 亿美元的社安金，这些老人中有 290 万人所赡养的亲属获得了 17 亿美元的社安金，平均每位退休老人及其所赡养的亲属每月获得 1 170 美元的社安金。2010 年 90% 的 65 岁以上老人收到社安金，占同年退休老人资金来源约 40%。

公司福利存在差异

美国的雇主为雇员提供的养老福利有很大差异。以联邦政府公务员为例，联邦政府养老体系经过多次调整和修改，目前通行的办法是联邦政府像所有美国雇主一样，需要为雇员交纳社安税；同时还为公务员建立了退休账户，鼓励雇员在自愿的基础上定期储蓄，这笔储蓄金可以享受税务优惠，但有最高限额，联邦政府按照雇员存款额和工资额计算，匹配一定金额作为福利；此外，联邦公务员到年龄退休时，根据工作年限长短/工资额度综合计算，每年可以领取 1% 的养老金。工作 30 年的人退休时每年大约可以领取原工资 30% 的养老金。因而，一个联邦公务员退休后的资金来源是社安金、个人退休账户和养老金三者相加的总和。

私营公司的员工退休账户叫作 401K。一般而言，很多大公司的福利优于联邦政府，为其雇员的 401K 提供更高补助，并且给予员工更多养老金；很多中小公司除了按照法律规定必须向联邦政府交纳社安税之外，不为员工提供任何养老福利。据联邦社安局公布的资料显示，美国52%的雇主不给养老金，31%的雇主没有为员工开设养老账户或者没有为养老账户提供补贴。

贫困老人“老有所养”

解决低收入或者无收入老人的养老问题对任何一个国家都是一个难题。美国有一部分老人因为没有工作或者工作时间不够法定领社安全年限，不符合领取社安全的条件。还有一些长期从事低收入工作的老人退休后社安全不足以维持最基本的生活，联邦政府为这类老人提供贫困老人补助（SSI）以及其他社会福利，作为最低生活保障。贫困老人补助SSI资金来源为联邦税收（非社安全税收），由联邦财政部出资，社安局代管，是一项专为老人、盲人和残障者提供现金援助的社会福利。

2009年联邦政府为770万老人、盲人和残障人士支付了420亿美元，以满足其基本生活需要，包括提供食品、衣物和住所。平均每人每月获得674美元补助，或者每对夫妻1 011美元。各州情况不一样，有些州在联邦补助的基础上再增加一些补贴，因而实际收入会高于这一数字。

联邦政府对于老人贫困补助申请者的个人收入和财产都有严格规定，如果受益人或者家属另有收入来源，领取的补助金会相应降低。老人是否独居，家庭成员的收入多少，都会影响补助金额计算。个人的工资收入多少，是否领取社安全以及各项福利，是否领取退休金或者从他人那里获得的馈赠物品、食物和住宅等等也会影响补助金额计算。

法律规定，个人资产（包括现金收入、银行账户、股票、债券等）不超过2 000美元，夫妻不超过3 000美元（各州规定有差异）的65岁以上美国公民，就可能符合领取SSI的条件。住房和汽车不作为个人资产计算在内。领取SSI者必须首先申请所有能够获得的其他现金福利，通常会得到食物券和医疗与医药补助。医疗补助将支付医生与医院的费用，食物券则帮助购买食物。有些老人的社安全少于老人贫困补助金额，可以补足差额部分。

来源：《参考消息》，2011年3月9日

这篇通讯从多个方面生动细致地写出了美国的养老社会保障制度是如何保障美国老年人“老有所养”的。报道从美国的养老社会保障制度已经取得的成效入手，阐明取得这些成果的主要因素。采写这篇新闻报道的原因，是要从美国已经建立的健全的养老社会保障制度中得出一些有价值的经验，发现其中的内在规律性，可以为我国甚至其他国家提供参考借鉴。

此外，这篇通讯最大的特点是善于运用大量翔实的数据，能够全面、客观、精确地阐述出美国的养老社会保障制度所面临的挑战和取得的成绩。并且，报道以一篇事例开头，不仅能够吸引读者，更使读者能够直观轻松地了解到美国的养老社会保障制度的具体内容，以及是如何惠及每一个普通老人的。工作通讯应力求把问题和经验讲透。要做到这一点，首要的是精选具体、典型、有说服力的事例。同时，针对事例进行分析，引出话题并层层深入，把问题和经验讲透。

第三节　工作通讯报道的变化

一、人本意识、环保意识增强

要把对"工作"内涵的认识范围扩大，不仅仅局限于党政机关、企事业部门，或者某一行业、某一领域的工作，社会上的某种现象、某些问题也可以透视出工作中的政策贯彻执行、工作方法等问题。如在2012年"十一"黄金周长假期间，全国多地景区到处摩肩接踵，人潮涌动，出现客流"井喷"现象。2012年10月4日的《羊城晚报》就据此发表了《多地景区客流井喷　不见名胜只见人海》一文，对这个现象进行报道并深入探讨出现这种情况的原因。这篇报道反映出一些景区和旅游部门未能及时传播信息、主动发布安全预警等措施，高速路免费通行也激发了人们的旅游消费热情，这些因素导致了这些问题的产生。2012年3月7日《羊城晚报》发表的报道《北京文物保护单位：康有为故居面临拆迁风险》，对当时的北京市文物保护单位、康有为故居"七树堂"遭受严重破坏，而且面临被拆迁重建的情况进行了实地采访调查，在报道最后，把相关政协委员、北京文物局以及广大网友的呼声呈现出来，呼吁保护文物的迫切性和重要性，促使该事件朝着理性的方向发展。由此可见，工作通讯的报道范围在逐步扩大，促进了工作通讯报道的繁荣。

二、服务意识、法制意识增强

舆论监督性通讯增多，报道中对工作的失误思考加深，记者通过对一些突发性事件深入采访，发现事件的发生实际上是工作中的失误造成的。如《南都周刊》2012年4月9日刊登的一篇报道《我可以对汽油说脏话吗?》指出，虽然中国油价已经比美国贵，但油质远低于美国，"据测试，中国最高标准的97号汽油，只相当于美国的87号。而87号汽油，实际上是美国的最低标号"。对处于垄断地位的两大石油集团——中石油、中石化提出了指控。这是媒体对社会不公现象的一种揭示，通过舆论，让政府和相关单位进行思考并且采取改进措施，切实保障广大人民的利益。《南风窗》2012年4月11日刊登的《稀土：路风村的疯狂与忧伤》，记者通过深入调查，从路风村疯狂的稀土开采背后看到了地方政府在利益的诱惑前公然扮演保护和“通风报信”的角色。并且，记者深入现场进行实地观察，写出的报道真实生动，现场感强，能够为报道准确到位的分析奠定一定的基础。

【思考与练习】

1. 工作通讯的文本具有哪些特点?

2. 近年来，我国工作通讯报道的理念与写作发生了哪些新变化?

3. 找一篇新近发表的工作通讯作品，分析它是否起到舆论监督作用和发现一些工作经验的，并指出是如何体现的。

第十六章　风貌通讯

【本章提要】

风貌通讯比较好地继承了我国历代山水游记的文本特征，它能够记录一定历史条件下的社会现象和时代变迁，具有浓厚的时代气息和历史画面感。风貌通讯的写作灵感多来源于对生活、对社会的细致观察，能够抓住事物的主要特征，写出变化、写出情趣来。

本章主要介绍风貌通讯的文体特征、报道形式和报道范围及其写作风格。

风貌通讯，又被称为概貌通讯，指一种报道现实生活和自然生活中的新风貌、新变化的体裁形式。

它往往用具体的事例来叙述和描写一个地区、一条战线、一个单位、一个群体、一个点、一个方面的风貌特点，展现时代的步伐和人的思想面貌的变化。

风貌通讯重点写社会动态和社会变化，也侧重自然风貌、人文景观和风情民俗，更多的是把自然风貌与社会风貌糅合在一起写，通过自然风貌来展示社会的风貌。

风貌通讯描绘的社会风貌和自然风貌大多是概略性和轮廓性的，故风貌通讯又被称为概貌通讯。不少风貌通讯是记者所见、所闻、所感的真实记录，有人也称之为旅途通讯。

中国最早写风貌通讯的当属邹韬奋。1933 年 7 月因受迫害流亡国外，邹韬奋先后写了《萍踪寄语》、《萍踪忆语》等四本游记随笔，这是 20 世纪 30 年代风貌通讯中少有的佳作。邹韬奋的风貌通讯有几个特点：①思想价值，通过故事的描绘揭示了华美窗帷后面的资本主义社会的问题；②表现特色，选材典型，以小见大；③语言风格，文字具体生动，带着辛酸的幽默写资本社会的世态炎凉，对劳苦大众寄以深切的同情。

邹韬奋的国外通讯名篇《华美窗帷的后面》如下：

前天我在伦敦的一个中国菜馆里请一位朋友同吃晚饭，谈得颇晚，客人渐稀。不久有一个妙龄英国女子进来，坐在另一桌上，金发碧眼，笑靥迎人，沉静而端庄，装束也颇朴素而淡雅；从表面看去，似乎无从疑心她不是“良家妇女”，但这位朋友知道她的身世凄凉，因受经济压迫而不得不以“皮肉”做“生产工具”。我为好奇心所动，就请认识她的这位朋友把她请过来，请她同吃一顿饭，乘便详询她的身世，才知道她的父亲也是参加世界大战而送命的，母亲再嫁，她自己入中学二年后，便因经济关系而离校自食其力，在一个药房里的药剂师处当助手，做了两年，对此业颇具经验，但后来因受不景气的影响，便失业了；忍了许多时候的苦，才在一个商店里找到一个包裹货品的职务，小心谨慎地干着，不久又因经济恐慌而被裁，于是便加入失业队伍里面去了。多方设法，无路可走，除求死外，只得干不愿干的事情。她此时虽在干不愿干的事情，但因青春美貌还能动人，所以对“男朋友”还能作严格的选择。我说，青春易逝，美貌不留，不可不作将来打算，不择人而嫁，便须极力寻业。她说，嫁人不能随便在街上拉一个，很不容易，寻业已想尽方法，无可如何，并说比她更苦的女子还多着哩，有不少女子终夜在街上立着候人，直到天亮无所获而垂头丧气，甚至涕泪交流的，所在多有。

据记者所见，她的话并非虚伪的。平日我夜里十点后总不出外，最近因参观几个大规模的报馆，往往深夜始归，那样迟的时候，公共汽车及地道车都没有了，另租汽车又贵得厉害，只得跑腿，上月三十日夜里参观泰晤士报馆（*The Times*），走过日间很闹热的大街叫做“Charing Cross”的时候，已在夜里两点钟后，果见两旁行人道上，每隔几家店门便有女子直立着等候什么似的，因怕警察干涉，仅敢对你做媚眼，或轻声低语，这类“站班小姐”大概都比较的年大而貌不扬，找不到“男朋友”，只有“站班”的资格了！

这篇风貌通讯以“我”和“记者”的身份出现。细节完全真实。语言采用散文笔法，娓娓道来，自然流畅。

邹韬奋的这些海外通讯发表在由柳湜主编《新生》周刊的《街头讲话》专栏上，因此通俗、散文化是其独特的风格。[①] 学者说称邹韬奋的这些通讯为“特写”更确切。[②]

读者和学者更多把《萍踪寄语》和《萍踪忆语》作为散文而不是作为新闻作品来读。如同恩格斯的《从巴黎到尼泊尔》（《马克思恩格斯全集》1848 年 10 月底—11 月采写）和冰心的《印度之行》（《冰心全集》）等作品一样，人们都把它们当作散文来读。

---

① 方汉奇. 中国新闻事业通史（第 2 卷）. 北京：中国人民大学出版社，1996. 583.

② 丁柏铨. 当代新闻文体写作. 西安：陕西师范大学出版社，1998. 263.

其次，倒不在于邹韬奋的海外通讯中的描绘太多，因为纯客观的消息也有白描，而是其新闻性并不突出或缺少新闻价值的缘故。这也许是早期风貌通讯的写法。

除了邹韬奋的海外通讯外，还有瞿秋白的《俄乡纪程》和《赤都心史》、周恩来的《旅欧通讯》、范长江的《中国的西北角》、潘非的《海外掠影》等都是早期风貌通讯的名篇。

从这个意义上说，早期的风貌通讯大都以散文化笔法写作。但也出现一个问题：文学味较浓，新闻性不足。因而早期的风貌通讯被称为报告文学可能更合适。

21 世纪以来，风貌通讯这种文体并不活跃，主要表现为内容的新闻性不足、写作方法有颂扬化倾向，导致有些报道不像风貌通讯的体裁。

风貌通讯是一种新闻体裁，记者采用新闻的视角去采访写作。要求先在观念上树立风貌通讯是一种新闻体裁的意识，然后在采访上再按照新闻的标准来判断采访对象的信息资料，以是否有新闻性作为取舍的主要标准。这样，才能首先确定要采写的对象有没有新闻性，然后才能做到采访时所收集的资料是新闻信息，而不是大量的成就数据等。另外，在写法上要避免过于散文化的倾向，避免空洞的议论、抽象的抒情和浓烈的颂扬。①

第一节　风貌通讯的文体特征

一、形式多样

风貌通讯主要以记者采访过程中的见闻为主要内容，文体形式较灵活，报刊和网络媒体上以见闻、巡礼、侧记、散记、纪行、掠影、纪游、见闻录、印象记、旅行记闻等形式出现的文章都属于风貌通讯。

二、题材广泛

风貌通讯在表现题材上比其他通讯更加广泛、多样、灵活：①反映一个地区、一个战线或一个群体发展变化的新风尚、新面貌；②报道重要的建筑工程、展览会等内容；③介绍旅游风光、历史文物和名胜古迹；④反映异国他乡的社会现状和风土人情。

---

① 李铁锤．浅析风貌通讯新闻性缺失的原因．传媒观察，2011（1）．

风貌通讯的写作往往是通过抓住特色，点面结合，来开阔受众视野，增长受众见识，给人以现场感和文化感。

三、情趣盎然

风貌通讯一般描写记者的直观印象，表达自己的感情。与其他通讯不同的是，风貌通讯通过记者的描写和感受，让受众既有身临其境之感，又有思索品尝之味。正因如此，优秀的风貌通讯往往耐读，经得住时间的冲洗。第一，具有知识性。地理、文化、环境、风俗人情、民谣、神话传说、历史典故、科技、诗词歌赋等方面知识均可运用。第二，文字优美。第三，有文化价值。风貌通讯描写的风景、事件或风俗民情，一般都体现出历史价值和思想价值，给人以思考或享受。

例如2011年5月26日人民网《健康时报》发表的《记者探访中国慢城——那里的生活究竟有多慢?》就是一篇比较典型的风貌通讯。记者在被评定为我国首个"国际慢城"的江苏桠溪镇，通过一个月的实地采访，写出了那里独特的生活情调——慢走路、慢吃饭、慢赚钱，写出了那里放松、回归自然的生活状态。这些描写以记者的亲身感受和体验为主，其中记者讲述的几个画面，例如如果你走路快了，冷不丁会有人拿着秒表走过来，问你为什么如此匆忙；不开分店也不扩大面积的面包房，只能站下两名顾客，第三个人就得站在店外了……这些画面不仅刻画出那里慢节奏的生活状态和居民悠然自得的心态，也让读者有身临其境之感，并能够更好地理解生活，对人生产生新的思考。

第二节　风貌通讯的写作

写好风貌通讯应注意以下几点：

一、细心观察，突出见闻

西汉史学家司马迁读万卷书，行万里路，写成"究天人之际，通古今之变，成一家之言"的不朽巨著《史记》。司马迁从20岁开始，在全国范围内作学术考察。前后20年，足迹踏遍大半个中国。他到过湖北、湖南、安徽、山东、江苏、浙江等地。在浙江探访"禹穴"，考察大禹治水的业绩。到山东曲阜，瞻仰孔庙、孔林等，为写《孔子世家》准备素材。

写好风貌通讯，记者必须亲历现场、亲眼所见、亲耳所闻，才能观察到有价值的见闻。

"突出见闻"，即突出新闻性。风貌通讯是新闻文体，不是文学文体。"见闻”就是记者观察到的活生生的事实。活生生的事实是写作重点，要多、实、新，背景材料少、精。写真实的事物，叙述、描绘时要具体、形象。

“突出见闻”，将那些能反映报道对象特点的具体事物、场景、精彩片断和侧面与报道对象全貌结合起来，让人们既能了解报道对象的全貌，也能看到报道对象的细微之处，以形成立体化的认识。

二、抓住特征，写出变化

“地域性”是风貌通讯的一个明显特征，即与其他地方的不同之处。首先，要抓住有个性和特点的具体事实。“地域性”的内容很多，不能面面俱到。因此要找出那些有个性的、有特点的具体事实来写。其次，采用移步换形法。像带领读者去参观一般，给人们介绍自己的所见所闻，娓娓道来。要在作品中交代“行”的路线。“行”，就是现场，就是动感，就是吸引力；“行”有起始和终结，以“行”为线索就能使文章顺而有序。如穆青的《水城威尼斯》就采用这种描述方法。写作风貌通讯如果不“行”，则往往会无事可记、无闻可述。记者在行进中，通过自己眼、耳、鼻、舌、身和心的感受与头脑的思索，向读者传递各种信息。“行”在延伸，信息在增加，印象在加深，认识在深化，这才会写出丰厚深刻的风貌通讯。① 最后，突出“变”。风貌通讯在于描绘出时代的变迁，展现社会的进步。主要运用对比衬托的手法。这种对比通常是从多方面进行的，在对比的两面中，旧的一面只是给新的一面起陪衬作用，只是表明面貌变化的起点，从而突出新貌，展现时代的变动。如《今日白帝城》就是在描述今日新貌时，穿插一点过去的背景，构成一种反差，让人感觉到白帝城惊人的变化。

《人民日报》记者的风貌通讯《金刚山感怀》，写的是朝鲜旅游管理的变化：

这是一片几乎用铁丝网封闭起来的旅游区域。两年前，当时的现代集团名誉会长郑周永抗美援朝，和朝鲜签订了开发金刚山旅游的协议，韩国人可乘船直接穿过三八线进入朝鲜金刚山旅游。来旅游的韩国人除了按照指定的路线去登山，去领略山清水秀和没有一点污染的自然之美外，还可以在这里自由自在地歇息、就餐、购物，并观赏平壤牡丹峰杂技团精彩的表演。如今，这里已经按照事先的设想修建了“温井阁”、“金刚山温泉塘”和“金刚山文化会馆”等旅游设施。现代商船株式会社在开辟金刚山旅游路线的同时，也带来了韩国式的服务管理，让人在这里有“宾至如归”的感觉。温井阁内设有小卖部，客人们可以买到在

---

① 周胜林．风貌通讯写作技艺．报刊之友，1997（10）．

韩国难以买到的朝鲜产的各类烟、酒、药品和工艺品。金刚山的温泉是有名的，游人可以痛痛快快地去金刚山温泉塘洗一个温泉澡，解除一日的疲劳和紧张。许多韩国游客对金刚山的温泉流连忘返，他们在洗过一次之后，不惜在第二天缩短登山游览的时间，赶早回去再去泡第二次温泉。

来源：《人民日报》，2000 年 7 月 28 日

两年前的金刚山，是一片几乎用铁丝网封闭起来的旅游区域。朝鲜与韩国共同开发金刚山旅游以后，不但旅游设施得到改善，还带来韩国式的服务管理，让人在这里有“宾至如归”的感觉。通过叙述这样的“变化”，让人感受到时代发展带来的新气息。

三、叙、描结合，写出情趣

风貌通讯是写记者见闻，以及让记者印象深刻的人、事和景物，因此表达方式灵活，以叙为主，可以发表议论和抒情，通过叙、议结合，情景交融，来打动人、感染人。

叙典型之事实，叙出概貌。概貌不是概念化的叙述，也不是面面俱到，而是记者通过所见、所闻、所观察到的典型事实，反映某地、某事的全貌。

新华社记者写的风貌通讯《穿衣一块布吃饭一棵树住宿有棚屋——探秘全球“最幸福国度”——瓦努阿图》其中一段：

瓦努阿图陆地面积 1.22 万平方公里，水域面积 848 万平方公里，由 80 多个岛屿组成，全国人口仅二十几万。这里属热带海洋性气候，雨量丰沛，盛产各类热带果蔬。记者在维拉港所在的埃发特岛看到，邻近环岛公路的种植园里种有大片作物，包括可以充当主食的甘薯、芋头、山药和好几种绿叶蔬菜，香蕉、木瓜、芒果和椰子树也随处可见。正是得天独厚的自然条件使瓦努阿图人可以简单地生活。所谓“穿衣一块布，吃饭一棵树，住宿有棚屋”，是因为天气炎热，穿衣自然不多；因为物产丰饶，吃饭问题好解决；因为终年长夏，住房可以很简易：竹片、藤条、椰子树枝叶经过编织后均可作墙壁，甘蔗秆、铁皮、瓦片则能充当屋顶，人们席地而卧，不需太多家什。

来源：新华网，2010 年 8 月 19 日

这段文字抓住了几个典型事实：瓦努阿图的陆地、水域面积，气候，种植和人们的生活情况，又重点写社会生活情况。社会生活情况用“穿衣一块布，吃饭一棵树，住宿有棚屋”来概括，极为简洁又富有特征。这是典型的概貌式叙事。

描写。往往和叙事结合运用。如“街上行人走起路来不紧不慢，脸上多是一副轻松自在的表情”。看起来是在叙事，其实夹杂描写。“不紧不慢”、“轻松自在的表情”就属于描写。

议论。也往往和叙事结合使用。议论并不在多，画龙点睛即可。

下面是《穿衣一块布吃饭一棵树住宿有棚屋——探秘全球“最幸福国度”——瓦努阿图》一文结尾处的文字：

通过在当地的所见所闻所感，我对瓦努阿图当选“最幸福国度”产生强烈认同。它的环境没有被工业污染，海水蔚蓝透亮，空气新鲜纯净。它的人民没有被物欲左右，保持着淳朴善良、热情好客的传统。它的确是一个让人轻松快乐、远离都市繁喧的地方。

幸福是每个人都追求的东西，幸福的内容却很不相同。瓦努阿图的“最幸福”显然不是基于财富尺度。不知瓦努阿图人简单、舒缓的生活，会不会让物质第一、终日奔忙的人感到羡慕呢？

来源：新华网，2010 年 8 月 19 日

全文以叙事为主，结尾处的这两段话中，第一段有概述、有议论。“强烈认同”、“没有被物欲左右”、“淳朴善良”等包含记者情感和评价的词汇有议论的成分，其余是叙事。第二段主要是议论，是记者发表的对幸福的看法，总结全文，升华主旨。

四、通过写人来展示风貌，并在展示风貌中展示人的风采

风貌通讯不能只写风景而忽略写人，作为报道，着眼点又是写人。通过写人来展示风貌，通过写人，可以让通讯活起来。但风貌通讯的写人没有人物通讯中那么详细，更多的是概括叙述，写出人物的特征即可。

《在这片精神高地上——驻西藏部队用先进军事文化铸魂育人散记》（《解放军报》，2012 年 5 月 10 日）是一篇长篇风貌通讯，主要写驻西藏军人的精神风貌。

文中写高寒缺氧的西藏高原，写雪域边关的恶劣环境，但写作中的重点是通过环境来塑造人的精神。因此，写环境离不开写人物。

毕业于解放军外国语学院的翻译李兴，自 1997 年以来一直坚守在这里，除了会晤站的日常工作，他还经常随官兵一起巡逻执勤。15 年的摸爬滚打，使他不仅对边防法规和相关国际法了如指掌，而且熟悉边境口岸的一山一石，熟悉巡

逻路上的一草一木，堪称新时期边防线上的“外交官”。

这类描写人物的方式类似于简历式叙述，既叙述了外国语学院毕业的翻译李兴的大致经历，也写出了李兴的突出特征：“15 年的摸爬滚打”、“对边防法规和相关国际法了如指掌”、“熟悉边境口岸的一山一石，熟悉巡逻路上的一草一木”。这里写人物的方式是记者叙述出来的、间接性的，人物并没有出场。

除了简历式叙述外，还有细节式叙述。细节式叙述主要是通过一两个典型细节来描写人物的精神风貌。

甘巴拉雷达站报务员陈书远，在阵地值班期间，一天接到 3 封加急电报：“爱人难产，速归！”当时航空兵部队正在西藏驻训，任务繁重，而阵地上只有他一个报务员。当他一狠心把电报揣进口袋时，千里之外的妻子已被送进手术室，医生边抢救边责备：“谁是她的丈夫？太不像话了！”妻子忍着剧痛辩解：“医生，请不要骂他，他在西藏当兵……”一句话，在场的人全哭了。

“当他一狠心把电报揣进口袋时”这之前的叙述，是间接性叙述，为下面的细节叙述作铺垫。“医生责备”、“妻子辩解”、“在场的人全哭了”等细节也都是间接叙述。通过这些间接叙述，来描写雷达站报务员陈书远，因为阵地上只有他一个报务员，他无法离开工作岗位去照顾千里之外的妻子生产的事情。通过对这些细节的叙述，表现了驻藏部队官兵们的精神境界，即军人的信仰。

《在这片精神高地上——驻西藏部队用先进军事文化铸魂育人散记》，是较难把握的一篇风貌通讯，既要写出驻藏部队官兵们的精神，又要从“实”处着手，以实映虚。虚，即精神风貌；实，即具体行动和效果。这篇通讯的难度还在于对其主题的提炼。它反映了时代的大主题，在经济全球化、社会信息化和价值多元化的背景下，驻西藏部队官兵以践行当代革命军人核心价值观的实际行动，让亘古高原隆起一片值得仰望的精神高地。高原，提升人的境界；雪域，净化人的灵魂；使命，成就军人价值；荣誉，激励官兵前行。这正是当代中国需要提升的价值观；把奉献当成习惯，把牺牲当成归宿。这正是西藏军人创造的一种文化。

近几年风貌通讯的种类越来越少了，主要有三个原因：

第一，风貌通讯不像事件通讯尤其是灾难性事件通讯那样容易产生轰动效应，它属于较“静”的一种体裁，字里行间透着浓郁的生活气息。能写出当地事实中的生活气息并且写得有趣又有价值，不是一件容易事，记者需要有扎实的文化功底和善于运用创造性思维去采访与写作。但是优秀的风貌通讯是能成为长久的阅读精品甚至传世之作的，所以忽视风貌通讯的报道与写作倾向应当纠正。

第二，更加注重人物描写，向特写靠拢。

第三，更加注重社会变迁，关注人的生存状态，向工作通讯靠近。不过这也向风貌通讯的写作提出一个问题，写变化应该不仅仅只写成就，还要发现当地的生态环境现状、人们的生活状态，使风貌通讯更具时代感。

【思考与练习】

下面一篇通讯是否符合风貌通讯的特点，写法上与中国记者的报道有何不同？

双山游

作者：帕蒂·沃尔德迈尔

虽然听起来让人难以置信，但全世界最环保的度假村之一确确实实于近日落户上海附近。“裸心谷”度假村，利用厕卫用水为房间供暖设备发电，房屋墙壁的部分用料来自垃圾，这里正在努力争取由美国绿色建筑委员会颁发的“能源与环境设计先锋奖”，希望被评定为在美国以外最环保的度假村。

如果支付1 800元人民币，向往大自然的上海民众就能在裸心谷的夯土小屋里住上一晚。屋顶铺着竹条与茅草，房间的热水供应时有时无，马桶里的水还会微微泛褐色，因为度假村百分之百循环利用水资源。在环境方面，你可以欣赏到青竹的生长：度假村坐落在森林当中。难怪美国《纽约时报》近日把度假村所在的浙江莫干山评选为2012年全世界最值得一去的45个地方之一。

不过，近年来只手撑起世界黄金、钻石和奢侈品市场的中国巨富们是否愿意在能住华尔道夫酒店的年代，兴高采烈地去茅草屋住上一晚呢？

请不要误解我的意思。中国的游客群体还是向往大自然的——只要能给土路铺上台阶，再每隔一两百米开设一家纪念品店就行。

我在中国东部过于拥挤、过于勤奋、过于励志的环境中寻找所谓的与大自然相互亲近的机会，于是最近带着十来岁的女儿游览了中国一处名山——雁荡山。

问题不在于大自然本身，甚至和那些选择在大年初一蜂拥而至的大批游客无关。这些游客身着标准中式登山装备：女士们脚蹬高跟鞋，穿着紧身绸子裤；小女孩穿着粉色蓬蓬裙，小男生舞着塑料剑；奶奶们拄着拐杖一脸愁容。

真正雷到我们的是汽车。在一个适于徒步旅行的地方，雁荡山的游客却把相当多的时间花在一场疯狂且极具中国特色的公路竞赛上。车型越大，举止就越差：坐在百万豪车里的人们似乎以为道路交通规则只是让丰田车去遵守的。有人冒雪在急转弯处逆行超车，山路不就应该这么刺激吗？你可以问问蹲踞在我们旅馆停车场里的那辆加长版悍马车的主人，他确实知道怎么做会更刺激。

等回到上海，回到这个在交通安全方面鲜有好名声的城市时，我们都松了一口气。因为虽然这里的司机会闯红灯，会无视人行道上的行人，但绝大多数人不会开车逆行。

莫干山与雁荡山是否会产生交集呢？还是问问加长版悍马的主人吧。如果有朝一日他把车子停在一间茅草屋旁，我们就知道绿色终于走进中国旅游业。不过就眼下而言，我并不看好乡野风情。

来源：英国《金融时报》，2012 年 2 月

第十七章 专 访

【本章提要】

专访原是一种采访方法，是获取独家新闻的手段。但随着新闻事业的发展，专访的概念也发生变化，被越来越频繁地当作一种新闻文本来使用。它的“专”既体现在采访对象上，也体现在采访内容上，是对专门的人进行的专门的采访。本章将从专访前的准备，以及专访稿的写作方法与技巧入手，了解和掌握专访这种特殊的新闻文本。

专访是针对一些专门问题或事件对有关人物进行访问的及时性报道。原本只是一种采访手法，后来发展成通讯体裁中的一种文体——访问记。由于专访的不断发展，这种文体慢慢演变成独立于通讯之外的一种文体。

1839 年美国纽约先驱论坛报创办者贝特首开记者专访总统先例，创立问答式访问记。意大利女记者奥利亚娜·法拉奇访问过几十位国家元首，包括中国的邓小平，是当时全球范围内名头最为响亮的人物专访记者，也被称为“世界第一女记者”。

中国新闻史上，最早进行专访的记者是黄远生。新中国成立以后，我国的专访内容相当丰富。如 1952 年 4 月 11 日巴金发表在《志愿军报》上的《我们会见了彭德怀司令员》。

20 世纪 80 年代以来，专访在中国新闻报道中蓬勃发展，精品不断出现。如《山西日报》1980 年 11 月 7 日的《“真想延安”——访丁玲》，1984 年 8 月 16 日《新华日报》的《袁伟民纵横论英雄》，1986 年 8 月 27 日《羊城晚报》的《董文华和她的“十五的月亮”》等。

20 世纪 90 年代以来，专访形式日益丰富。总体来讲，这一时期的专访主要有四个特点：名人专访增多，探讨性专访增多，社会问题专访增多，网络专访增多。一方面，传播渠道的不断拓展极大地丰富了传播内容，社会各界的知名人士随之大批涌现，甚至出现在互联网上爆火的“网络红人”；另一方面，这一阶段我国正处于社会转型期，各类社会问题频频曝光，引发各方关注，专访数量也有了可观的增长，其中以中国青年报《冰点》栏目的专访最为出彩。90 年代中期，著名财经记者胡舒立曾做过一组“金融家采访记”，采用的形式是问答整理式专访，在当时引发广泛关注。此外，近几年新浪、搜狐等门户网站声名鹊起，网络专访崭露头角，不仅有各界名人专访，还推出了媒体老总、编辑、记者专访，专访内容更加丰富，形式更加活跃，点击率也相当高，传播影响比较大，专访文体已基本成熟，出现频率越来越高。

第一节　专访的特点

一、针对性强

针对性主要是指受众在一个时期内较关注的问题和人物。如李安执导的根据扬·马特尔风靡全球的同名小说改编而成的《少年派的奇幻漂流》于2012年11月22日在国内正式上映后，广受好评和追捧。同一期间，在CCTV－1《看见》节目中，柴静对李安进行的一场名为“心中的卧虎”的专访视频同样引发观众的关注和热议。在这段专访中，李安深刻地阐述了这部电影的精神——心中的猛虎，会让你保持精神上的警觉；道出了他对“电影”的态度——“电影就是相信”；也道出了他在挑选角色和拍摄过程中的点滴故事。这个专访选择在电影上映前后播放，李安在当时可以说是人们最为关注的一个导演，人们看完这段专访后能更深一层地理解这部电影的真谛，因此，这段专访曾被网友们视为是“一种能量的交换”。

图17－1　CCTV－1《看见》节目中柴静对李安的专访（图片来源：中国网络电视台）

此外，诸如科学上取得重大成果时访问有关的科学家，重大体育比赛时访问体育明星和教练，矿难事件发生后对有关记者、法律和社会界权威人士进行的专访等。这些专访不仅回答了受众急需了解的问题，具有很高的新闻价值，而且通过专业人士的权威解读，提高了媒体知名度，为媒体树立良好的形象。

二、报道时机的选择要恰当，发挥专访的传播效果

有些事件或人物已经过去很久了可能不被人们注意，有些则成为人们一年一度有规律性的纪念活动或节目，如端午节、记者节、教师节、妇女节等。这些都要抓住时机，提前准备，迅速安排。

一般来说，只要有重大新闻事件发生，与之相关的新闻人物的专访都是必不可少的。如2010年初，傅莹离任中国驻英大使时，《金融时报》便专访傅莹，刊发专访《中国有不被理解挫折感》；电影《阿凡达》火遍全球之际，《华尔街日报》推出了《〈阿凡达〉导演詹姆斯·卡梅隆访谈录》；2012年3月，梁振英获选香港特别行政区第四任行政长官时，《广州日报》策划了香港回归15周年特别报道，专访了当时任行政长官办公室主管的罗范椒芬，刊发报道《“粤港如果合作好可超过纽约伦敦”》。这些专访有内容、有深度又切合实际，在当时颇受关注，影响力不容小觑。总而言之，专访时机选得好，新闻价值就突出，也会引起社会关注；时机把握不好，不但不能很好地显示新闻价值，还有可能事倍功半，吃力不讨好。

三、权威性强

选择的访问对象一般都是某一方面的专家或有特殊成就的新闻人物，他们的话语带有一定影响力和号召力。在纪念邓小平诞辰100周年之际，新华社记者于2004年7月14日对美国前国务卿基辛格进行专访，于2004年8月8日发表《专访基辛格：邓小平是20世纪最伟大人物之一》的报道，获得了很好的传播效果。2010年6月，美国麻省理工学院政治系副教授暨中国研究项目主任爱德华·斯坦菲尔德赴台访问。当时西方世界深陷金融危机，“中国威胁论”再次被别有用心者广为散布，影响中国对外形象与稳定发展。台湾《旺报》对这位“中国专家”进行专访，刊发报道《中国崛起　内化西方游戏规则》，通过国外权威人士之口反对“中国威胁论”，自然能得到更多人尤其是西方人士的认同，传播效果无疑会更好。

第二节 专访前的准备和专访时的注意事项

采访前的准备包括长期性的准备和临时性的准备。长期性的准备需要记者涉猎不同领域的知识，为以后的专访积累更多的思维和话题。临时性的准备是当专访对象确定时需要着手的采访准备工作，主要包括对专访对象相关背景材料的搜集、拟定采访提纲、准备必要的采访物品、预约等。采访前与采访时有以下几方面应重视：

一、注重背景材料的搜集

材料搜集可以从多个方面入手：平时的点滴积累、通过网络搜查资料或从熟悉采访对象的人那里了解情况、获取资料等。但这些所搜集的信息或材料都须准确无误，因为这是专访能够顺利进行的基本保证，同时也是对被访者的尊重，避免尴尬。

二、撰写好采访提纲

记者的采访必须具备目的性，记者在采访前理清思路的最好方法就是撰写好采访提纲，其中主要包括确定采访主题、设计问题、罗列和检查问题。尤其需要注意的是，所设计问题切忌平庸，必须有切入点，而且首先提问的问题不能太过深入、太过宽泛，应该遵循“由浅到深”的提问原则。所谓高质量采访问题，就是关键性的采访问题中最能体现受访者特性，有别于他人的地方，使得受访者容易且能够答出一些经典、重要的话语的问题。在采访时，记者是代替读者、观众向被采访者提问。因此，揣摩读者的需要是提出恰当问题的第一步。在人物专稿中，受众最关心的是“为什么”，他为什么要做这件事？他在做这件事的过程中发生了什么？是什么让他取得这样的成就的？……如果能够切合这些点提问，也就能收获到读者想知道的内容了。

三、善于发掘专访对象鲜为人知的一面

采访前要挖掘受访对象生活中有趣的故事或其独特的兴趣爱好。受访者如果得知记者清楚他的故事、兴趣爱好，那么他会认为这位记者是做了充足的准备，非常尊重他，就会在心灵上产生亲近感，有利于访谈的深入，挖掘到更多心灵深处的东西，而且最终的访谈结果是可从多方面展现人物丰富的精神面貌和内心世

界，让人物更加立体化。

四、访谈问题的中肯性、细节性与具体性

采访中的提问不可泛泛而谈，不着边际，应该围绕一个主题，并且问题的设计要尽量细化，不要过空和过泛，并且要从具体的事情切入提问。

五、访谈问题的递进性、层次性与不可重复性

采访时先后所提的问题需遵循递进性、层次性，由浅入深，并且不可重复，不可出现前面提问后面又有相似的问题。

六、访谈问题要高度简洁，避免兜圈子

问题要简洁是为了避免受访者听了问题之后，由于问题包含的内容太多或是找不到记者提问的核心所在而无法应答。此外，如果受访者在某个问题上越谈越远，脱离了问题的方向，要采用婉转的方式把谈话拉回到主题。

七、谨慎使用诱导性问题

采访者不可以用自己的观念来诱使受访者回答。有时需要给受访者指明所要了解问题的方向时，所使用语言要以不颠覆受访者思想为前提，且要尽量使用受访者本身的语言，以示尊重。

八、提高提问的有效性

要做到这一点就需要对问题进行提炼、压缩，应尽量避免在访谈中受访者仅说出记者已知的情况或偏离主题。

九、访谈时要善于倾听

善于倾听是做好提问采访工作的大前提，是建立良好人际关系的一种手段，也是索取更多谈话内容的一种方式。善于倾听，才能捕捉到对方谈话中的真实意图或目的。

十、访谈时要善于记录

要运用速记法，记录要点，记录随时产生的灵感和思路，记录观察所得。这是录音设备所无法收录的，不过要切记不可将受采访者扔在一旁，自己埋头死

记。要学会左右访谈现场的氛围，避免冷场，要善于抓住要害问题，并且能够临场发挥，得到意外收获。

第三节 专访的类型

专访一般分为三种：人物专访、事件专访和问题专访。

一、人物专访

人物专访的访问对象一般是新闻人物、明星或英雄人物。有的既是英雄人物也是新闻人物，如杨利伟等；有的既是新闻人物也是人们心目中的偶像，如余秋雨等。这些人物出场一般都具有新闻效应，能成为新闻的兴趣点。2010 年 2 月 5 日，《21 世纪经济报道》专访新加坡国立大学李光耀公共政策学院访问学者黄靖教授，通过报道《面对摩擦，中国要占领道德制高点》，深入剖析了当时中美关系摩擦背后的原因、中美关系将何去何从、中国应该如何应对等一系列问题，这位曾担任美国顶级智库布鲁金斯学会外交政策高级研究员的学者坦率地抛出了自己的观点：

面对摩擦，中国要占领道德制高点

《21 世纪》：2010 年仅仅过去了 1 个多月，但今年以来中美之间已经出现了连续的不和谐音。为什么现在中美关系一下子进入低潮？

黄靖：政治上的一个规律是，如果国家领导人在国内的声音比较强，支持率就会比较高，他在对外政策上就会表现得比较大度，游刃有余，反之亦然。

如今奥巴马政府在经济复苏、就业、反恐问题上都没有进展，再加上哥本哈根失利这个导火索，奥巴马在国内的支持度和地位都显著下降。在这种情况下，他对外就开始用强。不仅是对中国，还包括其他国家，比如朝鲜、伊朗等。

与此同时，中国的崛起，特别是中国在经济危机中的良好表现，加强了中国民众的自尊心、自豪感和自信心。在这样的情况下，美国做出一些像对台军售这种伤害中国核心利益的事情，任何一个中国领导人都不可能示弱。

《21 世纪》：中美两强相碰是短期、表面的，还是实质的会延续很长一段时间？

黄靖：这要看双方领导人的政治智慧和对大局的把握。如果中美长期这样强硬下去，对双方都不利。

中美都要认识到世界没有走出经济危机，经济发展还有很大的不确定性。如果中美关系失衡，那么一些重大政治问题，包括伊朗与朝鲜核问题、反恐问题、伊斯兰极端宗教主义问题，都会难以解决。这些问题堆积在一起就会使得世界变得更加不安全。

我最大的担心就是，中美关系失衡将在两国人民心中投下长长的阴影。

中国民众会认为美国不讲信用。当美国遭遇金融危机这么大的一个灾难时，中国没有背弃美国，还在买美国的股票，买美国的债券。如果美国领导人在这种情况下还要见达赖，中国民众自然难于宽容。

与此同时，美国民众现在对国家的前途比较担忧。在这种情况下又面对中国的强硬态度，一些美国人就会认为中国在趁人之危，中国的和平崛起不过是个假象，美国人对中国的态度也会转变。这会使美国变得更加强硬。

从经济、世界和平、双方的心态来讲，中美持续硬碰硬都会是弊大于利。

《21 世纪》：中国应该怎么应对？

黄靖：中国应该抓住道德制高点，表明愿意合作的态度，这是绝不能动摇的。同时中国也要在台湾、西藏问题上表明美国确实触及了中国的核心利益，避免事情恶性发展。

现在中国国内的所谓民族主义情绪是比较有危害的。

中国应该保持一种和平发展，追求和谐、合作的姿态，这个姿态道义上是正确的，实际上对中国也是有好处的。这并不是说要对一些反华势力妥协，该反还是要反，该做要做，但大的方面不能失去，大的方向还是要坚持和平发展道路，坚持和全世界各国寻求合作，并且要负大国责任。

二、事件专访

主要介绍有报道价值的某一新闻事件，通过专门访问某一事件的当事人，介绍这一事件的有关情况。事件专访虽然也是采访人物，但重点在于追逐事件。《新京报》在 2004 年 7 月 15 日刊登的《专访王幸福》就是围绕河南农民王幸福自费秘密调查 230 多起“暴力抗税”事件展开的。王幸福自费秘密调查 230 多起“暴力征税”事件发生后，引起全国反响，被称为“当代农民维权的代表”，当地干部群众对其看法不一，专访中他讲了为什么搞这样的调查、宜阳税收工作的变化、村民叫我“民间信访局长”等几件事情。《国际先驱导报》在 2009 年 10 月 23 日对中国驻德国大使吴红波的专访《中国官员应大胆对外发声》中，主要关注的是法兰克福书展这一新闻事件，面对以“争议”著称的法兰克福书展，吴红波主要表达了对书展中出现“少数搅局者”的看法，认为这种事情“阻碍不了中德交流”，并针对德媒“选择性”刊登访谈内容一事，明确指出德国媒体“并不像它所宣称的那样享有百分之百的新闻自由”，表示“你不刊登，我登，将采访全文一字不漏在使馆网站上刊登出来，让读者看到采访全文”，并在此基础上强调“自信的官员需要大胆发声”，利用一切场合诠释我方立场主张，让中国的声音响遍世界各个角落。

三、问题专访

问题专访主要是针对社会上的某一事件或某些热点问题看法的专门访问。被访者一般是专家学者或事件当事人、知情者，他们对事件或问题有独到的见解、体会。这类专访往往对某一问题谈得较为深入，给受众的启迪性较明显。《羊城晚报》2004 年 7 月 18 日刊登的专访《文化素养是做学问的第一步，国际数学大师、世界数学最高奖——菲尔兹奖得主丘成桐畅谈开阔视野宏观视角对研究的重要性》重点谈了如何做学问。丘成桐 1983 年获得数学界的诺贝尔奖，应邀访问中山大学之际接受了《羊城晚报》的采访，他的谈话自然非常有号召力和权威性。

《中国青年报》在 2004 年 8 月 23 日刊登《告诉你一个高尚而纯粹的人——大型口述历史纪录片〈百年小平〉主创人员访谈录》的目的在于：近日在中央电视台第一套节目黄金时间热播的大型口述历史纪录片《百年小平》，在观众中引起强烈反响。“口述历史”这一方式首次走进反映重大题材的文献电视片，这一新鲜的解读方式，让人耳目一新；一百多位亲历者不加修饰地“口述历史”，以其平实质朴的述说产生震撼人心的力量，从而牵引着我们从生活的原生态走近小平真实、伟大而平凡的内心世界。这篇专访的内容针对主创人员是如何构思的，如何用“口述历史”的解读方式让纪录片获得如此收视效果。

2010 年 1 月 14 日《参考消息》刊发了对社科院近代史研究所所长步平的专访《历史学术分歧不等于中日关系鸿沟》，从报道内容中可以看出，专访主要是针对中日历史研究的差异和分歧展开的。一般认为，战争历史是中日共同研究中的最受关注的问题，日方右翼人士多年对侵略战争的抹杀与粉饰一直是横亘在中日关系中的一大障碍。步平在访谈中对学术研究课题的介绍与分析，实际上围绕的也是这一历史问题。步平认为，对于战争中相关事实的认定与数据的核实，有时候只是学术研究层面的问题，存在分歧十分正常，并不等于两国关系的鸿沟。

他反对日本的某些媒体对经过三年努力达成的积极结果视而不见，不去报道在侵略战争性质认识上达成的一致，也不报道对存在南京大屠杀这一事实的认识上达成的一致，却挖空心思寻找和故意放大历史认识的分歧，将学术分歧渲染为中日关系的鸿沟。鉴于步平的身份和研究方向，他对中日问题的剖析具有很强的专业性与权威性，能产生较好的传播效果。

第四节　专访的写作

一、选好写作"由头"

由头的原意是可作为借口的事，此处指的是新闻采访的原因。专访一般是访问人们熟悉的人，人们既然已经熟悉了为什么还要专访？因为一些名人在今天又有了新闻，这些新闻就是写作的"由头"。抓住由头，可以使原来的背景材料再活起来，这也叫新闻资源的再生。如《新京报》在2004年7月20日刊登的专访《"我是名人，一个不名一文的人"》采访的对象是魏敏芝。1998年13岁的魏敏芝出演张艺谋电影《一个都不能少》中的山村女教师，从而成为公众人物。今年参加全国统一高考，总分为463分，超出文科本科三类分数线5分，被西安外国语学院西影影视传媒学院编导专业录取。7月1日，刚刚参加完高考的魏敏芝与妹妹魏聪芝来到《河北日报》实习。截至7月13日，她已经发了5篇新闻稿。河北日报还专门开辟了一条"魏敏芝热线"，并建立了魏敏芝"个人主页"，魏敏芝再次成为公众人物。7月13日，魏敏芝接受《新京报》记者电话采访，专访《"我是名人，一个不名一文的人"》成为读者再次关注的报道。

2012年10月11日，莫言获诺贝尔文学奖，新浪、搜狐、网易各大门户网站随即推出相关专题，除专访莫言外，甚至还对莫言的父亲，作协部分领导与成员，莫言文学作品外文翻译者，甚至连莫言老家邻居、村干部都成为访问对象，而这些专访出炉的原因归根结底只有一个，即莫言获奖。

图 17－2　腾讯读书频道开设的“莫言获诺贝尔文学奖”专题页面

二、突出人物个性

人物个性也就是人物的性格特征。抓住人物的性格就能把人物写活，这是最能显示人物专访写作特色的地方。人物性格的形成与本人的成长经历、社会阅历、个人追求、特殊环境等方面有关。可以根据人物的不同特点从他们的某一两个方面写起。《湖南日报》在 2004 年 5 月 5 日刊登的专访《陈圆中下岗后，连遭丧夫、再离婚等大变故，靠卖冰棍、摆夜宵摊，拉扯大了两个孩子，如今还买了新的铺面和住房。她的体会是———厄运并不可怕》则从人物下岗后连遭不幸，屡遇坎坷写起。

而《华尔街日报》在 2010 年 3 月 5 日刊登的专访《〈阿凡达〉导演詹姆斯·卡梅隆访谈录》也是从卡梅隆的自身性格写起：

卡梅隆乐于进行挑战，他一直在推动影片构思和视觉效果向前发展，正如人们在《深渊》（*The Abyss*）和《泰坦尼克号》（*Titanic*）中见到的那样，但好莱坞和媒体经常嘲笑他的冒险之举和昂贵的预算。获得奥斯卡提名的《阿凡达》已经成为史上票房最高的影片，全世界票房收入超过 25 亿美元，这名电影导演希望人们把注意力从电影成本和技术方面移开，转而细心品味《阿凡达》的环保和精神主题。导演说这是心中想表达的观点。

卡梅隆最近与《华尔街日报》分享了他拍摄《阿凡达》的过程以及制作这部好莱坞大片的意义。

《华尔街日报》：有一种说法是，电影都是未完成的作品，它们都是被导演所抛弃的东西。《阿凡达》与你最初在脑海中构想的一样吗？

卡梅隆：这部影片超出我的预想，而且由于时间问题，也一直受到多方问询。我们确定了放映时间，而且有一千个镜头要在最后一个月完成。影片必须一个镜头一个镜头地进行细致入微的调整。现在我看到完整的电影，我所有的小担心都不见了，因为这个过程做得不错。

《华尔街日报》：你把电影的制作过程形容成阵地战。如果在拍电影的过程中你没有那种每天经受考验的感觉，如果很容易，你是不是会感觉不舒服？

卡梅隆：我从来没有拍摄过容易的电影，所以我不知道那是什么感觉。并不是我试图想办法让它变得困难，只是我追求的目标明显很困难，而且我认为我的团队喜欢这样。我觉得他们喜欢挑战，他们知道他们会在影片中发挥个人最好水平，而且我知道这会是对我个人来说最好的时刻。我愿意尝试挑战自我，超越自我。这让工作变得困难、变得有压力，但我发现我在压力下工作得最好。我非常善于随时解决遇到的意想不到的问题。也许上辈子我是名急诊室医生。

《华尔街日报》：媒体常常更关注你电影的技术和预算，而不是故事主线，这让你有挫败感吗？

卡梅隆：不会。因为我直接与全球的观众交流，观众告诉我我需要知道的事情，这种沟通一直很成功。媒体断章取义，所以会误解。他们只注重形式而不是内容。他们谈论3D和视觉特效，但观众被电影吸引不只是因为3D或视觉特效。观众喜欢一部电影是因为整部电影对他们来说是一次情感和宣泄的经历。

《华尔街日报》：你的影片中重复出现的基调是对“卡梅隆蓝色”的运用。这种冰冷的蓝色光线充斥于你电影中的许多场景。例如在《阿凡达》中每当杰克·萨利（Jake Sully）进入阿凡达仓，在变成蓝色外星人之前他会被这种蓝光照亮。这种蓝色有什么重大意义吗？

卡梅隆：我猜只是因为我喜欢蓝色。这是夜晚的颜色，是大海的颜色，我喜欢潜水，常花许多时间观察海洋中的深蓝色，这是深海的颜色。这是一种美丽的颜色，对人脸来说它是很棒的强调色。处理蓝色的人物很有趣，因为最终证明给他们用的光和人的皮肤不一样。我们不得不用绿光作强调色。我们不得不想办法给蓝色的皮肤打光，好让蓝色的脸看起来漂亮。我们做了一些试验才找到解决的办法。

《华尔街日报》：你可曾想过把《阿凡达》中的环保概念变成某种组织或倡议？

卡梅隆：我觉得有机会。我不是指生意方面的机会，或某种商业方面的机会。实际上，我妻子说过的是最好的，因为她非常热衷于环保事业。她说，你不仅有机会，你还有责任。这真有意思。我想，每个人都在寻找一份事业或一份责任。也许在某种意义上这就是我的使命，我能有这种幻想，这种发生在另一个星球上的疯狂幻想，并用它唤起人们的意识，筹集资金，并集中众人的力量。

《华尔街日报》：你能观看你以前的电影并喜欢它们吗？

卡梅隆：是。我看《终结者》（*Terminator*），1984 年拍摄这部电影的花费比预算低了 400 万美元。这是我的第一部电影，我能看出整个画面中的每一个错误和每一处小瑕疵，但我仍然欣赏它叙事的方式。然后我拿出下一部电影，可能是《终结者 2》，我看到直到今天仍然站得住脚的拍摄技术，但我们一直在进步。实际上看以前的电影很辛苦，因为我会想，“我现在能做的要好得多”。

整体而言，这是一篇问答式专访。但记者开篇先指出“卡梅隆乐于进行挑战”，一句话抓住其性格精髓，其后的访谈一直围绕卡梅隆在《阿凡达》拍摄过程中的心路历程、障碍挑战与感悟心得展开，最后还搬出之前的作品进行对比，通过“我现在能做的要好得多”一句话点亮了卡梅隆对作品的高标准严要求，也使得“乐于进行挑战”这一主线能够贯穿始终。

三、写好现场气氛

人物专访不仅仅是一问一答式的思维模式，它更要求把人物置身于采访现场，让受众有现场之感。如《羊城晚报》2004 年 4 月 19 日以《大国民当怀彬彬大雅之风 当今国人应具备怎样的襟度？阮次山先生给出八个字：自信、宽容、雍雅、关怀》为题报道了对凤凰卫视名嘴阮次山的专访。报道中写现场两个学生窃窃私语引起了阮次山的注意，于是出现了下面一段精彩描写：

在签名售书现场，两个学生在窃窃私语——一个说，阮先生的名字“次山”很像日本人，长得也有点像；另一个赶忙制止，说：“嘘！快别这么说，阮先生会生气的。我已经查过了，金元之际的诗人元好问的名就是次山。至于长相，我倒觉得他更像列宁！”

阮先生好像听到了这番议论，他拿着话筒对大家说：“去年我到俄罗斯，普京总统说我一定要去列宁墓看看，我开始还不明所以。后来去瞻仰列宁遗体，我吓了一大跳，心想：‘我怎么躺在那儿了?!’”

中学生的窃窃私语，阮先生的幽默做答，烘托出了更加轻松活跃的现场气氛。

《广州日报》于 2012 年 6 月 26 日发表的专访《粤港如果合作好可超过纽约

伦敦》中，在描写梁振英当选香港特首的得力干将罗范椒芬时有这样一段叙述：

“再过几天我就要离开了，所以我的名片很有收藏价值。”正式采访，罗范椒芬这样的开场白令采访气氛很轻松。

在记者面前的罗范椒芬身着整洁、优雅，她思维敏捷，普通话流利，而且语速极快。她不回避敏感问题，从激烈的选战到她对梁振英的看法，她的态度都十分公开，并且说得十分直接，有一说一。

从简单的名片交换入手，通过人物对话时的习惯和动作来显示现场情况，让人有身临其境之感。而对罗范椒芬语言、动作、外貌、态度的描写，不仅使其人物形象栩栩如生，更将访谈中的高效、坦率、紧凑恰当地表达出来，短短四句话，信息量之丰富令人咋舌，写好现场气氛的重要性由此也可见一斑。

四、开头与结尾的安排要自然

根据媒体的不同，专访的开头要灵活安排。一般说报纸的专访开头与结尾强调呼应，结构安排紧凑严密，电视专访和网络专访则讲究自然开头和结尾。

如《广州日报》刊登的专访《粤港如果合作好可超过纽约伦敦》，开头即先介绍人物和交谈动机，像唱戏一样先展示舞台背景：

交谈人物：阮次山

罗范椒芬是目前香港最忙碌、也是最火的政治人物之一。2007 年，她坚决辞去了廉政专员的职务，出乎所有人意料。去年 12 月份，她在关键时刻力助梁振英成功当选新一任特首，更加让香港人瞩目。几天后，梁振英将正式出任特首，而罗范椒芬选择功成身退，不在新一届特区政府里任职。这种行为令她被许多香港人称为女侠。

交谈动机

昨日上午 11 时，百忙之中罗范椒芬特意抽出时间，在政府合署大楼里接受广州日报记者的正式访问。罗范椒芬说，她对梁振英政府十分有信心。

这样的开头并不突兀，让读者徐徐进入阅读状态。

结尾则将话题引向粤港合作，体现出《广州日报》的地域特色。罗范椒芬明确表态称：“未来五年，香港一定会加强与广东省的合作。最重要的一点就是双方建立互信，香港与广东不是你进我退的关系，我们一起来做大这个饼。”而且信心满满地指出：“广东如果跟香港配合好，我们一定可以成为一个比纽约、伦敦更大、更好、更现代化的地区。”这个结尾透露的信息明确而务实，未来可能对粤港两地居民的生活产生较大的影响，因而备受关注，给读者留下了鲜明的印象，也照应了题目与开头，使报道浑然一体。

网络专访往往采用实录的形式，开头结尾交代一些程式性的内容。如新浪娱乐于2012年9月15日发布的《电影〈白鹿原〉专题》中对主创的访谈开头：

主持人赵宁：欢迎各位新浪网友，这里是新浪明星汇，我是主持人赵宁。9月13号带有民族史诗巨制色彩的国产大片《白鹿原》和大家如期相约。今天我们也是在节目现场把白鹿原上的各位好汉请来了，首先让各位嘉宾跟大家打声招呼……

王全安：大家好，我是电影《白鹿原》的导演王全安。（掌声）

主持人赵宁：欢迎王导。雨绮。

张雨绮：大家好，我是电影中田小娥的扮演者张雨绮。

主持人赵宁：欢迎。（掌声）

段奕宏：大家好，我在电影《白鹿原》里饰演黑娃，我叫段奕宏。

主持人赵宁：欢迎你段奕宏。（掌声）

成泰燊：大家好，我是成泰燊，在《白鹿原》当中扮演白孝文。

主持人赵宁：刚才在我们节目一开始，我们一起分享了《白鹿原》的预告片，在那一望无际的麦田当中我们也好像回到了或者是感受到了白鹿原上的那种独特的气氛，所以今天我们现场也摆上了麦子，这是我们的小编特别从首映礼上拿回来的，听说这个麦子全部是来自于海拉尔。

王全安：拍戏的那个地方。

主持人赵宁：跟拍戏的那个麦子是完全一样的，可以这么理解吗？

王全安：对，看着面熟嘛。

[思考与练习]

1. 专访前应做哪些准备工作？

2. 专访写作中如何写出现场气氛？

3. 选择一位采访对象，做一次专访写作训练。

4. 推荐书目：[美] 爱德加·斯诺《西行漫记》

5. 研究案例：仔细阅读下面一段专访，分析记者如何描写现场和采访对象的神态的。

杨受成　香港制造

“你现在还保持随身携带现金的习惯么?”

“嗯!”杨受成点点头，在沙发上侧过身，从西裤兜里掏出一叠面额1 000的黄色港币，起码有三四十张。他得意地笑笑：“这个习惯我从没改变。”

这个场景如此不真实，但确确实实发生了。杨受成，《福布斯》香港富豪榜第32名，一位名气、财富与争议同样巨大的香港富豪，在他位于香港岛中心地带的办公室里，随手从身上掏出几万元现钞。

这是一间足够空阔的办公室，坐落于香港湾仔轩尼诗道上的英皇中心顶层。几百米之遥，就是著名的时代广场。每天数以百万计的人流会经过这里，抬头就能看见硕大的“英皇集团”4个大字。

在寸土寸金的香港，拥有如此巨大的办公室，堪称奢侈。房间里有座一人高的关公像，对面供着观音，墙上还挂着藏地风格的唐卡，还有一些别人写给他的人生格言。在那张宽大的写字台上，3台电脑显示器屏幕闪动着英皇首页和即时股票信息，还有一台，是房间外几个摄像头的画面。

这里是69岁的杨受成工作的地方，他的次子、被外界看作继承人的杨政龙在隔壁办公。杨受成的一位朋友说，即使他晚上应酬到两三点钟，第二天一早还是会准时来到办公室，开始不少于8小时的日常工作。

他给人的第一印象是客气而谨慎，房间里气温偏低，他不动声色调高空调温度。他身材有些清瘦，行动相当敏捷，没有这个年纪的香港男人常见的肚腩，这该归功于多年以来坚持游泳。杨受成个子不高，脸上皱纹不多。他习惯把东西收拾得干干净净，每次坐飞机收拾好毯子，这给空姐留下了深刻印象。采访时，他发现西服的扣子上有一点脱线，立刻快步走进套房的洗手间处理。

作为一名典型的潮汕籍富商兼媒体老板，杨受成很少接受媒体的采访。尽管他的知名度极高，但各种传闻也极多。这一次，他终于决定坐下来，对外面系统地说点什么。

他难得地透露出一些个人信息：他不打高尔夫球，他喜欢的手表品牌是百达翡丽和劳力士，不过今天戴的是江诗丹顿。他喜欢看大陆电视剧《江山风雨情》、《雍正王朝》，从中感悟管理之道和处理家族问题的灵感。他是一个大家族的长子，有1个父亲、4个母亲、5个弟弟、10个妹妹、2个儿子、3个女儿，直系亲属六十多人，几十年来风雨无阻地组织家庭聚会，经常被媒体拍到周末带母亲出门喝茶。他的长子杨其龙是一个playboy，让他无比羡慕。

总体而言，杨受成是一个极能体现“香港精神”的商人。他的自传作者、香港著名文化人陶杰说：“‘香港精神’绝对不止勤奋拼搏，还有尽情享受。‘香港精神’不只是清教徒，还有大豪客。苦干和豪享，是铜币的两面。”作为一个钟表行老板的儿子，杨读书不多，但胼手胝足打造起一个“英皇帝国”，旗下拥有5家上市公司。另外，他有私人飞机，喜欢喝好酒，穿名牌衣服，热爱一切美好的物质享受。他被外界所熟知，很大程度要归功于旗下的娱乐产业，谢霆锋、容祖儿、古巨基、Twins都是他签约的艺人。娱乐业已是并仍然会是他今后工作中最重要的组成部分之一。

作为一位场面上的知名富豪，杨受成并不讳言自己的人生观：人必贪财好色，贪生怕死，追求名利，这十分正常，问题是追求的方式。这是竞争的时代，不进则退，每一天都必须奋进。

谈话中，他很有礼貌，讲话一字一句，思路清晰，语调平稳。他说最生气的事情是至亲的背叛，令他到现在也难以原谅。在龚如心和公公王廷歆的“世纪争产案”中，杨受成说自己受至亲牵连，被迫与江湖中人打交道，甚至有生命危险。只有谈到这件事时，他的声音才变得激动起来。

在香港的传媒和网络上，关于杨受成的新闻形形色色，但从来没有坐实。很少有哪位香港富豪像他这样具有争议性。

……

来源：《南方人物周刊》，2012年9月11日

第十八章　速写、素描、花絮

【本章提要】

新闻速写、新闻素描与新闻花絮因其形式灵活多样，短小精悍，便于阅读而受到青睐。新闻速写要求能够快速捕捉和传达出事物的特征；新闻素描以“素”字所代表的朴实为主要特点，主要体现在客观而又冷静地描写事物；而新闻花絮则是一些大型报道中的“可口小菜”，以小见大，见微知著。

本章主要分析和探讨新闻速写、新闻素描和新闻花絮的各自特点、不同之处，以及它们的写作技巧。

第一节　新闻速写

速写是绘画中的一种手法。即用碳条、铅笔或毛笔在短时间内快速勾勒出人或物的主要特征的一种绘画方法。

新闻速写就是借鉴速写的绘画方法，用快速捕捉和简笔勾勒的手法迅速描绘出事物或人物主要特征的新闻报道体裁。

一、新闻速写的特点

（一）真实而有趣

与绘画速写和文学速写不同的是，新闻速写不能虚构，完全是真人真事。绘画速写和文学速写则允许虚构。

（二）简洁而不枯燥

新闻速写主要是勾勒事件或人物的主要特征，对其全过程进行压缩，描绘其轮廓，寥寥几笔，惟妙惟肖，重在神似。就像街头速写画，匆匆几笔，大鼻子、小眼睛活灵活现。

（三）快速而富有历史价值

新闻速写虽不算是新闻报道中的重型武器，但写出来的作品能保存久远，甚至成为重要的史料。

二、新闻速写的写作技巧

（一）快速捕捉对象的特征

新闻速写和动态消息一样，时效性特别强。一般要求记者现场采访观察，立即写出稿件，快速报道出去。比如重要会议现场、重大事件现场，记者必须具备倚马可待、挥毫即就的本领。并且在写作过程中要能够抓住事物的最主要特征，以局部反映整体，“窥一斑而见全豹”。并善于应用联想和比喻，把事物形象化、具体化，这样会起到画龙点睛之妙，并且使人们读后难以忘怀。

中国铁路实现飞天梦

继“神六”升天73小时后，今天上午10时，中国铁路实现“飞天”梦想。

为西藏结束没有铁路的历史，胡锦涛总书记特此发来贺信，他称建设者建成青藏铁路是人类铁路建设史上前所未有的壮举。

拉萨，这个在藏语中“流淌着牛奶的地方”，披上节日的盛装。布达拉宫的金顶光芒夺目，大街小巷流淌着喜泪和欢笑。秋阳、蓝天、白云下的拉萨车站，彩旗舞起歌声，鲜花摇着欢腾。

黄菊代表党中央、国务院出席庆典。他微笑着步入会场，举手和欢呼的人们一道庆祝西藏步入铁路时代。

西藏在“天上”，这里高岭耸云，大河横空，比“蜀道之难”又更上一层。当年文成公主进藏，走了3年多。由于交通不便、物流不畅，20世纪90年代，西藏年人均占有煤炭仅1.2公斤，到2004年人均也只有6公斤；由于运价太高，100元在西藏只相当于54元。

“出国容易进藏难”，就是西藏交通的写照。公元800年，西藏在吐蕃时期，一位智者说，吐蕃要发展，必须向北建一条钢铁之路。

1923年，法国女探险家大卫·妮尔穿越西藏腹地后预言：“将来会有一天，横穿亚洲的快车，将坐在非常舒适的豪华车厢里的旅客运往那里。”

中国共产党人从1956年起，开始勾画“铁路飞天”蓝图，到铁路建成，历时半个世纪，比人类1921年开始登攀珠峰，到1953年第一次登顶成功，还长了18年。

青藏铁路格拉段长1 142公里，平均海拔4 000米以上，多年冻土区550公里，穿越昆仑山、唐古拉山、念青唐古拉山三大山脉。生态脆弱，地质复杂，工程浩大。铁路最高点唐古拉山，海拔5 072米，近三个半泰山的高度，比秘鲁中心大铁路的制高点4 817米高255米。

火车通过秘鲁中心大铁路高处的160公里，需要10小时；火车在青藏线上，12小时由格尔木可抵拉萨。明年7月运营后，北京至拉萨只需48小时。进藏物资将由目前每年50万吨提高到500万吨。

这条“天路”建在生命禁区，为给建设者生命充氧，沿线建了26座高压氧舱，平均50公里就有一座。开工4年多来，40多万人次就诊，创造了高原病零死亡的奇迹。

青藏铁路环保投资11亿元，以和谐的方式为藏羚羊等野生动物建造了美好的家园。

来自湖北枣阳的铺架队队长王智勇，与“神六”航天员聂海胜同一个故乡。他用手机给爸爸报喜：“我们把铁路扛‘上天’了，今晚一定看电视呵！”爸爸在电话里笑着说：“好儿子，你也成‘飞天’英雄了。”

总公司董事长、党委书记李国瑞出席大会。

来源：《中国铁道建筑报》，2005年10月15日

在雪域高原建设世界上海拔最高的铁路，是世界铁路建设史上的一大奇迹。2005年夏天，青藏铁路全线铺通，记者朱海燕在第一时间将这一消息报道出来。他在采写的消息《中国铁路实现飞天梦》时，自豪之感油然而生，并凭着对青藏铁路的感情，朱海燕首次将修建青藏铁路比作“飞天”。正是这一生动而富含深意的比喻，让这篇文章成为当时关于青藏铁路的众多报道中极具影响力的一篇，也让“天路”之名远扬。

（二）抓住细节，令文章生辉

新闻速写主要写其轮廓，但细节不可少。特写使用细节往往精雕细刻，速写使用细节一般点到为止，不作铺陈。下面来看一个具体的案例：

索玛花儿为什么这样红

——记优秀共产党员、木里县马班邮路乡邮员王顺友

如果说马班邮路是一个人的长征，那么这条长征路上凝结着他全家人崇高的奉献。

一提到家，王顺友总是说：“我有三个家，一个在山上，一个在路上，一个在江边。”

江边的家是他住在雅砻江边白碉乡老家的父母的家。这个家厚载着对他的养育之恩，他本当在父母的膝前尽忠尽孝，然而，老父亲在把马缰绳交给他的那一天告诉他：“你只有为政府和乡亲们把这件事做好了、做到底，才是我的好儿

子！”一句话，交给了他如山的使命，也让他永远地背负了一份做儿子的心债：是他的弟弟们在替他这个长子孝敬着老人，最疼他的老母亲活着的时候没有得到他一天的照料，临病逝前，喊着他的名字，见不到他的身影。那一刻，他正在邮路上翻越雪山。从此，顶着蓝天的雪山，成为他心中永远的痛！

山上的家是他和妻子、儿女在木里城外一个叫绿音塘的山腰间建起的清贫小窝。他和妻子韩萨结婚那年，也正是他从父亲的手里接过马缰绳的那年。他们结婚20年，他在邮路上跑了20年，20年算下来在家的日子不到两年。三亩地、三头牛、十几只羊、四间土坯房、一双儿女——这个家全部是由妻子一个人苦苦撑起来的。韩萨说她自己是“进门门里没人，出门门外没人”，想得太苦了就拿出丈夫的照片看看。由于操劳过度，她的身体很坏，长年生病。而这样的时刻，王顺友总是在路上。

有一次，韩萨病了，因为没有钱，去不了医院。当时儿子在学校，女儿去了亲戚家，她只好一个人躺在家里苦熬着。不知道熬了几天几夜，当王顺友从邮路上回来时，她已经说不出话来，望着丈夫，只有眼泪一股股地往下流。王顺友向单位的工会借了1 000元钱，把妻子送进了医院，服侍了她3天。3天后，妻子出院，他又要上路了。握着韩萨的手，他心头流泪，轻轻地说：“人家还等我送信呢！”善良的女人点点头。

这样的记忆，又何止一次、两次。那一次，是邻居发现了几天不吃不喝、已经病得奄奄一息的韩萨，撒腿跑了两个多小时，赶到县邮政局报信，才保住了她一条命。而那时，王顺友离家还有3天的路程。

有人曾问韩萨，想不想让王顺友继续跑邮路？她的眼泪一下子出来了。“只要他天天在家，哪怕什么活也不干，我也高兴。可他送信送了20年，你要让他不送，他会受不了的。邮路是他的命，家是他的心哪！”

韩萨真的是最懂得王顺友的女人，这个家的确是他放不下的心。他有一本发了黄的皱巴巴的学生作业本，每一页上面都记满了他在邮路上唱的山歌，其中很大一部分是相思相盼的情歌。他说：“那是唱给韩萨的。”说这话时，他眼里有泪。

高山起云遮住山，
马尾缠住钓鱼竿，
藤儿缠住青岗树，
哥心缠住你心肝。
獐子下山山重山，
岩间烧火不见烟，

三天不见你的面，

当得不见几十天。

优美哀婉的歌词里，蕴满了多少离别之苦。幸福因为稀少而珍贵。王顺友对家人的每一点细微处，都流淌着这个情深义重的苗族汉子的挚爱之情。邮路上乡亲们塞给他的好吃的东西，哪怕是一个果子、一颗糖，他从来舍不得吃一口，总是带回家，让妻子、儿女品尝；每一趟出门，他总是把家里的事一件件安排好，把妻子要吃的药一片一片地数好，包好，千叮咛万嘱咐。他对记者说："每次从邮路上回来，当老远能看见半山腰的家时，心里就开始慌得不得了啦，巴不得一纵身就跳到家里，剩下的两小时的路，几乎是一路小跑……"

扁担挑水两头搁，顾得了一头，顾不了另一头。王顺友对家人的愧疚或许是他一辈子都无法释怀的。他说："马班邮路总得有人去走，就像当年为了革命胜利总得有人去牺牲。为了能传达党和政府的声音，为了能让更多的乡亲们高兴，我这个小家舍了！"小家舍了，路上的家却让他付出了几乎生命的全部。在这个家，马是他的最爱。他说："这么多年，跟我度过最苦、最难、最多的日子都是马，我跟我妻子、儿女在一起的日子还没有跟马在一起的多，我心里所有的话都跟马说过！"

20 年里，王顺友先后有过 30 多匹马，他能说得出每一匹马的脾气性格，还都给它们起了好听的名字。其中有一匹叫青龙的马，一身雪白，跟着他的时候只有 5 岁，一直伴他走了 13 年。这匹特别有灵气的马，能记得王顺友在邮路上每一处习惯休息的地方，每当天色渐晚，看到主人因疲倦而放慢了脚步时，它就会用嘴咬咬他的肩头，意思是说快点走。然后，便会独自快步向前走去，等王顺友赶到休息的地方时，它早已安静地等候在那里了。

让王顺友最为刻骨铭心的是，这匹马救过他的命。

2005 年 1 月 6 日，王顺友在倮波乡送完邮件后往回返，当他牵着马走到雅砻江边直奔吊桥时，不知怎的，青龙四个蹄子蹬地不肯走了。仅差十几米远，王顺友看到一队马帮上了吊桥，他想同他们搭个伴，便大声喊："等一等……"可他的青龙一步不动。正当他急得又拉又扯时，一个景象让他惊呆了：吊桥一侧手臂粗的钢缆突然断裂，桥身瞬间翻成九十度，走在桥上的 3 个人、6 匹马全部掉到江中，转眼间就被打着漩涡的江水吞没了。半天，他才回过神来，抱住他的青龙哭了。

这匹马现在已经 18 岁，他把它寄养在了一个农户家，隔上一些日子就会去看看。他说，平原上的马一般寿命 30 年，而天天走山路的马只能活 20 年。像青龙这样的好马，他还有过几匹，但有的老了，有的伤了，也有的已经死了。县上和省里的电视台拍了不少他和马在邮路上的片子，他从来不看。因为一看到他的那些马，心头就会流泪。20 年里，他给了马太多的爱。

在他每个月拿到手的 800 多元工资中，光买马料就要贴上 200 元。尽管单位每月发的 70 元马料费够吃草，可他还要给马吃很多苞谷。他常说："马只有吃得好，身上才有力气，走路才走得凶。"

邮路上，即使走得再苦，他从来舍不得骑马，甚至当看到马太累时，他会把邮包从马背上卸下来，扛在自己身上。

马给了王顺友太多的安慰。

他最愿看的电视节目是赛马；他最愿去的地方是马市；他最感激的人是北京密云邮政局职工哈东梅和凉山州委书记吴靖平，还有几位他叫不出名字的捐赠者，他现在的两匹马就是他们送的。记得他第一次接过吴书记送的那匹马时，来不及说一句感谢的话，一把拉过马头，双手扳开马嘴看牙口，连声道："好马！好马！"说完就流泪了。因为他没有想到，20 年，他只是干了自己应该干的事，却得到了这样贴心的鼓励。他说："只要能走得动，我就一直走下去！"

真的无法想象没有马的日子王顺友该怎么过。前不久，他作为全国劳模去北京开会的那几天，每天晚上躺在宾馆松软的床上，就是睡不好。他说，和马在一起睡惯了，有马在，心头就安稳，没马在，心头空落落的，即使眯一会儿，又梦见自己牵着马走邮路。

三个家，三重情，三份爱。王顺友因它们而流泪，也因它们而歌唱；因它们而痛苦，也因它们而幸福。有人问，这三个家哪个最重要？他说："哪个都放不下。"放不下，是因为连得紧。三个家，家家都连着同一颗心，一颗为了马班邮路而燃烧的心！

如果说马班邮路是高原上的彩虹，那他就是绘织成这彩虹的索玛。

王顺友牵着马一步一步专注地走着，从后面望过去，他的背驼得很厉害。

在一般的工作岗位上，40 岁正是一个黄金年龄，但对马班邮路上的乡邮员来说，40 岁已经老了。和其他的乡邮员一样，王顺友患有风湿、头痛、胃痛等各种病症，另外，他还患有癫痫病，现在每天要靠吃药控制病情。

这位在木里的马班邮路上走得年头最长的人，还能走多远呢？

他说："走到走不动为止。"

记者问："如果让你重新做一次选择，还会走马班邮路吗？"

"那不会变。"

"为什么？"

"马班邮路把我这一辈子的心打开了，为党和政府做事，为乡亲们做事，让我活得舒坦，敞亮！也让我觉得，自己在这个大山里是个少不得的人呢！"

"在一般人看来，一个牵着马送信的人能有多重要?"

"我们木里山太大、太穷，没有邮路，乡亲们就会觉得心头孤独了。现在我们有十几条马班邮路，十几个乡邮员，每个人跑一条路，不起眼，可所有这些路加起来，就把乡亲们和山外面的世界连在一起了，就把党与政府和木里连在一起了！"

记者的心被一种热辣辣的东西涨得满满的。

5月的凉山，漫山遍野盛开着一片一片火红的花儿，如彩虹洒落在高原，恣意烂漫。同行的一位藏族朋友告诉记者，这种花儿叫索玛，它只生长在海拔3 800米以上的高原，矮小，根深，生命力极强，即使到了冬天，花儿没了，它紫红的枝干在太阳的照耀下，依然会像炭火一样通红。

噢，索玛花儿……

来源：中国记协网，2007年1月28日

这篇速写生动地刻画了24年来在雪域高原跋山涉水、风餐露宿的马班邮路乡邮员形象。记者在报道中通过描述王顺友因为送信，无法在母亲临终时陪伴身边，照顾不了生病的妻子，妻子想念王顺友时只能看看照片等细节来体现王顺友忠于岗位，常年在外奔波的人物特点。而"乡亲们塞给他的好吃的东西，哪怕是一个果子、一颗糖，他从来舍不得吃一口，总是带回家，让妻子、儿女品尝"、"每次从邮路上回来，当老远看见半山腰的家时，心里就开始慌得不得了，巴不得纵身就跳到家里，剩下的两小时的路，几乎是一路小跑……"这些细节又体现了王顺友对家庭、亲人的热爱和依恋。记者还描写了王顺友和马的故事，展现了他与唯一的工作伙伴的特殊感情。记者通过对细节的刻画，使得王顺友数十年如一日不畏辛劳、默默服务山区群众、对家庭和亲人饱含感情的人物形象生动立体地呈现在读者面前。

第二节　新闻素描

新闻素描是用朴素自然的方法，客观地描写新闻事实的一种报道文体。属于描写性消息的一种体裁，一般都把它归为通讯中的一个文种。

新闻素描是从绘画艺术中借鉴而来的。绘画艺术中的素描讲究形体、结构、明暗、动态的特点，重在显示事物原貌。

一、新闻素描的特点

新闻素描、新闻特写和新闻速写都以描写为主要表现手法，但各有不同。

（1）新闻素描冷静地描绘出新闻事件或新闻人物的原貌，不像特写那样放大片段、集中描绘。

（2）新闻素描讲求层次丰富，也不像速写那样简笔勾勒，以少见多。写长处也写缺点，写成绩也写存在的问题。

（3）新闻素描通过描写，再现新闻事件发生的过程和场面。

二、新闻素描的写作技巧

（一）描写朴实

新闻素描不用华丽的辞藻，而是朴实地进行本色描绘，再现人物或景物的原貌即可。下面来看一个具体的案例：

“微博”书记张春贤在两会

晚上看微博看到两三点

3月2日中午，全国两会开幕前一天，家在新疆的中国人民大学大四学生木拉丁给一位新疆维吾尔自治区领导发了一条短信，说他回到新疆后发现身边变化很大，周围很多人都说，“我们的书记亚克西”，并建议自治区开通官方微博，张春贤书记亲自带头，以便与民众沟通。

没料到当天晚8时许，张春贤真的开通了微博，成为“开微博的最高级别官员”，迅速引起了广泛关注。至3月9日中午，张共发布5条微博，网民留言7 000多条，粉丝近14万人。

作为第一个开通微博的地方大员，张春贤成为两会上备受记者们欢迎的热点人物。

3月6日晚，张春贤的微博连续发布了4条消息。同时在3月7日下午，相关工作人员开通了“民生建议回复”微博，对张春贤微博留言中民众反映的一些问题，给予回复解决。

其后在回答记者提问时，张春贤表示，自己喜欢亲力亲为，微博的内容确是亲自拟定，个人微博在两会期间会“适当再发一些信息”。

张春贤与网络渊源甚深。早在任湖南省委书记时，他就因在湖南官网红网发帖，备受网民追捧。去年到任新疆不久，便力主开通了新疆已被关闭了10个月的网络。

密集拜会各方领导

3月1日，作为全国人大代表的张春贤从乌鲁木齐飞往北京，准备参加接下来的全国人民代表大会。下飞机后，张春贤一行即直接去了国家环保部。

新疆要发展，大规模工业化势在必行。很多人都对新疆环境的脆弱较为担心。张春贤希望环保部能够成立专家小组，在明年的工作中对新疆予以支持。

3月2日，张春贤分别拜会了财政部长谢旭人、央行行长周小川和银监会主席刘明康。希望他们能在新疆接下来的工业发展中，给予一定的差别化待遇。

除了拜会各相关部委，进行一些仪式性的探望，张在两会之余，还安排了与中粮、中铝等大型央企集团老总的密集会面，据说其中许多企业有意向到新疆投资发展。

2010年“七·五”事件周年过后，整个新疆的旅游和投资热骤然升温。多位代表对《南方周末》记者表示，没想到新疆回温这么快，“原来以为至少要两三年才可能”。

新疆维吾尔自治区主席努尔·白克力在记者招待会上说，从去年的7月20日到目前为止，乌鲁木齐市到其他城市的机票从未打过折，还得提前10天至15天预定。“去年8月份时，一票难求，一床难求。乌市以及各景区，越高档的酒店，入住难度越大，甚至有人通过我来预定乌市的酒店房间。后来我也没办法。我就跟他说，你来吧，不行就住我家。”

在3月5日下午的代表团会议上，张春贤表示上午认真听取了温家宝总理的报告，“连喝水都注意到了”，强调了新疆关注民生问题与中央政策的一致性，新疆要解放思想，确定“科学的理念，现代化的理念”。同时他也表示“十一五”为新疆长远发展奠定基础，“在那样的情况下，取得那样的成绩特别不容易”。

3月6日下午，在会议开始十多分钟后，前任新疆区委书记、中央政治局委员、中央新疆工作协调小组副组长、中央政法委副书记王乐泉来到新疆代表团审议会场。王属于人大新疆团61名正式代表之一，但5号下午和6号上午的代表会议，并未发现他出现在会场。

张春贤出去迎接王的到来。整个会议过程中，座位相邻的两人不时互相交头轻谈。

此前，王曾于3月4日下午到新疆代表团驻地看望代表，在场代表告诉《南方周末》记者，王乐泉表示，走了10个月，还是很关注新疆的发展和变化，看电视时先看中央新闻，然后不由自主地就转到新疆新闻了。他说得挺动感情，并和每一位代表握手。

去年，媒体曾以“从维稳到维新”来概括王的卸任和张的履新新疆。

为忘带证件代表“作保”

两会新疆团分为汉餐厅和清真餐厅两个餐厅。大会开幕第二天中午，张特意去了清真餐厅用餐。据了解，他在新疆时安排了大量的工作餐会，经常吃清真餐。虽然他个人从口味上还是喜欢用汉餐。

在6日上午的小组会上，张春贤多次插话。和田行署专员巨艾提感慨去年自治区文件中提到，怎么把正常宗教和非法宗教、民族风俗习惯分开，很具体，很有抓手，对当地工作很有指导作用。“过去很多问题，连我们少数民族干部自己都不清楚。”

张春贤插话说，文件也不一定都是官样文章，也可以有指导性。

巨艾提说，去年自治区提出不同民族之间要“互相欣赏”这一点，在社会上反响非常好，促使大家更为理性地思考不同民族的文化。

张在会上批评了乌鲁木齐某地的护栏不干净，下雪后用来防滑的煤灰太脏。“要一下子把城市搞成什么样子，也不现实，但是首先搞干净。”他还催乌鲁木齐市长吉尔拉赶紧把乌鲁木齐商品房限购方案报上去。“我比较爱管闲事。”他说。

他还说起乌鲁木齐建高架桥方案被他否定的原因：人口密集城市搞高架，不利于整个城市的舒适度。

一些张春贤与少数民族代表互动的细节令人印象深刻。6日上午小组讨论会上，张春贤说，被评为感动中国人物的新疆维吾尔草根慈善家阿里木昨天通过微博告诉他，已经找到了合意的妻子，正举办婚礼，特向“书记大哥”报喜。他已经让秘书打电话询问了婚礼的情况并表示祝福。他还笑称，阿里木是“闪婚”。

去年，张春贤曾亲自为阿里木投了一票，推荐他为网络感动中国人物，并号召新疆网民力挺阿里木。其后他与阿里木见面拥抱，并拉钩结为兄弟，这一举动，为张赢得了众多新疆人尤其是少数民族民众的好感。当张春贤知道阿里木已经40岁，但尚未婚时，便催他找到对象带来给他看看，并赠了5 000元让阿里木代送给他未来的对象。

会上许多代表感慨阿里木这一举动为新疆人形象改变所起的作用。“说实话，过去一些内地人对新疆人确实是有成见的。通过一个最普通的卖羊肉串助学的维吾尔汉子，让大家看到，新疆人原来这样善良。”

一次会议要开始时，张春贤与一位穿着民族服装的女代表边聊边走进会场。在会场安检处，女代表被拦住了，她忘带证件了，只好对保安说：“我回去取吧。”张春贤向保安证明，对方确实是人大代表。保安笑道：“书记都作保了，肯定没问题。”

“还有没有敏感问题?”

张春贤在此次两会上受关注的高潮，出现在3月8日新疆代表团人民大会堂新疆厅的开放日。新闻发布会结束后，张春贤主动离开主席台，往记者区走去。他特意留出时间，回答记者提问。

为了占据有利位置，不少记者在拥挤中跌倒了，有的记者踏进会场中央摆放的大花盆中，有人站上了桌子。直到张一再表示，愿意回答所有人提问，现场才渐渐稳定下来。

其后，他站在包围圈中回答了近半小时的提问，包括开通微博、喀什经济特区现状和新疆稳维等热点话题。

对于新疆的维稳，张春贤说，目前新疆的社会管理和警力配备是按常态进行的，“七·五”后来疆加强稳定工作的军人和警察已全部撤回。他强调，在解决民生问题的同时，在新疆要加强依法治区，依法反暴力，政府要多做实事，“要使这个地区有活力、有生命力，民主政治建设得比较好，群众生活和环境得到改善，各方面轻松愉快，追求幸福和有时代感的生活”。

他否定“关闭网络、采取极个别的技术手段”这种被动的维稳手段，表示“这恐怕不是根本”。他多次提到“现代社会”：这个地区的老百姓，应该是现代的公民；这个地区的文化，应该以现代文化为主。

他表示目前对新疆的稳定，“一点都不担心”，但会吸取中东动荡中“有关方面技术层面的教训”，比如民生得不到解决、50%的失业率、高通胀高物价、贪腐，“这些都应该给我们警示”。

谈到对新疆的感受时，除了提及新疆有大美、工作忙和难之外，他首先说的是“大”，令人印象深刻地用了“大得让你兴奋”这样的表述。

他再次表示，可以按需要公布自己的个人财产。被问及子女的就业情况时，他表示自己只有一个女儿，是在读博士生，“我主张她将来搞一门专业”。此前，网上曾流传某位年轻女官员是他的女儿。

其间，工作人员一直在说：“好了好了。”在身边工作人员几次宣布“张书记的记者会到此结束”后，只要媒体发问，他仍然继续回答着，并多次询问，“有没有覆盖不到的?”“还有没有敏感问题?”

张表示欢迎记者到新疆去，表示如果在新疆采访遇到问题，“甚至可以直接报告我”。

来源：《南方周末》，2011年3月11日

图 17－1 “微博”书记张春贤在新疆代表团全体会上被众多媒体包围
（图片来源：中国青年报）

这篇新闻通讯报道了 2011 年两会期间备受关注的新疆维吾尔族自治区党委书记张春贤的动态。“晚上看微博看到两三点”这一部分写出了张春贤渴望通过多个渠道更广泛、更直接地了解大家对新疆民生建设等方面的建议和意见。记者虽然没有跳出来对张春贤心系人民的赤诚作出评价，但通过他具体的所作所为，例如“至 3 月 9 日中午，张共发布 5 条微博”、“3 月 6 日晚，张春贤的微博连续发布了 4 条消息”就让人充分感受到他急于希望加强与网民互动的心态。在“密集拜会各方领导”部分，看似是记者按照日期“流水账”般的记录，对于拜会的内容也是“轻描淡写”，点到为止，但极为真实地刻画出张春贤积极奔走的劳碌形象，让读者自己通过报道中他的言行举止来作出判断评价。全文语言素淡平实，不加渲染，但出神地把张春贤的形象刻画得活灵活现，真实生动。

（二）场景素描

新闻素描有时为了让受众了解事件的发生环境，也对场景进行描写。

新华社记者胡泰然在《美军入侵一周后的巴拿马城街景》中有这样一段场景描写：“首都重要地段，美军岗哨林立坦克成群。新成立的文人政府，暂在市中心外交部大楼办公。办公楼四周广场、街道全用铁丝网包围起来，里外几层都是身穿迷彩服、打着花脸、手拿自动冲锋枪的美国兵，街口街角布满坦克，有的还是用沙袋堆起的工事。直升机低空盘旋，震耳欲聋。”

这是一段有代表性的对新闻场景的描写，作者以景吸引人，描绘出横遭侵略战争涂炭的现场之景；用简要的文字勾勒出被美军占领后的巴拿马城景象，字里行间透露出战争的紧张气氛。

下面再看一个具体的案例：

飓风后的美国　像震后的日本

“桑迪”登陆美国东海岸后便撒泼似地破坏，第一大城市纽约受到猛烈攻击。迄今为止，这场超强飓风已造成至少55人死亡，美国多个州共800多万户没有电力供应。

目前，美国东部地区民众开始恢复正常生活，纽约股市连续停市两天后，在10月31日也会复市。

中国国家主席胡锦涛，致电美国总统奥巴马，对风灾造成的人员伤亡和重大财产损失，表示深切同情和诚挚慰问。

“桑迪”未走

向内陆肆虐　带来暴雪

过境东海岸后，“桑迪”10月30日徘徊在地处内陆的宾夕法尼亚州和西弗吉尼亚州，“桑迪”与冷空气“结合”，降下暴雪。西弗吉尼亚州一些低海拔地区积雪超过30厘米，而这些地区城镇和公路密集，一些高海拔山区积雪超过60厘米。

损失惨重

可能高达500亿美元

美国环球通视公司10月30日预测，“桑迪”将在美国造成300亿至500亿美元经济损失。按照评估，这场飓风预计在10月至12月，即第四季度拉低经济增长率大约0.6个百分点。但是多数人恐怕无法获得赔偿，因为家庭财产保险一般不涵盖洪水损失。

重灾区

机场地铁

纽约市3大机场之一的拉瓜迪亚机场，暴雨带来的积水仍未退却，需要继续关闭。地铁服务未来数天要继续暂停，而公车只会提供有限的服务。

纽约皇后区

一个社区发生大火，大火造成约80至100间房屋被烧毁。参议员舒密形容，当地就好像“二战”的战场一样。

新泽西州比奇港

大批游艇被巨浪冲上码头和岸边，犹如经历海啸，居民已开始清理工作。另一城市锡赛德海茨，大批房屋仍然被水淹没。

奥巴马

救灾快速反应获称赞

总统奥巴马取消了竞选活动，部署一系列救援工作。

奥巴马总统的这一系列快速、有效的反应获得了赞誉，就连共和党阵营的新泽西州州长克里斯蒂也盛赞奥巴马总统在灾难面前的“杰出”表现。

纽约

地铁难以恢复

大面积停电停水

居民急寻生活必需品

这一次，纽约市成为主要受害者之一，纽约市政府确认，地铁4—5天内难以恢复。能源部确认，截至10月30日，包括纽约市将近200万用户，17个州超过800万家庭或企业用户电力供应中断。

另外，纽约市决定取消原定于当地时间10月31日举行的一年一度的万圣节游行活动，这是39年来首次取消。

曼哈顿纽约大学蒂施医院由于备用发电机故障，医院不得不转移200多名病人，包括20名新生儿。雨夜中，数十辆救护车出动，医生小心翼翼地把小病人带离病房，狂风吹着孩子身上的毛毯，不少人挂着电池驱动呼吸器。

10月30日，这座城市分为两个部分：供电中断的区域和有电的街区。两部分区域由交通信号灯的明暗区分，同时也因为住宅楼内是否传出做饭的香味而不同。

几乎所有时报广场以南区域从10月29日晚开始断电，原因之一是曼哈顿东部一座电站爆炸，一些街区可能4天内难以恢复供电。

天亮后，不少居民走出家门，寻找生活必需品。33岁的亚利尔·拉莫斯守在一家连锁超市门口，想买些冰块，为冰箱里的食品保鲜。

“你们还有什么？”拉莫斯向店内喊道，“说话啊，我需要些东西。”店员回答：“没有面包，只有些鸡蛋。”拉莫斯说：“我们没有电，没有供暖，也没有水。”

男子雷蒙德·托雷斯站在自己的汽车旁发愁，积水退去，车内满是树叶。他的女儿站在一旁，准备把父亲接到自己的住处。

富人居民较多的曼哈顿西北部，供电照旧，不过不少人因交通瘫痪待在家中。一些饭店和酒吧开业，不少人在街头给被折断树木击中的汽车照相。

一名布鲁克林学院的教授走过几个街区，想买两节电池。不过，原本售价只有5美元的电池涨到15美元。“他们（商家）不想轻易放过这一机会，”他说，“他们正压榨顾客和社区。”一家店内，一杯咖啡从1美元涨到3美元，员工说涨价原因是他们必须烧水。

唐人街

海水登陆点距离曼哈顿很近

“几十年没遇过”

大部分店铺已经歇业

A 曼哈顿唐人街

居住着约10多万名中国移民的纽约曼哈顿唐人街位于曼哈顿下城，距纽约市政府仅一箭之遥，与闻名世界的华尔街相邻。而这样的“优势”地位，离灾难也不远。

北京时间10月30日早晨7点左右，“桑迪”飓风登陆曼哈顿下城，炮台公园成为首个被海水淹没的地方。这个地方离华尔街步行不到10分钟，而从华尔街步行到唐人街也只有10分钟的路程。

身处纽约的新浪记者罗绮梅说，在唐人街附近的朋友称，10月29日晚上9点左右就停电了，下城东部被关的地铁站开始有洪水涌入。10月31日清晨，记者致电数十家华人餐馆、旅行社以及律师事务所，电话均无人接听。

B 法拉盛唐人街

名气和规模不逊色于曼哈顿老唐人街的是位于皇后区的法拉盛“第二唐人街”。

昨晨，记者致电了解情况，发现这里的情况好得多。

纽约华人旅馆的工作人员李小姐说，尽管飓风还没撤退，但旅馆已经开门营业。但李小姐说，虽然风雨有停止的趋势，但是公共交通没有恢复，而且没人敢在飓风天气中出门。“这种飓风天气不用说几年，就是几十年也没有遇到一次”，她告诉记者，好在政府提前做了不少预警和准备，华人们倒是没有过度惊慌。

来源：《现代快报》，2012年11月1日

这篇新闻稿描述了飓风“桑迪”袭击美国后，发生的大规模停电、暴雨暴雪肆虐、积水严重、城区大火、地铁停运、交通瘫痪、食品短缺等场景，使读者读后产生如临其境之感。

第三节　新闻花絮

重大新闻事件中的一些趣闻，被称为花絮。

一、花絮的作用与价值

（一）烘托气氛

花絮不是新闻事件中的主要部分，但会对新闻事件的传播起着侧面的烘托作用，帮助人们理解新闻事件。

（二）观赏价值

花絮是媒体尤其是网络媒体竞争的一种手段。网络媒体以这样的信息吸引受众。

（三）文化价值

花絮能反映出媒体的文化特点。比如反映记者采访过程中的专注，又如媒体对一些花絮的取舍，能反映出其文化和政治视野。

二、花絮的写作技巧

（一）以小见大

小是指选择的事件切入口小，都是“细枝末节”般的事件，但这些小事往往有特色、有亮点。能从一件小事的侧面反映极具代表性的问题，以小见大，让人更加深刻地理解该事件。下面来看一个具体的案例：

台湾动画短片恶搞普京再次竞选总统？

【路透莫斯科9月26日电】　香港《壹传媒》的台湾子公司制作了一部动画短片，嘲弄俄罗斯总理普京寻求重返总统宝座的决定，描绘了选民对此的失望与沮丧。

民调显示，普京是明年3月俄总统选举中最热门的候选人，基本上是胜券在握。

www. nma. tv 网站周一发布了这部时长1分15秒的动画，动画中普京戴着长及手肘的银色手套，手握操纵杆，显示普京作为俄罗斯重要决策者的地位。

短片中，梅德韦杰夫的动作就像提线木偶一样。

片中还描绘，普京2000年首次当选俄总统时，在电视画面中大拍胸脯，观看这则新闻的一个俄罗斯家庭欢呼雀跃。

但还是同样的一家人，在得知普京宣布明年竞选总统后，流露出失望的情绪，迷茫地看着彼此。

这部短片反映了部分俄罗斯人的悲观情绪，据路透的民意调查，他们表示对国家运作方式几乎没有发言权，日益感到不满。

短片旁白称："不幸的是，梅德韦杰夫从头到尾都是普京的傀儡，他已宣布退出此次总统大选，并支持普京重新竞选。"

来源：路透中文网，2011年9月28日

记者以一则动画短片作为切入点，反映了部分俄罗斯人得知普京将重新竞选总统之后的失望和不满。从一件"小事"作为切入口来报道，但反映的是重大的问题，深刻而又尖锐地反映出普京所处的政治环境的尴尬。

（二）风趣幽默

花絮往往是大事件、大场合中的"边角料"，其目的是给人以轻松愉悦之感，因此选择题材时要注重那些有意思的话题和细节。下面来看一个具体的案例：

伦敦外地游客生存指南：英国人想插队时绝不手软

伦敦欢迎你！看看奥运会开幕前，英国媒体的吐槽：

8 000名在伦敦接待各地奥运游客的志愿者，人手一本66页的操作指南，那些前来观看奥运的游客，我们是否也要给他们一本实地指南，好让他们知晓伦敦的大致风俗和礼仪？

首先，欢迎来到伦敦，并请接受我们诚挚的歉意。您之前在入境登记处排过的噩梦一般长达4小时的队伍，不应被视作大英帝国对外来者的普遍轻蔑。它只表明希斯罗机场的免税商店在那4个小时里少赚了被困游客大把的金钱——不过跟你们心心念念跑来看奥运相比，又算得了什么？换句话说，讨厌你们的是英国政府。别担心，英国政府也同样讨厌我们。

加拿大的朋友，不好意思了，我恐怕得说，你们在这里待多久，就会被反复误认成美国人多久，并因此为跟你们八竿子打不着的事受指责。美国的朋友，嗨，在英国期间，为什么不干脆假装自己是加拿大人呢，那样不就好办多了？

在任何情况下都不要询问你的出租车司机他对今夏的伦敦奥运有多兴奋。不是因为他不愿，或者对提供"个人看法"感到尴尬，而是因为……他太愿意了。

在伦敦，没有人能回答你关于击剑的任何问题，谷歌去吧。

美国那些系着领结的所谓礼仪专家，全部都在扯淡。他们一本正经地告诫你到了英国要怎样怎样，可多半常年生活在加州的这些人，能给出的建议要么是无关的，要么是过时的。譬如，他们常说英国人爱死排队了，还有，英国人不道歉简直活不下去。事实上英国人想插队时绝不手软，排到后面的家伙要是敢咳嗽一声，绝对会挨揍——如果那天恰好闷热潮湿的话。

英国人看上去是常常在道歉，但“对不起”在英国往往有别的含义。实际上，英国人说“对不起”通常表示“我没听清你刚才说了什么”，或者“我没听懂你刚才说了什么”，又或者“我听清也听懂你刚才说什么了，我真心觉得你傻”。

当你指责伦敦不给力的天气的时候，你或许期待当地人的反击。说心里话：伦敦的夏天不是每次都有下不完的雨的，所以你酒店的房间才会如此楚楚“冻”人。通常我们大街上也不会站满全副武装的士兵，真的不会。

英国人超爱冷笑话的：这就是为何我们所有的出租自行车上都标有那家最近因调整利率、深陷调查风波的银行的名字。拜托，这很搞笑好不好?

伦敦的自行车租赁简单得不能再简单，你只需到任一轨道交通转乘点支付定金，就能领取一辆以伦敦市长鲍里斯命名的“鲍行车”。当你不再需要时，把它朝运河一扔就完事了。据说它是一次性的！

别向警察叔叔询问去伦敦西区的最佳路线，或如何使用我们的交通卡。警察叔叔真的很想帮忙，但他自己都是刚从山区里调来的。

协助奥运承办者以及主办方的最好方式，是随时随地展现出你真的不是恐怖分子的诚意。不要没事就出汗，或者脱鞋，或者一边发短信一边怪笑，又或者指着某处高声喊：“快看！那边的屋顶上有一整排导弹！”事实上，假如你两只手闲着也是闲着，不如干脆举到空中，让每个人都能看清你没啥不良企图。

各位远道而来的贵客，衷心期望您能在伦敦拥有一个美好的夏天。我们将竭诚为您献上最佳的国际性体育赛事、一流的观赛设施、精彩纷呈的娱乐享受，以及随岁月流逝愈显卓越的、将艺术与建筑完美融为一体的文化传奇。当然，如果您最终只在售票大厅拿到4张摔跤门票，那好吧，祝您下次好运。

来源：《燕赵都市报》，2012年7月28日

这篇报道可谓是2012年伦敦奥运会开幕前媒体报道中的一个“插曲”，作者用诙谐调侃的语气向来观看伦敦奥运会的观众提供一个“实地指南”，虽然实用性可能会让读者失望，但读者可以从文章中感受到伦敦市民的热情和幽默，也必然会增加对伦敦奥运的向往之情。

（三）言简意赅

花絮一般行文较短，三五十字或一二百字均可，根据主题而定。下面这条花絮很短，内容却很丰富：

参加总理记者会女记者衣着变“内敛”?

14 日早上 7 点 30 分，天色仍有些朦胧，人民大会堂三层金色大厅已是熙熙攘攘。

与往年姹紫嫣红的着装相比，今年参加总理记者会的女记者们衣着都变“内敛”了，大多以深色为主。不过仍有少数女记者穿着鲜艳的红色套装，成为了摄影记者抢拍的对象。“现在都走知性路线，看往年被点名提问的记者也不一定穿得非常抢眼。”一位记者笑着说。

来源：新华网，2011 年 3 月 14 日

这则消息不过百余字，却别有洞天：眼尖的记者发现了参加总理记者会的女记者衣着的变化，一个“内敛”概括出这次着装风格的具体之变，写出了记者们“审时度势”般地为争取提问机会而做了精心的准备，可谓用心良苦。

【思考与练习】

1. 写好新闻速写和新闻素描需要着重注意哪几个方面?

2. 阅读下面一篇 2011 年两会期间，中安在线在 3 月 5 日刊登的一则名为《两会记者回应卖菜大嫂 “您托的话我们捎到了”》的花絮报道，分析它是如何体现生活视角的，思考在全国重大政治会议期间的报道应如何拉近与受众的距离。

两会记者回应卖菜大嫂 “您托的话我们捎到了”

才到北京的那天，一位从安徽来的卖菜大嫂委托向两会代表捎话。在人大代表抵京后，记者也多次传达她的心声。3 月 3 日，在安徽省代表团第一次全体会议中，大嫂关心的“高龄老人津贴”一事被写入五件集体建议中的一件里。昨日，记者再次来到北京西城区的万发恒顺菜市场，把这个好消息告诉卖菜大嫂刘发珍。

“刘大嫂”昨天下午，记者一踏进万发恒顺菜市场，远远地就喊了起来。菜市场很小，刘发珍立刻就望了过来，“家乡的记者，你怎么又来了?”在北京待了 20 多年，刘发珍的口音里已经有淡淡的京腔，不过，她这一声招呼，把相邻几家卖菜老乡的目光都吸引过来。

“我是来告诉你高龄补贴的事，”记者开门见山地说，“昨天咱们安徽的代表开会了，就提到高龄老人补贴问题，现在已经成为代表团的建议了。”还没听完，刘发珍就忍不住了：“那咱家老人领津贴的事有谱了。”

刘发珍和身边的丈夫都觉得好奇，“你们捎话就这么有效果?”记者告诉她：“在这之前，代表们已经关注这个问题了。”得知消息的刘发珍抑制不住激动的心情，虽然高龄补贴啥时能领还没定下来，但她觉得有人在想着他们了。

在离开菜市场前，记者决定买点黄瓜和西红柿回去吃，一来补水，二来支持老乡的生意。热情的刘发珍立马给记者亮出了一个“亲情价”，她说：“你们的钱，我不赚。”最后，记者买到手的黄瓜每斤便宜了 5 毛钱，还抹去了 2 毛钱零头，西红柿也每斤便宜了 1 块钱。“老乡见老乡，两眼泪汪汪”，在北京见到老乡已经分外亲切，又因高龄老人补贴的事，让来自巢湖的刘大嫂把记者视为亲人。

第四部分　深度报道写作

第十九章　深度报道概说

【本章提要】

深度报道，准确地说是一种报道理念，而不是一种新闻文体，它追求的是深刻和深入。从现实生活中可以看到，媒体经过精心策划推出的深度报道总能引起社会的广泛关注，它能够系统地反映社会重大新闻事件和社会问题，挖掘出事件的前因后果及其本质，改变人们的认知方式，甚至是深刻地影响着社会进程。

本章主要介绍深度报道的种类和特征，认识其一般写作方法和分析其未来的走势。从历史、当前和未来三个时期立体地认识这一特殊的新闻写作手法。

第一节　深度报道的起源

一、关于“大报道”

深度报道的英文名称是 In-depth Reports，西方国家将其称为“大标题后的报道”、“大报道”，它的起源可以追溯到20世纪五六十年代的美国。当时广播、电视逐渐发展起来，而作为传播新闻的主要工具的报纸则遇到了前所未有的挑战。广播以发布新闻快受到热捧，电视也因为有着综合立体报道的优势而迅速受到瞩目，在这种境况下，报纸不得不寻找新的突破口。逐渐地，西方新闻界认为，报纸只有充实版面内容，开拓报道的深度和广度，提高读者服务意识，并且注重读者的兴趣，挖掘新闻背后的故事，才能够胜过广播和电视。在这种理念下，深度报道应运而生。

正如美国学者沃尔特·福克斯所说的：“在广播电视的时代，记者只是简单地叙述发生了什么事实，只是简单地交代新闻报道中最主要的事项；在电子时代，新闻报道中需要意义与背景，而提供这些内容的工作便获得了一个特别的称谓：解释。”[①] 美国新闻学家埃德温·埃莫里和迈克尔父子认为：“老式的客观报

---

① 沃尔特·福克斯. 新闻写作：报刊记者指南（第2版）. 李彬译. 北京：新华出版社，1999. 14.

道坚持对说过的话和做过的事情做纯事实报道，它受到一种新的观念的挑战，深度报道基于这样一种信念：如果真正要讲新闻真实性的话，记者需要把一些事情的前因后果说清楚。”①

著名报人普利策在论深度报道的雏形——调查性报道的意义时指出：“如果人们想要和世界上的罪行、邪恶和灾难作斗争，他们必须知道这些罪行，因为这些罪行和灾难正是在揭秘的基础上才得以滋生的。”将隐蔽在“秘密”处的东西揭示出来，暴露在公众面前，正是深度报道早期的主旨所在。

二、深层次报道方式

下面是两个比较有代表性的关于深度报道的定义：

运用解释、分析、预测的方法，从历史渊源、因果关系、矛盾演变、影响作用、发展趋势等方面报道新闻的形式。②

通过系统的科学材料和客观的解释、分析，全面深入地展开新闻内涵的报道形式。③

我们认为，深度报道是指客观、冷静、富有思辨性地描述重大新闻事件和社会问题，追踪其来龙去脉，揭示其实质意义和发展趋势的一种深层次的报道方式。

在我国，深度报道大致崛起于1987年以后，1987年被称为“深度报道年”。到现在，深度报道的发展更趋繁荣和成熟，广泛渗入到广播、电视等媒体中，不再为报纸所独有。

不过，必须指出的是，目前一般认为，深度报道并非一种新闻体裁，只是一种报道的方式。

第二节　深度报道的种类及特征

一、深度报道的种类

按文章体式可分为单篇型和集合型两种。

按报道方式分为：调查性报道、解释性报道、连续性报道、系列性报道、专

---

①［美］埃德温·埃莫里，迈克尔·埃莫里．美国新闻史：报业与政治、经济和社会潮流的关系．苏金琥等译．北京：新华出版社，1982.490.

② 甘惜分，钱辛波，成一，洪龙．新闻学大词典．郑州：河南人们出版社，1993.153.

③ 刘建明．宣传舆论学大辞典．北京：经济日报出版社，1992.238.

题性报道等。本书采用报道方式分类法。

二、深度报道的特征

(一) 题材重大

题材重大表现在其报道对象多为重要的、与受众利益密切相关的事件或问题，或为社会各界关注的热点，多为社会热点透视、大众话题评说，并且意义重大，富有强烈的现实针对性和时代感，要求满足实际工作和广大受众的需求。

(二) 报道全方位

其完整性表现在大时间、大空间、宏观的、微观的、多侧面、多角度、全方位报道，既回顾过去，又剖析现在，也预测未来。

(三) 深度加工

它通过对大量的、丰富的材料进行深度加工，有分析，有思辨，也有预测，挖掘新闻背后的新闻，揭示事物（事件）深层的、发人深省的内涵与本质。

(四) 手法多样

前面已述及深度报道并非一种独立的体裁，只是一种报道方式，各种体裁均可作深度报道，多种体裁的融合则更适于作深度报道。深度报道的综合性往往表现为体裁的综合、手法的综合、内容的综合等。

(五) 背景材料丰富

提供大量的背景材料，涉及古今中外各类学科知识，以满足受众需求。

第三节　深度报道的写作方法

一、选题重大：拨动社会最敏感的神经

选择重大题材，确立重大主题。如涉及国计民生的重大问题、社会生活中迫切需要解决的问题、人民群众普遍关注而又迷惑不解的问题等，即社会中的热点、工作中的重点和受众关注的焦点。需要记者及时、敏锐、准确地判断社会、经济发展进程中出现的必须加以解决的矛盾，揭示出问题的实质。

二、视角独特：发现幕后的新闻

独特的视角是深度报道的生命。独特在何处？指的是要有独家事实、独家视点、独家分析、独家背景和独家人物，也就是报道别人想不到的事件、别人想不到的问题，否则媒体将会被众多的信息淹没。

例如，1987 年《中国青年报》先后发表了《红色的警告》、《黑色的咏叹》

和《绿色的悲哀》三篇连续性的报道，从引起火灾的表面原因——职工违反操作规程，到火灾背后的官僚主义弊端，进行了深层次的揭露；《南方周末》的《追问洛阳大火》，追出了管理体制问题；孙志刚案件报道揭露出了收容制度上存在的弊端；南丹矿难事件查出了地方领导集体隐瞒不报的真相。

三、爆出关键性材料：写出社会良知，增强舆论监督的功能

深度报道要求对新闻事件进行全方位的透视、多角度的考察，具体来说，要求对新闻“六要素”中的为什么（Why）和结果（How）进一步深化，重在以今日的事态核对昨日的背景，从而说出对明日的意义。

时间——既要说明现在，追溯过去，又要预测未来；

地点——既要报道现场情况，又要兼顾其空间的延伸；

人物——既要采访当事人、目击者，又要采访其他直接、间接的有关人员；

事件——既要撷取典型的、关键性的材料，又要搜集丰富的有关新闻事实的其他细节。实际上，深度报道的重点放在为什么（Why）上。深度报道是全面、完整、动态、立体地反映事实，写作时应避免片面、零碎、静止和平面化的毛病。

四、表达自由灵活，语言风格多样

深度报道与一般新闻报道在表达方式上也有不同。它既有直接叙述，又有主观议论，通常夹叙夹议、边述边评，可用思辨性的语言揭示事物的本质，也可用抒情性的议论发表作者的见解，但也不宜过分地表现主观意识，更不能用议论代替事实。

在语言上，深度报道既要求准确、朴实，又追求生动、形象；既可写得庄重严肃，又可写得轻松活泼。语言风格可以多样化。同时，应避免因追求庄重严肃而变得“面目可憎”，或因追求轻松活泼而变得“花里胡哨”。

五、深度报道篇幅一般稍长

深度报道并非都要写成长篇大论，可大、中、小结合、并举。深度报道之所以崛起，从某种程度上说，是因为新闻求新、快、短，有深度、厚度和有影响力的作品不多的缘故。短而空不好，但片面追求虚假的“全”和“深”、搞“假、大、空”式的深度报道，也是没有必要的。

第四节　中国的深度报道及其发展

“深度报道”这个术语虽然起源于国外，但并不等于在此之前我国新闻界就没有这样的作品出现。曾有人指出，我国早期著名记者黄远生（1885—1915）所写的许多篇述评性通讯，题材重大，系统而深入地阐述事件的因果关系，按照今天的标准，可以被视为不折不扣的深度报道作品，但当时未能及时去认识、总结并上升为理论，并加以提倡推广。

一、20世纪初期“深度报道思想”的酝酿

不过，在1921年，正当西方报纸上流行深度报道时，周恩来提倡重大新闻事件报道要“溯其源、求其真相、判其出路”，他认为：“现象一日千变，简单之消息，每与前后矛盾，缺乏有系统之排列及有条理之叙述，故长篇通讯终不可少也。”（周恩来《旅游通讯》）这大概是我国最早提倡深度报道的理论。1956年，穆青在《为了备忘》一文中指出：“目前实际工作中许多严重的问题都不是孤立的，从一件很小的事情上，如果我们深入了解一下，往往就会发现一系列亟待改进的重大问题，就会从个别的现象发掘问题的本质。可惜我们过去的许多报道往往停留在表面的现象上面，缺乏一种追根究底的精神和高度的责任心。”“选择一些重要问题，无论是促进新生事物的成长，或者对落后事物的批评，追根究底组织连续的报道，我想我们的新闻报道的力量也将会更加有力。”①

二、二十世纪中后期深度报道的实践

1987年《中国青年报》关于大兴安岭特大火灾的报道《红色的警告》、《黑色的咏叹》和《绿色的悲哀》（人称“三色报道”），获当年全国好新闻特等奖、全国绿色好新闻奖，并被收入人民文学出版社《1987年优秀报告文学集》等多种文集，中国新闻学会为此召开专题研讨会，为我国深度报道拉开序幕。

三、二十世纪末期深度报道的繁荣

1994年4月1日，中央电视台的《焦点访谈》开播，它的宗旨是“时事追踪报道，新闻背景分析，社会热点透视，大众话题评说”。

1996年5月17日，央视《新闻调查》播出第一期节目《宏志班》。创办者

① 穆青．新闻散论．北京：新华出版社，1996．36～37．

对它有这样的期许：容量更大，更有深度，更为客观、系统、权威。

20 世纪 90 年代末，《南方周末》以独特的面孔向国人展示了深度报道的魅力。经过多年的打造，它已成为中国第一份以深度报道为主要新闻体裁的报纸。

21 世纪初，《中国经营报》、《21 世纪经济报道》、《经济观察报》等报纸相继问世，揭开了中国经济深度报道新的一页。2004 年 11 月 25 日《第一财经日报》出版，标志着跨地区经营的专业性报纸开始迈出新的步伐。以深度报道为主的报道格局在中国新闻界初步形成。

第五节　深度报道的未来走势

一、更加理性

灾难报道的英雄赞歌模式受到越来越多的人的质疑和反感，实事求是的报道精神已为媒体和广大受众所接受。深度报道在报道内容和报道理念上，更加关注社会环境、生态环境和资源配置的合理性问题。从 1987 年的“三色报道”到近年的“非典”事件、广西矿难事件报道可以看出，媒体从社会责任的批评意识转向理性、科学的建设性报道意识，不仅仅停留在对官员腐败贪污、麻木不仁、不负责任的现象的揭露层面上，而且对违反科学规律瞎指挥所造成的后果和危害有更多、更深入的揭示。

二、更加关注人文精神

现代社会科技发展迅速。科技的进步，为人们提供了快捷方便，同时也给人们、给社会带来许多困惑。新闻报道为了研究具体问题的精确性，往往注重科学而忽视人文。但现代新闻观的建构，只有科学精神是不够的，还必须有人文精神的指导和充实。消费时代人们的需求越多，人们对自己的权利和尊严的要求就越强烈。承认人的价值和尊严是当代人们精神消费的重点话题，对新闻报道有着重大的意义。深度报道在诸多问题上正是对这种变化予以集中、强化和放大，突出人性，还原人的生存价值，使人们越来越意识到作为万物之灵，人应该怎么生活和工作。从这个意义上说，深度报道有更广阔的发展空间。

三、更关注前沿问题

市场经济时代，代表经济潮流最前沿的前瞻性、深层次的报道已成为人们关注的焦点。深度报道以很强的实用性和透视性，日渐成为媒体开掘的新闻资源。社会需求促使媒体不仅仅停留在对表层信息的报道上，更深入地透视信息内部的含义，这将是未来深度报道的主要方向。

四、更加敢于说真话

科学的精神就是实事求是。深度报道就是把事实深层的真相报道给人们，简而言之就是说真话。然而说真话并非容易事。当良心与社会发生矛盾时，方显示出说真话的伟大。这种伟大就在于：面对民生疾苦，面对百姓安危，敢于说真话。说真话仅仅是让事实还原而已，但能唤醒民众，唤醒还没有能力挣扎的民众，也唤醒那些还在麻木状态的民众。这就是启蒙，这种唤醒就是用新闻创造价值。

还有一种是当良心与社会发生矛盾时，走在良心与真话的边缘，也就是说还有一点儿良心，还敢说一点儿真话，但害怕说真话。

第三种是说假话。明知道是假话还要说，这是社会的悲哀。包括我们自己，可能每天都在悲哀中生活。带着这种心情去报道，新闻不可能创造价值。

就目前来说深度报道存在着两种困境：

（1）深度报道的篇幅较长，可能会增加阅读难度。

（2）深度报道涉及的问题较敏感，新闻媒体揭示事实的真相与报道对象试图隐瞒事实，两者形成尖锐矛盾，这样势必增加报道的难度，给记者采访提出了挑战。

【思考与练习】

1. 深度报道的“深度”主要体现在什么地方？
2. 深度报道有哪些写作手法？
3. 深度报道的发展前景如何？

第二十章　解释性报道

【本章提要】

解释性报道是侧重于解释新闻事件发生的原因的报道。它是运用相关事实对新闻事件作出有深度的说明或提供背景材料的一种深度报道方式。

本章主要对解释性报道的特点、写作技巧进行介绍，并分析其与评论、深度报道的区别和联系。

第一节　解释性报道概说

一、解释性报道的来源

解释性报道起源于第一次世界大战，发展于20世纪三四十年代。第一次世界大战爆发时，很多新闻工作者目瞪口呆，对战争根源茫然无知，未能就政治局势以及事态发展播发背景性、解释性文章，只要求记者采访新闻事件就行了，不鼓励记者去挖掘产生新闻事件的原因。第一次世界大战爆发后，新闻界开始重视对新闻事件的分析和解释。①

1938年，美国著名学者科蒂斯·麦克道格尔教授出版了《解释性报道》一书，正式使用“解释性报道”这一概念。②

杰克·海敦说：“解释性报道是一种作解释或者分析的报道，也就是那个被过多地滥用的词语‘有深度的报道’。它是一种加背景给新闻揭示更深一层意义的报道。”③

解释性报道在第二次世界大战期间又取得了重大发展，此后日益兴旺，在短短几十年内风靡西方报坛。据有关资料介绍，美国人对第一次世界大战的突然爆发感到震惊，他们没有丝毫的心理准备。他们不仅想知道那些对可怕战争的客观

① 孙世恺. 解释性报道的写作. 新闻与写作，1986（4）：11.

② ［美］杰克·海敦. 怎样当好新闻记者. 伍任译. 北京：新华出版社，1980. 211.

③ 刘明华. 西方新闻采访与写作. 北京：中国人民大学出版社，1993. 81.

报道，还想知道战争发生的原因，于是解释性报道开始流行起来。据资料显示，美国《基督教科学箴言报》的新闻报道中，有90%是回答“为什么”的解释性报道，但西方公认《纽约时报》的解释性报道较有特色。对于解释性报道，普利策奖特于1985年设立了“解释性报道奖”，以表彰对重大的政治军事事件、复杂的社会现象等进行探究，给予解释，揭示其深刻内涵的新闻报道作品。

二、解释性报道的特点

（1）其新闻价值主要表现在对新闻事件为什么会发生、发生这件事有什么意义的解释上。

一般消息（动态消息）在交代六要素时，重点往往放在时间、事件和人物上，“为什么”和事件的意义并不作为重点叙述对象。解释性消息却把这两点作为报道重点。

（2）大量使用背景材料。

美国新闻学教授卡尔·林兹特诺姆认为：“所谓解释性报道就是在报道的新闻事件中补充新的事实，即历史性的、环境性的、简历性的、数据性的、反应性的事实，这样就能使正在发生的新闻事件更加明白易懂。”① 这几种事实都是背景材料。解释性新闻报道把“Why”放在最重要的位置，即揭示“新闻背后的新闻”。

（3）客观性强，不作主观臆测。

（4）这类消息报道适合于重大的社会问题、国际问题，以及人们关心的、需要回答的问题。

（5）除了运用常见的叙述方法外，还有夹叙夹议、描述的穿插、场景的描写等手法，以增加其广度和深度。

三、解释性报道的适用范围

现在解释性报道在我国不断发展，呈越来越多之势。不是任何题材都适宜写解释性报道，那些简单明了的体裁如果写成解释性报道就有些多此一举。一般来说，有五个方面的内容需要运用解释性报道：

（1）重大国际事件尤其是突发性国际事件；

（2）国家重大方针政策、重大活动等；

（3）重大科技成果的研究立项与研究成功推广使用时；

---

① 陶涵. 新闻学传播学新名词词典. 北京：经济日报出版社，1997. 85.

（4）新的经济政策出台，如调整人民币利率、物价涨跌等关乎人民生活的切身利益的事项；

（5）社会上出现的异常现象等。

四、解释性报道对记者的要求

（1）有较高的文化修养；

（2）有广博的知识面；

（3）有较高的辨别新闻价值的能力和敏锐的判断能力。

（4）有较强的分析能力。

第二节　解释性报道的写作

一、用大量背景材料回答为什么

美国新闻学教授卡尔·林兹特诺姆认为：解释性报道就是在报道新闻事件中补充新的事实，即历史性的、环境性的、简历性的、数据性的、反应性的事实，这样就能使正在发生的新闻事件更加明白易懂。因此解释性报道的深度主要靠背景来说明，通过背景材料使新闻事件更有深度。

2012 年 10 月 11 日北京时间晚 7 时，2012 年诺贝尔文学奖结果正式公布，中国作家莫言获此殊荣，该信息一经发布，举国沸腾，世界各大媒体纷纷报道。下面是一条客观报道的消息：

莫言获诺奖广受世界媒体关注

莫言是一位知名中国作家，但算不上世界知名。但从 10 月 11 日这一天起，莫言将变得世界知名，因为，他获得了 2012 年诺贝尔文学奖。获得诺贝尔文学奖的作家，可能并不一定是世界最好的，但该奖足以使获奖者在全世界名声显赫起来。莫言便是很好的例证。

10 月 11 日，瑞典文学院宣布将 2012 年诺贝尔文学奖授予中国作家莫言。瑞典文学院常任秘书彼得·恩隆德说，莫言的“魔幻现实主义融合了民间故事、历史与当代社会”。瑞典文学院当天在一份新闻公报中说：“从历史和社会的视角，莫言用现实和梦幻的融合，在作品中创造了一个令人联想的感观世界。”

诺贝尔文学奖获得者的头衔，立刻使莫言受到了世界关注，媒体纷纷报道与莫言相关的各种细节。有的媒体注意到，莫言是第一位获得诺贝尔文学奖的中国公民；有的媒体说，莫言是笔名，意思是多写少说；还有的媒体说，莫言是中共党员，当过兵，还担任半官方性质的中国作协副主席。

英国《卫报》网站报道说，莫言获奖后，中国媒体高调表示“欢庆”。在诺贝尔网站上，中国网民发表评论，表达了自己的自豪感。

美国《纽约客》除了报道新闻外，还是一本世界知名的文学杂志。该杂志网站发表文章说，长期以来，中国有追求诺贝尔奖的“情结”，因此，莫言此次获奖，被中国媒体看作“历史性突破”。

《华尔街日报》的报道则非常实际。它说，获得诺贝尔文学奖能为莫言的作品赢得更广泛的读者。获奖之后，莫言的作品在全世界能多卖多少？该报并没有预测，但它举例说，瑞典诗人托马斯·特兰斯特罗默是2011年诺贝尔文学奖获得者，获奖前，他的诗集《巨大的谜语》在美国的销售额只有3 000册；获奖后，销售额猛增到17 000册。

莫言被宣布获奖的当天，他的作品在德国法兰克福国际书展上成了媒体追逐的焦点。

来源：新华网，2012年10月13日

这条消息报道了莫言获得2012年诺贝尔文学奖，以及获奖后受到世界广泛关注这一事实，抓住了莫言获奖后引外媒关注这个点，主要写了世界其他国家的媒体对莫言获奖的评价。这是一篇纯客观的事实报道，只是平面地叙述，没有进行深层次的说明。下面是一篇解释性报道，它恰到好处地运用了瑞典和莫言双方的观点，让人读后对莫言、对中国文学都有更深一层的领悟与思考。

诺贝尔文学奖为何选择了莫言？

2012年诺贝尔文学奖于北京时间昨日19时颁出，中国作家莫言获得该荣誉。他也因此成为首位获此殊荣的中国籍作家。

据悉，评奖委员会在宣布莫言获奖时说：“2012年的诺贝尔文学奖颁给莫言，因为他融合了民间传说、历史和当代的魔幻现实主义风格。”今年，莫言将获得800万瑞典克朗的奖金，约合114万美元。

瑞典方：他的写作源泉并非全部来自马尔克斯

瑞典文学院常任秘书彼得·恩隆德在接受采访时表示：“他（莫言）写农民，写乡村中的生活，写那些为生存和尊严而挣扎的人民，他们偶尔能取得胜利，但大多数时间都失败了。他写作的基础源于他儿时听到的民间故事，常常用于描述他的魔幻现实主义，我觉得实际上是低估他了。他的写作源泉并非全是来自马尔克斯，很大一部分是他自己的，那种从寻常生活中描写出超自然东西的风格，让他成为了一个完完全全原创的叙述者。"

奖项宣布后，委员会与莫言进行了简单的电话交流。莫言听说自己得奖觉得很惊讶，他觉得这个奖离他很遥远。被问及会推荐给全世界的大学生自己的哪本书时，莫言回答："我觉得他们可以先读一读我今年在瑞典出版的《生死疲劳》这本书，它强烈地代表了我的写作风格，以及我在小说意识上所做的探索。然后再读一读《红高粱》、《丰乳肥臀》这些书。"

谈及为何会成为一个作家时，莫言说："我小时候就读书，对文学产生了强烈的兴趣，我拿起笔的时候就首先感觉到我有很多的话要说。我觉得文学是一种最有力量也是最自由的方式，所以我就开始写作了，当然也包含了我希望通过写作来证明我自己，通过写作来改变我个人的命运。"

莫言：诺奖只代表评委看法，土是我走向世界的重要原因

莫言在开奖前回到了老家高密，获奖后他在高密凤都国际酒店举行了新闻发布会，他表示对自己的主要作品比较满意，称"诺贝尔文学奖是一个重要的文学奖项，但不是最高奖项，只代表评委的看法"。他还说自己至今仍用纸笔写作。

莫言二哥管谟欣在奖项宣布前曾接受媒体采访，他说"获不获奖真的无所谓，高粱地里走出来的庄户人不奢求这个，平常心对待就好。他是个老实务实的人，希望他能老实写作，创作出更好的大众喜爱的文学作品"。莫言的父亲也表现得很淡定，只说如果能获奖会很高兴。莫言的二哥还说，莫言每周会给家里打电话问父亲的身体状况，每次回家都会和父亲讲自己的见闻，但是从来不聊写作的事情。

11 日晚在山东高密举行的媒体见面会上，获得 2012 年度诺贝尔文学奖的莫言认为，他之所以能获得这一奖项，是由于自己作品中的文学素质。

在回答"您作品中的什么地方打动了评委"时，莫言说："我想最主要的是我的作品中的文学素质。这是一个文学奖，授予的理由就是文学。我的作品是中国文学，也是世界文学的一部分，我的文学表现了中国人民的生活，表现了中国独特的文化和风情。同时，我的小说也描写了广泛意义上的人。一直是站在人的角度上，一直是写人，我想这样的作品就超越了地区、种族、族群的局限。"

对于此次同样呼声很高的日本作家村上春树，莫言说，他与村上没有直接交往，但互相也通过信息，"我想他也创造了他独特的文体，他也描述了他所熟悉的这种生活。他的作品也是非常优秀的，完全具备获得诺贝尔文学奖的资格"。

"如果说我的作品在国外有一点点影响，那是因为我的小说有个性，思想的个性、人物的个性、语言的个性，这些个性使我的小说中国特色浓厚。我小说中的人物确实是在中国这块土地上土生土长起来的。我不了解很多种人，但我了解农民。土是我走向世界的一个重要原因。”莫言说。

来源：《南湖晚报》，2012 年 10 月 12 日

这篇解释性报道不仅仅停留在莫言获得了诺贝尔文学奖这个较浅的层面上，而是挖掘和探讨出更深层次的含义：究竟是什么让莫言拿到了诺贝尔文学奖？而从瑞典和莫言自己口中最终得到近乎一致的答案，那就是文学素质。莫言的这种文学素质并非是表面意义上的“魔幻现实主义”，而是他用自己的经历与感悟，用心描绘出中国农村世界与农民的状态，向世界读者展现出中国独特的文化和风情，并且已经超越地区、种族和族群的局限。接地气、“有个性”或许也从另一个方面诠释了莫言小说成功的原因。

解释性报道能够比较圆满地回答人们对一个已经发生的新闻事件的表层认知所持有的疑惑，深入现象肌理，找到问题根源。因此，如果当一个新闻事件本身不再有报道价值时，“为什么”就开始变得跟“是什么”同等重要了，这也是解释性新闻能够得到重视和普遍使用的原因。

二、解释时不发议论

解释性报道如何才能客观，是用新闻事实、背景材料进行水到渠成的分析吗？美国学者认为，解释性报道既有纯新闻的客观性，又有一定的深度。它的深度不在于议论而在于用背景材料解释，如果在解释中有夹叙夹议的成分，那就构成议论，而解释性报道不发议论。但是日本的解释性报道中的议论比较多，可见不同媒体对解释性报道的看法不尽相同，事实上有时候很难划分。不过，作为一种报道，严格遵守新闻事实，记者不发议论，增强新闻的客观可信度，是应当坚持的。

2012 年伦敦奥运会上，16 岁的叶诗文在女子 400 米混合泳决赛和女子 200 米混合泳比赛中均夺桂冠，创造了中国游泳个人两项奥运冠军的纪录。但这个结果很快遭遇到一些外媒的猜测，质疑声弥漫开来。2012 年 8 月 1 日路透中文网发表了《叶诗文为何被怀疑服禁药？中外人士不安、不平》一文，它一反从正面直接与西方媒体的观点针锋相对的先例，而是从“叶诗文为何被怀疑服禁药？”这个点出发，摆出一个个具体的事例，抽丝剥茧般地指出西方媒体无理取闹的行径，同时又拿出叶诗文特有的先天条件和她在 2012 年伦敦奥运会前已经取得的种种突破，以及权威的兴奋剂鉴定结果，不仅充分到位地解释了“叶诗文为何被怀疑服禁药？”这个论题，也让外媒的质疑瞬间变得不堪一击。这篇文章冷静客观地使用背景材料，虽然没有发表看法和评论，但通过一个个事实达到很好的说理效果，有力地回击了质疑声，维护了中国运动员乃至国家的尊严。

三、开头与主体部分的写作

（一）开头

1. 对比性开头

对比性开头往往用现在的事实与已经发生的事实作对比，主要解释现在的事实存在的原因。如2012年7月19日《华尔街日报》发表的《诺基亚何以折戟智能手机市场?》的开头部分：

多年前，原诺基亚（Nokia Corp.）首席设计师诺沃（Frank Nuovo）向无线运营商和投资者作报告，猜想移动互联网的未来。在苹果（Apple Inc.）推出iPhone七年多之前，诺基亚团队就演示了一款拥有彩色触屏、屏幕下方有一个单独按键的手机。演示中，这款手机能够定位餐馆、玩赛车游戏，还可以订购唇膏。20世纪90年代晚期，诺基亚秘密开发出另一款诱人的产品。那是一款平板电脑，有无线连接功能，配备了触摸屏，这些都是苹果热销产品iPad今天拥有的特色与功能。诺沃一边浏览着他昔日的幻灯片，一边说："天哪，我们完全抓住了要害。"消费者从未看到这两款产品。诺基亚斥巨资用于研发，却浪费了把创新引入市场的机会。上述两款产品正是这种企业文化的牺牲品。

这篇报道的开头部分就应用两处对比，分别是诺基亚团队先前设计出的两款产品构想和样品，几年后却分别是苹果（Apple Inc.）推出的两款风靡全球的产品——iPhone和iPad。通过如此鲜明和让人诧异万分的对比，道出了报道所要阐述的主题，即"诺基亚的创新没有落实在产品上面"，不仅能够为下文进一步解释"诺基亚何以折戟智能手机市场?"这个问题作铺垫，使得主体部分的分析水到渠成，也给了读者极大的震撼，吸引读者继续读下去一探究竟。

2. 单刀直入式开头

单刀直入式开头往往直接解释事件发生的原因，快速进入主题，不用过多地陈述事实。这种开头方式便于受众快速抓住报道的核心。如2011年9月14日《华尔街日报》刊登的解释性报道《中国喜欢谁当美国总统?》：

中国肯定私下里支持里克·佩里（Rick Perry）这样的人当选下届美国总统。他们愿意和另一个德州州长所领导的美国展开竞争。这位州长总是夸夸其谈，热爱战争开支，支持茶党，认为美联储主席（Fed）的种种行为是"叛国"，觉得社会保障（Social Security）计划是个旁氏骗局（Ponzi Scheme），还承认自己反科学、反进化论、反知识分子，宁愿让美国回到19世纪那种"狂野西部"的状况。

这篇报道的开头没有提出太多的假设，而是直截了当地回答了报道标题所提出的问题，这样就可以迅速地切入主题。

（二）主体

主体部分的写作主要根据开头提出的问题使用背景材料，逐步推进。可以分成几个小标题，也可以不分小标题一口气写下来。无论怎么样安排主体部分，都应做到条理清晰，步步深入。下面来看一个具体的案例：

虫草价格何以贵过黄金？

一种本来以“泡沫投资品”身份闻名的真菌如今身价变得愈发高了。

冬虫夏草的价格自5月份（冬虫夏草的采掘季从5月开始）以来一路攀升，并从本月的第一天开始价格急速飙升。

据中药从业者称，这种主要生长在青海、四川和西藏等西部省份的真菌能够给人体提供额外的能量，不过很多人（此处指男人）吃虫草主要是为了提升自己的性能力。正因为有些人认为虫草有壮阳的功效，在很多地方虫草也被称为“喜马拉雅伟哥”。

中国中药协会在官方网站说，几种主要虫草的均价已经比去年同期上涨了30%，依照品种的不同，价格从每公斤59 660美元（约合人民币380 000元）到21 970美元（约合人民币140 000元）不等，达到了10年来的最高水平。西藏所产虫草的价格是最高的。虫草的零售价还要更高。在中国最有名的中药店同仁堂，上好虫草的价格高达每克888元（合139美元），比眼下的金价（大约每克338元）还要高出一倍多。

近年来，虫草的价格一直呈直线上升趋势。广州的一位中药经销者郑普（音）在接受采访时说，虫草的价格简直是个奇迹，他简直惊呆了；2004年，一公斤差不多是25 000元，可现在呢，店里卖的虫草最便宜也要一公斤200 000元。

中农科产业发展基金的投资经理王关（音）说，关注健康的中国消费者和药材加工企业的数量不断增加，推动了市场对虫草的需求。他说，西部省份的虫灾导致虫草减产，从而推动虫草价格猛涨，此外投机行为也难辞其咎。王关说，当前虫草的产量太少，手头资金有人民币1亿或2亿元的经销商可以通过控制供应量来影响市场，他们可以等到价格飙升时再将货物出手。

除了价格不断上涨，专家认为虫草并非一种理想投资工具的另一个原因在于，其存储和质量评估并不容易。王关说，普通人无法辨别虫草的质量，且虫草在市场上缺乏流动性。杭州的医学教授柯传奎说，那些囤积虫草希望卖出高价的投机者几乎不了解虫草。他们可能不知道虫草难以保存很长时间。柯传奎撰写过多部虫草方面的书籍。柯传奎说，产量萎缩、需求增加的趋势不可避免。他说，我主张在某个季节不要采集虫草，同时将虫草的种植产业化，以缩小供需差距。

长期以来国内虫草价格的变化就像乘坐过山车。虫草价格在2007年达到高点，然后在2009年4月跌到不足高点价格一半的水平。在大多数情况下，通货膨胀和投机狂热是造成价格波动的主要原因。质量问题导致销量下降也是2009年虫草价格大跌的一个原因，当时有人发现经销商为了加重，在所销售的虫草中混入铁丝。

来源：《华尔街日报》，2012年7月16日

这篇报道从虫灾导致虫草减产、投资商的投机行为、虫草不易于储存等多个方面回答了“虫草价格何以贵过黄金?”这一问题。由于内容不是十分复杂，未采用小标题的形式，并且能够一线贯穿，使读者读起来一目了然。随着分析的层层深入，报道也指出了虫草价格在猛涨的同时也会出现大跌的现象，并简明扼要地解释了这个原因，使报道更加全面，更加客观、立体。

（三）结尾

1. 结论式

结论式的结尾往往是在前面分析的基础上水到渠成地作出结论，给人们一个明晰的印象。

例如，2012年6月20日人民网发布的《南昌县一女副县长14岁工作？组织部称“情况特殊”》的结尾：

据江西省广播电影电视局主办的今视网报道，南昌县委组织部的工作人员回复今视网记者称，钱洁的情况比较“特殊”。该工作人员表示，钱洁确实是1985年参加工作，参加工作时14岁，15岁时参军。大学学历是参加工作后获取的。

记者是针对网友在微博上对“中共南昌县委常委、南昌县政府副县长钱洁，1971年1月出生，1985年1月参加工作。14岁怎么就工作了?”的质疑和追问，通过调查发现确有此事，经过采访后得到了上面的结论，该报道给人明快清晰之感。

2. 展望式

展望式是在揭示了事件发生的原因后，展望未来，提出某种解决问题的希望或办法。

如2012年8月18日《Vista看天下》发布的《科技，天气，运动员，谁是破纪录幕后推手》的结尾：

美国斯坦福大学的生物力学教授 Mark Denny 研究发现，灰狗、赛马以及人类的奔跑速度会随着群数量的增加而增加。他的观点是：人口越多，就越可能出现偶然的优异表现。他还发现，在奔跑速度随全球人口增长而提高时，灰狗和赛马的表现则开始趋于平缓，他将这一现象归结为密集的选择性配种已经产生出了该物种的最佳体质。而人类的竞技成绩仍在逐步提高，这说明未来还将有更大的突破。

文章主体在分析了科技和天气对竞技产生的巨大影响后，指出运动员本身的潜质才是不可忽视的因素。结尾部分提出，人类的运动极限还没有达到，还有继续突破的空间，文章对人类的运动潜能充满信心并提出展望。

3．警示式

警示式写法指出问题的症结所在，以警示有关部门和人员注意这些问题的严重性。

例如，2012 年 4 月《南风窗》刊登的一篇解释性报道《寒门子弟离清华北大有多远?》，文章主体指出了中国教育不平等的现象愈加严峻，分析了寒门弟子的去向和介绍了国外一流大学的相关政策等，其在结尾处写道：

著名法国思想大师、社会学家皮埃尔·布尔迪厄在其 1989 年出版的巨著《国家精英》中，深刻揭示出了国家精英与名牌大学之间的复杂关系。世人因此而得知，一个貌似平等的法国社会如何通过教育达到社会各阶层之间本质上的不平等，看看我国国家重点大学本科生生源的阶层比例，我们就有必要保持高度的警惕、警觉、警醒。不然，在无声无息中，我们的精英高等教育，就会危险地成为社会阶层固化的“协同犯”。

该报道结尾既一针见血地指出教育不平等对社会阶层实质上的不平等所起到的无法回避的推波助澜的作用，又为中国精英高等教育提了醒，警示其要注意这个问题的严重性，从而促成教育制度、政策的改进和改革意识的产生。

【思考与练习】

1．解释性报道如何做到对事物的客观解释?

2．解释性报道各部分的写作要点是什么?

3．解释性报道的客观性主要通过什么方式来体现?

第二十一章 调查性报道

【本章提要】

调查性报道又被称为“揭丑”报道，即它通过媒体记者独立、深入的调查而获得相关新闻线索和材料，并往往以揭露内幕和揭发犯罪的面目出现。因此，调查性报道又可以说是揭露黑幕的深度报道。它能够起到监督社会的作用，并产生一定的效应，对推动社会的健康发展产生积极作用。

由于调查性报道有异于一般的采访活动，了解其一般的程序和基本的写作方法显得尤为重要。本章通过对具体案例进行细致、深入的分析，以期更直观地掌握调查性报道的写作理念与方法。

调查性报道，有人称之为“揭丑报道”。在西方新闻界是一种比较特殊的报道方式，是记者针对被隐瞒的消息，经过亲自调查弄清事件真相后进行的报道。这种报道方式专门揭露社会阴暗面、政府里的黑幕，在西方很受欢迎。

第一节 调查性报道及其种类

一、调查性报道与“水门事件”

19 世纪 70 年代，调查性报道开始在美国的报纸上出现。以《纽约时报》为首的报纸开始对石油公司、电话公司等进行调查报道。

20 世纪 70 年代美国选举丑闻“水门事件”一系列的调查性报道出现后，调查性报道开始在美国新闻界受到广泛重视。1972 年 6 月，华盛顿的警察在水门大楼民主党总部所在地逮捕 5 名撬窃犯。起初新闻界以为这只是一起普通的偷窃案，未予重视。《华盛顿邮报》的青年记者罗伯特·伍德沃德和卡尔·伯恩斯坦发现两名窃贼的地址簿上，有“亨特、白宫”字样，两名记者经过长达半年之久的追踪调查，终于发现这并非偷窃案，而是在总统选举期间，共和党人在民主党总部装了窃听器。这一政治丑闻被曝光后，共和党人千方百计地掩盖其罪行，甚至连尼克松总统也被卷入掩盖罪行的活动中。《华盛顿邮报》的老板全力支持两名记者。《纽约时报》等大报也相应继续揭发"水门事件"。反尼克松的财团乘机发起倒尼运动，经过长期调查和连续报道，"水门事件"终于真相大白。1974年尼克松被迫辞职。"水门事件"结束后，两名记者写成《总统班底》一书，获普利策新闻奖。1974年获普利策新闻奖的六项新闻报道中，调查性报道占了四项。

二、调查性报道的种类

调查性报道的种类可分为：政治性调查、社会性调查和经济调查三种。

（一）政治性调查

政治性调查是指涉及政治体制、制度、权利、法律、民主等事件和问题的调查报道。如2012年8月8日《重庆晨报》刊登的调查报道《云南巧家县委副书记替"用前程担保"公安局长喊冤》、2011年7月29日《南方周末》刊登的调查报道《高铁之乱技术原因深究："不可能"的事故》等。

这类调查往往涉及事件的有关责任人，调查过程中和报道前后要冒一定风险。因此，调查的选题一定要慎之又慎。第一，媒体和记者首先要有高度的社会责任意识，有坚决维护正义的鲜明立场和决心；第二，在调查过程中，重事实证据，有关照片、录音材料一定要搜集得全面、准确；第三，在调查过程中，遇到阻力后要想尽办法解决，力争得到有关部门的支持。记者要有毫不退缩的勇气和毅力。

（二）社会性调查

社会性调查主要是针对社会上影响到人们生活、观念等方面的事件的调查。社会性调查的范围很广，涉及社会的方方面面，如食品安全、大学生就业、拖欠民工工资、独生子女的生活观念、恋爱婚姻家庭等问题和事件。如2012年3月20日《羊城晚报》开始推出的系列报道《癫狂的"灵修"》、2012年5月31日《城市信报》发表的《记者卧底喜之郎：果肉含防腐剂 员工自己都不吃》等，这些报道都引起了极大反响，甚至有国外媒体转载了《癫狂的"灵修"》的部分报道。

（三）经济调查

经济调查主要是对经济领域内的问题、现象、趋势等的分析报道，其专业性强，重要线索往往隐藏在大量数据或常识中，因此对记者的能力和素质有较高的要求。近些年，经济调查也成为打造媒体影响力的前沿阵地。此类报道如《21世纪经济报道》2010年2月6日的《赵本山娱乐帝国的商业演进图》、《经济观察报》2012年10月16日的《富士康内迁"后遗症"》等。

第二节　调查性报道的写作

一、发现线索

任何调查性报道首先都要有调查的线索以便着手调查。如何发现线索？第一种方法：要求记者平时注意观察社会现象，思考社会问题，随时抓住可利用的线索；第二种方法：阅读报纸杂志和看电视时留意新闻事件的蛛丝马迹，事件中的疑点，或者时间、人物有些不合逻辑的地方等，都值得记者在思考后研究是否可作为调查线索。

二、研究线索

发现线索后认真研究是否值得调查。如何判断有无调查价值？布赖恩·布鲁克斯等编著的《新闻写作教程》中说应当先有一个假设："根据某个传闻或怀疑，再加上你掌握的背景材料，你就可以作出一个'假设'。记者一般很少用假设这个词儿，但这个词是有用的，因为它表明调查性报道与科学的调查研究有相似之处。两者都把假想作为可能是正确的一项论断。"① 假设一旦确定，记者就可以开始着手下一步工作。

三、理清头绪

从公开的有关文件入手，例如判决书、公证材料、医院结论等，找到结论与事实之间的矛盾。

四、着手调查

调查可以是一个调查小组，也可以是记者单独一人进行。为了方便得到调查证据，最好组成两人以上的组合进行调查。

五、搜集证据

调查过程中尽量搜集能得到的各种证据，诸如照片、文字、声音资料等，这些资料非常宝贵和重要，应保证万无一失。

---

① ［美］布赖恩·布鲁克斯等. 新闻写作教程. 褚高德译. 北京：新华出版社，1986. 388.

第三节　调查性报道的写作思维

一、叙述冷静客观

调查性报道靠事实说话，对事实中的人物、人物与事件的矛盾、人物与人物之间的矛盾、结论与事实的矛盾，只能用调查到的事实来展现来龙去脉，记者只是客观叙事，不作任何评论，因为任何评论都可能导致报道的不真实。

2012年3月20日，《羊城晚报》的系列调查报道《癫狂的“灵修”》引起社会巨大的反响。为探究所谓“身心灵”培训班的黑幕，《羊城晚报》记者冒险深入深圳灵修培训班和博罗的培训基地内部，暗访调查数月，亲身体验其中的各个环节并察觉其圈套，掌握了某些机构“假修行真敛财”的大量一手材料，揭露各式“身心灵”培训班的圈钱本质。《羊城晚报》记者把事实作为依据，以公共利益为中心，真实、客观地呈现自己在暗访过程中的所见所闻——3月20日《羊城晚报》推出的报道文章分别以A4版癫狂的“灵修”之性色篇《假灵修真杂交　谭崔教室传出呻吟声?》、A5版癫狂的“灵修”之圈钱篇《玄乎只是假面具　敛财方为真面目》、A6版癫狂的“灵修”之本质篇《鼓吹通灵穿越　实为“心理邪教”》层层推进，向读者再现培训过程中的种种荒谬不堪的场面，一步一步地揭开了那些暗藏在“身心灵”培训中的污秽之实。

鉴于此系列报道的典型性，故引用其中的“癫狂的‘灵修’之圈钱篇”一文，内容如下：

癫狂的“灵修”之圈钱篇

玄乎只是假面具　敛财方为真面目

记者调查发现，“身心灵”热催旺相关培训、产品、书籍市场，离谱高价肥了不法者的腰包。

三年前，广州人李红（化名）迷上了所谓“灵性”成长，成了一名“身心灵”修炼迷。从最初的成功励志学、心理学，到最近的灵异学，她频繁参加各种“身心灵”课程。每次课程后，她都要购买一大堆教导“身心灵”修炼的书籍。李红的家里，摆放着各种买来的“身心灵”产品，有水晶、能量矿石、灵性彩油等等。

在李红看来，这些外人眼里普普通通的物件，蕴含着治疗和转变人的“身心灵”的强大灵性和能量。

《羊城晚报》记者调查发现，“身心灵”热除了带旺相关培训，也带火了另外两个市场：“身心灵”产品和书籍。培训、产品、书籍就像“身心灵”热的三驾马车。

据调查，“身心灵”培训的内容很玄乎，产品也很玄乎：通灵、神秘主义、灵疗……一名曾经的练习者直言：像被“洗脑”似的，头脑一热，大把钱就花进去了。

A　三期课程花费超两万

央视曝光：一家机构培训 2 400 多名学员，非法敛财过千万

记者调查发现，在很多“身心灵”课程上，导师都会强调人应该放下头脑，把世俗生活中的“理性”思维放下，不要做“头脑导向”的人，而要用“心”来生活，去全然地感受“一切”，导师所教导的当然是在“一切”之中。不少人上过“身心灵”课程之后，都形成了对某个导师的个人崇拜。

国家二级心理咨询师陈爱国曾说，“身心灵”培训课程往往打着爱和心灵成长的幌子，对加入组织者洗脑，建立“教主”权威，使学员严重依赖“教主”，骗取学员钱财，使初学者成为某种教义的精神奴隶，人格更加不健康，自我更加不独立。

这一点在秦铭远的案例中表现明显。“身心灵”导师秦铭远号称“8 岁就成道”，不少学员上过他的课之后，拜其为师，尊其为“师父”。记者向负责秦铭远课程推广的“门徒”婕西咨询：为什么秦的课程这么贵，21 天的“神秘玫瑰”需要 10 万？她搬出秦铭远的说法，“师父曾说‘幸福的来源不是金钱，而是静心。很遗憾，很多人认为金钱比静心更重要’”。据了解，秦铭远除了举办课程带来的收入之外，还接受不少门徒给铭远慈爱基金会的捐赠，“用以推广铭远静心”。

事实上，要想追求“身心灵”成长，必须有足够的金钱支撑。记者参加尼奥心视界的“爱的协奏曲”系列课程，第一期是公开课程，可免费听，但住宿费花了 360 元，一天的餐费花了 60 元，买一本书花了 100 元。该系列课程为期三天，第二期的课程仅报名费就需要 4 800 元，第三期前往泰国举行的七天课程报名费则需要 13 800 元，另外住宿费要 650 欧元（人民币近 7 000 元）。2011 年国庆期间，尼奥心视界在台湾淡水组织了一次“谭崔”，有大陆的学员前去参加，其中团体费用 6 230 元。

2011 年 4 月，中央电视台《疯狂的培训》的报道，曝光了社会上一些号称能突破自我、让生命开始全新蜕变的“身心灵”培训公司。在这些培训公司的课堂上，讲课者让男女学员相互挑逗，宣称“突破自我最好的方式就是从性解放开始”，让学员在欲望的感官世界里彻底迷失了自我。有男学员被“洗脑”后不

能自拔，原本本本分分，现在却开始整天在外寻花问柳。就连一些女学员也开始在外面疯狂追求所谓的性体验。

学员迷失了自我，培训机构却大发横财。被中央电视台曝光的两家“身心灵”培训机构，一家在2007 年至2010 年培训学员2 470 人，非法敛财13 799 900元，一家从2005 年到2010 年搞非法培训敛财4 609 203 元。

此前，曾有媒体报道，在广州开办的所谓“量子”心理课程，学费为3 800元，声称“能打开人的心灵，发现自己的潜意识秘密”。该课程要求学员去“感召”其他人来报名学习，若学员“感召”的人数没有达到要求则须退出课程。后来，工商部门认定该培训机构搞“非法精神传销”，并将其取缔。

B　气场检测仪叫价近八万

专家揭底：所谓气场、潜能测试仪器根本没有得到学界的认可

在李红所购买的“身心灵”产品中，她个人最喜欢的是Aura Soma 牌灵性彩油，“它可以同时在身体、情感、心理、心灵、人格等各个层面产生治疗效果”。

据称，1984 年，66 岁的英国足科医生兼药剂师维琪·沃尔双眼失明，通过她的“通灵能力”，获得了Aura-Soma 灵性彩油的第一批配方。“灵性彩油的所有素材，都来自水晶、矿物与植物”，却能“使你的身体、头脑、心灵和灵魂，回复平衡、协调、和谐的状态”——李红对这种说法深信不疑。

“千万别小看这些彩油，使用要特别小心，只能用自己的左手碰触玻璃瓶身，其他人只能拿瓶盖，他人的能量不能进入瓶中。”李红说，灵性彩油还可以用来占卜，从灵性彩油109 瓶平衡油系列中依序挑选最喜欢的四个瓶子，通过灵性彩油色彩咨询师，就可以了解近半年的生命能量走向。“将瓶子里的液体涂抹在身上，这些能量吸收进入你的体内，你的‘身心灵’就会有所转变。”

据介绍，这种灵性彩油在“身心灵在线”、“成功网”等网站上都有出售，一瓶50ml 的“灵性彩油”在电子商务网站上卖500 元，比同等分量的名牌化妆品价格高几倍。记者以顾客身份向广州成功网的销售人员咨询时，对方称网站确实出售灵性彩油，不过“要下单，两个星期左右才有货，因为货是直接从英国拿”。

在一家名为“智慧之光，身心灵产品旗舰店”的淘宝店铺内，一款美国“Aura Imaging”牌的人体气场检测仪价格高达79 800 元。在身心灵在线网站上，出售一种人体气场能量显示器，宣称只要把手掌放在感应器上，就会显示各种健康能量的信息，包括个性气质的色彩判读、身心灵色彩的属性和稳定度、生命能量的流畅度、器官功能的能量、阴阳能量指数和平衡度、五行经络个别和平均能量指数、生命能量的位阶层次、五行能量虚实及平衡。

“不仅是心理学界、生理学界，乃至整个生命科学界，主流学术圈内都没有

关于气场、潜能的测试仪器，更加没有得到学界的认可。那些声称证明气场存在的实验，都没有能登上主流的科学杂志和会议，换句话说，这些观点没有在主流科学界立足。”中科院心理所心理健康重点实验室主任罗非告诉《羊城晚报》记者，“目前关于身心相互作用的研究有很多，但距离得出比较一致的结论还较远。因此，此刻推出的这些设备如果不是投机，就带有尝试性质。在这种情况下，如果设备带有详尽的功能、参数与原理描述，加上相关的科学研究论文资料，或许还会有一定的可信度。”

C 砸钱学员以阔太太居多

记者偶遇：一名国家注册二级心理咨询师不仅捧场，还称“很有用”

什么人会参加这样的培训？什么人会买这样的产品呢？

据查，秦铭远课程的招揽对象不乏高端人士和社会精英。今年元旦在京举行的“谭崔”课程目标对象主要是“成功人士、企业家、中高层管理者、白领阶层与其亲密爱人”，“心理学及精神卫生方面的专业工作者、教育培训以及心理学爱好者”等。婕西透露，参加秦铭远去年8月广州“谭崔”课程的学员，“有普通职员，有企业家、白领、海归，都是追求精神层面的人”。

3月16日至18日，秦铭远在广东罗浮山静心山庄举行了一个“为爱而生”的课程，“是一个专为女性团体而举行的课程，但我们了解很多女性的问题及爱往往与男人有关，所以这也是一个为男人而开的课程”。

在记者参加的深圳尼奥心视界培训课程上，学员来源主要有自由职业者、IT老板、高级白领，以及其他各类培训机构（父母效能培训之类的）、“身心灵”机构的人员。尼奥心视界一名工作人员告诉记者，“来我们这里的人，都比较高端，因为课程费门槛很高”。

据了解，该课程女学员是男学员人数的两倍多。尼奥心视界负责人透露，“身心灵”成长圈子的一个重要特点就是女性居多，而且事业有成者的太太多。2010年，腾讯副总裁郭凯天与深圳若纳生公司许宜铭爆发冲突的事件闹得沸沸扬扬，事由就是郭凯天爱人参加许宜铭课程，不堪忍受课程内容而引起的。

值得注意的是，“身心灵”培训学员中不乏专业心理咨询师的身影。在尼奥心视界培训课上，记者碰到了一名国家注册二级心理咨询师。她频繁地参加各类“身心灵”课程，“感觉很有用，可以用来帮助其他人”。上海一咨询机构举行的“性与爱的苏醒与回归——灵性双修课程”差不多每一期都有心理咨询师参加。

D 多家机构并无相关资质

记者调查：多数打着咨询公司的旗号，主要举办各类“身心灵”成长培训课程

深圳尼奥心视界是一家身心灵培训机构，对外宣称“是国际级的教育培训机

构，拥有顶级且具专业素养的师资，致力于使人生命产生蜕变的志业”。

据记者调查，该公司主要业务就是举办各类“身心灵”成长培训课程，其官网显示，2012 年已计划在国内各地举办 19 期“身心灵”课程。事实上，这家位于深圳南山蛇口工业区的公司注册经营范围是“经济信息咨询、企业管理咨询、投资咨询……国内贸易”，并没有教育培训资质。

秦铭远则属于跑“单帮”，并没有实体公司，他的课程由“门徒”志愿组织，课程费则打入指定账户，组织者则免费参加课程。此外，秦铭远“会依‘道’拿出一部分收入给组织者，数量并不固定。它的含义不再是金钱、报酬，而是一种可以分享的能量与资讯”。新成立的“KHAOS 国际静心山庄”，也没有工商注册，却对外“营业”。

在深圳动态静心官网上，计划开设的“身心灵”课程已经排到了今年年底。这些以课程形式组织的培训，有的面向社会招生，有的则只针对会员。不过，该公司的注册经营范围是“企业管理咨询、承办会展（不含限制项目）；心理咨询（不含医疗、药物治疗）；文化活动策划；文教用品、办公自动化设备、工艺美术品的销售”，并没有教育培训。

记者调查发现，“身心灵在线”列出的众多“身心灵”机构，大多都打着咨询公司的名头。比如，打造“身心灵整合家园”的北京天人合一教育咨询有限公司、打造“丽夫心灵中心”的上海丽夫企业管理咨询有限公司，其工商注册登记的经营范围都不包括教育培训。有些机构明目张胆地无照经营的案例也不鲜见。上海一家同样开设“身心灵”作坊的投资管理咨询公司，在上海工商局官方网站上并无其注册信息。

E　非法出版物借网络流传

记者发现：“性交大师”奥修的“禁书”在网上大行其道

在深圳尼奥心视界官方网站上，出售一款宣称来自英国的欧娜·索玛 Aura Soma 灵性彩油，“是由英国灵视先知维琪·沃尔从祈祷与静心中接收指引，将灵性彩油带入人间”。“灵性彩油结合天然水晶矿石和色彩植物精油的特殊能量，是一种包含身、心、灵的整体健康法——以光、颜色与能量中心理论为根据，为你的环境带来美丽的色彩能量，更能改善居家风水，转化空间磁场，带来彩虹般好运气。”

记者参加尼奥心视界课程时，发现课程现场摆放了一个书架，上面摆放着数十本台湾繁体字版的书，其中就包括多本“性交大师”奥修撰写的书。一名被妻子鼓动去上课的学员说，其爱人每次去参加各种静心课程，就买回来一大堆书，他在课程现场也买了近 10 本。

记者拿着现场购买的《密经——谭崔之路》向警方有关人士咨询，对方告诉记者，该书并没有合法的进出关手续，没有书号，属于非法出版物。而在该公司的办公现场，也有大量类似的非法出版物出售。

除了在其官方网站兜售非法出版物外，该公司还开了一个名为“尼奥能量小铺”的淘宝商店，称“尼奥能量小铺主要是公司为方便学员购买心灵成长方面书籍及其他相关产品而搭建的网络平台”。

在“身心灵在线”、“成功网”等网站上，也列明出售多种繁体字版身心灵书籍，也包括奥修的书。据记者了解，20 世纪 90 年代，中国曾兴起奥修书籍出版热，后来引起社会激烈争论而被禁止，奥修的书在大陆地区未被允许流传。但是，现在通过网络，奥修的书又开始流传。

对话

出售灵修产品的网站客服回答记者咨询时称——灵修产品销售“还不错”

3 月 14 日，记者向广州成功网客服咨询了“身心灵”产品的情况。该客服表示，他们出售的繁体字身心灵书籍都是台湾原版。以下是记者与对方的对话实录——

记者：我在你们的网站上看到有好多灵修的书在卖，那些繁体字版的书是翻印的还是原版的？

客服：繁体字是原版的。

记者：不是翻印的吧？

客服：不是。是台湾过来的，所以都是很贵的。

记者：你们网站罗列的书，一般都会有吧？

客服：有些也不一定有哦。您先确定要哪些书，我们可以帮您整理一下。

记者：我对奥修的书比较感兴趣。如果要买的话，需要走哪些流程？要提前预订吗？

客服：这要看您要的是哪些书哦，有些有现货，可以直接发，如果没有现货，就得预订。

记者：哦。

客服：您是哪里的呢？

记者：我在广州，你们呢？

客服：我们也在广州。我们可以直接给您快递，或是您到我们店里取。

记者：你们好像主打“身心灵”产品？

客服：呵呵，除了身心灵，还有成功励志等。

记者：你们有没有出售其他商家的产品？

客服：我们只卖我们网站的产品，没有其他商家的。

记者：那些灵性彩油是怎么卖呢？

客服：灵性彩油都是按网站的定价出售的。

记者：有没有专人指导怎么使用呢？

客服：这个我们有相应的说明，没有专人指导。

记者：不是有指导师吗？这怎么跟一般彩油区别开来呀？

客服：因为这些产品一般是您自己先了解后再购买的，里面有详细的介绍说明。

记者：从1号到109号灵性彩油平衡油都有吧？

客服：这些需要您先汇款，过两周左右再送到哦。

记者：没有现货吗？是从英国拿回来的吗？

客服：嗯，不是现货，是从国外调回来的，所以时间会长点。

记者：效果真的有那么好吗？有那么神吗？

客服：呵呵，这个的话，看您想要什么效果了？

记者：灵性成长呀。

客服：嗯，灵性成长，这一款属能量调整方面的，很多客户感觉还不错。

记者：跟水晶、能量卡、花精类似吗？买的人多吗？

客服：其实也差不多是类似的，同样的功效，不同的表现方式。还不错。

来源：《羊城晚报》，2012年3月20日

《癫狂的"灵修"》系列报道刊出后，在坊间和网络上均引发民众的广泛关注，人民网、新华网、凤凰网、新浪网、腾讯、搜狐、网易等国内各大网站及微博火热转发《羊城晚报》的相关报道，点击率和转载率非常高，获得极好的传播效果。

除了极高的关注度外，此系列报道也体现了以下两个方面的意义：

（一）专业主义精神

记者的专业主义精神得以彰显。何为专业主义精神？即记者对新闻真相的执着追求和客观真实的描述。具有专业主义精神的记者不仅要有执着追求事实和真相的勇气和责任，还要有扎实的基本采写功底。记者在数月的暗访调查中，尽可能取得大量完整的第一手材料，对其中遇到的难题要想方设法弄懂，层层剥开其中的玄机与圈套，并注意留下证据。在写作中，也尊重事实，用大量掌握到的材料和证据一步步揭开暗藏在"身心灵"培训中的污秽之实。此外，一些鲜活的人物语言也使得报道更加生动，使读者仿佛亲身经历一般。对于这个存在许久的社会"毒瘤"，《羊城晚报》记者不畏艰难，敢于讲真话、报实情，为推动社会健康发展作出了不可磨灭的贡献。

记者既是记录者，又是参与者。《羊城晚报》记者在记录报道事件真相，揭

露“身心灵”培训班的阴暗、丑恶面目的同时，还促进相关部门各项查处工作的开展，推动事件的解决，创造良好的社会环境。3 月 20 日，《羊城晚报》的《癫狂的“灵修”》重磅报道出街后，引起广东省工商局、惠州市相关政府部门的高度重视，博罗县出动超过 30 名公安干警、联防队员，以及工商部门执法人员，迅速展开查处行动，对《羊城晚报》报道中提到的罗浮山“KHAOS 国际静心山庄”进行包抄搜查。在查处过程中，《羊城晚报》记者对公安、工商等职能部门提供有效信息，联合帮助其查处行动的顺利开展。当日下午 5 时，即有相关负责人致电《羊城晚报》记者，警方已经找到涉事人员程某，并将其带走调查。在 21 日，《羊城晚报》持续追踪，发表文章《癫狂“灵修”涉案人员被带走调查》、《撩人女性裸照不堪入目　天价课程不乏白领学员》，深究事件背后的深层原因和危害，跟进报道事件调查的最新结果。

由此观之，《癫狂的“灵修”》系列调查报道，无论是从媒体报道还是传播效果上看，都使媒体的专业主义精神得到充分展现。

（二）社会责任意识

不为暴露而报道，不一味地追求“看点”。有责任的新闻工作者，在报道过程中，还要善于把握报道分寸。在采集和处理新闻信息的过程中，《羊城晚报》记者努力做到真实、客观的同时，又根据不同情况，严格把握分寸，采用不同方式，努力在话语和文本中体现全面，保证整组报道的平衡和连贯性。在处理修改“癫狂的‘灵修’之性色篇”时，《羊城晚报》考虑到社会影响和效益，在稿件刊登前，对稿件中不宜刊发的个别细节进行处理，删减了一些不宜见报的敏感情节和字眼。不为暴露而报道，不迷信低俗“卖点”、“看点”，对敏感细节进行处理，严格遵守道德伦理底线，保证社会效果的同时，又有原则、有策略地把最基本的事实呈献给读者。

不仅报道“是什么”，还要关注“为什么”，更要回答“怎么办”。此系列报道，不仅挖出新闻内幕，还约请专家作出分析，进行引导。采访权威专家来解释为什么这种现象会吸引如此众多的有经济基础的人：“很多人的心理发展不健康，甚至发展受滞、扭曲，精神领域是空白的，心理疾病患者远比生理疾病患者多。病态的心理疾病患者尤以抑郁症患者为多。”同时，向专家寻求解决此类问题的方法，“应加强心理培训领域监管”。这样的深度报道不只是停留在热闹的新闻内幕层面上，还提供治理社会的合理建议，为社会、为政府部门的监管和治理工作提供有益的参考。此次系列报道，是极有社会价值的特色深度报道。

二、逆向思维写法

逆向思维写法就是以事件结果为起点，找出事件发生的原因的一种写作方法。开头简单描述事件过程，先介绍新闻的几个要素：时间、地点、人物、结果等，使受众对事件有一个大概的了解，便于引导受众顺着记者的思维一步步阅读下去。主体部分重点描述事件是“怎么样”发生的、“为什么”发生，逐步追出事件真相。

2012年8月8日《重庆晨报》刊登的调查报道《云南巧家县委副书记替“用前程担保”公安局长喊冤》，全文采取逆向思维写法，使用一环扣一环的追问式表现。

报道首先在导语部分直接陈述云南巧家爆炸案的侦破结果，云南昭通警方针对巧家县公安局在前期案情尚未彻底查清的情况下，在通报中因表述不严谨、不确切而给社会公众、赵登用及其家属带来的误导和影响，诚恳地向社会公众、赵登用及其家属表示道歉。

接着主体部分就重点叙述了事件“怎么样”发生，以及“为什么”发生，通过四个小标题“第一步就被‘倒打一耙’”、“陷入第二次被动”、“第三次沦陷”和“巧家官方噤声”，详细客观地说明了赵登用“为何被怀疑”、“如何成了嫌疑犯”及“如何被官方公开确认为嫌疑犯”等，交代清楚了事件发展的来龙去脉，也表现出了巧家公安局因在爆炸案上的轻率，而造成其舆论地位的逐步丧失，形成被动尴尬的哑声局面。

然后在“副书记替公安局长喊冤”部分，时间从过去回到当下，交代在案件侦破之后发生的副书记替公安局长喊冤这一情况。最后报道补充“爆炸案通报录”，用一个“时间表”更清晰地展现了整个事件的进程。

三、调查性报道应注意的问题

调查性报道是经过媒体和记者的周密调查，有时甚至冒着风险开展的一项活动。之所以受到人们的关注，主要是通过事实的真实性、可靠性来显示出报道的魅力。虽说调查性报道拥有独特的魅力，但在做调查性报道时也应该注意以下几个问题：

（一）准确性

保证调查的准确性是一件严肃的事情。如果随意走一圈，问一问，不作深入的调查，是不可能写出让人们信服的报道的。调查性报道的最终文字要精准客观，每一个字、每一个数据都应有证据的支撑，对于关键的事实，一定要核实再核实，对于不确定的事实，要舍得放弃，否则须在找到更可靠的证据时再启用。

（二）独立性

调查性报道要求媒体独立地去完成对黑幕的报道与揭发，但在现实当中，还存在着许多负面报道被封锁的压力，特别是对政府机关及大企业进行采访时，往往会面临各种干扰和阻力，使得报道难以进行或出现偏差，并没有真正做到独立调查。无论是媒体还是记者都应顶住各方压力，排除干扰，最大限度地保持调查的独立性和公正性。

（三）合法性

由于调查报道经常会采取一些隐性的采访手段，记者有时难免因为经验或其他原因，使报道不够严谨，从而授人以柄。在调查性报道中会出现因侵犯当事人的名誉权、肖像权、隐私权等合法权益而造成的法律纠纷。因此在调查报道的过程中一定要注意自身行为的合法性。另外，在“体验式”采访和报道过程中要把握住法律的度，不要为了调查而做出违法的事情。

【思考与练习】

1. 分析《癫狂的“灵修”》系列报道的价值。
2. 调查过程中如何做到准确、客观、全面，以实现报道的社会价值？

第二十二章　连续报道与系列报道

【本章提要】

连续报道和系列报道同属于深度报道的两种报道方式。区别这两种报道方式的方法是：连续报道把正在发生的新闻事件的新进展、新情况，连续不断地报道给受众；系列报道则有策划性特点，通过一系列的报道深刻地反映一个主题。

本章将对这两种报道方式的特点、写作方法分别予以介绍，并通过分析其各自的写作思维过程和选题技巧，使学习者更加牢固地掌握这两种报道方式。

第一节　连续报道

连续报道是对新闻事件在一定时间内进行的跟踪式报道，使受众对报道对象和内容有完整、全面而深入的了解。由于媒体间竞争激烈，一件事发生后需要争先报道，但事件还在发生，因此需要连续报道，让受众知道事件的来龙去脉。

连续报道与系列报道的区别在于：连续报道的特点是事件的走势、结局均无定论。记者不能控制事件，反而受事件进展的制约；系列报道则是事件已经发生，经过策划分期、分批地围绕一个主题进行报道。系列报道的定义是：围绕同一重大事件、社会问题，有目的、有顺序地依次展开的报道。

第二节　连续报道的思维过程

连续报道往往用来报道正处于发展过程中的事物、处于“正在进行时”的事件，以事物的连续性和时间的先后顺序为着眼点，不断地发表多篇报道。在连续报道中的每篇或每轮报道都没有把事情说满，留有空间，并且构成系列过程中一个环节与另一个环节之间的紧密衔接，而所有这些环节构成事件或行踪的动态进程。例如，《南方周末》官网对“钱云会案”的报道就体现了这一点：2010 年 12 月 27 日上午，《南方周末》官网发表的《乐清官方：钱云会死于交通事故》是该连续报道的第一篇，内容是官方把钱云会的死亡原因定为交通事故，该报道一发表就引起一场轩然大波，人们质疑声不断；同天晚上发表的《乐清就钱云会事件召开新闻发布会》，报道了浙江乐清市召开新闻发布会，就网传的“上访村主任被故意碾死”一事作出说明并将其定性为“交通肇事案件”；2010 年 12 月 28 日发表的《温州市委作出“钱云会命案”处理意见 市公安局介入》，报道的内容是浙江省温州市委 28 日凌晨就“钱云会命案”提出 4 条处理意见，并决定由市公安局直接调查、处理；2010 年 12 月 29 日，发表了《温州警方称未发现钱云会案“谋杀”证据》，报道的内容是温州市警方根据钱云会案件的现场勘查和调查情况未发现有“谋杀”动机和迹象的证据；2010 年 12 月 30 日发表的《“谋杀可以排除”——温州市公安局钱云会案发言人黄小中解释调查进展》是该连续报道的最后一篇，通过对相关证据的罗列，排除了钱云会被谋杀的可能。至此，这组“钱云会案”报道告一段落，这组连续性报道的环环相扣，能够在一定程度上反映公民意见，并有效避免了谣言的继续蔓延。

（一）首次报道写作——交代故事梗概

首次报道的写作应先交代新闻背景和事件的基本情况，然后展开描述。如果是预知性的事件，首次报道可以介绍有关背景，如美联社对航天飞机“哥伦比亚”号飞行的报道。

下面是央视《焦点访谈》2004 年 8 月 13 日播发的《想要通知书 先拿十万来》的连续报道。第一篇报道的开头：

主持人：我国教育部对高校招生和收费有着明确的规定，但是不久前，广西的一名考生却遇到了一件稀奇的事。据考生家长反映，他们的孩子不久前被北京的一所重点名牌高校录取，但是附加了一个条件，就是必须要交 10 万元钱，否则就领不到录取通知书。考生家长随即向《焦点访谈》进行了反映，接到线索后记者赴南宁进行了采访。

解说：八月初，一名广西的考生家长给《焦点访谈》打来电话，反映他的孩子在高考招生的过程发生了一些蹊跷事。接到消息，记者赶到南宁，见到了考生家长李先生（化名）。

开头部分交代完新闻来源、事件的大致情况后，进入主体部分。主体部分通过对考生的父母、收取了考生家长十万元钱准备存入天宏账户的刘天平、北京航空航天大学赴广西招生联络人庞宏冰等人的调查采访，证实了北京航空航天大学在广西招生的过程中收取考生家长十万元的真实性。

首次报道的结尾要为下一次报道留下悬念，使得受众有兴趣再关注第二篇报道。这篇报道的结尾并没有报道出调查结果，却留下了一个矛盾：

主持人： 北京航空航天大学是一所享有盛誉的高等院校。可是在今年的招生中，却冒出了一个北航天宏科技有限公司，向达到录取分数线的考生索取巨款，令人感到迷雾重重。目前，有关部门正在对此事进行调查，《焦点访谈》栏目也将继续关注事件的发展。

（二）二次追踪报道写作——矛盾展开

二次追踪报道的写作：第一，与第一次报道相连接；第二，提供第一次报道所没有的新情况；第三，提供详细的背景材料；第四，搜集第一次报道后有关方面的反应。

2004 年 8 月 14 日《焦点访谈》播出的二次报道《招生骗局法不容——想要通知书，先拿十万来》，开头紧接第一次报道情节的结尾，并顺便带出报道后的反应——“引起了有关部门的高度重视”，然后叙述新的内容：参与这件事的还有一位自称是北航教师名叫高峰的人。当事人庞宏冰、刘天平和高峰三个人，既不是招生组组长，也不是招生组成员，更不是所谓的联络员。既然什么都不是，他们为何敢向考生家长收十万元才发放录取通知书呢？至此矛盾完全展开。结尾交代北京航空航天大学正在对此事展开进一步的调查。

（三）交代事件结果，解决矛盾，故事结束

2004 年 8 月 16 日《焦点访谈》播出的第三次报道《北航校长谈广西招生事件——想要通知书　先拿十万来》，采访了北京航空航天大学校长李未，李未表态将录取该考生，退回所收的包括其他考生交的钱在内的巨款，向全国人民表示深深的歉意，并追究有关人员的责任。

连续报道一般不少于三次。最后一次报道要求叙述清楚事件的结局，矛盾是否解决，事件中有关人物的命运如何，不要给受众留下疑问。《焦点访谈》的这三篇连续报道对事件的追踪到此暂告一个段落，至于有关责任人如何处理，有相关法律程序可循，到时作一般消息报道就可以了。

第三节　连续报道的写作技巧

（一）掌握读者的接受心理，激发受众的接受兴趣

连续报道的新闻事件正处于发展变化中，一般要补叙新闻事实的要素或要件，不完整或不明晰的要素或要件需不断完整、明晰。报道的目的是不断揭示正在变化的新情况，告诉人们事件的结果。因此在报道过程中要了解受众的心理，尤其是平面媒体，想要让读者持续关注报道的事件，就要了解读者的阅读动机和阅读兴趣。连续报道要研究的是读者产生阅读行为的动机是什么，诱发阅读行为

的途径是什么。一般来说人们的阅读行为产生于人们的需求。可能是信息需求，也可能是工作需求，还可能是消遣的需求，等等。美国著名心理学家马斯洛把受众的需求分成五个层次：生理需求、安全需求、社会需求、尊敬需求和自我实现的需求。马斯洛认为，当需求的意向、强度指向一定对象并激发人们的活动欲望时，就构成人类的活动动机。只有在最基本的需求得到满足之后才进入下一个需求。比如人有生老病死，生理需求是最基本的需求，先解决衣食住行，满足了物质需求再进入下一个层次的需求——精神需求。新闻的受众需求也是多层次的，首先是信息、娱乐需求，然后才是欣赏、品味需求。连续报道首先满足人们第一层面的需求——发生了什么事，然后是为什么会发生。

现代人越来越多地倾向于把获取信息当作一种消遣活动，如饭后读报、晚上看电视等。在这种情况下如何调动读者的阅读欲望、刺激读者的阅读兴趣是值得探讨的课题。一般来说，连续报道的事件要有阅读价值。同时，写作时注意诱发读者的阅读兴趣，读后能引起人们的广泛关注。

（二）一张一弛，波澜起伏

张与弛，指节奏的紧张与缓慢、矛盾的相对激烈与舒缓状态。古人说："文武之道，一张一弛，张而不弛，君子弗能也。弛而不张，君子弗为也。"讲的就是叙述的辩证法。在叙述事件的过程中，张弛结合，疏密有度，将紧锣密鼓与丝竹之声巧妙结合，组成和谐的旋律，有助于受众接受，更有利于表现主题。

连续报道虽然受到事件的制约，记者不知事件的未来发展情况，但报道时记者已经采访到事实。安排事实时在讲究事件逻辑顺序的前提下，叙述激烈与舒缓交叉运用，造就报道的变化之美。《法制日报》在1999年12月7日、17日、29日对"三盲院长案"的连续报道，获第十届中国新闻一等奖。三篇报道的篇幅都不长，但叙述事件一张一弛，一环紧扣一环。从标题、导语到结尾都显示出叙事张弛的功夫。

先看标题。第一篇："三盲院长案"发回重审，三座小楼来源令人生疑，糊涂账目笔笔仍未查明；第二篇：姚晓红重被收监，"三盲院长案"一波三折，中纪委、最高院派员进驻山西高院；第三篇："三盲"副院长又被带上审判台，姚当庭称自己是"有功者"，应被表扬。三个标题安排：张（发回重审）——驰（重被收监）——张（又被带上审判台）。

再看导语。

第一篇：

令人瞩目的原山西省绛县法院副院长姚晓红贪污、非法拘禁案又起波澜。山西省高级法院以"部分事实不清，证据不足"为由，于11月24日作出裁定：撤销运城地区中院的一审刑事附带民事判决，发回原审法院重审。

姚晓红案又起波澜：发回重审。

第二篇：

发生在山西省绛县的“三盲院长案”（详见本报8月26日、12月7日报道），又有新情况。

12月10日，作恶多端的姚晓红终于被收监。次日，中纪委、最高人民法院派员进驻山西省高级人民法院。正在北京的姚案专家组副组长、山西省检察院运城分院副检察长翟北安也被紧急召回。

又有新情况：姚晓红终于被收监。中纪委、最高人民法院派员进驻山西省高级法院。

第三篇：

今天，“三盲”副院长姚晓红再一次被带上审判台。他是因为涉嫌报复陷害、非法拘禁、贪污、挪用公款而被检察机关提起公诉的。

再一次被带上审判台：被起诉的罪名又有新变化。

导语的安排也随着事件的进展张弛有度：不断出现新情况，事件的发展越来越尖锐，矛盾越来越激烈。记者把事件的高潮安排在每一次报道的结尾，使每一次报道形成一个单独的篇章，但又吸引读者不得不继续读下去。请看结尾的安排：

第一篇：

据知情者透露，绛县安裕镇一个叫耿春林的人，从信用社贷款10.8万元，逾期后被姚晓红分管的经二庭分3次追回，但经二庭只给信用社1万元利息，剩下的钱全部被姚“拿”走了。在姚晓红那里，这样的账目，绝不只一笔！

当地群众干部对姚晓红案的最终结局，正拭目以待。

第二篇：

绛县的广大干部群众，强烈要求彻底清算姚晓红犯罪团伙的罪行，并查清“姚家西”的来路和背景，以根除威胁绛县人民生命财产安全的隐患。

第三篇：

在庭审中，已被收监的姚晓红只上了两次厕所，而在7月份的庭审中，在医院病房里休息多日的姚以吃药、上厕所为由，共11次打断庭审。今天中午休庭时，姚案的重要举报人樊江在法院门口差点“尝”到姚家人的老拳，幸亏电视台记者赶来才解了围。

今天开庭持续到21时30分。明天，姚案将继续审理。

第一篇结尾出现第一个小高潮：姚晓红的账目还未查清，当地群众干部对姚晓红案的最终结局正拭目以待。第二篇结尾再次出现高潮：绛县的广大干部群众，强烈要求彻底清算姚晓红犯罪团伙的罪行。当地群众的要求比第一次更强烈。第三篇结尾出现一个戏剧性情节，将事件推向最高潮：姚案的重要举报人樊江在法院门口差点“尝”到姚家人的老拳。可见姚晓红案的证据充分，事实已基本清楚，判决结果指日可待。

这三篇连续报道的情节安排曲折迷离，读起来像读小说一样精彩，它的传播效果可想而知。

“三盲院长案”连续报道

（之一）

“三盲院长案”发回重审
三座小楼来源令人生疑
糊涂账目笔笔仍未查明

令人瞩目的原山西省绛县法院副院长姚晓红贪污、非法拘禁案又起波澜。山西省高级法院以“部分事实不清，证据不足”为由，于11月24日作出裁定：撤销运城地区中院的一审刑事附带民事判决，发回原审法院重审。

今年8月18日，姚晓红因贪污罪被运城市中级法院判处无期徒刑，并没收个人财产5万元，追缴赃款16.75万元；因非法拘禁罪被判处有期徒刑4年。两罪并罚，决定执行无期徒刑。

判决后，姚晓红以“原判事实不清，证据不足，不构成犯罪”为由，提出上诉。同案其他被告人也都认为自己不构成犯罪。

姚晓红是被舆论称为文盲、法盲加流氓的恶棍，他从一个司机“成长”为法院副院长之后，在绛县法院组织了一个带黑社会性质的犯罪团伙。在短短几年时间内，这个团伙吊打、捆绑群众数千人，非法拘禁300多人，犯下一桩又一桩令人发指的罪行（本报8月26日对此有详细报道）。

姚晓红的经济犯罪确实没有查清，当地百姓强烈要求上级派调查组再次进驻绛县，彻底清算这个团伙罪行。姚晓红与妻子月工资500多元，然而，他在供着两个上学的女儿的同时，在县城至少置办了3处房产，均为两层楼房，价值少说也有50万元。

姚晓红多年分管法院财务。该院1996年的全部账目、其他几年的关键账目均被销毁。因为姚不会写字，他拿钱后几乎从不签名，而让会计或“秘书”记在本子上，他承认就算数，不承认则说“会计贪污了”，所以出现了一笔笔糊涂账。

据知情者透露，绛县安裕镇一个叫耿春林的人，从信用社贷款10.8万元，逾期后被姚晓红分管的经二庭分3次追回，但经二庭只给信用社1万元利息，剩下的钱全部被姚“拿”走了。在姚晓红那里，这样的账目，绝不只一笔！

当地群众干部对姚晓红案的最终结局，正拭目以待。

来源：《法制日报》，1999年12月7日

（之二）

姚晓红重被收监
“三盲院长案”一波三折
中纪委、最高院派员进驻山西高院

发生在山西省绛县的“三盲院长案”（详见本报8月26日、12月7日报道），又有新情况。

12月10日，作恶多端的姚晓红终于被收监。次日，中纪委、最高人民法院派员进驻山西省高级人民法院。正在北京的姚案专家组副组长、山西省检察院运城分院副检察长翟北安也被紧急召回。

12月13日下午，运城地区检察分院决定重新起诉姚晓红。据悉，运城地区中级人民法院将在半个月内再次审理姚晓红案。有关办案人员表示，不能让姚案拖到2000年。

姚晓红是一个文盲、法盲加流氓的恶棍，在当上绛县法院副院长后，组织了一个带黑社会色彩的流氓恶势力团伙，犯下了无数起令人发指的罪行。今年1月

17日，在中央领导同志的关注下，姚因非法拘禁、报复陷害、贪污、挪用公款被捕。然而，自6月4日到12月10日半年多时间内，他一直在闻喜县一家医院“保外就医”。这家医院距绛县县城20余公里。据知情者反映，姚在这里可以随时把涉案人员叫到病房，订立攻守同盟，并威胁、拉拢证人。

姚晓红犯罪团伙的“果子”结在绛县，其“根”则盘到了运城和太原。

姚案判决后，山西省检察院运城分院认为姚还犯有报复陷害罪，原判定性不准，提出抗诉；山西省检察院则认为姚不构成报复陷害，不派员出庭支持抗诉。姚晓红则为自己作了无罪辩护，并提出上诉。

11月24日，山西省高级人民法院以“部分事实不清，证据不足”为由，作出裁定：撤销一审判决，发回运城中院重审。

所谓的“事实不清”是指姚的贪污部分。原审法院认定姚贪污16.75万元，其中的两笔共6万元的部分证据，检察院没有随卷移送。据内行人介绍，要弄清这点“事实”，补充这点“证据”，顶多需要半天时间，而有关办案人员在拖了3个多月后才裁定“发回重审”。

据绛县的干部群众举报，姚晓红犯罪团伙的罪行，只露出了冰山一角。

另据反映，姚晓红通过金钱和后门，将几十名亲属、心腹安插到绛县法院、检察院、纪检委、人大、交通局征费所、土地局等一些要害部门，成为威胁绛县人民的极大隐患。在姚的这些“兵马”中，文化程度高则初中毕业，低则文盲、半文盲。在姚被捕后，“姚家丁”仍然威风不减。今年6月5日，他的外甥、外甥女婿、内表弟3人分别被任命为县法院审判员；8月5日，姚晓红在山西省高院开车的小舅子，被任命为绛县检察院的检察员。姚晓红有个文化水平与他不相上下的哥哥，1993年还在大街上补轮胎，1995年则“成长”为一个镇的派出所所长。前不久，差点被提拔为公安局副局长。

绛县的广大干部群众，强烈要求彻底清算姚晓红犯罪团伙的罪行，并查清“姚家丁”的来路和背景，以根除威胁绛县人民生命财产安全的隐患。

来源：《法制日报》，1999年12月17日

（之三）

“三盲”副院长又被带上审判台
姚当庭称自己是“有功者”，应被表扬

今天，“三盲”副院长姚晓红再一次被带上审判台。他是因为涉嫌报复陷害、非法拘禁、贪污、挪用公款而被检察机关提起公诉的。

今年7月7日上午至9日深夜，姚曾被带上过这个审判台。8月，运城地区中级法院以非法拘禁罪和贪污罪数罪并罚，判处姚晓红无期徒刑，剥夺政治权利

终身，并没收个人财产5万元，追缴非法所得16.75万元。对此，姚提出上诉，检察机关则提起抗诉。11月，山西省高级法院将该案发回重审。

“三盲”副院长的罪行震惊了中南海，一些中央领导同志纷纷作出批示。

同第一次开庭一样，今天，姚晓红及其他4名涉案人都为自己作无罪辩护。他们对所犯罪行或矢口否认，或相互推诿。针对非法拘禁孙银师8名亲属、马晓燕等2人的指控，姚晓红是这样辩解的：任何一个公检法人员都会这样做。姚自称自己是“有功者”、“应该表扬者”。

姚的“精彩”发言使旁听席上几次发出嬉笑声。

今天质证的一个重点是报复陷害。今年元月，几名殴打法院干警、某庭庭长赵新民（现为城关法庭庭长）的凶手供认：因为姚怀疑赵举报他，姚便指使他们诱骗赵出来喝酒，以酒为“媒”，打伤赵的脸部，让其无法出门见人。因为县上要开“两会”了，怕赵举报，后来他们直接去了赵家，在家里将其打伤。在庭审中，他们全部翻供，说他们没有受姚的指使，是自己去打的赵。但他们又承认：姚曾把他们叫到办公室，并给他看了举报信，“好像”也说过举报人“好像”是赵新民。

检察机关认定，姚晓红的报复陷害罪铁板钉钉。

这里还有个插曲。近几天，记者在北京和运城几次收到一个陌生男子的神秘电话，称要提供姚晓红新的犯罪线索，并问清了记者在运城的住处。今天下午，该男子出现了。原来，他是姚晓红的小舅子赵某，前不久刚被聘为绛县检察院的检察员。他与姚的妻子等指责本报以前的报道“严重失实”，并告知欲委托律师起诉本报及文章作者。

姚的亲属们对“三盲”一词提出质疑：姚小学毕业，怎么会是文盲?！姚的“法律水平”在法庭上你也看得出来，怎么能叫“法盲”?！至于“流氓恶棍”，更是人格污辱。

另外，对姚“生活”、“工作”中的一些细节，他们也纷纷提出辩解。如：姚喝人奶，他是用人奶做“药引子”；对姚的家产，检察机关也作出评估，只值17万元，本报在报道中严重夸大，等等。

在庭审中，已被收监的姚晓红只上了两次厕所，而在7月份的庭审中，在医院病房里休息多日的姚以吃药、上厕所为由，共11次打断庭审。今天中午休庭时，姚案的重要举报人樊江在法院门口差点“尝”到姚家人的老拳，幸亏电视台记者赶来才解了围。

今天开庭持续到21时30分。明天，姚案将继续审理。

来源：《法制日报》，1999年12月29日

第四节　系列报道

系列报道即围绕同一重大新闻事件或社会问题，从多个侧面、多个角度、不同层次连续推出的报道形式。

一、系列报道的特点

系列报道属于非事件性新闻，主要有四个特点：

（1）策划性强。报道之前新闻已经发生，不受新闻事件控制，报道时按预先策划的顺序依次推出。

（2）系统性强。系列报道不是内容的随意组合，不能把新闻、评论、来信等组合在一起就算是系列报道，它围绕一个主题有序地从不同角度、不同方面对事实进行报道，一个主题下有几个分题，每个分题可以单独成篇，分题之间又相互联系，形成一个系统，完整、全面、紧凑地反映新闻事实。

（3）透视性强。系列报道不是着眼于时间性和连续性，而是重在深入解剖、深刻透视事实的本质，让人体会到多角度、多层面报道事实的深度。

（4）独家性强。系列报道能发挥媒体的竞争优势。

二、系列报道的写作技巧

（一）选题

选题关系到报道效果和报道质量。选题的质量表现在：

（1）选题原则。选取群众关心的社会上普遍存在的问题和事件。

（2）选题方向。第一，策划者能及时、敏锐、准确地判断社会和经济发展进程中出现的必须加以解决的矛盾；第二，要求在策划选题的过程中，选择的个案具有典型性，提出的问题具有前瞻性。

（3）选题角度。选题要独特。要有独家事实、独家观点、独家分析、独家背景和独家人物。越独到的报道角度，报道价值就越大。

（4）选题基础。以事实为基础，有大量的事实根据。

（5）选题依据。以政策为依据，包括党和政府在一段时期工作的方针政策、制度规定。

（二）报道及时

系列报道虽不像消息报道那样快速，但要尽量抓住时机，根据社会需求主动出击，随时捕捉具有重要价值的报道题材，为社会服务。要做到这一点，报道的指导思想就要端正、明确，要有“三贴近”的意识。

2004年3月11日—22日，《广州日报》推出《从化蜂农“甜蜜事业”遭遇苦涩》系列报道，通过帮助从化蜂农解决卖蜜难，寻求农产品市场问题的解决之道，并承办农民增收讲习所，向农民传授生产知识和培养他们的市场意识等，为农民指出一条切实可行的致富之路。报道的内容针对性和可操作性强。3月上旬，从化市部分蜜农纷纷打来求助电话，反映冬蜜滞销，热切盼望提供及时的帮助。记者闻讯马上前往采访，掌握大量的材料，同时采访有关专家，于11日发表第一篇报道。报道中指出蜂农的问题是没有解决好开拓销售渠道的问题，并在二版配发评论《从化卖蜜难　谁解蜂农忧》，引起社会的广泛关注。广州市、江西省的一些蜂农立刻找到《广州日报》，表示愿意收购从化积压的蜂蜜。3月12日该报在头版登出了第二篇系列报道《从化积压蜂蜜全部找到买家》。13日推出第3篇报道《从化蜂蜜又甜了》。14日从从化蜂农的角度发表报道《想不到我们蜂农也上了党报》、《从化蜂农找到了蜂“巢”》，介绍从化市建立蜂业中介组织的情况。3月22日推出系列报道之五《本报农民增收讲习所开讲》、《专家传“秘籍”　蜂农过足瘾》，详细报道了讲习所如何为蜂农排忧解难的情况。这样的系列报道有实实在在的社会效果，解决了农民的现实困难，也树立了报道贴近生活、贴近实际的党报形象。

2004年初广东等几省区提出泛珠三角战略后，《南方都市报》策划了“泛珠三角之路”的大型系列报道，分为《粤湘篇》、《粤闽篇》、《粤桂篇》、《粤赣篇》等，每篇又分为几次报道。2004年4月3日刊登的《泛珠三角之路粤桂篇：粤商入龙城合作待升温》从三个方面进行深入报道：柳州的水和柳州的电——兴建中的红花水电站将为珠三角输送能源；柳州鹿寨的粤商们——开石膏厂的广州老板和他的广西工人；粤商投资尚待升温等两大现象和一个问题。而在“粤商投资尚待升温”一部分中又提出了两点建议：大量国企经营不善，柳州盼望外省投资；广东、广西意识不同，办事太难。这些报道非常及时，对“泛珠三角”建设，尤其是对广东的发展具有很重要的参考价值。因此，系列报道的时效性不可忽视。

（三）讲究社会效果

讲究社会效果的含义是指要富有人文关怀精神，关注人的命运，关注人的生存状态。由于系列报道具有规模大和持续性长的特点，能容纳较为厚实的内容，在反映人文关怀方面有着独特的优势。主题策划得好，事实抓得准，内容设计得新颖，可以引起强烈的反响。《羊城晚报》2004年7月21日—26日，以《关注中年知识分子健康》为主题，连续推出六篇系列报道，在社会上引起强烈反响，产生相当好的效果。

这几篇报道围绕一个主题，每篇有一个重点，分别从不同层次、不同侧面报道了中年知识分子的健康状况、在社会中的作用；在制度上如何为中年知识分子的健康提供保障；社会上如何关怀中年知识分子的健康；中年知识分子对自己健康情况的认识中存在的诸多矛盾等。请看几篇报道的标题组合：

日期 2004	标题	版面	分类
7－21	好多中年知识分子长期不看病不检查不休假不疗养睡不足带病干 过劳！他们平均寿命仅53岁	A1	现状
7－22	人到中年万事皆忧　承受重压寄情工作　克己忘我透支生命 多少优秀之士累倒岗位上	A1	原因 （工作重压）
7－23	现状：他们积劳成疾百病丛生 现实：制度条条框框难解诸题 医疗保障能给多些呵护吗？	A1	原因 （制度框框）
7－24	本报“中年知识分子健康”报道广受关注，读者建议“适当减压”——人到中年该放手就放手	A1	社会 反应
7－25	多点人文关怀少点自动加班 各行各业人士就改善中年知识分子健康现状提建议	A1	社会 反应
7－25	本报“关注中年知识分子健康”话题热度不减　来电如潮 几处细节尤盼“中年关怀”	A3	社会 反应
7－26	没有健康，何来事业？不懂享受，何其落伍！ 几多中年“健身族”加盟流汗“私伙局”	A1	忠告

这组报道从中年知识分子的现实健康情况——平均寿命仅53岁开始，到分析其原因，最后以提出建议和忠告结束，形成一个整体，完成主题：中年知识分子是社会的中坚力量，现实中的诸多因素严重影响他们的健康，解决这些问题的办法是个人与社会共同努力，营造一个健康的社会氛围。报道不仅是对中年知识

分子的关怀，也是对社会上不同年龄的人的关爱。之所以在报道推出后反响不错就是因为报道的主题策划得好。第一篇报道的“编者的话”充满了对人的深厚情感，为报道作好铺垫：

最近一段时间以来，不断听到消息：谁谁入院了，谁谁开刀了，谁谁去世了……都是中年知识分子，是各个单位专业或行政方面的栋梁人物。

中年知识分子，是承载了太多负重的一代人。在他们的青年时代，中国社会百废待兴，而他们都处于开拓创造的前沿位置。没有哪一个群体像这一群体那样，在20多年的改革开放中，亲手创造了时代的巨大变革。这批责任重大的中年人，继承了上一代人的价值观——多少人从“轻伤不下火线”到“带病坚持工作”，最终“倒在工作岗位上”。太多的人物、太多的故事，无一不令我们感动。长久以来，他们都在关注着社会、关注着别人；现在，我们也希望通过《关注中年知识分子健康》这组报道，引起社会对这一部分人的关注。

另外，系列报道要随时关注报道后的社会反应，及时补充报道新的内容，使报道的内容增值。

（四）系列报道的写作结构

（1）提示：系列报道属于组合式报道，在提示部分（前言或编者的话）应交代策划的目的，揭示报道主题，便于读者了解概况和引起社会关注。

（2）导语：概括事实，或是用“白描”手法设置一个具有情节性的事件，然后过渡到主题；也可以用专家或事件中人物的话，其目的是激发受众的接受兴趣。

（3）主体：运用事实和背景展开报道，可以从几个方面反映主题，使主题得以全方位地展现。

（4）结尾：无论是从事件还是从人物写起，一定要设计一个发人深省的结尾，让受众对报道的事实有所启发和领悟，也便于激发读者的阅读期待。

【思考与练习】

1. 连续报道中第一次报道与后续报道之间应如何连接，使受众接受更连贯？
2. 系列报道选题与策划应注意哪些问题？
3. 系列报道如何围绕选题进行构思和写作？
4. 仔细阅读下面系列报道的第一篇，从编者的话中体会系列报道策划的依据和重要性，分析记者是如何采访和描写事实的。

关注中年知识分子健康系列报道之一
好多中年知识分子长期不看病不检查不休假不疗养睡不足带病干过劳！他们平均寿命仅53岁

编者的话

最近一段时间以来，不断听到消息：谁谁入院了，谁谁开刀了，谁谁去世了……都是中年知识分子，是各个单位专业或行政方面的栋梁人物。

中年知识分子，是承载了太多负重的一代人。在他们的青年时代，中国社会百废待兴，而他们都处于开拓创造的前沿位置。没有哪一个群体像这一群体那样，在20多年的改革开放中，亲手创造了时代的巨大变革。这批责任重大的中年人，继承了上一代人的价值观——多少人从“轻伤不下火线”到“带病坚持工作”，最终“倒在工作岗位上”。太多的人物、太多的故事，无一不令我们感动。长久以来，他们都在关注着社会、关注着别人；现在，我们也希望通过《关注中年知识分子健康》这组报道，引起社会对这一部分人的关注。

工作压力、生活压力、精神压力，“三座大山”令知识分子不堪重负。最新的调查发现，知识分子的平均寿命比10年前下降了5岁，仅为53岁，比全国平均寿命则低17岁，中年知识分子死亡率更是超过老年人两倍，死亡年龄段多为45~55岁。

吓一跳：一检检出多例晚期癌症

广州某文化事业单位今年初先后有两名中年干部发现患了癌症后，今年5月的单位年度体检参检率高于历年。不检不要紧，一检吓一跳。600多名知识分子员工心电图异常的达28%，包括心肌劳损、高血压、冠心病等异常，比去年增加了一倍。此外高血脂、乳腺异常增生、乙肝携带者的检出率也相当高，分别为17%、13%和9%。这次体检新发现了3例晚期癌症患者，全部是45~55岁的中年骨干，有的癌症已经转移。无独有偶，广州某大医院今年的员工体检新发现三例晚期肝癌患者，全部是41~42岁的专业人才，一人最近已经死亡。

得人惊：知识分子七成多亚健康

公务员、新闻从业人员、教师、科技人员，这些令人羡慕的行业里，中年知识分子的健康问题到了令人十分担忧的地步：科技人员在35~55岁就英年早逝的比例偏高；在死亡的新闻工作人员中，死亡年龄段高度集中在中年人群，40~60岁这个年龄段占79%，平均死亡年龄为45.7岁。而在职人员健康者仅为18%，患病者为9%，其余不同程度处于亚健康状态。亚健康的表现大致有身体乏力、睡眠不稳、记忆衰退等。颈椎、腰椎长期积劳成疾也是这一人群的主要健康特征。

大件事：十年廿年没病一病晚矣

49岁的刘先生是广东某事业单位的正处级干部，近半年来一直腰酸腿痛到夜不能寐，但是舍不得放下工作一天去医院进行正规的诊疗，一日三餐中有三分之二的饭局都在接待应酬中度过的，他以为晚饭后随便按摩一下就可以解决问题，工作应酬和治病两不误嘛。待到病情已经加重到发生骨折，刘先生15年来才首次踏进了医院的大门（上次看医生是出差发生车祸）。在中医药大学附属第一医院全身一查，原来他已经是肺癌全身骨转移导致病理性骨折。到处求医的刘先生家人被多家医院告之这么晚期的病例，基本没有治疗的价值了。

像刘先生这样总以工作为借口死撑着不看病的中年知识分子很多。某报业集团医务室的医生告诉记者，集团健康状况最差的是中年人，但他们以工作太忙为借口极少请假看病，经常到医务室理疗、开药的老年人总体健康状况反倒优于中年人群，于是该报业集团的中年人平时看起来好像没事，个个都是10年、20年没病过，但一病倒全是大病、重症。

不自顾：工作努力生活过于随意

长期习惯于吃苦、奉献，从轻伤不下火线—带病工作—倒在工作岗位上，过劳是导致中年知识分子健康状况比正常人群恶化的主要原因。一份针对新闻从业人员的调查显示，69%的人每天睡眠时间不足8小时，61%的人没有享用国家规定的每年一次的公休假，60%的人从来没有参加过单位组织的疗休养，而生病时有44%的人照常上班。

专家分析指出，中年知识分子出生在营养条件极差的年代，先天本来就不足。青年时期经历“上山下乡”，在以后的求学、工作中，经历过更多磨难。由于这一代人特殊的经历，使得他们总是争分夺秒地投入工作无暇自顾，“工作上格外努力，生活上过于随意”是中年知识分子的写照，这一人群的健康状况需要他们自己和家人、社会的重视。

来源：《羊城晚报》，2004年7月21日

第五部分　新媒体写作

第二十三章 博客写作

【本章提要】

博客作为一种独立于主流媒体的传播平台，在新闻报道方面有着巨大的潜力。博客传播作为一种新兴的传播方式，在新闻报道中有三大优势：充当传统媒体的监察者，营造健全的传播环境；丰富、深化传统媒体的报道；提高新闻报道的亲和力、交互性。博客写作的基本要求包括：围绕主题；标题规范；勤于设置标签；避免多余内容；勤于与读者沟通。

第一节 博客的定义、类型与特点

一、关于博客

博客，即网志或网络日志（英语：Blog，为 Web Log 的简称），中国大陆地区译为博客，台湾地区译作部落格，港澳地区译作网志。

从广义的角度来讲，博客是指以自由、开放和共享为文化特征，通过图文、音像等表现形式，提供存取读写、组织沟通、评价交换等服务的一种社会化个人服务模式。从这个意义上来说，传统博客（网络日志）、播客、微博、LBS、Pinterest 都是博客的表现形式。事实上，随着网络的不断发展，博客这个诞生于 1997 年的词汇所涵盖的范围也将日益丰富。

从狭义的角度来讲，一个博客就是一个网页，它通常是由简短且经常更新的 Post（帖子）所构成。这些张贴的文章通常根据张贴时间，以倒序方式由新到旧排列。许多博客专注在特定的课题上提供评论或新闻，其他则多为比较私人的日记。一个典型的博客结合了文字、图像、其他博客或网站的链接，以及其他与主题相关的媒体。能够让读者以互动的方式留下意见，是许多博客的重要特征。大部分的博客内容以文字为主，也有一些博客专注在艺术、摄影、视频、音乐、播客等各种主题。博客是社会媒体网络的一部分。

二、博客的分类

按照不同的分类标准，博客可以分为不同的种类。

按照博客写手的写作目的来划分，博客可以分为：

（一）社交博客

这种博客大多为个人博客，为个人持续性的日记或评论，一般无特定内容，大多是生活或工作的记录或者评论，它是最传统、常见的博客。此类博客作者的网络关系是现实生活关系的延伸，社交博客是另一种沟通的方法。除此之外，它成为一种反映生活的方法或艺术创作。创作此类博客可以抒发感情，引起人们的共鸣。

（二）专业博客

这种博客类似于传统的报纸、杂志，内容大多为一个或者多个领域内的相关信息。博客作者的写作目的可以是寻找共同爱好的网友，也可以是就某个领域内的话题提出自己的评论，也可以是对特定知识的过滤和积累。此类博客的作者大多为某一行业的专业人员或爱好者。

图 22－1　腾讯摄影博客" 接受摄影作品投稿，提供平台供摄影爱好者交流、学习

（三）营销博客

这种博客用于企业或者个人的自我宣传，以达到推广其企业形象、企业产品、品牌以及个人品质的营销目的。营销博客本质在于通过原创专业化内容进行知识分享，争夺话语权，建立起信任权威，形成个人品牌，进而影响读者的思维和购买行为。博客营销是一种公关行为。

按照博客存在的方式，还可以分为：

（一）托管博客

无须自己注册域名、租用空间和编制网页，只要去免费注册申请即可拥有自己的网络空间。

（二）独立博客

有自己的域名、空间和页面风格，需要一定的技术条件。（例如需要懂得网络知识，会制作网页，当然，拥有自己域名的博客更自由，有最大限度的管理权限。）

（三）附属博客

将自己的博客作为某一个网站的一部分（如一个栏目、一个频道或者一个地址）。

按照社会层次，博客可以分为：

（一）名人博客

名人博客，指一些公众人物，如明星、某一行业的专家或者领军人物的博客。这些博客的特点是点击率高、回复量多、社会影响力大。一些人气较高的博客可以称得上是“微媒体”。

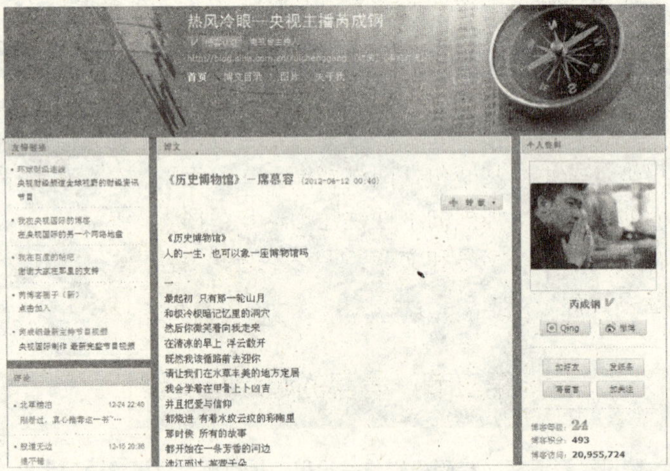

图 22－2　截至 2012 年 11 月末，央视主持芮成钢的新浪博客访问量已经超过两千万

（二）草根博客

草根博客是相对于名人博客而言的，指普通大众的博客，绝大多数的博客都

属于草根博客，这些博客的特点是点击率低、影响力小。有一技之长、自我特长的草根，可以很方便地通过一个博客来展示自己，并由此引起他人关注，从而获得实现自我的机会。著名网络作家“当年明月”的《明朝那些事儿》就是一个很典型的例子，他在自己的博客上发表连载，积累起越来越高的人气，拥有了众多粉丝，最后作品出版热销，成为草根成名的典范。

三、博客的特点

（一）门槛低

随着网络的发展，开设一个博客所需的条件越来越低，早期开设个人网页（博客的最早形态）需要注册域名、租用空间，甚至还要懂得一些网页编程技术，目前随着越来越多的网络运营商提供免费的二级域名和一定大小的免费空间，加上大量免费模版的出现，想制作一个有个性，内容丰富、界面新颖的博客已经不是难事。

（二）互动性

互动性是所有新媒体都具有的共同特征，这种特征取代了传统媒体点对面的传播模式，尤其是随着网络的不断发展，大量具有 Web 2.0 理念的网站纷纷亮相，博客也在这股风潮之中逐渐改变自己的传播形态，尤其是随着 2004 年 Facebook 出现之后，博客在组建社交网络中起到巨大的作用。相比传统媒体的点对面传播，博客读者能够即时与博主沟通，并且可以通过转帖，迅速扩大传播范围。

（三）个性化

传统的报纸、杂志，甚至包括网络新闻，在版面、文体等方面都有相对固定的形式。然而博客不同，强烈的个性化色彩构建了博客的形态。背景图片、背景音乐、版面布局、字体、字号和文风，无一不透露出强烈的个性化诉求，这也是博客的最大魅力所在。

第二节 博客的起源与发展

一、早期博客：通过手动更新的一般性网站

Jorn Barger 于 1997 年 12 月 17 日创造了术语“Weblog”（网络日志）。而“Weblog”的简称“Blog”则是由 Peter Merholz 创造的。当时他开玩笑地将“Weblog”在他的博客 e. com 的侧边栏变成词组“We Blog”，“Blog”很快就被当成是名词和动词（Blog 可以表示编写博客，也可以表示博客）。

在网志流行前网络虚拟社群透过许多方式，包括 Usenet 及线上商业服务，例

如通过 GEnie、BiX、早期的 CompuServe、邮件列表、BBS 和聊天室，以及 20 世纪 90 年代的网络论坛软件如 WebEx 等来交流讯息。

二、现代博客：由线上日记演化而成

现代博客是由线上日记演化而成的，在线上日记中可记录个人的生活和图片。而大部分作者称自己为日记作者或记者。1994 年，当 Justin Hall 还在斯沃斯摩尔学院（Swarthmore College）就读的时候，就开始编写个人博客。目前普遍认为他是最早的博客作者之一，Dave Winer 的博客也被誉为最老及维持最久的博客之一。

早期的博客只是采用手动更新的一般性网站。然而工具的改进，帮助更多的、比较缺乏技术的人们编写博客，并能以时间倒序的排列方式，来制作和维护张贴的文章。各阶层的人都可以编写自己的博客。例如现在编写博客的典型做法就是使用浏览器表单直接编辑。博客可以被寄存在专门的博客寄存供应商的服务器里，也可以使用博客制作软件来维护，例如 WordPress、Movable Type、Blogger 或 LiveJournal，或自行上传内容到一般的网页寄存服务商的服务器。

三、博客技术的发展：专业博客网站兴起

随着博客技术发展的成熟和各博客托管商的陆续出现，博客的应用在 1999 年后开始流行，同时也出现了最早的离线发布工具软件，这两种原因将其流行性更进一步推广，以下为大致发展过程：

1998 年 10 月，Open Diary 一经推出后，该站点迅用户迅速增加到上千个博客。该网站成为了第一个能在别人博客上留下评论的交互式博客托管商。

1999 年 3 月，由著名博客作者 Brad Fitzpatrick 创立了 LiveJournal。

1999 年 7 月，Andrew Smales 创立了 Pitas. com，该站点开发了一个较容易在某个网站上嵌入“新闻页”的工具，1999 年 9 月，该站点又推出了较贴近于个人活动的日志社区 Diaryland。

1999 年 8 月，Evan Williams 和 Meg Hourihan 推出了 blogger. com，此站点于 2003 年 2 月被 Google 公司收购。

2002 年，方兴东等人创立了“博客中国”（www. blogchina. com），该网站为国内最早的专业博客网站。

2002 年 7 月，Blog 的中文名称“博客”由方兴东、王俊秀正式命名，同时起草了《博客宣言》。同年 8 月，“博客中国”的开通，普遍被认为是国内博客的起点，也带动了理论界对博客的探讨和研究。孙坚华发表《博客论》，第一次全面论述博客现象、历史和理念。

2002 年 11 月，浙江杭州中国博客网（www. blogcn. com）开通，提供博客托管服务（BSP），这是中国大陆最早的博客托管服务商。

2004 年，网易、Tom 等门户网站纷纷进入博客领域。

四、博客与门户网站的区别越来越小

博客从最早形态的“个人网络日志”发展至今，已逐步成为人们生活中不可或缺的一部分。作为一种信息源，博客在提供娱乐、新闻、知识等方面起到极大的作用。目前，随着 Web 2.0 理念渐渐深入人心，博客的形态也不再局限于早期的“个人博客”。事实上，一些比较大的独立博客看上去更像一个微型媒体，在这种博客上，不光是博主可以发表文章，其他人也可以在征得博主的同意之后投稿，在这个意义上，博客与门户网站的区别已经越来越小。

国外博客搜索引擎 technorati. com 评选出来的“世界最好的 100 个博客”中，排名前五的博客分别为：①The Huffington Post；②BuzzFeed；③Mashable；④TMZ；⑤Gizmodo。其中，赫芬顿邮报 The Huffington Post 是一个政治博客，最新的 Alexa 数据显示（2012 年 6 月），The Huffington Post 达到 772 万的日均独立访问量。在新闻的呈现方式上，它采取 24 小时新闻聚合加名流博客评论。他们没有职业记者，新闻绝大部分转载自传统媒体，并且不避讳地挑选新闻，尤其是政治新闻时，表明态度和立场。博客，包括名流博客的功能是围绕这些新闻来写评论，与读者一起参与讨论。编辑的角色则从一个“守门人”转变为一个“调节者”，主要责任是活化社区，运用一切技术手段刺激社群之间的对话，让读者最大限度地参与到新闻的生产和编辑过程中。

The Huffington Post 的创始人阿丽安娜·哈芬顿（Arianna Huffington）对主流媒体奉为圣经的“专业精神”和“中立立场”不屑一顾，认为报纸甚至不是被博客打败的，而是被自己打败的。因为早在博客产生之前，主流大报，包括《纽约时报》就已经辜负了大众的信任。在监督社会、揭露丑闻上，博客甚至比专业的记者做得更出色。《纽约时报》记者杰森·布莱尔丑闻、CBS 主播丹·拉瑟丑闻、美国参议院前多党派领袖特伦特的垮台都不是被专业记者发现的，而是博客。美国司法部长阿尔伯特·冈萨雷斯因窃听丑闻下台，不是由《华盛顿邮报》揭发的，而是 Talking Points Memo——一个自由调查者的博客群。

可以看出，博客将对传统的新闻市场带来极大的冲击，传统的新闻理念、盈利模式也必将顺势调整。但是，博客毕竟不是专业的新闻媒体，博客作者们关注一件事情更多的是靠兴趣而不是责任。在涉及国计民生的新闻方面，需要专业记者长期的调查和研究。在这方面，新闻素养相对欠缺的博客作者们自然不能承担相应的工作；另外，某些新闻的采集，比如战争，需要专业的战地记者去完成，这需要的不仅仅是相关的专业知识，还需要面对炮火与子弹的勇气。

第三节　博客在新闻报道中的作用

博客在诞生之初，并没有多少人将新闻与其牵扯在一起，博客与新闻开始走在一起是在1998年著名的“拉链门事件”发生之后。在那次事件中，美国新闻博客“德拉吉报道”因为最早报道了美国总统克林顿和白宫实习生莱温斯基的丑闻一事而全球闻名。可以说，在这次事件中，博客作为一种独立于主流媒体的传播平台，第一次展示了其在新闻报道方面的巨大潜力。之后在“9·11”事件当中，几乎所有的主要传统媒体网站都因为访问量过大而瘫痪，而在全球最大的博客网站 www. blogger. com 上则出现了大量报道“9·11”事件的个人网站，发布了无数照片和现场录音，一时间博客风靡世界。自此之后，博客作为一种独立的新闻源正式登上历史舞台。

到目前为止，博客作为一种新兴的传播方式，在新闻报道中的优势体现为：

一、充当传统媒体的监察者，营造健全的传播环境

根据“社会责任理论”，进入20世纪以后，传播媒介的垄断程度越来越高，传播资源越来越集中在少数人手中。“观点的公开市场”的理念与实际的社会现状产生了尖锐的矛盾，也就是说，媒介集中和垄断的加剧使媒介越来越被少数人所控制，而大多数人则越来越失去表达自己意见的手段和机会。在西方，私有媒介的传播内容在营利动机的驱使下，越来越有浅薄化、刺激化、煽情化的倾向，随之而来的则是不少严重的社会问题。虽然“社会责任理论”早在20世纪40年代末期便已在美国被提出，但由于美国宪法第一修正案明确规定：国会不得制定关于剥夺言论自由或出版自由的法律，因此，该理论更多地只能停留在表面，难以落实到实际生活当中。

博客的出现正在打破这种僵局：一方面，博客可以充当传统媒体的监察者，为传统媒体纠错，迫使传统媒体对自己的报道严格把关，客观上可以减少报道失真；另一方面，博客可以对传统媒体的新闻报道提出批评和质疑，迫使传统媒体在选择和报道新闻时更加公平、公正。

二、对传统媒体的报道丰富、深化

传统媒体因为其版面大小或时间长短的限制，筛选新闻时只能挑那些最具有新闻价值的事件，即使是同一新闻事件，传统媒体也不可能做到面面俱到，而博客则没有这一限制。因此，它在挖掘新闻深度方面有着得天独厚的优势。另外，

传统新闻记者因为自身的专业和知识水平限制，对于某些行业的报道缺乏深度，甚至很容易犯一些低级错误，而博客则可以网罗各行各业的专业人士，从而提高新闻的专业性、思想性，使报道更加全面。

三、提高新闻报道的亲和力、交互性

传统的新闻报道，在文风方面大多太过死板和僵化，欠缺活力，说教色彩浓厚，当然，这是对新闻记者真实性、指导性提出的硬性指标，是对新闻报道的专业要求。在这一方面，博客的新闻报道虽然在专业程度上有所欠缺，但在报道内容、报道方式和报道角度上灵活多变，人情味较为浓厚，更容易赢得读者们的喜爱与关注。另外，在交互性方面，博客受众可以通过回复和评论，直接、即时地参与讨论，博客作者可进行即时回应，而在传统媒体中，即使传者与受者存在交流，形式也大多较单一，限制太多。

第四节　博客写作的基本要求

根据写作的目的，博客的体裁可以分为多种，但不管是什么类型的博客，都应该遵循一些基本的写作要求，以便更好地传播信息，避免博客受众难以抓住博文主题，影响传播效果。

一、始终围绕主题

博客写作文体和内容可以自由选取，但切忌海阔天空、信笔由缰。每篇文章应有一个确定的主题，并围绕这个主题展开论述。目前网络上很多博客都是流水账、“意识流”，这样的博客没有任何意义。

二、标题规范

标题应该准确地概括出全文的主要思想，此外，标题应该有新意、简洁，足够吸引眼球，并且活用多行标题和小标题。

三、尽量图文并茂

有时候，一张好的图片可以胜过千言，博客作者们应该善于利用图片来展示、说明文字。在形式上，除了利用照片，有能力的还可以自己绘制漫画、插画，增强文章的趣味性和可读性。另外，图片的分辨率和排版应该尽量做到简洁、美观。

四、定期更新

目前，网络上大量充斥着“虎头蛇尾”的博客，博主们往往发表了几篇文章后便销声匿迹。博客没有必要天天写，但是也不能一年只写一篇，定期、定量更新有助于提高博文的整体质量，从而吸引到稳定的读者群。

五、勤于设置标签

标签（TAG）的设置一方面可以让你的博文能够被更多的人看到，另一方面可以在文章数目太多的情况下进行分类，方便日后查询。

六、避免多余内容

网络文章的好处之一是可以利用一些类似 HTML 和 CSS 的功能对页面进行美化，但是目前这种美化显然有泛滥之嫌。比如背景音乐就是个可有可无的东西，大多数人在打开一个博客后，如果发现有背景音乐都会关闭它，另外背景图片颜色与文字颜色的对比度尽量高一些，方便阅读。此外页面中不要有太多花哨的东西，尤其是不要有一些闪烁的东西，这不仅会分散读者的注意力，甚至会招致读者的反感。

七、尽量原创，少转载

博客的魅力之一就是独特的观点与视角，如果一个博客充斥着太多从别的地方转载来的文章，这样的博客对于受众就会没有多大的吸引力，久而久之就没有多少人愿意来看你的博客了。另外，如果确实要转载，一定要注明出处，避免出现版权纠纷。另一方面，尽量在每篇原创文章的最后加上版权声明，注明是否允许转载。

八、勤于与读者沟通

一篇博客在发表之后，博客作者应该多留意是否有读者提出问题和质疑，如果有的话，应该尽快回复。勤于与读者沟通，有助于培养稳定的读者群，并且发现自己文章中的错误和不足，提高写作水平。

第五节　不同内容的博客写作要点

根据博客的主题不同，有不同的文章写作要求。

一、生活类博客

这类博客是网络中博客的主力军，博主们写博客的目的大多是记录自己的生活琐事、感情经历和人生体悟。写这类博客不需要有多强的专业知识，更多的是真体验、真性情和真感受，在内容上与传统的日记没有多大的区别。与日记不同的是，博主们可以邀请生活中的朋友们来参观自己的博客，并和自己沟通，发表评论。写这类博客的具体要求有以下几点：

（一）真实

写这类博客，最重要的要求是真实。这里的真实，指博文内容中的经历是真实的，不能有半点虚假。这是因为写这类博客不仅是为了交友，更是自己的感情生活方面的一个记录，如果连这个都有虚假成分在里面，那这种博客也就没有任何意义了。

（二）简洁

这类博客很容易写成毫无营养的流水账式文章，读起来干巴巴的，毫无趣味，如果文采一般，那就更加没有人愿意看了。简洁是指要抓住生活中的重点，而不是面面俱到，挑选一两个具有典型意义的事情来写，同时配上自己的简短评论，这样的文章才有看头。简洁并不是简单，简洁是浓缩的精华。

二、时事评论类博客

随着技术的提升，传媒行业走进了网络时代。社会新闻以前是随着都市报的出现而被大众所熟知，而眼下，网络新闻则接过了这个接力棒。这一次，社会新闻不管在信息的传播速度还是在数量上，都相比报纸提高了几个等级。同时，由于网络“开放”、“共享”、“参与”的特点，社会新闻很容易在短时间之内得到大量网民的关注，而有着 Web 2.0 特征的博客、微博，在传播、评论社会新闻方面，无疑起到急先锋的作用。特别是在对信息进行二次加工，以及挖掘新闻背景方面，博客起到十分重要的作用。尤其是一些名人博客，由于其庞大的“粉丝群”，这类博客所发布的新闻评论，很容易成为讨论热点，甚至可以将一些主流媒体忽视的新闻事件，通过其“意见领袖”的位置，广泛传播，使“冷门”变“热门”。在写此类博客时，需注意以下几点：

（一）公正

与新闻行业不同，相比新闻记者们“公正性”的职业规范，博客写手们在写新闻评论时没有那么多顾忌，然而这一点，则很容易为不理性、冲动的言辞埋设伏笔。特别是面对一些反映社会不公的新闻事件，博客写手们往往在不仔细考察新闻事件全貌的情况下，就草草对新闻事件中的人和事进行评论，而这些评论大多数是不公正的。特别是一些名人博客，喜欢就社会热点话题“指点江山”，万一后来发现自己当初的言论有失公允，即使公开道歉，也已经造成不良后果。

（二）严谨

严谨指的是对于自己博文中所引述新闻的来源要说明，如果条件允许的话，对于新闻中出现的人名、地名、数字等较易出错的地方，应该进行二次审查。虽然看上去这似乎是新闻媒体的责任，但是同样作为信息的传播者，博客作者们倘若能够保持一种严谨、负责的态度，及早发现那些不实的新闻，网络上虚假、错误的新闻也许就会减少很多。

三、专业类博客

与报纸上有娱乐版块、体育版块、财经版块类似，博客根据内容的不同，也可以划分成许多不同类型的博客。以国内几大门户网站（新浪、网易、搜狐、腾讯）的博客分类为参考，目前博客在内容上的分类以娱乐、体育、文化、IT、财经、教育、汽车、旅游和健康为主，在一些细节方面，不同的博客网站又有不同的细分。博客作者们之所以写专业类博客，主要原因是兴趣，其次是出于营销的目的，有些则是经济方面的原因。不管博客的内容如何，写这种专业博客也应该遵守以下几点要求：

（一）专注

写此类博客，犹如经营一家专业期刊，与期刊类似，经营这样的一个博客也需要有一个固定的目标读者群体，比如年龄、性别这样在统计学意义上的划分。还可根据家庭收入、教育程度、甚至是宗教信仰等方面区分读者群体，从而找准自己博客的稳定读者群体。之后，根据分众营销的理论，则可以制定出相应的博客写作思路和经营理念。之所以这么做，是因为如今网络上充斥着大量同质化的博客内容，真正有特点、值得一读的博客少之又少，原因恰恰就是因为博文写作太随心所欲，根本没有考虑到读者的心理需求。正如期刊经营视“打造品牌”为其核心竞争力，博客作者们在写作的同时也应该将“打造品牌”这一思路整合进自己的博客内容当中。

（二）新颖

与传统新闻对时间上的“新”要求不同，博客写作在“新”上的要求更多的是指观点和角度上的独树一帜。与报纸杂志受办报方针的制约不同，博客作者们在内容的表达上面对的阻碍相对较少，而这一点也正是博客的魅力之一。因此，博客作者们在写作此类博客时尽量在内容、语言上面多加琢磨，努力打造自己的写作风格特点。

四、学习、记录类博客

目前网络上还有这样一种博客，内容多为专业知识、学习笔记或读书笔记。作者们将学习的记录搬到网上，好处是：一方面节省了实体记录所需的纸张，修改也方便一些，后期也便于打印、检索、保存；另一方面是形式多样，学习纪录类博客不仅可以通过文字，还可以通过图片、音频、视频等形式来进行学习记录；还有一点，也是最重要的一点是公开性和互动性，公开性的好处是可以让广大网友充当检验员，可以即时发现自己学习中的错误，从而迅速改正，学习的效率可以大大提高。写作此类博客时应注意：

（一）勤于整理、分类

除了之前介绍过的勤于设置标签（TAG）外，对于不同类型的文章，应该定期进行分组，避免博客上的文章杂乱无章，以致影响后期的回顾复习。另外，整理好的学习记录对于其他网友而言也是一笔财富，网络的本质，就在于开放和分享，分享得越多，收获得也就越多。

（二）少而精好过多而杂

有的网友在写作这种博客时，喜欢大量转载其他地方的资料，收集了许多不必要的信息，这不管是对于自己的后期整理还是其他网友的阅读，都是不利的。在重视原创性的前提下，把一篇文章写好，把一个知识点讲透，相比随意地转载他人的学习资料，要好得多，事后也会证明这是事半功倍的。

五、创作类博客

这类博客作者大多是从事文学或艺术类工作的，或者是文艺爱好者。像之前介绍过的《明朝那些事儿》，作者最开始就是在博客上连载。最终此书的成功出版，与其在网络上的强大人气是密不可分的。在博客上进行文艺创作，好处明显，即门槛低，任何人都可以发表文章。而像电影、音乐、摄影、绘画和游戏这类过去被认为需要专业知识和专业器材才能从事的艺术创作，随着专业知识的普及和专业器材的购买成本不断降低，进入这些行业的壁垒也在渐渐瓦解。可以预见到的是，未来将会有大量文艺创作者将自己的作品在网络上发布，届时，必将迎来文化发展的一个昌盛时期。

目前，这类博客在网络上的数量还相对较少，一方面是创作门槛，此外在网络上积累名声所需的时间太过漫长，有实力的作者们更愿意通过传统媒体强大的传播能力和稳定的读者群传播自己的作品；另一方面，网络上对版权不够重视，导致创作成果极易被剽窃，也是这类博客数量较少的原因之一；还有一个原因是营利模式不够明朗，除了极少数人以外，大多数的创作者几乎是颗粒无收，支持他们的仅仅是对这个行业的热爱。有鉴于此，在进行博客创作时，应明确以下几点：

（一）做好长期无法营利的打算

现实生活中，三流的作家也许还有些渠道通过投稿获得微薄的收入，而网络上则不可能出现这种情况，这是因为网络的公开性决定了只有那些真正优秀的作品才会得到网友的青睐，粗制滥造的作品是绝对不可能会有市场的。当然，群众的眼睛是雪亮的，好的作品永远不怕被埋没，是金子总会发光。

（二）善于利用各类渠道进行宣传

在网络时代，由于每天都有海量的数据被创造出来，如果不进行宣传，自己辛辛苦苦创作的作品很可能就从此石沉大海。为了让自己的作品被更多的人看到，或赞扬或拍砖，一定的宣传是必不可少的。具体方法有：参加博客圈、到名人博客留言、QQ 群、社交网络等。

（三）尽一切可能维护自己的利益

虽然网络上发表的作品极易被剽窃，但这并不代表创作者就可以忍气吞声，一旦发现自己作品被剽窃，应当立即与剽窃单位沟通，令其迅速删除自己的作品并书面道歉。在这方面，可以参考我国在 2005 年发布的《互联网著作权行政保护办法》。当然，我国在数字版权方面的法律制度还处在初步探讨阶段，建立完善的数字版权保护法还有相当长的一段路要走。

【思考与练习】

1. 为什么说在微博等新的传播形态不断崛起后，博客依旧不会落伍，显得过时？
2. 博客的基本写作要点是什么？
3. 简述博客在 21 世纪的新闻传播活动中起到了哪些显著的作用。

【本章参考文献】

1. 网络翻译家，http：//www. cyberiranslator. idv. tw.
2. http：//technorati. com/blogs/top100/.
3. The Huffington Post：互联网第一大报，http：//www. lifeweek. com. cn/2008/0428/21358. shtml.

第二十四章　微博写作

【本章提要】

微博，是微博客（Microblog）的简称，是一个基于用户关系的信息分享、传播以及获取的平台。用户通过客户端以140字内的文字更新信息，可以将自己的所见所闻、所思所想通过文字、图片或视频等形式进行发布，实现即时分享。微博日益成为一部分现代人知悉消息的主要载体，也成为一部分人消遣娱乐的主要方式。

第一节　微博写作的一般方法

一般来说，微博内容可分为开头、中间、结尾三部分，开头要先入为主，能够引发阅读兴趣，吸引读者眼球；中间部分要条理清晰，逻辑分明；结尾则要突出重点，并可以提出互动性问题或诱导转发评论。

一、开头：足够吸引人

微博开头第一句话非常重要，要足够吸引人，根据需要，开头甚至可以尽量煽情、劲爆。

二、中间：一条信息

微博中间部分语言要简练、清晰准确，不一定要把140字全部用完，最好只是表达一条信息，不要把无关的内容都塞进去。

三、结尾：点题

微博的结尾可以用一些醒目的字眼再次点题，也可以写一些互动的话引发问题让大家思考，或者诱发转发评论。

四、140字：灵活运用

微博的140字，不但可以有纯粹的文字内容，也可以添加图片或视频等超链接，必要时可以添加其他网址链接，链接到其他网站，使用外部资源。

五、写完后：检查疏漏

在发微博前，一定要把这140字左右的内容再认真检查一遍，谨防错别字、标点符号错误和表达有错误、有疏漏的地方。

六、提醒粉丝

如果内容是需要大家帮助的，比如慈善类，最好可以缀上“请帮忙转发”或“请帮忙”等字样提醒大家注意。

第二节　微博写作特点

微博写作最主要的特点是碎片化。“碎片化”即指完整的东西破碎为诸多碎片，是把完整的事物拆分为多个片段的呈现方式或是只取事物某个层面进行解读。在微博迅速崛起的时代，以140个字或附有超链接形式的图片与视频表述事实、记录现状、抒发心情和感想成为一种方便快捷的选择，使得写作更加个人化、多样化，也更具有人情味。

一、碎片化写作对微博的积极影响

（一）有助于操作路径简单化

140字的限制，大大降低了微博用户的使用门槛，与博客要求的文章结构基本完整、内在逻辑明确、语句通顺、兼顾文章的内在美与外在美不同，微博为各种文化程度的使用者提供了发表意见的传播平台，进一步下放话语权，更加凸显草根性和平民化。

（二）有助于实时的信息生产

通过微博发布信息的过程与传统媒体经过采编、审核再发布的繁琐程序不同，微博碎片化写作可以随时随地通过信息发布终端将自己的所见所闻用文字、图片、视频等形式发布出去，更易先声夺人。

（三）有助于增强现场感的用户体验

许多突发信息都是通过微博第一时间发布出来的，这种及时性大大缩短了事件发生与信息发布的时间差，再辅以图片、视频等运用，使受众仿佛置身于事件发生现场。

（四）有助于大众话语权回归

在发展的大潮流下，微博的碎片化写作对社会舆论的影响也是显而易见的。它冲击了传统媒介中大众媒体所占有的优势地位，让更多人参与到讨论的阵营中来，让在某种程度上曾一度“失语”的民众又找回了“说”的权利。

二、碎片化写作给微博带来的挑战

（一）使得微博充斥着复杂的信息流

碎片化写作使得私密化、随意性的信息占据了微博内容生产的主体构成，大量的情绪化、非理性的内容充斥微博，并且经过层层积累，很容易将公众信息埋没其中，使用户获取公共信息的难度增大。此外，浅表化的信息发布使许多接受者只见树木、不见森林，使得信息使用成本增高。

（二）使得微博信息管理难度加大

微博的碎片化写作在促进信息的公开性与透明性的同时，去中心化的特征也愈加显现。这会加大信息整合的难度，微博写作的碎片化文本特征也使得网站的管理人员难以进行有效的议程设置。

（三）对传统写作方式产生冲击

微博对写作要求不高，使得全民皆“博”成为可能，传统的写作讲究内容充实，结构清晰，逻辑分明。而微博的碎片化写作，由于只有三言两语，并且网络化语言泛滥，长此以往，碎片化写作是否会造成广大网民语言表达能力退化、思维单一化、缺乏对问题的深度思考？这些对具有几千年文化渊源的民族来说是个值得深思的问题。

第三节　各类微博写作

根据微博常态的内容不同，可以将微博的用户人群分为以下几类：

（1）媒体微博：新闻媒体开通微博主要是为了及时发布新闻信息，实现报纸与微博的互动，将新闻的及时性发挥到极致。

（2）政务微博：又称之为政府机构官方微博，是各级政府机关以传递政务信息为主要目的开通的官方微博平台。范围包括从人大 、政协等部门到各公安、交通等政府机构，政务微博的蓬勃发展搭建了政府与网民直接对话的平台，有助于推进政务信息公开，提升政府的服务性职能，同时也是网络问政在微博领域的延伸和补充。

(3) 广告微博：随着微博的崛起，微博营销火热起来，广告微博也随着微博营销逐步进入人们的视野。广告微博可分为一般的广告微博，即比较直接地表达广告诉求的微博和软文微博。广告式微博软文写法最复杂，当然从受欢迎和转发程度来看，创意式是最受关注，转发次数也是最多的。

(4) 个人微博：个人微博的写作有很多因素，主要有：记录自己的生活和心情、社交交友、分享思想与经验、展示自己、影响别人，以及获取和发布新闻、提供自身和别人的娱乐休闲等。在个人微博中，以名人微博最受瞩目。

(5) 专业微博：用于发布与某个专业领域相关的内容，比如星座微博、爱情微博、旅游微博、求职微博等。

一、媒体微博写作

媒体微博写作其实也是新闻“碎片化”的过程，即对新闻事实进行切片，不再拘泥于“5W”要素齐全的传统报道模式，选取新闻价值最大的事实进行重点呈现。

(一) 对事实进行切片，保留少量要点

在媒体微博新闻中，往往会保留一些最基本的要素，例如人物、时间、地点等基本要素，而过程则尽量精简或省略。案例：

【毛泽东生前警卫街头赠红书　称遭少数人冷嘲热讽】19日，身着军装、胸前挂满荣誉勋章的毛泽东生前警卫李丙需在郑州街头签名赠红书，宣讲爱国主义。李丙需说，大部分市民理解支持，有少数人冷嘲热讽。他说：“是毛主席那些精神激励着我，我要这样坚持下去，走完人生。”

这是《南方都市报》于2012年5月20日在腾讯微博发布的新闻。在这条微博中，充分突出了新闻人物的精神，弱化了新闻事件的过程与现场场面情况的描写。有时为了使每条微博更加清晰明了，让观众第一眼就能把握到新闻的最主要信息，很多新闻都会加上标题。在这条新闻中，只有少量的新闻要点，例如时间、地点和人物，并没有对现场场景等细节进行描述，用新闻人物的言论突出结果，进而弱化过程。

在受到限制的140字内，媒体微博新闻展现的只是切片事实，往往只是事实片段的呈现和观点的陈述，新闻叙事功能不断弱化。媒体微博已经让受众不能直接看到新闻的本来面目，需要通过微博后面的超链接或者其他渠道进行更加深入

的了解。

（二）个人化、私语化的叙事特征

传统媒介发布的新闻信息，其往往代表了媒体的立场。媒体微博的语言显然越来越受到博客、个人主页等半公开、半私密的文本的特征的影响，一些媒体微博能够体现个人化观点、思想和情感的表达。案例：

【今日华西】早安！一场夜雨送来“久违”的清新空气，被“烧秸秆”呛了好几天的成都终于被解救啦！省气象台预计，36 小时内四川有中到大雨，甚至暴雨！

这是《华西都市报》于 2012 年 5 月 21 日发布的微博新闻，好像是站在观众面前娓娓道来，并且个人化的语境更是倍增感染力，这些内容既突出了信息的即时性和服务性，又顺应了当前的阅读诉求，具有较大的亲和力。

传统新闻报道形成的习惯是以第三人称的旁观者、中立者的角度报道，这意味着记者不参与、不介入新闻的发展进程，而媒体微博新闻则打破了这个传统，有时会以第一人称的语气来报道，甚至夹杂着记者、编辑自己的情感在里面，上面的微博就是一例——“被‘烧秸秆’呛了好几天的成都终于被解救啦！”阴雨后天晴的兴奋与喜悦跃然“微博”上。

以参与者的身份进行报道，是媒体微博新闻的主要角度，使得报道更具亲和力，更有互动性。

（三）巧用图片，图文并茂

图文并茂的微博可以分为两类：一类以文字为主，配图为辅；另一类以图片（包括视频）为主，文字为辅。

对于以文字为主的微博，配图的主要目的：一是增加微博的现场感和使新闻更加鲜活；二是证明新闻事实的准确性，用图片压倒可能的质疑声；三是可以增加观赏美感，提高阅读质量等。

对于以图片为主的微博，图片就成为微博的主要部分，文字只是起着提示的作用，文字尽可能的短小精悍，能够一语中的地解释图片的背景；或幽默风趣，引发读者阅读兴趣，带来阅读乐趣。例如：

看球，比开会有意思得多......(八国集团峰会间隙看球的英法德欧盟的头头脑脑们）

图 23－1　看球，比开会有意思得多……
（八国集团峰会间隙，看球的英德法美欧盟的头头脑脑们）

这是《华西都市报》于 2012 年 5 月 20 日发布的微博，在这段文字下面配上了四幅照片，其中有一幅就与标题相扣，图片上是英、德、法、美、欧盟的头脑们正在趁着开会的间隙看球赛直播，在很严肃的会议室里，有的正举手呐喊，有的神情凝重，让人忍俊不禁，把八国集团峰会期间的小插曲以花絮的形式报道出来，一下子拉近了网友与这个本来严肃的话题的距离。

在写这类以图片为主、文字为辅的微博时要注意：文字要尽可能地凝练，一般十几个字或二三十字为宜，文字要能够与图片协调搭配且鲜活、充满趣味。

（四）要尽量注明新闻来源

媒体微博应坚持全面、公正、客观、透明和准确地报道，要做到准确，微博应尽可能地注明信息的来源和出处。例如：

【莫言：多关心点文学少关心点政治】9 日，莫言在他的作品朗诵兼讨论会上谈了他对文学及世界观的看法。莫言说，文学远远比政治要美好。“政治教人打架，文学教人恋爱。很多不会恋爱的人看到小说会恋爱了。”他建议大家多关心一点教人恋爱的文学，少关心一点教人打架的政治。新京报，http：//t. cn/zjisu3Q.

这是《南方都市报》在新浪微博发布的信息，微博后面的“新京报”以及网址链接就是注明了新闻来源，不仅让网友能够充分信任，而且也可以让网友通过链接观看到更加详细的新闻报道。微博引领新闻传播走进“指尖时代”，媒体微博的运作更是考验着传统媒体的“指尖写作”能力，唯有准确的、及时的、公正的、客观的微博才能取得网友的永久信任，而灵活的写作风格，更能够让一个媒体微博在传播新闻信息时得到网友的喜欢和热爱，传统媒体与微博进行优势互补和整合，可以带领受众进入一个新的媒介感受。

二、政务微博写作

政务微博，一般是指政府机构开通的，以传播政务信息为主要内容的微博。政务微博是政府管理与微博传播相结合的一种崭新方式。开设政务微博的主要功能有：能及时传递信息，有利于政府处理突发事件；能及时和网民互动，有利于政府及时掌握信息，作出正确决策，解决问题；能提供实用资讯，有利于树立政府为民服务的良好形象。

（一）政务微博的文本特征

政务微博作为一种新兴的应用文文体，具有自己的文体特点：

1. 代表政府形象，具有权威性

政务微博不同于一般的微博，不论是政府官员微博还是政府机构微博，代表的都是政府形象，具有严肃权威的特点。政务微博发表什么内容，以怎样的心态和语气发表，都会受到社会关注并产生一定的影响。

2. 发布与职能相称的行政信息

政府机构利用微博或传递一些新的政策、规定、办事流程等，或发布老百姓关注的天气、交通、蔬菜、住房等基本情况以及一些事件的最新进展情况（如近年来两会期间的政府微博）等。这些信息主要起告知作用，以说明叙事为主，是目前政务微博的主要内容。

3. 与民众积极互动

政务微博除了单方面告知一些信息外，还利用微博交互性强的特点，积极和民众互动。一方面，政府机构放低身段和普通民众一起讨论一些热点话题，让民众发表自己的看法、观点；另一方面对民众的意见、建议和问题及时回应，答疑解惑。特别是在突发事件发生之后，政府的观点和立场对于平息民怨、减少负面影响有重要作用。

（二）政务微博的写作要求

1. 改变话语体系，由公文语言向网络语言转变

要处理好政务微博作者身份的严肃性和权威性与微博语言的娱乐性和趣味性

的关系。一方面不要将公文的话语体系生硬地移植到政务微博中来，要以平等的身份，发布富有人情味和幽默感的微博，要习惯于使用新兴的网络语言和文字，要少一些空话套话。由于是公务微博，其发布主体的身份要求其语言表达要明确、规范，不能庸俗低下，尤其是在信息内容方面，要严肃权威。例如：

羊城学堂继续开讲，6月将以“文化”为题，请来卢延光、梁凤莲、饶原生3位“阅读大使”，为您讲解阅读与艺术、分析广州的城市文化气质、叙说那些您知道或不知道的西关文化。学堂每逢周六免费开讲，课表如下，有兴趣的童鞋果断收了吧！

这是“@中国广州发布”于2012年5月22日发布的题为《听“阅读大使”讲文化》的微博。这段微博中，用到了网络语言“童鞋”和口语“果断收了吧”，给人感觉温馨很多，更富有人情味。

2. 采取丰富的表现手法，提高趣味性

政务微博的写作，应该充分利用微博的特点，除文字之外，还应增加图片、视频和声音的运用，增加政务微博信息的趣味性和生动性，提高其吸引力和影响力，达到开设政务微博的目的。

在表现手法上，政务微博仍以说明、叙述为主，但可以兼有议论、抒情和描写。例如：

近日本宫接到法院电话，谓吾之有刑事传票一张，限日领取，否则强制执行，吾惶恐不已，又一电话入，自诩当差警察，断然话本宫需将××保证金缴纳至安全账户，吾心甚疑之，见@广州公安微博，方才顿悟，察觉此乃小贼欲骗取本宫之钱财而使诈。一把无名业火高举三千丈，防骗之警醒之心贵在心间。

这是“@南京发布”于2012年5月7日发布的题为《防诈骗》的微博，运用了当前最受网民热捧的“甄嬛体”，迎合了广大网民的口味，具有趣味性，也使需要广大人民注意的“防诈骗”理念传播了出去。

3.“碎片”的话语与“微群”结合，相得益彰

碎片化的结构，轻快灵活，能满足人们对信息的快速需求，但因为不系统，受众获得的信息不完整，很多需要知道的信息被隐藏或丢失，需要从其他信息渠道继续获得。因此政务微博最好要建立一个“微群”，立体地提供信息，并及时更新。

三、微博广告写作

微博广告一般要与产品卖点结合，就是从产品的品牌和特点入手，如产品独一无二的特性等；还要巧妙地与社会热点结合，使自身具有时新性。

微博广告写作要点如下：

（1）广告主体需要图文并茂。图片由于具有直观性和视觉冲击力，可以用来宣传品牌标志、厂牌等，解决文字无法厘清的问题，而文字则需要集中力量宣传产品的性能、功能等突出方面。

（2）图片需清晰合适。图片选择要与广告主题紧密衔接，与文字相互补充，图片要清晰，具有美感，不失真、不变形。

（3）内容要有诉求。鲜明的广告诉求能够让观众第一眼就能感受到广告主体要传达的理念和信息，能够理解到产品会给自身带来的价值和好处。因此，一个广告最好只表达一个广告诉求。例如：

手机辐射分两种：一种是远场辐TRP，相对来说较大为好，因为TRP与信号好有关，如果太小会影响用户体验；另一种是近场辐射参数SAR，它表示人体吸收电磁波的能量大小，越小越好。这两种辐射测试都是工信部要求的，小米手机都以较好指标通过 。

这是“@小米公司”于2012年5月22日发布的微博，它的诉求只有一个，即小米手机通过了辐射测试，不会对人体产生危害，而前半部分只是对这个诉求的铺垫。

（4）语言简洁优美、积极向上。广告内容的阐述要简洁明了，做到言简意赅，这样才能够让受众快速地了解宣传重点，从无意注意转移到有意注意，从而接受广告诉求。并且广告词要简洁易记，尽量口语化。例如：

打造最好房子，也力求建设最好社区。在碧桂园，读懂幸福。

这是“@碧桂园凤凰城”的微博发布的广告。“在碧桂园，读懂幸福。”很容易让人记住，并印象深刻。

（5）内容真实，不炒作。微博广告写作要遵循实事求是的原则，准确及时地报道商业信息，反映市场动态。这样才能取信于民，避免广告纠纷。

广告微博一般可分为事件营销微博广告、活动策划微博广告、新品推广微博广告和话题微博广告。

1．事件营销微博广告

事件营销就是通过制造具有新闻价值的事件，并让这一新闻事件得以传播，来转弯抹角地做广告，达到广告宣传的效果。事件可以是当前最热的新闻事件，也可以是自主策划的事件。撰写广告文案时，要突出特点，富有个性，号召力强，适应媒体，让访客读后印象深刻，且久久不能忘记。例如：大家耳熟能详的“凡客体”就是借助名人效应。

爱网络，爱自由，爱晚起，爱夜间大排档，爱赛车；也爱29块的Tshirt，我不是什么旗手，不是谁的代言，我是韩寒，我只代表我自己。我和你一样，我是凡客。——80后作家韩寒

我爱表演，不爱扮演；我爱奋斗，也爱享受生活；我爱漂亮衣服，更爱打折标签；不是米莱，不是钱小样，不是大明星，我是王珞丹。我没什么特别，我很特别；我和别人不一样，我和你一样，我是凡客。——影视演员王珞丹

2．活动策划微博广告

活动策划微博广告内容的创作要有诱惑点，能够激发受众分享、转发的欲望，让受众停留在微博活动的乐趣中，被植入的产品或服务会在与受众的分享中不知不觉地传播出去。

这是“天猫”策划的2012年11月11日光棍节的营销活动，该活动得到大量网民的响应，使得“双十一”购物狂欢节支付宝总销售额191亿，其中天猫就

达到了132亿。

3．新品推广微博广告

在进行新品推广微博广告创作时，一定要在有限的字数里尽可能将产品的特点与优势展示得全面具体，因为用户停留在微博信息上的时间不会过长，能够诱导其点击微博后面的超链接页面，浏览新品页面才是最重要的。例如：

夏天来啦，天气热了，为你的iPhone爱机装上空调了吗？全新上市的散热背壳 采用新技术、新材料、单片保护新概念，0.4毫米创新超薄，个性纹理格调，耐磨，耐刮花，静电吸附，导热散热，经典和时尚艺术图案的新潮流设计。改变你的iPhone，时尚，个性，变色，惊喜。

在这则新品推广的广告微博里，把新产品的优点和特点进行了比较全面的介绍，使人印象深刻，并产生购买的欲望。

4．话题微博广告

在宣传产品和服务时，也可以采取话题微博营销，这种形式的广告内容撰写特点就是话题性一定要强，争议性十足，互动性好，目的是要将用户的视线更多地停留在该话题上。例如：

2012年雅迪电动车全面发力，为打造完美终端展开立体攻势，从品牌宣传、新品推广、服务营销、终端促销、终端培训等五大方面进行互动，全面升级，让更多的消费者熟悉和了解雅迪。

这则微博广告营造了一个“完美终端再升级 雅迪电动车向幸福出发”的话题，再通过之后不断继续发布雅迪电动车升级的信息，引发微博用户的关注。

四、微博软文写作

在微博广告写作中，微博软文作为微博营销的一个重要载体，也越来越被网络推广者所运用。微博软文写法可以分为广告式、分享式、炒作式和创意式，这四种方式以广告式微博软文写法最为复杂。

（一）广告式微博软文

这种软文常见于各商家的官方微博中，它是站在商家的角度，广告式地宣传商家最新推出的产品、最新推出的活动。由于商家官方微博的粉丝基本上是购买过商家的产品或是潜在的购买者，因此这种方式只是受到粉丝关注，转发概率不大。

（二）分享式微博软文

与上一种方式不同的是，这种软文一般是站在第三方角度，通过分享的方式来宣传某件商品，这点类似论坛软文的操作方法。例如：

今天的晚餐——大家乐泰式鸡块香蒜饭 + 柠汁苏打水！目前是新品推广期，比原价要优惠些！饭的味道我超爱，三两下就吃完了，至于鸡块，感觉还可以，外皮炸过，里面鸡肉挺有味道，再沾点泰式酱就有不同风味了！

在这则分享式的微博广告中，通过第三者“我”的口吻，把品尝的快感和体验告诉大家，拉近了与受众的距离，比直接的广告宣传更易让人信服，并在一定程度上消除观众对广告的抗拒性。

（三）炒作式微博软文

这类软文通过挑衅甚至是对骂的方式来提高网友的关注，引起网友对微博的转发，最终达到扩大传播的目的。例如红星美凯龙奥特莱斯店发起了“微博搏杀1元名品”的活动。

（四）创意式微博软文

这类微博软文一般具有新鲜、有趣、好玩的特点，一眼看上去不像广告，更像是一则笑话，或者是一篇微型小说。这类软文的关注度非常高，而且网友都乐意转发这种微博。

印刷公司广告：颜色差一点点，结果可是大不一样的哦。你看懂了吗@创意广告集锦

收起 | 查看大图 | 向左转 | 向右转

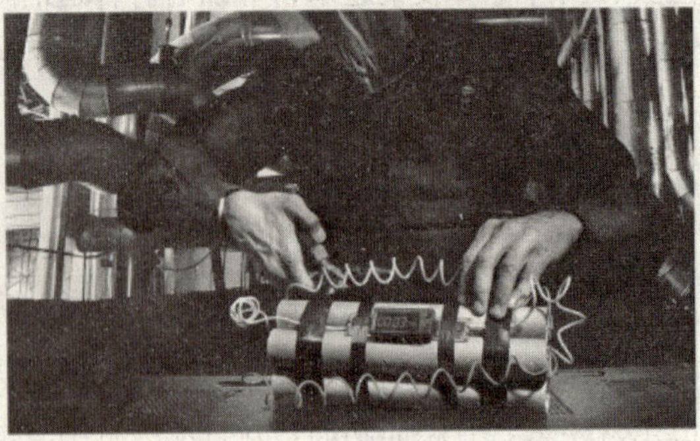

这是一家印刷公司的微博广告，这则微博广告的创意体现在所配的图片上：“拆弹专家”正在拆解炸弹，对于炸弹上红红绿绿的线路，稍有错误就会引发爆

炸。就如文字所说的"颜色差一点点，结果可是大不一样。"意在说明印刷效果好，印刷出的产品色彩清晰、分明。这则微博广告让人看后印象深刻。

五、个人微博写作

个人微博写作内容主要有：记录自己的行动、心情；分享身边的新鲜事、趣事；参与热门话题讨论；发布信息，直播突发事件；发表作品、传播思想、教育和影响他人；和朋友聊天互动以及推销产品或品牌等。

（一）个人微博写作的主要方法

1. 投其所好，展示自己

写个人微博时，首先展示的是自己，这是第一位的。在展现自己的同时，如果能够根据大家的喜好适当选择内容，就会更有利于在微博上传播你自己的声音了。这两方面是相辅相成的，而不是相对独立。一般的做法是：在符合自己个性特点的前提下，多发一些大家想读的内容，很多时候都可以跟自己做了什么、想了什么很自然地联系起来。

2. 分享新鲜事，满足好奇心

大部分网友都对新鲜事物充满好奇心，为了满足网友的好奇心和求知欲，可以经常在微博上分享一些看见、听到的新鲜事儿，以及大部分网友可能不太熟悉的新情况、新事物。

3. 随时留意，注重积累

例如平时多留意合适的内容，如社会热点、公共事件，以及网络动态，形成习惯后自然会积少成多，写微博时就可信手拈来。看书的时候，如果有富有智慧和引发深思的内容可以记录下来，用自己的语言发布在微博上。在网上冲浪时看到有趣的新闻、网页、图片等可收集起来，等以后有合适的时机再发。当然，这些积累并不意味着不注重时效性，随时留意、随时记录，就是为了在最恰当的时间，更快地发布最合适的内容。

4. 用幽默吸引人，用真情打动人，用智慧征服人

生活总是会出现很多幽默、搞笑的事情，如果对这些事情组织一下再发布能够吸引到更多人。除幽默的图文外，充满温情的话语和故事，总能引起人们的共鸣。此外，充满睿智的话语和格言警句也是网友喜欢看的内容之一。

在写这类微博的时候，切勿老生常谈，尽量不写、不转发大家都熟悉的内容，最好是写自己亲身体会、有感而动的，并且能够触动一部分心灵、引起共鸣的内容。

5. 有真诚的态度，注重内容质量

写微博时要有好的态度，要顾及读者的感受。发微博时宁缺毋滥，不要发质

量太低、根本没人在乎的内容，也不要只关注自己的小心思，发布大量自己情绪化、个人化的内容。

微博最好的网络形象是保持积极与乐观，待人平等、诚恳，这既是美德又是责任。所以，当遇到不平、挫折和困难时一定要控制好负面情绪的宣泄。避免在自己个人情感最强烈的时候就匆忙发表负面言论。

（二）个人微博写作注意的问题

对于涉及政治或公共事件的微博，以更高的自觉，勇敢担起社会的道义，以负责任的态度谨慎用好“拇指话语权”。

1．重视官方权威的信息源

一般获得官方认可的新闻媒体、政府机关和其他社会机构的信息来源可靠，具有权威性，而一些不知名的论坛和地方性论坛，权威性相比较小。

2．用常识和理性分析审视

仔细辨别消息中提及的核心要素，包括人物、时间、地点等是否存在有意模糊的现象，有没有张冠李戴，有无常识性偏差等。仔细辨别信息中的有关描述是否存在明显的歪曲、夸大等嫌疑或过于主观的判断和结论。

3．追求传播过程的动态真实

针对事件突发性和真实信息的不完整性，博主应该根据事态的进展，随时准备修正自己的信息和观点，追求动态过程中的真实。对热点事件的关切更要注意持久性，不断对信息进行更新直至事件真相被披露。

六、名人微博写作

由于名人在微博上比一般民众有更多的话语权、更大的号召力，公众对其言论质量的期待也不同于普通网友。作为网络意见领袖，在发布或转发某一公共事件时，更要用好自己的话语权。

（一）如何使用话语权

1．恪守真实客观的基本原则

如真实、准确、中立、各方观点平衡等。不要以为你发的是微博报道，就忽视和去掉其中任何一种特质。认真对待信息过程中的每一个细节，“不夸大、不捏造”，坚持信息的真实性。知名博主更应该勇于承担责任，维护而不是有损于真相和良知。

2．权责分明并尊重信息来源

对于复杂的事实信息和言论构成，进行必要的背景交代以及多种信息来源说明，尊重信息传播途径的每一个环节。

3. 发挥名人与粉丝的互动优势

在当今大众传播中，受众不但接受和参与传播信息，也参与创造信息内容。名人不妨利用自身的影响力及粉丝的参与，从粉丝和其他微博网友的反馈中进一步寻找事件线索和观点启发，及时修正过往博文中的报道偏差甚至谬误；采用“互听”、“点评”、“转发”等形式，促进多元信息的有效传播，收集信息并逐步逼近事件真相。

（二）名人微博应注意几个问题

正是由于名人微博的发言，会有更高的话语权和传播力，因此名人微博也要注意几个方面的内容：

1. 以责任感为原动力

名人微博的发言，会有更高的话语权和传播力，因此名人对于公共事务的评论更须三思而后行。就公共事务发言，应该是一件以责任感为原动力的事情。作为网络“意见领袖”，能力越大，责任越大。

2. 以事实为依据，坚持客观公正

发表观点要尽可能地客观公正、理性平和。宁可损失一定的关注度和传播率，也不要以极端的表述方式来追求轰动效应。坚持以事实为依据，客观公正地评价信息。

3. 开放性发言，不贸然驳斥他人观点

在对公共事务进行发言时，尽量采取发布自己观点的形式，而不是驳斥别人观点的形式。自己的见解也可能是错的。不妨开放地接受网友或持不同意见的其他“意见领袖”的质疑与驳难，在理性辩论后再坚持或修正自己的意见。开放式发言还意味着一旦发现自己说错了话，一定要在第一时间诚恳道歉，尽量弥补挽回错话带来的不良公众影响。

4. 不涉及攻击性、歧视性言论

微博主应恪守互联网中的道德准则，从高、从严要求自身，提高自身素质，不涉及攻击性、歧视性言论，自觉维护自身与他人的网络形象。不泄露他人隐私、不对他人进行名誉诽谤。

5. 保持积极与乐观的形象

微博主尤其是名人微博主，应该保持积极与乐观，塑造平等、美好与融洽的网络氛围，这既是美德又是责任。名人微博要控制好负面情绪的宣泄，谨慎发布不利于塑造良好环境的言论，通过充分的沟通与协调调整自身微博与他人的关系。

6. 持续发言，避免断章取义

网络信息经常只是信息碎片。名人微博需要追踪事态的发展，持续发言，及时补充和修正自己的观点。尤其是面对重大公共事件时，只有持续的声音才能体现力量。持续发言又需要系统地搜集信息与系统地思考。

七、专业微博写作

专业微博根据内容可以划分成很多种类，而每一个专业微博里基本上只发布与本专业、领域相关和相近的内容。例如求职微博一般发布一些求职和招聘信息，而旅游微博一般都有一些景点介绍和推荐、一些旅游胜地的最新信息等。

专业微博是微博的细分和延伸，是相对通用微博的信息量大、深度不够等提出来的新的微博服务模式，通过针对某一特定领域、某一特定人群或某一特定需求提供的有一定价值的信息和相关服务。其特点就是“专、精、深”，且具有专业领域色彩，相比通用微博的海量信息无序化，专业微博则显得更加专注、具体和深入。

（一）专业微博特点

1．专业化、功能化

专业微博会将重点放在某些特定的领域或满足某种特定的需求，提供有关这个领域或需求的深度信息和相关服务。此外，专业微博具有一定的功能性，越是覆盖范围广泛、权威性大的专业微博，它所发布的信息就越具参考价值，能够给人作出行动引导。

2．受众呈现层次化

专业微博不同于一般的普通微博，其受众呈现出一定的层次化，例如 IT 类的专业微博一般受限于从事 IT 行业的人以及对此领域感兴趣的人，而一般网民则很少去关注。受众的层次化还体现在年龄以及受教育程度等方面。

（二）专业微博的写作要求

1．关注核心领域不泛化

在开设和管理专业微博时，应限定微博谈论的领域，可以适当规划得广一点，如有需要，也可以适当延伸范围。但核心领域不应变化太大，因为很多粉丝就是冲着这些领域来的。限定领域后，尽可能少发与关注领域无关的内容。

2．顺应形势设置和聚焦主题

应充分利用微博的话题功能、微博群功能及其他分类功能，设置和聚焦相关主题，使得微博每隔一定时间都有新的东西出来，充满新意的微博才不会被粉丝淡忘。例如，一些旅游微博可以根据季节和节假日推出各种符合时令的旅游信息，既满足粉丝们的需求，也可以使微博有更新不完的内容。

【破解末日魔咒月 浪漫出游乐逍遥】 西双版纳 西双版纳地区属于热带雨林气候，夏无酷暑，冬无严寒，最佳的旅游时间在11月至次年4月间。这其间气温不高，而且一年一度的泼水节也在这段时间里举行。这里从来不下雪，即使在1月份，白天的气温也很高，给人身处东南亚国度的异域感。

12月12日 16:29 来自 新浪微博　　转发（40）｜ 收藏 ｜ 评论（7）

【破解末日魔咒月 浪漫出游乐逍遥】 长白山 长白山是中国东北境内海拔最高、喷口最大的火山体。大自然赋予了它无比丰富独特的资源，使之成为集生态游、风光游、边境游、民俗游四位一体的旅游胜地。你可以在亚洲顶尖的滑雪场感受最具激情的滑雪运动，豪叹露天飘雪温泉。

12月12日 16:26 来自 新浪微博　　转发（39）｜ 收藏 ｜ 评论（7）

这是“@中国旅游”于2012年12月12日连续发布的两条微博，微博的主题都是“破解末日魔咒月 浪漫出游乐逍遥”，这就是“中国旅游”设置的一个议题，吸引网友注意。并且2012年12月当时被传言是“世界末日”月，在这个时候用“末日”一词很有刺激性，并且“破解末日魔咒月”中“破解”一词有了积极意味，容易抓住眼球并能够使受众产生印象。

3. 借鉴学习与自己同类的专业微博

同一专业的微博，不一定只有一个，例如炒股的专业微博全国不下数十个，这样就产生了一定的竞争局面。所以，应主动关注行业内的专业微博，只有相互关注，才有交流机会，才能擦出“思想的火花”，并要主动参与专业圈内的讨论。

4. 平常心对待

做专业微博，要有平常心。专业就意味着非大众，选择圈内交流，就不应该过于讲求转发数、评论数。如果专业微博能够做精、做深，懂得表达技巧，把专业性问题浅显化，及时更新最新专业领域信息，就会吸引到越来越多的粉丝。

【思考与练习】

1. 微博的“碎片化”写作对微博的内容生产有哪些影响？
2. 媒体微博写作的要点是什么？
3. 政务微博应如何达到传播信息与吸引受众的统一？

4．选择一个你熟悉的专业微博，分析它是如何做到专业化的。

【本章参考文献】

1．胡江春，庞胡瑞，陈维，杨月辉，蒋丽佳，陈兴俊．名人微博乃社会“公器”．南方传媒研究，第30期．

2．尹建学．政务微博的文体特征及其写作．应用写作，2012（3）．

3．李开复．微博：改变一切．上海：上海财经大学出版社，2011．

4．李亚菲．浅谈微博的碎片化写作．新闻世界，2011（5）．

后 记

《新闻写作》是新闻学专业中的核心课程，也是暨南大学新闻系1978年复办以来的重点课程。该课程历经几代人的传承，目前形成了较为完善的课程体系和教学团队，已出版4本教材、2本专著。《新闻写作》课程所属的新闻学专业被广东省、国务院侨办评为“名牌专业”和重点学科，2007年被教育部评为国家级高校特色专业建设点，媒体实验中心连续被评为省级和国家级实验教学示范中心。2009年《新闻写作》被评为广东省精品课程。

2000年以后，新闻与传播学院根据新闻报道领域发生的新的变化，在原有课程设置的基础上，先后开设《报刊新闻采访与写作》（广电专业必修）、《专业新闻报道》、《特稿写作》（外招生选修）、《港澳台新闻写作》（外招生选修）、《深度报道》、《西方新闻写作》（全英教学）等延伸性课程，使得新闻写作的课程体系得以进一步完善。上述课程改革在薛国林老师的《当代新闻写作》，张晋升、陈娟和麦尚文老师编著的《实用新闻写作》中得到一定程度的体现。

今天，我们已进入全媒体时代。“全媒体”即综合运用各种表现形式，如文、图、声、光、电等，全方位、立体地展示传播内容，同时通过文字、声像、网络、通信等传播手段来传输信息的一种新的传播形态。在全媒体的演进中，传统媒体和新媒体的融合已是必然。

学者认为，全媒体时代的重点在于学生对新闻媒介的选择和运用。一个新闻事件，哪方面使用文字报道，哪方面使用动态影像；多大程度上使用手机媒体，多大程度上使用网络新闻，多大程度上使用图像图表；是用静态的线性来表现，还是用Flash技术支持的动画来表现；是用滚动新闻现场直播，还是与用户互动采用网民提供的内容，这些原本是编辑考虑的事情，但如今是所有记者都要考虑的。所以全媒体时代对全媒体人才综合能力培养提出了更高的要求。

随着全媒体新闻写作实践的发展变化，其研究领域也在不断细化，对学生的影响力日益提高。本院近几届本科生和研究生的毕业论文中，有相当数量的选题与此课程内容相关。特别是来自中国香港、澳门、台湾和马来西亚等地的海内外学生，都能结合所在地的媒介实践，剖析媒体文体的创新经验，从而大大丰富了本课程的教学内容，拓宽了本课程的视野。

2009 年《新闻写作》被评为广东省精品课程后，教学团队成员经过几年的教学实践，对原教材《当代新闻写作》进行了补充与修订，部分章节是根据当前新闻采写的变化而新增加的。具体分工如下——薛国林：新闻写作理论、通讯写作、新媒体写作；张晋升：深度报道写作；陈娟：消息写作；梅刘柯：第六章；宋清：第二十二章；王厚启：第二十三章。此外，李志敏、计慧慧、马双丽等在本教材的撰写和资料收集等方面作出了贡献，在此表示感谢。

本教材在编写过程中还存在不少问题，期盼读者批评指正，以使本教材得到完善与提升。

编著者

2013 年 3 月 15 日